LA

PROCÉDURE CIVILE AU MAROC

COMMENTAIRE PRATIQUE

AVEC FORMULES

DU DAHIR SUR LA PROCÉDURE CIVILE

PAR

MAURICE GENTIL

DOCTEUR EN DROIT
CONSEILLER A LA COUR D'APPEL DU MAROC

AVEC UNE PRÉFACE

DE

M. S. BERGE, O. ✳

PREMIER PRÉSIDENT DE LA COUR D'APPEL DU MAROC

EN VENTE

DANS LES SECRÉTARIATS DES JURIDICTIONS FRANÇAISES DU MAROC

1916

PROCÉDURE CIVILE AU MAROC

LA
PROCÉDURE CIVILE AU MAROC

COMMENTAIRE PRATIQUE

AVEC FORMULES

DU DAHIR SUR LA PROCÉDURE CIVILE

PAR

MAURICE GENTIL

DOCTEUR EN DROIT
CONSEILLER A LA COUR D'APPEL DU MAROC

AVEC UNE PRÉFACE

DE

M. S. BERGE, O. ✳

PREMIER PRÉSIDENT DE LA COUR D'APPEL DU MAROC

BORDEAUX
IMPRIMERIE DE L'UNIVERSITÉ ET DES FACULTÉS
Y. CADORET
17, RUE POQUELIN-MOLIÈRE, 17
—
1916

PRÉFACE

L'organisation judiciaire, qui a été établie au Maroc pour y remplacer les juridictions consulaires, offre des particularités originales
qui en font une véritable nouveauté. Ces particularités peuvent se
résumer en quelques mots : il n'y a pas, au Maroc, d'officiers ministériels ; le magistrat y prend un rôle actif pour la mise en état des
affaires, laquelle s'effectue, sous sa direction et sous sa surveillance,
par un corps de secrétaires-greffiers et de commis de secrétariat ; les
exécutions sont faites par les secrétaires-greffiers qui sont des fonctionnaires et non les mandataires des parties.

Ce simple et concis exposé des grandes lignes du système inauguré
dans la zone française du Protectorat du Maroc devrait suffire, semble-t-il, pour signaler au monde judiciaire l'importance et la nature
des innovations qui ont été faites. Cependant, les personnes chargées
de les faire passer dans la pratique se sont aperçues, avec quelque
surprise, que l'on croyait, dans certains des nouveaux tribunaux ou
autour d'eux, ou que l'on affectait de croire, que les apparences,
l'extérieur des choses, les appellations seules avaient changé, mais
qu'au fond la vieille procédure subsisterait avec son cortège d'habitudes indéracinables et d'abus invétérés. On disait d'un ton tranquille :
« Il n'y a pas de quoi s'émotionner et se croire en face d'une révolution ; tout cela, au fond, c'est la même chose ; nous n'aurons plus ni
avoués, ni huissiers, c'est entendu ; mais les procès se conduiront
comme auparavant et les dossiers contiendront des actes similaires
à ceux de France, sinon identiques. Il n'y a aucun effort à faire pour
modifier une matière dont la nature se refuse à toute modification
profonde et essentielle ». Et, ensuite de ces beaux discours, on prenait un formulaire de procédure de France ; on y remplaçait le mot
huissier par l'appellation secrétaire-greffier et l'on pensait avoir tout
fait.

L'étonnement de ceux qui virent ce spectacle ne fut pas de longue
durée ; il tomba à la première réflexion. En effet, ce qu'il y a de plus
difficile à combattre, c'est, je ne dirai pas la routine, mais cette force
passive qui est constituée par les habitudes professionnelles, par
l'aisance que l'on trouve à accomplir un geste ou un acte déjà maintes
fois répété et par la répugnance que l'on éprouve à le remplacer par

d'autres inaccoutumés ; et cette force de résistance devient singulièrement puissante quand il se trouve des individus, des corporations
mêmes pour désirer le maintien de l'état ancien, considéré comme
plus avantageux, et pour souhaiter l'échec d'une entreprise nouvelle,
envisagée comme nuisible pour certains intérêts.

Quoi qu'il en soit, au bout de quelques mois d'exercice, il fallut
constater que l'instrument nouveau allait être faussé ; que le système
de procédure créé au Maroc n'y fonctionnait que partiellement et en
apparence ; qu'au fond, tout marchait de telle sorte, d'un tel pas et
dans une telle direction, qu'on retournait tout droit à la procédure
antique, adultérée au surplus par un défaut de précision et d'expérience. C'était la faillite la plus misérable qu'on pût imaginer d'une
entreprise qui avait été cependant conçue au milieu de favorables
espérances pour de plus brillantes destinées.

Je m'empresse d'ajouter que le danger de cet échec fut écarté dès
qu'aperçu. Il suffit de le signaler aux magistrats distingués qui avaient
été envoyés au Maroc, et aux hommes d'élite qui leur avaient été
adjoints en qualité de secrétaires-greffiers, et les efforts de ce personnel dévoué réussirent au bout de très peu de temps à tirer le char
de l'ornière où il commençait à s'embourber pour le remettre sur une
route plane et solide où il marche et marchera désormais d'une belle
allure.

Parmi les divers procédés qui furent employés pour accomplir
cette évolution, un des plus efficaces fut la création d'un formulaire.

Cette entreprise était considérable et ardue. Elle comportait une
interprétation plus ou moins profonde du Dahir de procédure civile
et de celui d'organisation judiciaire, ainsi que l'élaboration de régle-
mentations annexes ; or, il n'y a rien de plus délicat à conduire qu'un
travail d'ensemble de cette envergure, alors qu'aucune jurisprudence
n'a pu encore intervenir, qu'il n'y a ni précédents, ni traditions et
que l'afflux des affaires, l'insuffisance d'un personnel incomplète-
ment recruté, jusqu'à des difficultés d'installation matérielle, s'accu_
mulent pour lasser les énergies, pour obscurcir les voies à suivre et
pour rendre les résultats lents, incomplets ou incertains.

Fort heureusement, la création d'un formulaire put être remise à
un jurisconsulte doué d'un esprit clair et méthodique, qui est en
même temps un praticien érudit et expérimenté, c'est-à-dire à M. le
conseiller Gentil.

Il a établi d'abord les formules les plus usuelles, les a expliquées,
a dit pourquoi et comment il fallait les employer ; puis, le fonctionnement même de nos juridictions lui apportant une documentation
nouvelle, il a élargi petit à petit le cadre de son travail, l'a condensé,
précisé, complété jusqu'à en faire le Commentaire pratique qu'on lira
ci-après et qui n'est lui-même que la présentation et l'explication des
formules placées à la suite.

Ceux qui liront ce petit livre, si complet et si abondant dans sa faible épaisseur, n'auront à faire aucun effort pour le comprendre et pour l'appliquer. Je dis cela, non pas pour les chefs de juridiction et les magistrats rapporteurs qui n'y rencontreront rien de nouveau pour eux, mais l'accueilleront avec joie pour s'en faire l'instrument familier de leur travail quotidien ; non pas encore pour les secrétaires-greffiers et leurs commis, qui y trouveront un guide sûr et précis pour l'accomplissement régulier de leurs fonctions ; je le dis pour les justiciables et leurs mandataires qui découvriront enfin la réalité qu'on leur a annoncée sans qu'ils y crussent, c'est-à-dire l'existence d'une procédure simple, accessible à tous, affranchie des complications qui l'ont rendue ailleurs si rébarbative ; je le dis encore pour les auxiliaires occasionnels de la justice, pour ces fonctionnaires divers dont le concours est si précieux, mais qui ont jusqu'ici éprouvé quelque inquiétude de leur participation à des formalités dont le sens réel leur échappait.

Cette vulgarisation de notre procédure constituera un immense progrès ; elle permettra au public de profiter de tous les avantages qui lui ont été ménagés par le législateur et dont il n'a pas encore beaucoup tiré parti faute de les connaître.

Sait-on, par exemple, que devant les Tribunaux supérieurs la procédure est écrite ; que la mise en état des affaires résulte uniquement de l'échange et de la signification de mémoires accompagnés du dépôt des pièces justificatives ? Sait-on, que tout cela peut se faire sans que l'on ait besoin de se déranger, sans déplacements, sans voyages, sans comparution personnelle ? Sait-on que les nullités ou irrégularités de forme et de procédure ont été réduites à un minimum si étroit (art. 549 et 550 du Dahir de procédure civile) qu'il n'est plus nécessaire d'être un praticien consommé pour prendre contact avec la justice ? Non, on ne sait pas assez tout cela et c'est cette ignorance que va combattre le livre de M. le conseiller Gentil, pour le plus grand bien de tous.

Ce n'est pas, je me hâte de le dire, que je donne aux justiciables le conseil de ne jamais s'adresser à un avocat pour la conduite de leurs procès ; il faut, à ce point de vue, distinguer : il y a des litiges simples et des plaideurs qui sont des hommes d'affaires d'une grande habileté ; pour ces litiges et pour ces plaideurs, il apparaît que nul secours d'un homme de loi n'est nécessaire. Par contre, il y a des constestations délicates, compliquées, inextricables, qui intéressent des parties totalement incapables de s'y retrouver et de s'y diriger ; la prudence la plus élémentaire veut que les justiciables qui se trouvent dans ces cas épineux prennent le conseil d'un homme de loi instruit, probe et laborieux, qui discernera le parti à prendre, composera le dossier utile et rédigera les conclusions convenables. Si le magistrat a été chargé, dans le système marocain, de développer son

initiative pour la mise en état des affaires, il ne le fait pas et ne peut
pas le faire dans l'intérêt d'une des parties et contre les intérêts de
l'autre ; ce n'est donc que près de l'avocat que celui qui a besoin d'un
conseil peut en trouver.

Ceci dit, pour éviter des malentendus toujours possibles, j'en reviens
au livre que je présente aux justiciables et à celui qui l'a écrit.

Le livre, il faut le proclamer, n'est pas une œuvre définitive. C'est
la première cristallisation d'une procédure nouvelle, qui n'a pas
encore complètement subi l'épreuve de la pratique et qui n'a presque
pas reçu la consécration et les avertissements de la jurisprudence.
L'avenir y révélera sans doute des défauts et des faiblesses ; on peut
compter que l'administration judiciaire, vigilante toujours, remé-
diera par les perfectionnements nécessaires, à tout ce qui se mani-
festera défectueux. Ce sont là des progrès que l'établissement d'un
formulaire rend possibles.

D'ailleurs, l'ouvrage n'a été ni improvisé, ni composé dans un seul
effort ; il est la publication, en même temps que la révision, d'essais
de formulaire précédemment établis par circulaires des Chefs de la
Cour de Rabat ; il a donc déjà profité d'une bonne dose d'expérience.

L'auteur, non plus, ne s'est pas improvisé procédurier : il a été
principal clerc d'avoué à Paris, et pendant dix ans, au tribunal mixte
immobilier de Tunisie, où il était juge rapporteur, il a pratiqué un
système de transmission de pièces et de mise en état des litiges qui
est un de ceux dont se sont inspirés les auteurs du Dahir de procédure marocain (1). Nul n'était donc mieux préparé que lui pour une
œuvre comme celle qu'il a édifiée sur ma demande et il s'en est
acquitté comme je m'y attendais.

Je ne dirai pas ici tout le bien que j'en pense ; ceux qui nous connaissent, lui et moi, pourraient croire que je parle sous l'influence
de la reconnaissance que je lui ai vouée pour la dévouée collaboration
qu'il m'a donnée pendant beauconp d'années de vie judiciaire commune. Je remets son livre à l'appréciation des nombreux lecteurs qui
y chercheront des directions et je suis certain que leurs appréciations
seront aussi favorables que les miennes.

S. BERGE,

Premier Président de la Cour d'Appel du Maroc.

---

(1) V. *Codes et lois en vigueur au Maroc, T. I. Organisation judiciaire,* Introduction au Dahir de procédure civile, par M. Grunebaum-Ballin, p. 55.

COMMENTAIRE PRATIQUE

DU

DAHIR SUR LA PROCÉDURE CIVILE

TITRE PREMIER

De la compétence des juridictions.

CHAPITRE PREMIER

DE LA COMPÉTENCE SUIVANT LE LITIGE

(Art. 1 à 22).

Les articles 1 à 22 déterminent la compétence respective des tribunaux de paix, des tribunaux de première instance et de la Cour d'appel, institués par le Dahir sur l'organisation judiciaire avec la compétence générale que fixe le titre premier de ce Dahir.

I. *Compétence des tribunaux de paix.*

Les tribunaux de paix connaissent de toutes les actions purement personnelles et mobilières, en matière civile et commerciale, jusqu'à 500 francs en dernier ressort et jusqu'à 1.000 francs à charge d'appel.

Telle est la règle générale posée par l'article 1er. Voici maintenant les cas particuliers.

Actions soustraites à la compétence des tribunaux de paix. — Les tribunaux de paix ne connaissent pas des actions prévues aux articles 17 et 21, c'est-à-dire des actions intentées dans les termes de ces articles, alors même qu'elles n'excéderaient pas 1.000 francs, contre les agents des administrations publiques, contre les agents des secrétariats et contre l'État (art. 1er, § 2).

Mais on remarquera que les tribunaux de paix restent compétents pour connaître, sauf appel, dans les limites de leur compétence, des actions intentées *par les administrations publiques contre les particuliers* (art. 8,

Dahir sur l'organisation judiciaire, et art. 17, 21 Dahir procédure cbn.).
Ils connaissent même sans limitation, sauf appel, des demandes relatives
au paiement des taxes municipales, perçues directement ou par des concessionnaires (art. 7-5° Dahir procédure).

**Compétence sans appel jusqu'à 500 francs et à charge d'appel
jusqu'à 3.000 francs.** — Cette compétence organisée par l'article 2
s'applique à quatre sortes de contestations, savoir :

1° Entre les hôteliers, aubergistes ou logeurs, et les voyageurs ou locataires en garni, leurs répondants ou cautions, pour dépense d'hôtellerie et
perte ou avarie d'effets déposés dans l'auberge ou dans l'hôtel;

2° Entre les voyageurs et les entrepreneurs de transports par terre ou
par eau, les voituriers ou bateliers, pour retards, frais de route et perte ou
avarie d'effets accompagnant les voyageurs;

3° Entre les voyageurs et les carrossiers ou autres ouvriers pour fourni-
tures, salaires et réparations faites aux voitures et aux autres véhicules de
voyage;

4° Des contestations à l'occasion des correspondances et objets recommandés et des envois de valeur déclarée, grevés ou non de remboursement
(art. 2).

**Compétence sans appel jusqu'à 500 francs et sans limite à
charge d'appel.** — Cette nouvelle compétence a lieu dans quatre groupes
de cas définis par les articles 3, 4, 5, 6. Les tribunaux de paix connaissent
sans appel jusqu'à 500 francs et à charge d'appel à quelque valeur que la
demande puisse s'élever :

1° En matière de bail, *quel que soit le montant de la location verbale ou
écrite*, des actions en paiement de loyers ou fermages; des congés; des
demandes en résiliation de baux fondées, soit sur le défaut de paiement
des loyers ou fermages, soit sur l'insuffisance de meubles garnissant la
maison ou de bestiaux et ustensiles nécessaires à l'exploitation, soit enfin
sur la destruction *de la totalité* de la chose louée; des expulsions de lieux;
des demandes en validité et en nullité ou mainlevée de saisies-gageries
pratiquées par les propriétaires ou principaux locataires sur les meubles,
effets et fruits des locataires ou fermiers, ou de saisies revendications
portant sur des meubles déplacés sans le consentement du propriétaire
par les locataires ou fermiers, *à moins que dans ce dernier cas il n'y ait contestation de la part d'un tiers* (art. 3, rapprocher *infra*, art. 392, 393);

2° Des réparations locatives des maisons ou fermes; — des indemnités
réclamées par le locataire ou fermier pour non jouissance provenant du
fait du bailleur, lorsque le droit à une indemnité n'est pas contesté; — des
dégradations et pertes des immeubles loués. Néanmoins le tribunal de paix
ne connaît des pertes causées par incendie ou inondation que dans les
limites de sa compétence générale, c'est-à-dire jusqu'à 500 francs en dernier
ressort et jusqu'à 1.000 francs à charge d'appel (art. 4);

3° Des contestations relatives aux engagements respectifs des gens de
travail au jour, au mois et à l'année et de ceux qui les emploient; des
maîtres et des domestiques ou gens de service à gages; des maîtres ou
patrons et de leurs ouvriers ou apprentis; — des contestations relatives
au paiement des nourrices (art. 5);

4° Des actions pour dommages causés aux champs, fruits et récoltes,
soit par le fait, la négligence ou l'imprudence de l'homme, soit par le fait
des animaux qui sont à son usage ou placés sous sa garde; — des actions
relatives à l'élagage des arbres ou haies et au curage, soit des fossés, soit
des canaux servant à l'irrigation des propriétés ou au mouvement des

usines, *lorsque les droits de propriété ou de servitude ne sont pas contestés;* — des actions civiles pour diffamations ou pour injures publiques ou non publiques, qu'elles soient verbales ou par écrit, autrement que par la voie de la presse; des mêmes actions pour rixes ou voies de fait, *le tout lorsque les parties ne se sont pas pourvues par la voie criminelle;* — de toutes demandes relatives aux vices rédhibitoires, soit que les animaux qui en sont l'objet aient été vendus, soit qu'ils aient été échangés, soit qu'ils aient été acquis par tout autre mode; — de toutes contestations en matière de colis postaux, les indemnités allouées pour perte, avarie ou autre cause ne pouvant excéder les tarifs prévus aux conventions intervenues entre les compagnies ou autres transporteurs concessionnaires et les administrations concédantes (art. 6).

Compétence sans limitation sauf appel. — Cette dernière compétence exceptionnelle a lieu dans cinq cas définis par l'article 7. Les tribunaux de paix connaissent à charge d'appel :

1° Des demandes en pension alimentaire n'excédant pas en totalité 600 francs par an ;

2° Des entreprises commises dans l'année sur les cours d'eau servant à l'irrigation des propriétés et au mouvement des usines et moulins, sans préjudice des attributions de l'autorité administrative dans les cas déterminés par les dispositions légales ou réglementaires; des dénonciations de nouvel œuvre, complaintes, actions en réintégrande et autres actions possessoires fondées sur des faits également commis dans l'année;

3° Des actions en bornage et de celles relatives à la distance prescrite par la loi, les règlements particuliers et l'usage des lieux, pour les plantations d'arbres ou de haies, *lorsque la propriété ou les titres qui l'établissent ne sont pas contestés;*

4° Des actions relatives aux constructions et travaux relatifs à des puits, fosses d'aisances, étables, cheminées ou âtres, forges, fourneaux, magasins de matières corrosives ou autres analogues, établis près d'un mur mitoyen et devant, d'après les règlements ou usages locaux, être placés à une certaine distance pour éviter de nuire au voisin, *si toutefois la propriété ou la mitoyenneté du mur ne sont pas contestés;*

5° Des demandes relatives au paiement de taxes municipales, perçues directement ou par des concessionnaires (art. 7).

Pluralité de demandes. — Lorsque plusieurs demandes formulées *par la même partie contre le même défendeur* sont réunies dans une même instance, le tribunal de paix ne prononce qu'en premier ressort si leur valeur totale s'élève au-dessus de 500 francs, lors même que quelqu'une de ces demandes serait inférieure à cette somme. Il est incompétent sur le tout si ces demandes excèdent, par leur réunion, les limites de sa juridiction (art. 8).

Pluralité de demandeurs ou de défendeurs. — Il s'agit du cas où il y a demande formée par plusieurs demandeurs ou contre plusieurs défendeurs, *collectivement et en vertu d'un titre commun.* L'article 9 détermine la compétence du tribunal de paix au moyen des distinctions suivantes. Si la créance ou la dette est solidaire (ou indivisible), on considère chacun des demandeurs ou des défendeurs comme créancier ou débiteur pour le tout (art. 9, § 2). Au contraire, si la dette est simplement conjointe, on s'attache à la part de chacun d'eux. Lorsque la part de chacun n'est pas supérieure à 500 francs, le tribunal de paix statue en dernier ressort. Lorsqu'il y a une ou plusieurs parts excédant 500 francs, sans dépasser le taux de la compétence du tribunal de paix, il juge pour le tout en premier ressort. Enfin, si une ou plusieurs parts excèdent les limites de sa juridiction, il doit se déclarer incompétent sur le tout (art. 9, § 1).

Demandes reconventionnelles ou en compensation. — Le système des articles 10 et 11 se ramène à cinq règles :

1° Lorsqu'il existe une demande principale et une demande reconventionnelle, il faut et il suffit, pour que le tribunal de paix puisse en connaître, que chacune d'elles, *envisagée séparément*, rentre dans les limites de sa juridiction ;

2° De même, il prononce sans qu'il y ait lieu à l'appel, si chacune des demandes est dans les limites de sa compétence en dernier ressort ;

3° Si l'une d'elles n'est susceptible d'être jugée qu'à charge d'appel, il ne prononce *sur toutes* (donc même sur celle qui est dans les limites du dernier ressort) qu'à charge d'appel ;

4° Si la demande reconventionnelle ou en compensation excède les limites de sa compétence, il peut retenir la demande principale et renvoyer à se pourvoir sur la demande reconventionnelle, *ou bien* renvoyer à se pourvoir sur le tout, c'est-à-dire sur les deux demandes, devant le tribunal de première instance ;

5° La demande reconventionnelle en dommages-intérêts, *fondée exclusivement sur la demande principale*, échappe à toutes ces règles, c'est-à-dire que le tribunal de paix en connaît à quelque somme qu'elle puisse monter et qu'elle est sans influence sur le ressort, en ce sens que le ressort est fixé uniquement par la demande principale.

Offres réelles. — Les tribunaux de paix connaissent, à charge d'appel, des actions en validité et en nullité d'offres réelles, *lorsque l'objet du litige n'excède pas les limites de leur compétence* (art. 12; cf. art. 370 et suiv.).

Saisies. — Les tribunaux de paix connaissent, à charge d'appel, des demandes en validité, nullité et mainlevée de saisies sur débiteurs forains, de saisies-arrêts et oppositions, ainsi que des demandes en déclaration affirmative, *lorsque les causes des saisies* (c'est-à-dire les créances des saisissants) *rentrent dans les limites de leur compétence* (art. 13, § 1).

L'article 3 a posé une règle analogue en attribuant compétence au tribunal de paix pour la saisie-gagerie et la saisie-revendication du bailleur. Il résulte, en effet, de l'article 3 que les causes de ces saisies, qui sont des créances de loyer, rentrent dans la compétence du tribunal de paix. Mais tandis qu'en matière de saisie foraine et de saisie-arrêt le juge de paix n'est compétent qu'à charge d'appel (art. 13), il est compétent en dernier ressort, jusqu'à 500 francs, lorsqu'il s'agit de saisie-gagerie et de saisie-revendication de bailleur. Il semble bien que pour cette nouvelle règle, qui concerne non plus la compétence mais le ressort, ce sont aussi les causes de la saisie qu'il faut considérer. Il faudrait dire alors que le juge de paix connaît sans appel d'une demande en validité, nullité, mainlevée de saisie-gagerie ou de saisie-revendication de bailleur, si la créance de loyer, cause de la saisie, ne dépasse pas 500 francs, quelle que soit la valeur des objets saisis. Il en serait autrement s'il s'agissait d'une saisie-revendication pratiquée par un autre que le bailleur, ou même par le bailleur avec contestation de la part d'un tiers; la compétence et le ressort dépendraient alors de la valeur du meuble revendiqué (*infra, Saisie-revendication*, art. 392, 393).

On verra qu'en matière de saisie-arrêt l'article 321 donne compétence au juge de paix dans un cas nouveau, celui où la saisie-arrêt porte sur des salaires ou des traitements ne dépassant pas 2.000 francs par an, ou sur des sommes ou créances ne dépassant pas 1.000 francs, quelles que soient d'ailleurs les causes de la saisie (*infra*, art. 321).

La suite de l'article 13 pose trois dernières règles de compétence en matière de saisie :

1° Pour toutes saisies qui ne peuvent avoir lieu qu'en vertu de la permission du juge, cette permission est accordée par le juge de paix du lieu où la saisie doit être faite toutes les fois que les causes de la saisie rentrent dans sa compétence ;

2° S'il s'agit de saisie-arrêt, la permission peut être délivrée par le juge de paix du domicile du débiteur ou du domicile du tiers saisi ;

3° Dans tous les cas où il y a opposition pour des causes qui, réunies, excéderaient la compétence du tribunal de paix, le jugement en est déféré aux tribunaux de première instance. Le tribunal de paix était compétent, on le suppose, parce que la créance du saisissant n'excédait pas sa compétence. Il survient d'autres créanciers et toutes ces créances réunies dépassent les limites de la juridiction de ce tribunal. Il cesse d'être compétent (art. 13, § 1) et il faut qu'on aille au tribunal d'instance. Tel paraît être le sens de cette disposition.

Distribution de sommes n'excédant pas 1.000 francs. — L'article 14 donne compétence aux tribunaux de paix, à charge d'appel, pour la distribution par contribution des sommes n'excédant pas 1.000 francs de principal. Mais il peut arriver que les titres des créanciers produisants soient contestés et que les causes de la contestation excèdent la compétence du tribunal de paix. Il reste compétent pour la distribution, mais il faut qu'on aille au tribunal d'instance pour faire juger les contestations (art. 14, § 2). Il surseoit, dit le texte, jusqu'à ce que les tribunaux compétents se soient prononcés et que leurs jugements soient devenus définitifs (cf. art. 357 et suiv.).

Autorisation de la femme mariée. — Le tribunal de paix statue, à charge d'appel, à l'effet d'autoriser une femme mariée à ester en jugement devant lui, lorsque cette autorisation est exigée par le statut personnel de la femme et n'a pas été obtenue du mari. Il est fait mention dans le jugement de l'autorisation donnée (art. 15, §§ 1, 3 ; cf. art. 400, 401).

Autorisation du mineur. — Le tribunal de paix peut aussi, *dans les cas prévus à l'article 5* (c'est-à-dire dans les procès relatifs aux contestations énumérées à cet article) autoriser les mineurs à ester en justice devant lui, lorsque cette autorisation est nécessaire d'après le statut personnel des intéressés. Il est fait mention dans le jugement de l'autorisation donnée (art. 15, §§ 2, 3).

II. *Compétence des tribunaux de première instance.*

Compétence en appel. — Les tribunaux de première instance connaissent en appel de tous les jugements des tribunaux de paix non rendus ou non susceptibles d'être rendus en dernier ressort, alors même qu'ils auraient été mal qualifiés (art. 16, § 1, 2).

Compétence en premier et dernier ressort. — Les tribunaux de première instance connaissent en premier et dernier ressort :

1° Des actions personnelles et mobilières depuis la valeur de 1.000 francs jusqu'à la valeur de 3.000 francs (art. 16, § 3). Il faut faire exception pour les actions prévues aux articles 17 et 21 (voir ci-après), car, quel que soit leur chiffre, elles sont toujours soustraites à la compétence du tribunal de paix (art. 1er, § 2) et aussi à la compétence en dernier ressort du tribunal d'instance. Certaines d'entre elles sont même soustraites d'une manière absolue à la compétence du tribunal d'instance (art. 21, § 2);

2° Des actions immobilières jusqu'à 120 francs de revenu (art. 16, § 4).

Compétence en premier ressort et sauf appel devant la Cour. Compétence administrative. — Cette compétence des tribunaux de première instance existe pour les litiges administratifs (art. 17, 21) et en outre pour toutes actions à l'égard desquelles il n'y a pas de texte fixant une compétence spéciale (art. 18), ce qui veut dire que les tribunaux de première instance ont, comme leur nom l'indique, plénitude de juridiction en premier ressort. Ils constituent, si l'on aime mieux, le premier degré de droit commun des juridictions du protectorat.

Il reste à dire quelques mots de leur compétence administrative. Ils connaissent en premier ressort, et sauf appel devant la Cour des litiges ainsi définis aux articles 17 et 21 : 1° actions intentées contre les agents des administrations publiques pour dommages causés par leur dol ou par des fautes lourdes dans l'exercice de leurs fonctions, ainsi que des recours ouverts contre les administrations publiques pour les mêmes dommages en cas d'insolvabilité des fonctionnaires responsables (art. 17, 1°); 2° actions intentées contre les administrations publiques en vertu de l'article 8, § 1er du Dahir relatif à l'organisation judiciaire (V. cet article) et notamment actions intentées pour dommages causés directement par le fonctionnement des administrations publiques et par les fautes de service de leurs agents (art. 17, 2°); 3° actions intentées contre l'État pour dommages résultant directement d'une faute de service commise par l'un des agents des secrétariats des tribunaux de paix, de première instance et de la Cour d'appel, ainsi que des actions intentées contre ces agents pour dommages causés par leur dol ou par des fautes lourdes dans l'exercice de leurs fonctions, et des recours ouverts contre l'État pour les mêmes dommages en cas d'insolvabilité des fonctionnaires responsables (art. 21, § 3).

Ces textes en même temps qu'ils fixent la compétence montrent que pour tous les fonctionnaires du Protectorat — exception faite des magistrats contre lesquels est seule ouverte la voie de la prise à partie (art. 17, 21, 33, 255 à 265 Dahir procédure, art. 79, 80, 81 Dahir des obligations) — il y a responsabilité pécuniaire du fonctionnaire et subsidiairement de l'État en cas d'insolvabilité, pour les fautes lourdes et le dol, et d'autre part responsabilité de l'État pour le dommage causé directement par le fonctionnement des administrations publiques, et par les fautes de service de leurs agents.

Il faut ajouter que la compétence administrative des juridictions françaises *se renferme strictement dans le cercle tracé par l'article 8 du Dahir sur l'organisation judiciaire* (V. cet article), qu'il y a toujours appel possible devant la Cour, mais qu'il n'y a pas de recours ouvert devant la Cour de cassation, si ce n'est pour excès de pouvoir résultant de la violation dudit article 8.

L'article 21, § 1 donne compétence aux tribunaux de première instance pour connaître en premier ressort, et sauf appel à la Cour, des réclamations qui seraient formées contre les agents des secrétariats de ces tribunaux et des tribunaux de paix de leur ressort, lorsque ces agents refusent ou s'abstiennent d'accomplir un acte de leur fonction (Pour le secrétariat de la Cour d'appel, la compétence appartient à la Cour, V. le paragraphe suivant). Les tribunaux *ont ici pleine juridiction* et peuvent adresser des injonctions auxdits agents.

III. *Compétence en matière de référé.*

La compétence en matière de référé est fixée par l'article 19 : elle appartient au président du tribunal de première instance dans le lieu où siège ce tribunal et dans le ressort des tribunaux de paix établis en ce lieu ; elle appartient au juge de paix dans les autres ressorts de tribunaux de paix.

IV. *Compétence de la Cour d'appel.*

La Cour d'appel connaît :

1° De l'appel de tous les jugements des tribunaux de première instance non rendus ou non susceptibles d'être rendus en dernier ressort, alors même qu'ils auraient été mal qualifiés (art. 20, §§ 1, 2);

2° Des demandes en règlement de juges dans les cas prévus aux articles 252 à 254, c'est-à-dire entre tribunaux de première instance et entre tribunaux de paix relevant de tribunaux de première instance différents (art. 20, § 3);

3° Des prises à partie dans les cas prévus aux articles 255 et 259, c'est-à-dire des prises à partie contre les magistrats des tribunaux de paix et des tribunaux de première instance (art. 20, § 4);

4° Des réclamations formées contre les agents du secrétariat de la Cour d'appel lorsque ces agents refusent ou s'abstiennent d'accomplir un acte de leurs fonctions (art. 21, § 2).

V. *Compétence en matière de difficultés d'exécution.*

L'article 22 pose une double règle :

1° Chaque juridiction connaît des difficultés relatives à l'exécution de ses jugements et notamment de celles concernant les frais exposés devant elle ; il faut, quand il y a eu appel, compléter cette disposition par l'article 235, et, quand il y a urgence, par l'article 219.

2° Le jugement rendu sur difficultés d'exécution ne peut être frappé d'appel que si le jugement rendu sur l'instance principale était lui-même susceptible de cette voie de recours.

CHAPITRE II

DE LA COMPÉTENCE TERRITORIALE

(Art. 23 à 25).

Après avoir déterminé dans le chapitre premier la compétence respective des diverses juridictions françaises suivant le litige ou *ratione materiæ*, le Dahir détermine dans le chapitre deuxième la compétence territoriale ou *ratione loci*, c'est-à-dire qu'il indique parmi les divers tribunaux de paix ou d'instance compétents suivant le chapitre premier, celui qui doit connaître d'une affaire donnée à l'exclusion des autres.

Le principe fondamental est formulé par l'article 23, § 1; la compétence territoriale appartient au tribunal du domicile réel ou élu du défendeur ou, si celui-ci n'a qu'une résidence mais non un domicile dans le ressort des juridictions françaises, au tribunal de sa résidence. C'est l'application de la règle traditionnelle *actor sequitur forum rei*.

Le texte dit que la compétence *appartient au tribunal du domicile réel ou élu*. Il semble résulter de là que le demandeur aura le choix entre les deux domiciles, sauf au cas où l'élection de domicile aurait été faite dans l'intérêt du défendeur. Le demandeur devrait alors porter son action devant le tribunal du domicile élu.

On remarquera que dans le système du Dahir, le demandeur en justice doit toujours faire connaître le domicile ou la résidence du défendeur (art. 50, 148), d'où il suit, comme nous le verrons plus loin, qu'on ne peut pas prendre jugement contre un défendeur sans domicile ni résidence connus, et que, par conséquent, il n'y a pas à se demander quel serait en ce cas le tribunal compétent.

La règle de compétence territoriale posée par le texte ci-dessus comporte un certain nombre d'exceptions (art. 23, § 2, 24, 25). Nous en donnons l'énumération.

Pluralité de défendeurs. — Lorsqu'il y a plusieurs défendeurs, le demandeur peut saisir à son choix le tribunal du domicile ou de la résidence de l'un d'eux (art. 23, § 2).

Compétence en matière immobilière. — En matière immobilière, l'article 24 donne compétence au tribunal de la situation des lieux. Il est en effet le mieux placé pour instruire l'affaire.

Compétence en matière mixte. — On sait qu'il y a matière mixte immobilière quand le demandeur, par l'action qu'il intente et suivant les principes de la loi de fond applicable, peut se dire à la fois créancier et propriétaire ou titulaire d'un droit réel, par exemple en droit français, quand il intente l'action en résolution de vente d'immeuble, ou encore l'action en délivrance de l'immeuble vendu. L'article 24 donne ici compétence à deux tribunaux, celui de la situation de l'immeuble et celui du domicile du défendeur.

Compétence en matière de société. — Le juge compétent en matière de société est celui du lieu du siège social (art. 24). Il en est ainsi alors même que la société n'aurait pas la personnalité juridique. D'ailleurs et bien évidemment, s'il s'agissait d'une action réelle immobilière, ce serait toujours le tribunal de la situation des lieux qui serait compétent.

Compétence en matière de succession. — Le juge compétent est celui du lieu où la succession est ouverte, c'est-à-dire du lieu du domicile du défunt (art. 24).

Compétence en matière de faillite. — L'article 24 donne compétence au juge du domicile ou de la résidence du failli.

Compétence en matière commerciale autre que la faillite. — L'article 24 donne au demandeur le choix *entre deux tribunaux* : celui du domicile du défendeur et celui dans le ressort duquel le paiement devait être effectué. On remarquera que le texte ne donne pas compétence au tribunal du lieu où la promesse a été faite et la marchandise livrée. On remarquera encore qu'on élargit ici la règle générale de compétence de l'article 23, § 1, sans déroger aux compétences spéciales, par exemple à celles relatives au cas de pluralité de défendeurs, de société, de garantie, de faillite. Le texte le dit expressément pour la faillite (arg. des mots : « en toute autre matière commerciale »). On remarquera enfin que le lieu de paiement attribue juridiction, mais ne vaut pas élection de domicile, d'où il faut conclure que la demande en justice ne pourrait pas être notifiée à ce lieu de paiement.

Compétence en matière de travaux publics, de marchés administratifs, de dommages causés par des actes administratifs. — L'action est portée en matière de travaux publics devant le tribunal du lieu où les travaux ont été exécutés, — en matière de marchés administratifs de toute nature, devant le tribunal du lieu où le contrat a été signé, en matière de dommages pour actes administratifs ayant porté préjudice à des particuliers, devant le tribunal du lieu où le dommage a été causé (art. 24).

Compétence en matière de correspondances, objets recommandés, envois de valeur déclarée, colis postaux. — L'action est portée devant le tribunal du domicile de l'expéditeur ou devant celui du domicile du destinataire, au choix de la partie la plus diligente (art. 24).

Compétence en matière de taxes municipales. — L'action est portée devant le tribunal du lieu où la taxe est due (art. 24).

Compétence en matière de garantie, d'intervention, de demandes reconventionnelles. — Les demandes en garantie et autres demandes incidentes, les interventions et les demandes reconventionnelles doivent être portées devant le tribunal saisi de la demande principale. Mais s'il apparaissait que le procès principal cache une entente entre le demandeur et le défendeur principal pour traduire la partie appelée en garantie hors de son tribunal, elle devrait alors y être renvoyée (art. 25).

Il faut aussi supposer que le tribunal saisi de la demande principale n'est pas incompétent d'une manière absolue au regard de la demande incidente, et qu'il peut en connaître suivant les règles posées par le chapitre Ier (art. 1 à 22). On trouve une application de cette idée dans les articles 10 et 11. C'est seulement aux règles de la compétence relative posées par le chapitre II qu'il peut être dérogé en vertu de l'article 25. Par exemple, au cours d'une action en revendication portée devant le tribunal de la situation de l'immeuble (art. 24, § 1), le demandeur pourra bien, sous forme de demande additionnelle, demander des dommages-intérêts, mais un tribunal de paix saisi d'une action possessoire (art. 7, 2°) ne pourra pas connaître, soit à titre de demande additionnelle, soit à titre de demande reconventionnelle d'une demande pétitoire. Le tribunal de paix est en effet incompétent d'une manière absolue pour connaître de ces demandes.

Observation. — Les règles de la compétence territoriale s'appliquent aux tribunaux de paix comme aux tribunaux d'instance. Cela résulte de l'économie générale des chapitres I et II et aussi de l'article 23 qui parle *du tribunal,* ce qui, dans le langage du Dahir, désigne le tribunal de paix aussi bien que le tribunal d'instance.

La question pourra seulement se poser de savoir s'il ne convient pas d'étendre par analogie certaines règles de compétence territoriale de certains cas prévus à d'autres cas non prévus. On se demandera, par exemple, s'il ne faut pas attribuer compétence au tribunal de paix de la situation lorsqu'il s'agit d'actions pour dommages aux champs, d'actions relatives à l'élagage des arbres, au curage des fossés, d'actions possessoires, d'actions en bornage, d'actions relatives à la distance prescrite pour certaines plantations, pour certaines constructions, de réparations locatives, d'indemnités pour non-jouissance réclamées par le locataire ou fermier. On se demandera encore s'il ne faut pas attribuer compétence au tribunal (de paix ou d'instance) de la situation, plus exactement du lieu de la saisie, lorsqu'il s'agit de demandes en validité, nullité, mainlevée de saisie-gagerie, de saisie-foraine, de saisie-arrêt; on peut invoquer en ce sens l'article 13 qui donne compétence au juge du lieu pour accorder la permission de saisir. En matière de saisie-arrêt, cela revient d'ailleurs à donner compétence au juge du domicile du saisi; donc cela ramène à la règle générale. Pour la saisie-revendication, il y a un texte, l'article 393, § 2, qui applique les règles ordinaires de compétence territoriale (cf. *infra*, observations sur cet article).

TITRE DEUXIÈME

Des secrétariats, des avocats, des interprètes et des experts.

CHAPITRE PREMIER

DES SECRÉTARIATS

(Art. 26 à 33).

Le rapport servant d'introduction au Dahir de procédure civile, dans sa partie relative aux secrétariats, constitue le meilleur commentaire des textes de ce chapitre. Nous en résumons les idées essentielles.

Organisation et attribution des secrétariats. — Le Dahir de procédure supprime les officiers ministériels et autres auxiliaires de justice (avoué, huissier, greffier, notaire, curateur aux successions vacantes, syndic de faillite, liquidateur, commissaire priseur, administrateur judiciaire, arbitre, agréé). Il les remplace par un corps de fonctionnaires qui constitue le personnel des secrétariats. D'autre part, il élargit la mission du juge, il lui confie la direction des procédures. Pour cela il institue auprès de chaque juridiction un secrétariat auquel il confère l'organisation et les attributions ainsi définies par l'article 26 :

1° Le secrétariat établi auprès de chacun des tribunaux français est constitué par un corps de fonctionnaires dirigé, sous l'autorité du tribunal, par un secrétaire-greffier, chef de service, assisté de commis-greffiers et de commis (V. Dahir du 3 mai 1914 sur l'organisation du personnel des secrétariats);

2° Le secrétariat est chargé du greffe, du notariat, de la perception des frais de justice, de la comptabilité;

3° Il est, en outre, chargé de tous les actes de sommation, de constatation, de notification, d'exécution, de liquidation et d'administration *ordonnés par le juge*. Il y a là une règle fondamentale dont on retrouve l'application dans toutes les procédures organisées par le Dahir.

Recrutement, discipline et contrôle du personnel des secrétariats. — Les secrétaires-greffiers et leurs collaborateurs sont ainsi appelés à remplir des missions très étendues et très chargées de responsabilités que se partagent dans la métropole plusieurs catégories d'officiers ministériels. Il fallait donner aux justiciables toutes les garanties désirables et organiser, le cas échéant, à leur profit la mise en jeu de responsabilités pécuniaires. Dans ce but, l'article 27 limite le recrutement du personnel des secrétariats à certaines catégories de candidats. Les articles 28 à 32 édictent toute une série de prohibitions, d'interdictions que vient compléter et sanctionner le Dahir susvisé du 3 mai 1914. Ce Dahir organise un conseil de discipline ainsi qu'une échelle de peines disciplinaires pouvant aller jusqu'à la révocation. On remarquera spécialement l'interdiction faite aux agents des secrétariats de se rendre acquéreurs de droits litigieux, de biens, droits ou créances dont ils doivent poursuivre ou autoriser la vente (art. 30); de faire acte de leurs fonctions lorsqu'il s'agit de leurs propres intérêts ou de ceux d'une personne dont ils sont le représentant légal ou le mandataire (art. 31); de se présenter ou d'intervenir soit verbalement, soit par écrit, soit même à titre de consultation devant les juridictions françaises, si ce n'est dans leurs causes personnelles ou celles de leurs conjoints, parents et alliés en ligne directe ou de leurs pupilles (art. 32). Ce système de garanties se complète par la surveillance exercée par les magistrats sous l'autorité et le contrôle desquels les agents des secrétariats se trouvent placés (art. 26, 29) et enfin par les responsabilités pécuniaires.

Responsabilités pécuniaires. — On applique aux agents des secrétariats les règles communes à tous les fonctionnaires du Protectorat — exception faite des magistrats — c'est-à-dire responsabilité pécuniaire de l'agent du secrétariat pour les fautes lourdes et le dol, avec responsabilité subsidiaire de l'État en cas d'insolvabilité de l'agent, et responsabilité directe de l'État pour les simples fautes de service (art. 21 et 33).

CHAPITRE II

DES AVOCATS. DES INTERPRÈTES ET DES EXPERTS

(Art. 34 à 47).

I. *Des avocats.*

Conditions d'aptitude. Admission au stage. Inscription au tableau. Serment. — Les avocats au Maroc sont investis d'un rôle considérable. Sans doute, leur ministère n'est jamais obligatoire, car le Dahir supprime devant toutes les juridictions la nécessité d'un intermédiaire entre le justiciable et le juge (art. 70, 146, 153, 154, 188, 237), mais les plaideurs peuvent faire appel à eux non pas seulement pour consulter et pour plaider, mais encore pour les représenter. En un mot, ils peuvent être et ils sont fort souvent les mandataires des parties (art. 52 et arg. de ce texte). La profession d'avocat devait ainsi être organisée et réglementée d'une manière toute spéciale.

Pour exercer la profession et porter le titre d'avocat dans le ressort des juridictions françaises du Maroc, il faut être inscrit à l'un des tableaux *institués près de chaque tribunal de première instance,* ou être admis au stage (art. 34, § 1).

Ces conditions sont de rigueur : quiconque prend publiquement le titre d'avocat sans en avoir le droit est passible d'un emprisonnement de six mois à deux ans et de 500 francs à 3.000 francs d'amende (art. 47).

Ne peuvent être admis au stage que ceux qui sont pourvus du diplôme français de licencié en droit et qui ont atteint leur vingt-deuxième année.

Peuvent être inscrits au tableau : 1° les Français inscrits au tableau des avocats près d'une juridiction française ou remplissant les conditions pour y être inscrits ; 2° les étrangers pourvus du diplôme français de licencié en droit et ayant exercé réellement, pendant trois années au moins, la profession d'avocat; 3° les Français et les étrangers pourvus du diplôme français de licencié en droit, qui ont accompli un stage d'une durée de trois années en exerçant près des juridictions françaises du Maroc (art. 34, §§ 2, 3, 4).

Chaque tableau est réimprimé au commencement de l'année judiciaire après avoir été visé par le Premier Président de la Cour d'appel. Des exemplaires en sont déposés au secrétariat de chacun des tribunaux français du Maroc et affichés dans les locaux de ces tribunaux (art. 35).

C'est la Cour d'appel qui statue sur l'inscription au tableau, sur l'admission au stage, sur toutes les difficultés relatives à ces inscriptions et admissions, sur le rang de ceux des avocats qui, ayant été inscrits au tableau et ayant abandonné l'exercice de leur profession, se présenteraient de nouveau pour la reprendre (art. 36).

Toute inscription au tableau, toute admission au stage est précédée d'une enquête faite par le Premier Président. Ne peuvent en aucun cas être admis au stage ni inscrits au tableau les avocats antérieurement rayés d'un barreau (art. 37).

Les avocats prêtent serment aussitôt après leur admission au stage, ou aussitôt après leur inscription au tableau, s'ils n'ont pas de stage à accomplir (art. 38).

Incompatibilités. — La profession d'avocat est incompatible avec l'exercice de toutes les fonctions judiciaires ou administratives, à l'exception de celles de juge de paix suppléant non rétribué, avec les emplois à gages, avec toute espèce de négoce : en sont exclues toutes personnes exerçant la profession d'agent d'affaires (art. 44).

Désignation d'office. — Quand il y a lieu à désignation d'office d'un avocat, elle est faite, soit par le bâtonnier, soit par les présidents de la Cour ou des tribunaux de première instance. L'avocat désigné d'office qui refuse son ministère sans excuse légitime encourt les peines disciplinaires prévues à l'article 41 (art. 43).

Discipline. Le bâtonnier. Pouvoir disciplinaire des tribunaux et de la Cour. — La discipline de l'Ordre des avocats appartient aux bâtonniers, aux tribunaux de première instance et à la Cour d'appel.

Le bâtonnier est nommé par la Cour d'appel dans la première semaine de l'année judiciaire, sur la proposition du tribunal près lequel le barreau est établi. Il est choisi parmi les avocats de nationalité française compris dans les deux premiers tiers du tableau. Il est désigné pour deux ans. Sa mission comporte quatre objets principaux : il est chargé de prévenir ou concilier les différends entre les avocats et entre ces derniers et les parties. Il donne son avis sur les demandes d'admission au stage et d'inscription au tableau. Il donne son avis écrit préalablement à la prononciation de toute peine disciplinaire. Il peut prononcer la peine de l'avertissement (art. 39, 40, 41).

L'action disciplinaire est exercée d'office ou sur les plaintes formulées par les intéressés. L'avocat doit être préalablement entendu ou appelé avec délai de huitaine. On vient de voir qu'il faut aussi l'avis écrit du bâtonnier. Les peines disciplinaires sont l'avertissement, la réprimande, l'interdiction temporaire pour une année au plus, la radiation. Ces peines sont prononcées par le tribunal statuant en chambre du conseil, le ministère public entendu. L'avertissement peut, en outre, être prononcé par le bâtonnier.

Le procureur général peut toujours appeler devant la Cour des décisions rendues en matière disciplinaire. Il a quinze jours à partir de la communication qui doit lui en être faite. Il semble qu'il a le droit d'appel même lorsqu'il s'agit de la peine de l'avertissement prononcée par le bâtonnier.

L'avocat, frappé d'une peine disciplinaire, ne peut appeler que dans deux cas : celui de l'interdiction temporaire et celui de la radiation. Il a quinze jours à partir de la communication qui lui est donnée de la décision par le bâtonnier.

La Cour statue en assemblée générale et en chambre du conseil. Elle peut toujours prononcer une peine plus forte, même quand l'appel n'a été interjeté que par l'avocat condamné (art. 40 à 42).

En dehors de l'action disciplinaire exercée comme il vient d'être dit, les tribunaux et la Cour ont le droit de réprimer les fautes commises à leur audience par les avocats, conformément aux articles 67 et 184 (art. 41 *in fine*).

II. *Des interprètes et des experts.*

Les articles 45 et 46 prévoient des tableaux d'interprètes et d'experts dressés annuellement par la Cour d'appel et complétés, s'il y a lieu, en cours d'année. A défaut d'interprètes (ou d'experts) inscrits au tableau, le juge saisi d'un litige en désigne un spécialement en vue de ce litige.

Les interprètes et les experts inscrits au tableau sont assermentés une fois pour toutes. Seuls, ceux qui ne figurent pas au tableau ont à prêter serment dans l'affaire pour laquelle ils sont désignés (art. 85, 382, 383).

Les parties ne nomment pas les experts, elles ne peuvent que les proposer à la désignation du juge (art. 83, 159, 160).

Les parties ne versent pas de provision aux interprètes ou aux experts. L'acceptation par un interprète ou par un expert inscrit au tableau, d'une avance à lui faite directement par la partie entraîne sa radiation. La provision est consignée au secrétariat sur l'ordre du juge et distribuée sous sa surveillance. C'est seulement après le litige terminé que l'expert ou l'interprète a le droit de s'adresser aux parties, pour le cas où une somme lui resterait due après épuisement de la provision et liquidation de ses frais et honoraires (Rapport servant d'introduction au Dahir et articles 79, 80, 81, 137, 212 du Dahir de procédure, 3 du Dahir sur les perceptions).

Toutes ces dispositions donnent aux interprètes et aux experts leur physionomie propre d'auxiliaires de la justice, en évitant de faire d'eux des mandataires des parties (cf. pour les secrétaires-greffiers, art. 31).

TITRE TROISIÈME

De la procédure devant les tribunaux de paix.

CHAPITRE PREMIER

DE L'INTRODUCTION DES INSTANCES

(Art. 48 à 63).

Nous arrivons à la procédure proprement dite. Observons une fois pour toutes, avec le rapport servant d'introduction au Dahir, que les mêmes tribunaux connaissent des affaires civiles, commerciales, administratives, et que la même procédure s'applique en toute matière, exception faite de la matière répressive.

Comment on saisit le tribunal de paix. — La partie qui veut saisir le tribunal de paix doit ou bien déposer au secrétariat une requête écrite signée d'elle ou de son mandataire, ou bien venir au secrétariat exposer sa demande, ce qui donne lieu à un procès-verbal dressé par le secrétaire-greffier. Cette requête (ou ce procès-verbal) a une importance spéciale puisque c'est l'acte qui saisit le tribunal de paix et qui devient la base de toute l'affaire. On doit l'établir avec le plus grand soin et satisfaire à toutes les exigences des articles 48 et suivants. Il faut (art. 50) que la requête (ou le procès-verbal) contienne très exactement les nom, prénoms, profession, domicile ou résidence du demandeur et du défendeur, l'énonciation sommaire, mais claire et précise, de l'objet et des moyens de la demande. Il faut, si le demandeur est domicilié en dehors du ressort du tribunal de paix, qu'il fasse élection de domicile ou qu'il constitue mandataire conformément à l'article 51.

Si la requête est incomplète, on peut inviter le demandeur à se présenter au secrétariat pour la compléter. On peut aussi recueillir les éléments qui manquent au moment de la conciliation. Mais en tous cas, le juge de paix ne doit convoquer à l'audience que sur le vu d'une requête ou d'un procès-verbal régulièrement dressé. La convocation à l'audience, telle qu'elle est prescrite par l'article 54, n'est du reste possible qu'à cette condition. Le procès-verbal de comparution, quand il n'y a pas de requête écrite, peut être libellé suivant la formule nº 1.

Registre des affaires soumises au tribunal de paix. — L'article 49 prescrit la tenue d'un registre sur lequel on inscrit les affaires soumises au tribunal de paix par ordre de réception et de date avec indication du nom des parties. On y inscrit en outre l'envoi et le résultat des avertissements en conciliation (art. 53), la date des convocations à l'audience et celle du jugement (art. 58). L'utilité de ce registre est évidente; il fait connaître l'état des affaires entrées, des affaires en cours, et enfin des affaires sorties par jugement.

Représentation des plaideurs. — On comparaît au tribunal de paix en personne ou par un mandataire quelconque. Seules ne peuvent être admises comme mandataires, les personnes énumérées au § 2 de l'article 52. La constitution d'un mandataire vaut élection de domicile chez celui-ci. Le mandataire n'est valablement désigné que s'il a lui-même domicile réel ou élu dans le ressort. Tout mandataire qui n'est pas avocat doit justifier de son mandat par un acte authentique, ou sous seing privé dûment légalisé, ou encore par la déclaration verbale de la partie comparaissant avec lui devant le juge de paix. Le mandat donné pour représenter une partie dans une instance comporte le droit de faire appel des jugements rendus dans l'affaire sauf stipulation contraire (art. 51, 52).

Ces règles sont importantes en ce qu'elles s'appliquent devant toutes les juridictions (tribunal de paix, tribunal de première instance, Cour d'appel), si ce n'est que la faculté de déclarer verbalement mandataire devant le juge est spéciale au tribunal de paix (art. 146, 152).

Tentative de conciliation. — Sur le vu de la requête présentée par le demandeur ou du procès-verbal de ses comparution et déclaration au secrétariat, le juge de paix appelle les parties en conciliation, sauf dans le cas où le défendeur est domicilié hors du ressort, ou dans les causes urgentes qu'il croit devoir dispenser de la tentative de conciliation (art. 53).

L'avis pour appeler en conciliation peut être libellé suivant la **formule n° 2.** Le juge de paix dresse et signe *un original.* Le secrétaire-greffier fait autant de *copies* qu'il y a de parties portées sur l'original. Sur chaque copie il souligne d'une manière apparente la partie destinataire, et il lui transmet cette copie par l'une des voies indiquées à l'article 53, c'est-à-dire par un agent du secrétariat ou bien par la poste sous bande simple scellée du sceau du tribunal. En même temps qu'il envoie les copies, le secrétaire-greffier remplit et signe la formule qui se trouve au bas de l'original et qui constate l'envoi des avis.

L'original *ainsi régularisé* est remis au juge de paix avec la requête ou le procès-verbal de déclaration au moment de la conciliation. S'il y a conciliation et que l'une des parties le demande, le juge en dresse procès-verbal (art. 53, § 2). On mentionne en tous cas *au registre* (V. ci-dessus) l'envoi et le résultat des avertissements (art. 53, § 4).

Convocation à l'audience. — Quand il n'y a pas eu conciliation, le juge de paix convoque à l'audience. L'article 54 dit ce que doit contenir la convocation. Elle peut être libellée suivant la **formule n° 3.** On donne en tête le résumé de la requête ou du procès-verbal de déclaration. C'est une partie essentielle de la convocation puisque c'est ainsi que la demande se trouve portée à la connaissance du défendeur. Il paraît indispensable de reproduire l'objet et les moyens de la demande. Il faut ensuite indiquer les noms, profession, domicile de chacune des parties, demandeur et défendeur (V. art. 70). De l'exactitude de ces indications, dépend le succès des notifications, et aussi la possibilité de prendre jugement. Rappelons, en effet, suivant une remarque déjà faite, qu'on ne peut pas prendre jugement contre inconnu. Il n'y a pas dans le Dahir de disposition analogue à celle de l'article 69, § 8 du Code de procédure. Si l'on ne parvient pas à découvrir le défendeur, on pourra bien, comme nous le verrons, saisir conservatoirement ce qu'il possède, mais on ne pourra pas prendre jugement contre lui, parce qu'il ne sera pas possible de le convoquer valablement. On voit par là toute l'importance qui s'attache à l'indication exacte de son adresse. Ajoutons que si l'une des parties est un incapable, une adminis-

.tration publique, une société ou toute autre personne morale, la convocation sera adressée à son représentant légal, pris en cette qualité (art. 553). Si l'un des défendeurs est domicilié en dehors du ressort, on se conforme à l'article 54, § 5. Pour cela, on ajoute, au moyen d'un timbre mobile, en marge de la convocation, dans l'espace resté libre, le texte de l'article 51. On remarquera les dispositions de cet article : tout plaideur doit avoir domicile ou mandataire dans le ressort; sinon il doit faire élection de domicile au lieu où siège le tribunal. Toute convocation adressée hors du ressort à une partie non encore appelée en cause, lui rappelle ce qui précède. Si elle ne se met pas en règle, toutes les convocations ou notifications ultérieures — même celle du jugement définitif — lui sont valablement faites au secrétariat. Par où l'on voit qu'en principe, dans une même affaire, et pour une même partie, on n'a jamais à convoquer (ou à notifier) qu'une seule fois hors du ressort. Deux mentions marginales figurent au bas de l'ordonnance et en première page. Elles sont reproduites à cette même place sur les autres formules du tribunal de paix. Celle qui a trait à la date de la notification est surtout importante. Il faut que la partie sache quelle est cette date, où et comment elle est constatée. On verra plus loin que la date de la notification, c'est-à-dire du certificat de remise, est reproduite sur l'enveloppe qu'on laisse, en notifiant, aux mains de la partie.

Le modèle comporte un original et une copie. L'original est signé par le juge de paix. A la suite de la signature du juge se trouve une formule : « *Satisfait, etc.....* » destinée (V. *infra*) à être remplie par le secrétaire-greffier. Cette formule est reproduite à la fin de l'original de tous les actes. Elle est essentielle. Elle constate, d'une part, que la notification ordonnée par le juge est mise à exécution par le secrétariat, ce qui est la base du système de procédure du Dahir (art. 26). Elle constate, d'autre part, comment et par quelle voie est entreprise cette mise à exécution, c'est-à-dire si la notification se fait par le secrétariat, ou par la poste, ou par la voie administrative (V. *infra*, art. 55, 56, 57). Nous disons la mise à exécution *entreprise*. C'est, en effet, tout ce que constate la formule « Satisfait..... »· Il faut une autre pièce, le certificat de remise de l'article 57, pour constater que la notification est *réalisée*. La copie reproduit l'original en s'arrêtant à ces mots : « *Le juge de paix, Signé.....* » et en les faisant suivre de la formule : « *Pour copie conforme, etc.....* ». Cette formule de la copie remplace la formule « Satisfait, etc..... » de l'original. Elle rappelle à la partie que la date de la notification est celle du certificat de remise et que cette date est reproduite sur l'enveloppe laissée entre ses mains. Le juge de paix, en signant l'original de la convocation, s'assure qu'il est régulièrement établi. Le secrétariat fait autant de copies qu'il y a de parties. Sur chaque copie, il souligne d'une manière apparente le nom du destinataire. Les copies sont notifiées conformément aux prescriptions des articles 55, 56, 57 et de manière que les délais des articles 59 à 62 soient observés (V. *infra*, art. 55 et suiv.).

Les convocations sont, on le suppose, établies. Il s'agit de les faire parvenir aux intéressés. Comment procède-t-on ? La réponse se trouve dans les articles 55, 56, 57. Ces textes sont très importants, car les règles qu'ils posent à propos des convocations à l'audience du juge de paix s'appliquent à tous les actes de procédure. On distingue suivant que le destinataire demeure dans le ressort des juridictions françaises du Maroc, demeure en France, en Corse, en Algérie, dans les colonies françaises ou les pays de protectorat français, ou enfin demeure soit au Maroc, hors du ressort des juridictions françaises, soit dans un pays autre que ceux qui viennent d'être énumérés. Dans le premier cas, la convocation est transmise par le secrétariat, ou par la poste, ou par la voie administrative. Dans le deuxième cas, elle est transmise par la voie administrative, « en adressant directement le pli de notification à l'autorité chargée, dans la localité où demeure la partie, des fonctions municipales ». Dans le troisième cas, elle est transmise par la voie administrative, « en adressant directement le pli aux agents diplomatiques ou consulaires de la République française ou aux autorités désignées par les conventions diplomatiques ». L'opération comporte trois phases : 1º la transmission du pli par l'une des trois autorités susdésignées, secrétariat, poste, autorité administrative ; 2º la remise du pli ; 3º le retour au secrétariat de la juridiction d'où est parti le pli, d'un certificat constatant la remise. La transmission est réglée par l'article 55, la remise par l'article 56, le certificat de remise par l'article 57. La transmission proprement dite commence au moment où l'autorité qualifiée pour notifier se saisit du pli. Quand cette autorité n'est pas le secrétariat lui-même, il faut d'abord lui *adresser* le pli. C'est ce qu'exprime l'article 55, alinéas 2 et 3, quand il dit « que la convocation est transmise par la voie administrative et *adressée* directement à l'autorité chargée, etc..... ». Nous entrons maintenant dans les détails et nous parlerons successivement de la notification par le secrétariat, par la poste, par la voie administrative.

Notification de la convocation par le secrétariat. — Il faut d'abord préparer le pli de notification. Il faut ensuite le transmettre et le remettre au destinataire contre certificat. Il faut enfin rapporter le certificat et l'annexer à l'original.

Pli de notification. Enveloppe spéciale. Certificat de remise. — Pour faire une notification on commence par placer la copie de la convocation sous enveloppe. On fait usage d'une enveloppe spéciale **(formule nº 4)**. Cette enveloppe porte une mention en marge indiquant qu'il s'agit d'une notification et rappelant à l'agent chargé de la remise ce qu'il doit faire. Elle porte une autre mention en tête où l'on inscrit le numéro de l'affaire, le numéro sous lequel est coté au dossier l'original de l'acte notifié, et enfin la date de la remise du pli au destinataire. L'enveloppe est fermée et scellée. On rédige la suscription en mettant les nom et adresse soit de la partie, soit de son mandataire (avocat ou autre) si le pli est adressé à un mandataire. Il ne faut pas inscrire le nom des deux. Par exemple s'il s'agit d'une partie qui a constitué Mᵉ X..., avocat à Casablanca, on mettra simplement sur l'enveloppe : « Monsieur X..., avocat, rue ..... Casablanca ». S'il y avait les deux noms, cela pourrait créer une difficulté au sujet de la remise et de l'émargement du certificat de remise, surtout quand la notification est faite par la poste ou par l'autorité administrative. Par contre, il est indispensable que l'acte de procédure inclus dans l'enveloppe porte à la fois le nom de la partie et du mandataire pour que ce dernier, dès qu'il ouvre l'enveloppe, sache que le pli lui est adressé comme mandataire de telle partie. A l'enveloppe ainsi constituée, on annexe un certificat de remise **(formule nº 5)**. On remplit au départ toute la partie du certificat qu'on peut déjà remplir. La pièce ainsi préparée est épinglée au dos pour que la suscription de l'enveloppe et ses autres mentions restent visibles.

L'original de la convocation reste au secrétariat. Au contraire l'enveloppe renfermant la copie et le certificat de remise circulent au dehors. Il faut sur ces deux pièces une mention indiquant qu'elles se rapportent à l'original en question. Cela sera obtenu en inscrivant sur l'enveloppe (V. *supra*) et sur le certificat le numéro de l'affaire, et en outre le numéro de la cote du dossier correspondant à l'original de l'acte notifié. Dans les modèles proposés, ces mentions figurent en marge du certificat de remise et en tête de l'enveloppe. Elles seront remplies par le secrétariat au départ du pli.

Transmission et remise du pli de notification. — Le secrétaire-greffier transmet le pli de notification, c'est-à-dire qu'il porte l'enveloppe à son adresse. La remise doit être faite *au destinataire en personne,* même en dehors de son domicile s'il est trouvé ailleurs, *ou bien à domicile* entre les mains de parents, amis, serviteurs, portiers, concierges (art. 56). Donc le certificat doit constater que le pli est remis au destinataire lui-même, ou bien à domicile, à l'une des personnes ci-dessus qualifiées (V. formule n° 5). Avant de se dessaisir de l'enveloppe, l'agent régularise le certificat en se conformant aux indications données dans cette pièce; en outre, il inscrit sur l'enveloppe, dans la mention à ce destinée, la date de la remise qu'il a inscrite aussi sur le certificat.

Retour du certificat de remise. — En même temps qu'il prend le pli en charge, le secrétaire-greffier a soin de remplir la formule de mise à exécution qui se trouve au bas de l'original. Il écrit par exemple : *Satisfait suivant envoi de ce jour, par nous-même, d'un pli de notification sous enveloppe avec certificat joint, à l'adresse de M. ...... (on reproduit la suscription de l'enveloppe), pour remise à l'intéressé et retour du certificat.* Il faut une mention « Satisfait, etc..... » par chaque pli envoyé. Quand les certificats rentrent, on s'assure qu'ils sont réguliers, puis on les épingle sur l'original en regard de la formule de mise à exécution. On sait qu'ils portent une mention permettant de les identifier et de les annexer à l'original qu'ils concernent.

L'original resté au dossier se régularise d'abord par la formule de mise à exécution, ensuite et surtout par le certificat qui vient s'y annexer. C'est le certificat qui prouve la notification et qui en marque la date. Il n'y a jusque-là qu'un commencement, qu'un projet de notification; c'est un point qu'il ne faut pas perdre de vue. De même que l'original, la copie de l'acte laissée entre les mains du destinataire sous l'enveloppe spéciale, se complète par cette enveloppe même dont la mention de tête, dûment signée par l'agent, reproduit la date de la remise du pli (V. ci-dessus). La partie doit conserver l'enveloppe et l'annexer à la copie, car c'est ainsi qu'elle prouvera, le cas échéant, la date de la notification. La pratique apprendra aux plaideurs et à leurs mandataires la nécessité qu'il y a de joindre l'enveloppe une fois ouverte aux copies qu'ils reçoivent. Ainsi la copie nantie de son enveloppe d'une part, l'original nanti du certificat de remise d'autre part, constituent des actes complets, l'un et l'autre avec la date de la notification et il est vrai de dire dans la procédure du Dahir comme dans la procédure du droit commun, que la copie de l'acte tient lieu d'original à la partie qui la reçoit.

Notification par la poste. — Cette notification se fait en principe comme la notification par le secrétariat. Il y a seulement quelques points à noter.

1° Le certificat à annexer à l'enveloppe est établi suivant la **formule n° 6.** Le secrétariat a soin d'y inscrire toutes les mentions qu'on est à même de remplir au départ, notamment les noms et adresses de l'expéditeur et du destinataire. La poste reçoit ainsi le certificat préparé.

2° Le pli sous enveloppe et le certificat épinglé au dos sont envoyés au bureau de poste. L'article 55 dit que la convocation est transmise par la poste « sous pli recommandé ». On se conforme donc au texte en recommandant le pli de notification. Cette recommandation du pli est-elle indispensable? Nous ne le croyons pas. D'abord elle est inutile puisqu'on sait par la formule de mise à exécution au bas de l'original de l'acte, que la convocation a été envoyée et par le certificat de remise qu'elle a été reçue. En outre, elle n'est pas sans inconvénient. En effet, la remise du pli recommandé se fait suivant les règlements de l'administration des postes; au contraire, la remise du pli de notification se fait conformément à la loi de procédure, articles 56, 57; or cette loi diffère sur plusieurs points des règlements postaux; donc il faut qu'aucune confusion ne s'établisse entre les deux sortes de plis et la recommandation du pli favoriserait cette confusion. Le pli de notification reste d'ailleurs un pli d'une nature spéciale qui s'annonce par sa forme extérieure et qui se recommande essentiellement à l'attention des postes, en sorte que le texte de l'article 55 n'est pas méconnu.

3° Pour la remise du pli, le facteur suit les indications du certificat qui ne fait lui-même que reproduire les prescriptions impératives des articles 56, 57. Il s'agit, en effet, d'un pli de notification pour lequel le facteur doit se conformer non pas seulement aux règlements de la poste, mais avant tout à la loi de procédure qui régit les notifications et qui a compris le service des postes au nombre des autorités chargées d'y procéder. Par exemple, le facteur doit remettre *à personne ou bien à domicile* entre les mains de parents, amis, serviteurs, portiers ou concierges de la partie. Cela veut dire qu'il peut remettre au destinataire, même en dehors de son domicile, pourvu qu'il remette à lui-même et d'autre part qu'il ne doit pas différer la remise du pli s'il ne trouve pas le destinataire, qu'il doit, au contraire, remettre à domicile, entre les mains d'une des personnes ci-dessus qualifiées, à charge de préciser le fait et les conditions de cette remise dans son certificat. A l'inverse, il ne peut pas remettre le pli poste restante ou dans une boîte d'abonné, parce que cela est contraire à la loi. En définitive, le facteur remettra, et constatera sur son certificat qu'il remet, le pli tel jour à M. X..., destinataire, en personne, ou bien *au domicile du destinataire*, à tel parent, ami, etc... de ce destinataire. Après avoir régularisé son certificat *et avant de se dessaisir du pli*, il aura soin de reporter la date de la remise, déjà inscrite sur le certificat, dans la mention en tête de l'enveloppe et de signer cette mention.

4° En même temps qu'il envoie le pli à la poste, le secrétaire-greffier remplit la formule de mise à exécution qui est au bas de l'original. Il écrit, par exemple :

Satisfait suivant envoi de ce jour, par la poste, d'un pli de notification sous enveloppe avec certificat joint, à l'adresse de M. ...... (on reproduit ici la suscription de l'enveloppe), pour remise à l'intéressé et retour du certificat.

Quand le certificat de remise rentre, le secrétariat s'assure qu'il est régulier, puis il l'annexe à l'original correspondant.

Notification par la voie administrative. — Il faut distinguer suivant que la notification a lieu dans le ressort ou hors du ressort des juridictions françaises du Maroc.

A. *Dans le ressort des juridictions françaises.* — La notification se fait comme la notification par le secrétariat sous réserve de ce qui suit :

1° Le certificat de remise à annexer à l'enveloppe est établi suivant la **formule n° 7;**

2° Le pli de notification sous enveloppe avec certificat joint, est placé dans une autre enveloppe sans mention spéciale, à l'adresse de l'autorité qui doit notifier. L'envoi est fait par un chaouch ou un planton de service s'il s'agit d'une autorité locale (police, gendarmerie, contrôle civil). S'il s'agit d'une autorité administrative de l'extérieur, l'envoi est fait par la poste en recommandant au besoin. Ce n'est pas le pli de notification qu'on recommande, mais le pli à l'adresse de l'autorité administrative, renfermant la notification et qui est un envoi postal ordinaire. Si la poste ne dessert pas le siège administratif auquel est fait l'envoi, la poste aux armées assure l'acheminement du pli. L'autorité administrative, une fois en possession du pli de notification qu'elle trouve sous l'enveloppe à son adresse, assure la transmission et la remise de ce pli au destinataire, puis elle renvoie au secrétariat le certificat après l'avoir régularisé (art. 55, 56, 57). Ici encore l'agent chargé de la remise doit se conformer exactement aux indications du certificat. Après l'avoir régularisé et avoir indiqué notamment la date où la remise est faite, il a soin de reproduire cette date dans la mention en tête de l'enveloppe. Il ne se dessaisit de l'enveloppe qu'après l'accomplissement de cette formalité. Il est bien entendu que la remise doit être faite au destinataire lui-même, ou bien à son domicile entre les mains d'une des personnes désignées par l'article 56, parent, ami, serviteur, portier ou concierge;

3° En même temps qu'il fait partir le pli par l'une des voies indiquées ci-dessus, le secrétariat remplit la formule de mise à exécution au bas de l'original. Il écrit par exemple :

Satisfait suivant envoi de ce jour par le planton de service à Monsieur le Commandant de gendarmerie de ....., d'un pli de notification sous enveloppe avec certificat joint, à l'adresse de M. ..... (on reproduit ici la suscription de l'enveloppe), pour remise à l'intéressé et retour du certificat.

Ou bien :

Satisfait suivant envoi de ce jour par poste recommandée à Monsieur le Contrôleur civil de ....., d'un pli de notification sous enveloppe avec certificat joint, à l'adresse de M. ..... (on reproduit ici la suscription de l'enveloppe), pour remise à l'intéressé et retour du certificat.

Ou encore :

Satisfait suivant envoi de ce jour par poste recommandée à Monsieur le Commandant de région de ....., d'un pli de notification sous enveloppe avec certificat joint, à l'adresse de M. ..... (on reproduit ici la suscription de l'enveloppe), pour remise à l'intéressé et retour du certificat.

On épingle sur l'original de l'ordonnance en regard de la formule de mise à exécution et au fur et à mesure qu'ils rentrent, le récépissé de l'envoi recommandé, puis le certificat de remise. Suivant une remarque déjà faite, c'est par l'annexion de ces pièces que l'original se trouve régularisé et qu'il devient un acte de notification.

B. *Hors du ressort des juridictions françaises.* — Cette notification se fait comme la précédente. Toutefois :

1° Le certificat est accompagné d'une lettre, ainsi qu'il va être dit;

2° Le pli sous enveloppe avec le certificat épinglé au dos est adressé directement « à l'autorité chargée des fonctions municipales dans la localité où demeure la partie (art. 55, § 2), ou bien aux agents diplomatiques ou consulaires de la République française ou aux autorités désignées par les conventions diplomatiques » (art. 55, § 3). En outre, « l'autorité chargée d'assurer la remise de la convocation est requise de renvoyer le certificat de convocation ». Pour cela, le juge de paix écrit à l'autorité dont il s'agit une lettre qu'il joint au certificat de remise. Cette lettre peut être conçue selon la **formule n° 8**. Le secrétariat place alors la lettre en question ainsi que le pli de notification sous enveloppe avec certificat joint, dans une autre enveloppe sans mention spéciale et portant simplement l'adresse de l'autorité municipale, diplomatique ou consulaire à qui l'envoi est destiné. Cet envoi est fait par la poste en recommandant au besoin. L'autorité dont il s'agit, une fois en possession du pli de notification qu'elle trouve sous l'enveloppe à son adresse, assure la transmission et la remise du pli au destinataire, puis elle retourne au secrétariat le certificat régularisé en se conformant aux indications de ce certificat et de la lettre qui l'accompagne. Ici encore, il faut répéter que l'agent doit faire la remise conformément aux indications portées sur le certificat, qu'il doit remettre au destinataire lui-même ou bien à son domicile entre les mains d'une des personnes désignées à l'article 56, parent, ami, serviteur, portier ou concierge, qu'il doit constater le tout en remplissant les mentions du certificat, qu'il doit notamment indiquer la date où la remise est faite, reporter cette date sur l'enveloppe et ne se dessaisir de l'enveloppe qu'après l'accomplissement de cette formalité;

3° En même temps qu'il fait l'envoi à l'autorité administrative, le secrétaire-greffier remplit la formule de mise à exécution au bas de l'original de la convocation. Il écrit par exemple :

Satisfait suivant envoi de ce jour par poste recommandée à (désignation de l'autorité municipale, diplomatique, ou consulaire), d'un pli de notification sous enveloppe avec certificat joint, à l'adresse de M. ..... (on reproduit ici la suscription de l'enveloppe), pour remise à l'intéressé et retour du certificat.

On épingle sur l'original, au fur et à mesure qu'ils rentrent, le récépissé de l'envoi recommandé puis le certificat de remise.

Délai pour comparaître. — 1° Il doit y avoir un jour franc entre le jour de la remise de la convocation (c'est-à-dire entre le jour de la remise constaté par le certificat) et le jour indiqué pour la comparution. Ce délai est, à raison de la distance où se trouve la partie et le lieu de sa comparution, augmenté d'un jour par 2 myriamètres (art. 59). Ces règles supposent que le défendeur a domicile ou résidence ou encore qu'il est trouvé dans le ressort des juridictions françaises (art. 61). En ce qui concerne le demandeur, il faut aussi le convoquer (art. 70). Mais il a nécessairement (arg. art. 51) domicile ou mandataire dans le ressort du tribunal de paix ou bien domicile élu au lieu où siège le tribunal, et par conséquent les délais sont toujours très brefs en ce qui le concerne.

2° Si le défendeur n'a ni domicile ni résidence dans le ressort des juridictions françaises, l'article 60 fixe des délais de comparution spéciaux d'un, deux, trois ou quatre mois suivant les distinctions faites au texte et ces délais — pour les pays autres que le Maroc, l'Algérie ou la Tunisie — sont doublés en cas de guerre maritime.

3° Le juge jouit d'un certain pouvoir relativement aux délais (art. 61, 62) : il peut en cas d'urgence abréger le délai d'un jour franc (et aussi, semble-t-il, les délais de distance) de l'article 59; il peut, par ordonnance motivée, abréger les délais spéciaux de l'article 60, sur justification qui lui est faite de la rapidité et de la sûreté des communications; il peut enfin, dans le cas de l'article 61, prolonger, s'il y a lieu, les délais ordinaires de comparution auxquels le défendeur a seulement droit en principe.

C'est en rapprochant la date du certificat de remise de la date fixée pour la comparution qu'on sait si les délais fixés par les articles 59 à 62 ont été observés. La question est d'ordinaire sans intérêt si les parties comparaissent. Elle est au contraire capitale si elles ne comparaissent pas. Le juge ne peut rejeter la demande conformément à l'article 70, § 1, ou donner le défaut prévu par l'article 70, § 2, qu'après avoir constaté qu'il y a convocation régulière avec observation des délais. S'il n'en est pas ainsi, il faut une nouvelle convocation pour qu'il puisse statuer. Par où l'on voit qu'il est indispensable, au moment de l'appel d'une affaire, que le juge se reporte aux certificats de remise en s'assurant qu'ils sont bien tous au dossier et en constatant leur date. L'article 73 précise du reste que le jugement doit contenir soit mention de l'audition des parties ou de leurs mandataires, *soit visa des certificats de convocation.*

. **Comparution volontaire. Prorogation de juridiction.** — L'article 63, reproduit de l'article 7 du Code de procédure civile, permet aux parties de supprimer les formes et délais de la convocation et de saisir le juge de paix de leur différend par comparution volontaire. Il leur permet aussi de proroger la juridiction du juge de paix, soit en renonçant à l'avance au droit d'appeler, soit en s'adressant à un juge de paix autre que celui déterminé par la loi. On sait que d'après la jurisprudence la prorogation de juridiction est possible, en matière personnelle et mobilière, même au delà de la compétence légale du juge de paix.

Il faut une déclaration des parties, faite devant le juge et constatée par écrit.

CHAPITRE II

DES AUDIENCES ET DES JUGEMENTS

(Art. 64 à 77)

Tenue et police des audiences. — Les juges de paix peuvent juger tous les jours, même les dimanches et jours fériés (art. 64). Les audiences sont publiques. Le juge a la police de l'audience. Les parties sont tenues de s'expliquer avec modération et de garder en tout le respect qui est dû à la justice. Si elles y manquent, le juge les y rappelle d'abord par un avertissement; en cas de récidive, il peut les condamner à une amende n'excédant pas 10 francs. En cas de trouble ou scandale, il peut ordonner l'expulsion tant d'une partie ou de son mandataire que de toute autre personne présente à l'audience. Dans le cas d'insulte ou d'irrévérence grave envers le juge, il en dresse procès-verbal et il peut condamner à un emprisonnement de trois jours au plus. Il faut réserver le cas où il y aurait lieu à l'application de peines plus graves par les juridictions répressives compétentes; c'est ce que le texte semble indiquer en disant que le juge *peut* condamner. Les jugements, dans ces divers cas, sont exécutoires par provision (art. 66). Dans le cas où des discours injurieux, outrageants ou diffamatoires seraient tenus par les avocats, le juge peut prononcer, par jugement séparé, les peines disciplinaires de l'avertissement et de la réprimande, sans préjudice de l'application, s'il y a lieu, des peines disciplinaires plus graves par la juridiction compétente (art. 67). Donc, si le juge de paix estime que l'avertissement ou la réprimande ne constituent pas une répression suffisante, il se contentera de dresser procès-verbal et on suivra la procédure des articles 40, 41, 42. Ici encore, il faut réserver le cas où il y aurait lieu à l'application de peines plus graves par les juridictions répressives compétentes.

. **Comparution des parties. Défaut du demandeur. Défaut du défendeur.** — On prévoit quatre cas :

1º Les parties défèrent à la convocation et comparaissent. Les textes (art. 65, 68, 69) fixent les règles de la comparution et précisent l'office du juge. Au jour fixé par la convocation, les parties comparaissent en personne ou par leurs mandataires (V. ci-dessus, art. 51, 52). Les parties ou leurs mandataires et avocats sont entendus contradictoirement. Le juge peut toujours ordonner la comparution personnelle des parties. La cause est jugée sur-le-champ ou renvoyée à une prochaine audience. Dans ce dernier cas, le jugement doit être rendu dans le délai de vingt jours. Si une mesure d'instruction est ordonnée, le jugement doit être rendu dans les vingt jours qui suivent son accomplissement. Le juge, s'il le croit nécessaire, se fait remettre les pièces;

2º Le demandeur ne comparaît pas. Si le demandeur ou son mandataire, *régulièrement convoqué*, porte l'article 70, § 1, ne comparaît pas au jour fixé, la demande est rejetée. Le juge de paix, avant de rejeter la demande, doit donc (V. *supra, Délai pour comparaître*) s'assurer, par l'examen de l'original de la convocation et du certificat de remise, qu'il y a eu convocation régulière, avec observation des délais ;

3º Le défendeur ne comparaît pas. Si le défendeur ou son mandataire, régulièrement convoqué, ne comparaît pas au jour fixé, il est statué par défaut (art. 70, § 2). Ici encore il faut vérifier la régularité de la convocation avant de donner défaut.

L'article 71 apporte un tempérament aux règles ci-dessus : il permet au juge dans certains cas qu'il énumère, si le demandeur ne comparaît pas, de renvoyer l'affaire à une prochaine audience (au lieu de rejeter), et de même si le défendeur ne comparaît pas, de renvoyer à une prochaine audience (au lieu de donner défaut) ;

4º Il y a plusieurs défendeurs et l'un d'eux ne comparaît pas. L'article 72 règle ce cas. Le juge renvoie les parties présentes ou représentées à une prochaine audience, et au plus tard à huitaine. Ceci revient à dire qu'il les convoque de vive voix pour le nouveau jour fixé, avec mention de cette convocation au plumitif, par le greffier. Il invite à nouveau la partie défaillante par une convocation faite suivant les règles établies par les articles 55, 56, 57 à comparaître au jour fixé. Cette convocation pourra être libellée suivant la **formule nº 9**. Le modèle comporte un original et une copie. La notification se fait suivant les règles ci-dessus expliquées. Le défendeur défaillant a, on le suppose, été régulièrement convoqué une première fois, sinon il ne pourrait pas être considéré comme défaillant ; cette convocation, s'il est domicilié hors du ressort du tribunal de paix, devait contenir l'avis prescrit par l'article 51. Il semble donc que s'il n'a pas déféré à cet avis, c'est-à-dire s'il n'a pas élu domicile, la nouvelle convocation lui sera valablement faite au secrétariat du tribunal (même texte). En d'autres termes, il n'y aurait pas lieu à nouvelle convocation en dehors du ressort. On s'expliquerait ainsi que l'article 72 prévoit le renvoi « à une prochaine audience et au plus tard à huitaine ». Au jour fixé, il est statué par un seul jugement, commun à toutes les parties en cause, qui n'est susceptible d'opposition de la part d'aucune d'elles.

Prononcé, rédaction, conservation des jugements. — Les jugements sont rendus à l'audience publique (art. 73).

La rédaction des jugements est réglée par l'article 73 pour les tribunaux de paix, par l'article 189 pour les tribunaux de première instance et pour la Cour (art. 237). Il semble bien résulter de ces textes que « les noms et conclusions des parties, l'analyse de leurs moyens » — c'est-à-dire les qualités — trouvent place dans la rédaction initiale des jugements, en tête des motifs et du dispositif, et qu'ils font partie intégrante de cette rédaction. Il s'en suivrait que les qualités sont l'œuvre des magistrats au même titre que les autres parties du jugement et que le jugement porté sur la feuille d'audience forme un tout complet, prêt à être expédié. Les articles 73, 189 sont très nets en ce sens. On ne trouve pas de disposition analogue à celle de l'article 142 du Code de procédure français. Enfin on voit dans les articles 76, 192 que l'expédition des jugements est délivrée par le secrétaire-greffier *dès qu'il en est requis* et dans l'article 285 au sujet de l'expédition en forme exécutoire, que cette expédition délivrée par le secrétaire-greffier porte la mention « *pour copie conforme et pour exécution* ». Tout cela semble indiquer que l'expédition s'obtient au moyen d'une simple copie du jugement tel qu'il est porté à la feuille d'audience, et cela suppose essentiellement que ce jugement contient les qualités.

Rien n'est plus rationnel dans la procédure du Dahir. En France, la procédure est conduite par les avoués, on conçoit qu'ils soient chargés des qualités. Au Maroc, c'est le juge qui la dirige, il est tout simple que les qualités soient son œuvre. La loi elle-même le convie à les préparer. En effet, aux termes de l'article 185, « le rapport est fait sur chaque affaire aussitôt après qu'elle a été appelée. Le juge rapporteur *résume les faits et les moyens.....* », ce qui veut dire que le rapport contient, au moins en germe, les qualités. On voit tout de suite les avantages du système. Le rapport donne une analyse de la procédure ; il prépare ainsi toute la première partie du jugement. Comme il est fait à l'audience, il est soumis au contrôle des parties avec possibilité pour elles de relever les erreurs matérielles, les omissions qui peuvent s'y rencontrer. D'autre part, le juge qui rédige le jugement a sous les yeux le rapport et cela va lui permettre une rédaction plus brève. Les qualités, issues du rapport du rapporteur, seront elles-mêmes, tout en étant complètes, beaucoup plus courtes que celles faites après coup chez l'avoué. On arrivera dans la pratique, au point de vue de la rédaction d'ensemble, à une entente, à une sorte de mise au point entre les présidents et les rapporteurs, si bien que les jugements n'auront guère plus de développement que les minutes du système français où, faute de qualités préalables, on est souvent obligé d'insérer un véritable exposé de faits. Il s'ensuit que les jugements, nantis de leurs qualités, ne seront pas plus longs à coucher sur les registres des secrétariats que les minutes ordinaires. Et comme ils seront complets, le secrétariat, pour délivrer les expéditions, n'aura qu'à faire des copies sur lesquelles il ajoutera simplement les mentions du commencement et de la fin, prévues par les textes (art. 73, 189, 285), pour les expéditions simples ou en forme exécutoire. Il en résultera une économie de temps sensible pour la délivrance des expéditions, c'est-à-dire pour une des branches importantes du service des secrétariats.

Les mêmes règles seront appliquées pour les jugements de paix. Sans doute ici on n'a pas la procédure écrite, on n'a pas de rapporteur, ce qui fait qu'une partie des considérations qui précèdent ne porte pas. Mais il y a la même raison de texte. Les articles 73, 74 sont très nets dans le sens qui vient d'être indiqué ; ils impliquent que c'est un jugement complet, qualités comprises, qui est rédigé dès le début et qui est porté sur la feuille d'audience. Donc, à la différence de ce qui a lieu dans le système ordinaire, le secrétariat de paix auquel on demande l'expédition d'un jugement n'aura qu'à copier le jugement porté à la feuille d'audience, il n'aura pas à faire au préalable les qualités. D'ailleurs, au tribunal de paix, c'est le juge de paix, secondé par le secrétariat, qui reçoit la requête initiale du demandeur et qui la conduit jusqu'au jugement. Il est à lui-même son propre rapporteur. Il est tout naturel que, en tête de sa sentence, il donne le résumé de la procédure qu'il a dirigée. Précisément parce qu'il n'y a pas de procédure écrite, il est fort utile d'habituer le juge de paix à faire ce résumé avant de juger ; il y a là une garantie d'un bon jugement ; et cette garantie est éminemment désirable dans un système de procédure qui « a étendu le plus possible la compétence des juges de paix ». Pour les raisons données plus haut, le jugement dans son ensemble ne devra guère être plus long que la minute du système ordinaire. Par exemple il ne s'agira pas de recopier tout au long les requêtes introductives, ou bien les conclusions que les parties, même au tribunal de paix, déposent parfois ; ce que la loi demande au juge de paix (art. 73), c'est une mention, une analyse sommaire des conclusions et des moyens. Cela présentera exactement les mêmes avantages qu'au tribunal d'instance.

Les mêmes principes s'appliqueront pour la rédaction des arrêts de la

Cour d'appel (arg. art. 237). C'est le même système qui sera suivi à tous les échelons de la hiérarchie et il ne paraît pas douteux qu'il sera fécond en résultats pratiques.

Au point de vue de la rédaction et de la conservation des jugements, les articles 73, 74 posent encore quelques règles qu'il suffit de transcrire : 1° les jugements mentionnent le vu des pièces et des dispositions législatives dont ils font l'application ; 2° ils contiennent, soit mention de l'audition des parties ou de leurs mandataires, soit visa des certificats de convocation. C'est en effet par là qu'on saura s'il y a lieu, soit à jugement contradictoire (art. 68), soit à jugement de rejet ou de défaut (art. 70, §§ 1, 2) ; 3° ils sont motivés ; mention y est faite qu'ils ont été rendus en audience publique ; 4° ils sont datés et signés du juge et du greffier ; 5° ils sont portés par le greffier à la feuille d'audience ; 6° les feuilles d'audience sont périodiquement reliées pour former registre.

Exécution provisoire. — L'article 75 a trait à l'exécution provisoire nonobstant opposition ou appel. Il se ramène à trois règles : 1° le juge de paix *doit* ordonner l'exécution provisoire sans caution dans tous les cas où il y a titre authentique, promesse reconnue, ou condamnation précédente dont il n'y a point eu appel ; 2° il *peut* l'ordonner sans caution (et à plus forte raison avec caution) lorsqu'il s'agit de pension ou provision alimentaire, ou lorsque la somme n'excède pas cinq cents francs, ou encore lorsqu'il s'agit de réparations urgentes, d'expulsions de lieux, s'il n'y a pas de bail ou si le bail est expiré, d'apposition et levée de scellés et de confection d'inventaire, de séquestres, commissaires et gardiens, de réception de caution ; 3° il *peut* l'ordonner, mais à charge de donner caution, dans tous les autres cas.

Expédition, notification des jugements. — Aux termes de l'article 76, l'expédition de tout jugement *définitif* est délivrée par le secrétaire-greffier dès qu'il en est requis. On sait qu'en principe les jugements de paix avant dire droit ne sont pas expédiés ; c'est pourquoi le texte prend soin de viser les jugements définitifs. Il y a deux sortes d'expéditions, les expéditions simples et les expéditions en forme exécutoire. Les premières peuvent être délivrées à toutes les parties en cause. Il n'en est pas de même des autres (*infra*, art. 285, 286). Toutes deux portent en tête l'intitulé prescrit par l'article 73 : « *Empire Chérifien. Protectorat du Maroc. Au nom de la République Française et de S. M. le Sultan* ». Elles se distinguent par la formule finale. Au bas de l'expédition simple, on mettra par exemple : « *Pour expédition simple délivrée sur sa demande à M. ..... par nous secrétaire-greffier soussigné* ». Au bas de l'expédition en forme exécutoire : « *La présente expédition en forme exécutoire délivrée sur sa demande au bénéficiaire du jugement, sieur ....., par nous secrétaire-greffier de la juridiction qui a statué, après l'avoir revêtue de la mention : « Pour copie conforme et pour exécution », de notre signature et du sceau du tribunal, le tout conformément à la loi* ». Cette formule ne fait que reproduire les termes de l'article 285.

Aux termes de l'article 77 : « la notification d'un jugement est accompagnée d'une expédition de ce jugement ; elle est transmise et remise dans les conditions fixées aux articles 55, 56, 57 ». On sait que dans le système du Dahir c'est le secrétariat qui est chargé de tous les actes de notification *ordonnés par le juge*. Il faut donc une ordonnance de notification et à la copie de cette ordonnance on joint une expédition du jugement. C'est ce que dit l'article 77. L'ordonnance pourra être libellée selon la **formule n° 10** s'il s'agit d'un jugement contradictoire, et selon la formule n° 22 (V. ci-après) si le jugement est par défaut. Ces modèles comportent un original et autant de copies qu'il y a de parties en cause. Chaque copie accompagnée d'une expédition du jugement est placée sous l'enveloppe spéciale, puis la notification se poursuit conformément aux règles ci-dessus expliquées (*infra,* art. 55, 56, 57). Tout cela est sans difficulté.

Il reste à dire quelques mots sur les ordonnances de notification proposées et à les justifier. Ici encore nous parlons non seulement pour les tribunaux de paix (art. 77), mais pour les tribunaux d'instance et pour la Cour d'appel (art. 192, 237) et nous justifions par avance les formules de notification analogues données un peu plus loin sous ces articles. Ces formules impliquent que le jugement est notifié d'office à toutes les parties sur l'ordre du juge de paix, du juge ou du conseiller rapporteur, tandis que d'après le droit commun la notification se fait à une partie, ordinairement le perdant, à la requête d'une autre partie, ordinairement le gagnant. Nous croyons, en effet, que tel est le système de Dahir.

Tout d'abord, cela est conforme à l'esprit général de la procédure marocaine. En France, la direction des procédures appartient aux plaideurs, à leurs avoués ; la notification des jugements est laissée à leur initiative. Mais au Maroc, c'est le juge qui est chargé de la direction de l'affaire et qui doit la conduire à sa solution ; on comprendrait mal qu'il ne la menât pas jusqu'à sa solution définitive qui implique la notification du jugement ; on comprendrait mal qu'après avoir pendant tout le cours du procès notifié d'office les requêtes et mémoires des parties (nous verrons que c'est ce qui a lieu), il s'arrêtât devant l'acte final, celui où est dit le dernier mot du débat, devant le jugement. Les parties qui, jusque-là, ont suivi de gré ou de force l'impulsion du juge pour qu'une solution intervienne, recouvreraient leur liberté d'action juste au moment d'atteindre le but, et le but se trouverait indéfiniment reculé, car elles seraient libres de notifier ou de ne pas notifier pendant trente ans (art. 284) et de laisser ouvert pendant cette longue période l'exercice des voies de recours (art. 141, 213, 226). Il n'est pas présumable qu'on ait voulu cela. Qu'on le remarque bien, toute affaire portée devant les juridictions françaises du Maroc donne nécessairement lieu à un jugement ; la radiation n'est pas possible, même si l'on est au tribunal de paix, même si c'est le demandeur qui ne se présente pas ; on ne semble pas prévoir le désistement d'instance, mais seulement le désistement *de la demande* (art. 70, §§ 1, 134, 198, 555). C'est la volonté nettement exprimée de faire vider le procès une fois pour toutes. Or, le but n'est atteint que si l'on arrive à une solution définitive, c'est-à-dire si l'on notifie. Même sous l'empire du droit commun, c'est un point certain que « la mission peut-être la plus utile des tribunaux est de terminer les procès le plus rapidement possible et d'étouffer sans retard les querelles qui les accompagnent presque toujours » (en ce sens, *Note* au Sirey, 1914. 1. 76). On a dit dans le même sens que « la fiction de vérité attachée par la loi à la chose jugée a pour but d'empêcher de s'éterniser les querelles entre les citoyens ». Ce point de vue est certainement celui des auteurs du Dahir ; tout leur système s'inspire de ces idées ; mais pour qu'elles reçoivent satisfaction complète, il faut que le juge ne se contente pas de prononcer sa sentence, il faut qu'il la notifie. On peut remarquer encore que chaque affaire terminée implique une question de frais à liquider par le secrétariat ; cette liquidation participe du caractère général de la procédure, elle a lieu d'office ; or, elle paraît bien nécessiter la notification également d'office du jugement qui termine l'affaire, ainsi que de l'ordonnance de liquidation de dépens (V. *infra,* art. 140, 214). Dans le sens de ces observations, il faut ajouter que les textes qui règlent la notification des jugements (art. 77, 192, § 2) ne disent pas qu'elle a lieu sur la demande ou sur la réquisition d'une partie. Ils portent simplement que la notification d'un jugement est accompagnée d'une expédition de ce jugement, qu'elle est transmise et remise dans les conditions fixées aux articles 55, 56, 57 ou à l'article 151, et, ce que prévoient ces articles, ce n'est pas une notification sur réquisition, c'est une notification d'office. Pour convoquer les parties au tribunal de paix, pour notifier les requêtes et conclusions qu'elles déposent au tribunal d'instance, puis pour les appeler à l'audience, le juge n'attend pas qu'on le requière; une fois saisi par la requête initiale, il convoque les intéressés et il les fait juger quand le moment lui paraît venu, non quand il plaît aux plaideurs de prendre jugement (art. 54, 150, 154, 155, 156). De même quand le jugement est rendu, il doit le notifier à toutes les parties et non pas attendre — pendant trente ans peut-être — qu'il plaise à l'une de le faire notifier à l'autre. Ce que le juge fait notifier, c'est une copie du jugement, une expédition simple. Si le gagnant veut ensuite exécuter, il faut qu'il obtienne une expédition en forme exécutoire (art. 285) et qu'il la fasse notifier au perdant avec mise en demeure de se libérer. Tout cela se fait sur la demande du gagnant, seulement sur sa demande (art. 294), mais cela n'a rien de commun avec la notification d'office dont le but est de porter le jugement à la connaissance de toutes les parties, de les mettre en demeure ou de l'accepter ou d'exercer les voies de recours, en un mot de *terminer* l'affaire. Cela dit assez que nous n'envisageons la notification d'office que pour les jugements définitifs, pour ceux qui solutionnent les litiges soit sur le fond, soit sur un incident; les jugements avant dire droit obéissent à d'autres règles (V. *infra,* art. 78 à 116 et art. 157 à 179). Et maintenant, les parties qui veulent éviter la notification d'office du jugement clôturant leur procès, auront un moyen simple, ce sera de souscrire au secrétariat une déclaration par laquelle elles acceptent ce jugement. Hormis ce cas, aussitôt après les délais de greffe nécessaires pour porter le jugement à la feuille d'audience, il sera notifié à toutes les parties suivant les formules d'ordonnances proposées.

CHAPITRE III

DES MESURES D'INSTRUCTION

A. *Dispositions générales.*

(Art. 78 à 81).

L'article 78 pose ce principe que le juge de paix a toujours la faculté, jamais l'obligation, d'ordonner soit d'office, soit sur la demande des parties ou de l'une d'elles, des mesures d'instruction comme une expertise, une visite de lieux, une enquête, une vérification d'écritures.

Les articles 79, 80, 81 règlent la question des frais à avancer pour les mesures d'instruction. Ils la règlent de manière à empêcher les abus qui peuvent se commettre : 1° le juge invite verbalement ou par lettre recommandée soit la partie qui a demandé la mesure d'instruction, soit les parties si elles ont été d'accord pour la demander, ou si elle a été ordonnée d'office, à consigner au secrétariat la somme qu'il fixe à titre d'avance pour le paiement des frais nécessités par la mesure prescrite; 2° faute de consignation dans le délai, il est passé outre au jugement et la demande devant donner lieu à la mesure d'instruction peut être rejetée; le tout sous réserve de ce qui est édicté par le Dahir relatif à l'assistance judiciaire; 3° l'emploi des avances est fait par le secrétaire-greffier sous la surveillance du juge. L'avance ne peut jamais être faite directement par les parties aux experts ou témoins. Si un expert inscrit au tableau accepte une avance ainsi faite, il est rayé. Les mêmes règles s'appliquent aux interprètes.

L'avis de consignation à envoyer aux parties conformément à l'article 79 peut être libellé suivant la **formule n° 11**. Le modèle comporte un original et autant de copies qu'il y a de parties. Sur chaque copie on souligne le nom du destinataire et aussi la mention « une fois versée » qui suit l'énonciation de la somme à consigner. Cette mention est importante car elle prévient l'erreur qui consisterait à croire que la somme doit être consignée autant de fois qu'il y a de parties. Chaque copie est envoyée *par lettre recommandée* à son destinataire ; on ne fait pas usage de l'enveloppe spéciale aux notifications. En même temps qu'il envoie les copies, le secrétaire-greffier remplit la formule de mise à exécution, ce qui consiste simplement à signer et à dater la mention figurant au bas de l'original. Il épingle en regard, au fur et à mesure qu'ils rentrent, les avis constatant l'envoi et la réception des lettres recommandées.

<h3 style="text-align:center">B. Des expertises.</h3>

(Art. 82 à 91).

Jugement ordonnant l'expertise, consignation des frais. — Le juge de paix qui ordonne une expertise, détermine dans sa décision les points sur lesquels elle doit porter (art. 82).

Il nomme l'expert soit d'office, soit sur les propositions faites d'accord par les parties (art. 83). Pratiquement le juge, avant de nommer l'expert, interpellera les parties pour savoir si elles s'accordent sur le choix d'un expert.

Aux termes de l'article 84, le jugement qui ordonne l'expertise fixe le délai dans lequel l'expert sera tenu de déposer ou faire son rapport et le jour de l'audience où les débats seront continués après le rapport de l'expert. Ce texte s'applique sans difficulté dans les affaires simples, où l'expertise entraîne des frais minimes, et donne lieu par exemple, comme le prévoit l'article 86, § 1, à un simple rapport verbal à faire à l'audience. Le juge invite séance tenante les parties à faire au secrétariat la consignation qu'il arbitre ; il dit, par exemple, que le rapport sera déposé dans la huitaine ou fait à l'audience de huitaine et que les débats continueront à cette audience. Mais il faudra parfois s'assurer d'une consignation *préalable*, au besoin la provoquer au moyen d'un avis par lettre recommandée (art. 79 et formule n° 11) et ne mettre l'expert en mouvement que lorsque la consignation aura été faite. S'il en est ainsi, le jugement se bornera à dire, par exemple, que l'expert déposera son rapport dans un délai de quinzaine à partir du jour où il lui sera donné connaissance de sa mission, et que les débats continueront à la première audience utile après le dépôt du rapport. Le jugement rendu, on enverra les avis de consignation et la consignation une fois faite, on avisera l'expert.

Serment. — L'article 85 est relatif au serment de l'expert. Il résulte de ce texte : 1° que l'expert qui figure au tableau des experts judiciaires n'a pas à prêter serment ; en effet, il a été assermenté lors de son inscription (art. 46) ; 2° que l'expert pris en dehors du tableau prête serment, s'il n'en a été dispensé du consentement des parties, devant l'autorité désignée pour recevoir ce serment par le jugement qui ordonne l'expertise. Ce sera ou bien le juge de paix lui-même, ou telle autre autorité choisie pour éviter des déplacements inutiles à l'expert.

Rapport d'expertise. Continuation des débats après le rapport. — L'article 86 s'occupe du rapport. Le rapport verbal est fait à l'audience. Le rapport écrit est déposé au secrétariat du tribunal et communication en est donnée aux parties avant que l'affaire soit appelée. Tout cela peut se faire sans procédure, — ce qui doit être la règle au tribunal de paix. Par exemple, le jugement ayant fixé un jour pour la continuation des débats après expertise, les parties se présentent au jour dit et elles entendent le rapport verbal de l'expert à l'audience, ou bien elles vont lire au secrétariat son rapport écrit avant l'appel de l'affaire. Mais il faut prévoir le cas où pour les raisons indiquées plus haut, le jugement n'a pu fixer une date ferme pour le dépôt du rapport et la continuation des débats, ou encore le cas où pour une cause quelconque, par exemple parce qu'il y a eu remplacement ou récusation de l'expert (art. 87, 88), le rapport n'a pas été fourni à la date fixée. Il y a alors lieu d'aviser les parties du dépôt du rapport, de les inviter à en prendre communication, et enfin de les convoquer à l'audience pour la continuation des débats. Tout cela peut se faire au moyen d'une convocation selon la **formule n° 12**. Elle comporte un original et autant de copies qu'il y a de parties. Chaque copie est notifiée par la voie appropriée suivant les règles expliquées sous les articles 55, 56, 57. Il faut notifier de manière que les délais de comparution de l'article 59 soient observés.

Règles imposées à l'expert. — L'expert joint à son rapport l'état des vacations et frais de l'expertise ou il le remet au greffier en cas de rapport verbal (art. 86, § 3). On sait que l'avance des vacations et frais ne peut jamais être faite directement par les parties à l'expert et que l'acceptation par un expert inscrit d'une avance ainsi faite, entraîne sa radiation (art. 80). Il doit aviser les parties des jour et heure auxquels il procède, par lettre recommandée et au moins quatre jours à l'avance. Il consigne dans son rapport leurs dires et observations (art. 89). Il doit enfin, s'il y a lieu à traduction verbale ou écrite, choisir l'interprète parmi ceux inscrits au tableau ou en référer au juge (art. 91). Toutes ces prescriptions constituent autant de garanties. Les juges de paix tiendront la main à leur stricte observation.

Remplacement. Récusation des experts. — Si l'expert n'accepte pas la mission qui lui est confiée, il en est délégué un autre à sa place (art. 87, première phrase). Il semble que le nouvel expert sera désigné d'office, sans autre procédure, mais à charge d'en donner avis aux parties.

Si l'expert après avoir accepté sa mission ne la remplit pas, s'il ne fait pas ou ne dépose pas son rapport dans le délai fixé, il peut être condamné à tous frais frustratoires et même à des dommages-intérêts. Il est en outre remplacé, s'il y a lieu (art. 87, deuxième et troisième phrases). Ici encore il semble que le nouvel expert sera désigné d'office.

La partie qui a des moyens de récusation à proposer contre l'expert nommé d'office par le juge est tenue de le faire dans les trois jours de la nomination, par un acte signé d'elle ou de son mandataire et contenant les causes de récusation. Il est statué sans délai sur la récusation. La récusation ne peut être admise que pour cause de proche parenté ou pour tout autre motif grave (art. 88). Ici il sera nécessaire d'appeler les parties à l'audience. On aura recours à la formule n° 3, mais en visant l'article 88 et en écrivant à la fin « pour être entendus contradictoirement sur les moyens de récusation proposés contre l'expert précédemment nommé ».

L'expertise ne lie pas le juge. — Si le juge ne trouve pas dans le rapport d'expertise des éclaircissements suffisants, il peut ordonner un supplément d'instruction ou ordonner la comparution de l'expert devant lui, pour fournir les explications et renseignements nécessaires. En aucun cas, le juge n'est obligé de suivre l'avis de l'expert (art. 90).

C. *Des visites de lieux.*

(Art. 92 à 96).

Le juge de paix peut ordonner soit d'office, soit sur la demande des parties, une visite de lieux (art. 92). Il peut se faire assister d'un expert qu'il nomme par le même jugement (art. 93) et, semble-t-il, d'office. Il peut entendre tous témoins utiles (art. 94). On dresse procès-verbal de la visite dans les causes sujettes à appel (art. 95). Les frais de la visite sont compris dans les dépens de l'instance (art. 96). Tout cela est sans difficulté.

Nous dirons seulement quelques mots sur l'article 92. Aux termes de cet article, le jugement qui ordonne une visite de lieux, fixe le jour et l'heure auxquels il y sera procédé en présence des parties. Si la visite entraîne des frais, le juge peut inviter les parties, séance tenante et verbalement, à faire la consignation au secrétariat avant la descente sur les lieux (art. 79). Les parties et leurs témoins se trouvent sur les lieux au jour fixé, et de la sorte tout se passe sans procédure et sans frais. Mais il faut prévoir le cas où il sera nécessaire de s'assurer d'une consignation *préalable* avant de fixer le transport, puis de convoquer les intéressés au transport une fois fixé. Le jugement se bornera alors à dire que les jour et heure de la visite seront fixés ultérieurement par ordonnance. Après le jugement, on enverra aux parties un avis de consignation (formule n° 11), puis la consignation une fois faite, on convoquera les parties et tous ceux qui ont pu être désignés (art. 93, 94) pour assister à la visite. La convocation pourra être faite suivant la **formule n° 13**. Elle comporte un original et autant de copies qu'il y a de parties. Les copies sont notifiées suivant les règles expliquées sous les articles 55, 56, 57. Après avoir terminé sa visite, le juge de paix a soin de convoquer de vive voix toutes les parties présentes au jour qu'il fixe pour la continuation des débats. Cela dispense d'adresser de nouvelles convocations. Si la cause est sujette à appel, par conséquent si l'on dresse un procès-verbal de la visite (art. 95), il faut en donner communication aux parties avant l'appel de l'affaire (argument de l'art. 86). Le juge, en même temps qu'il convoque pour l'audience, donne aux parties, et toujours de vive voix, un avis en ce sens. Par exemple, il dit que le procès-verbal de la visite sera à leur disposition au secrétariat la veille de l'audience. Au cas où il serait nécessaire de convoquer par écrit à l'audience après une visite de lieux, ces convocations seraient libellées *mutatis mutandis,* selon la formule n° 12.

D. *Des enquêtes.*

(Art. 97 à 111)

Dans quel cas le juge peut ordonner l'enquête. Où elle a lieu. — L'enquête peut être ordonnée sur des faits de nature à être constatés par témoins, dont la vérification paraît admissible et utile à l'instruction de l'affaire (art. 97). Le jugement indique les faits sur lesquels elle doit porter (art. 98). L'enquête a lieu à l'audience ; elle peut également se faire sur les lieux (art. 99).

Jugement ordonnant l'enquête. Avis de consignation. Listes de témoins. — En principe, le juge de paix fixe par le jugement lui-même les jour et heure de l'enquête, avec invitation aux parties de se présenter et de présenter leurs témoins (art. 98). En même temps, il invite verbalement les parties à faire en temps voulu la consignation au secrétariat (art. 79). De cette façon, tout se passe sans procédure et sans frais.

Mais l'on ne peut ainsi procéder que si l'on est bien sûr d'avoir au jour dit la consignation et les témoins. Sinon, le juge de paix s'exposerait, au jour fixé pour l'enquête, à avoir des témoins qui ne pourraient toucher leur taxe faute de consignation, ou bien à ne pas avoir de témoins. Si ces éventualités sont à craindre, il faut recourir à une procédure très simple qui pare aux dangers signalés. Le jugement ordonnant l'enquête articule les faits admis en preuve, invite les parties à déposer au secrétariat, dans les trois jours, leurs listes de témoins (art. 98, § 2), puis il dit, par exemple, que les jour et heure de l'enquête seront fixés par convocation ultérieure. A la suite de ce jugement, le juge de paix fait notifier aux parties un avis de consignation (formule n° 11). D'autre part, le secrétaire-greffier s'assure, notamment quand les parties viennent consigner, qu'elles ont déposé leurs listes de témoins, sinon il les réclame. Une fois qu'on a la consignation et les listes, il ne reste plus qu'à fixer l'enquête et à convoquer.

Convocation des témoins et des parties. Témoins défaillants, excusés, empêchés. — Les parties peuvent citer directement leurs témoins par lettre recommandée. Le plus souvent, à la suite de la procédure qui précède, les témoins et les parties seront cités par le secrétariat, sur l'ordre du juge, conformément aux articles 55, 56, 57, comme le prévoit la disposition finale de l'article 100.

Si le juge se transporte sur les lieux pour entendre les témoins (art. 99), on fait usage de la convocation, formule n° 13. Si l'enquête a lieu à l'audience, on notifie une convocation, **formule n° 14.**

L'article 103, § 1, fixe le délai de comparution pour les témoins; il faut que les convocations soient délivrées en conséquence.

L'article 103, §§ 2 et 3, fixe les amendes à prononcer contre les témoins *défaillants.* Cela suppose une convocation régulièrement notifiée, avec observation des délais, ce dont le juge doit s'assurer avant de prononcer l'amende. Il est bon de reproduire sur les copies de convocation à témoins le texte des §§ 2 et 3 de l'article 103.

Le témoin qui justifie d'une excuse valable peut être déchargé de l'amende (art. 103, § 4). S'il justifie de l'impossibilité de se présenter au jour fixé, le juge lui accorde un délai ou se transporte auprès de lui pour recevoir sa déposition. S'il réside hors du ressort, on procède par commission rogatoire (art. 104).

Audition des témoins. Serment. — Les articles 102, 107, 108 tracent les règles suivant lesquelles sont reçues les dépositions des témoins. Il suffit de renvoyer à ces textes. Il importe de s'y conformer exactement. Nous rappellerons notamment qu'aux termes de l'article 102, §§ 3, 4, le témoin fait, *à peine de nullité,* le serment de dire la vérité; les individus qui n'ont pas l'âge de 15 ans révolus ne sont pas admis à prêter serment et ne peuvent être entendus qu'à titre de renseignement.

Indignité, incapacités, reproches. — L'article 101, § 2 vise les cas d'indignité, l'article 101, § 1 les cas d'incapacité, les articles 105, 106 les causes de reproche. Nous renvoyons aux textes.

Limitation du nombre des témoins. — L'article 109 a trait à une question de frais. La partie qui fait entendre plus de cinq témoins sur un même fait supporte dans tous les cas les frais des autres dépositions sur ce fait.

Procès-verbal d'enquête. Jugement après enquête. — L'article 110 prescrit la rédaction d'un procès-verbal d'audition de témoins dans les causes sujettes à appel. C'est la même règle que pour la visite de lieux. Le texte précise ce que le procès-verbal doit contenir.

Aux termes de l'article 111, le juge statue immédiatement après l'enquête, ou bien renvoie l'affaire à une prochaine audience. Dans ce dernier cas, le procès-verbal d'enquête, s'il en a été dressé un, est communiqué aux parties avant que l'affaire soit appelée. Pour donner satisfaction à ce texte, le juge de paix, s'il ne statue sur-le-champ, donne de vive voix aux parties tous avertissements convenables; par exemple, il dit que le jugement sera rendu à l'audience de huitaine et que le procès-verbal sera déposé au secrétariat la veille de l'audience. Au cas où il serait nécessaire de convoquer par écrit à l'audience après enquête, ces convocations seraient libellées *mutatis mutandis* selon la formule n° 12.

E. *Des vérifications d'écritures.*
(Art. 112 à 116).

Cas où il y a lieu à vérification d'écritures. Elle peut se faire par titres, par témoins, par expert. — Les articles 112 à 114 règlent la vérification d'écriture devant le tribunal de paix. Pour qu'il y ait lieu à vérification d'écriture, il faut qu'une partie dénie l'écriture ou la signature qui lui est attribuée, ou bien déclare ne pas reconnaître celle attribuée à un tiers. Le juge peut passer outre s'il estime que le moyen est purement dilatoire ou sans intérêt pour la solution du litige et si aucune demande de vérification ne lui est présentée par requête écrite. En cas contraire (c'est-à-dire si le moyen paraît sérieux ou bien s'il y a demande écrite de vérification), le juge parafe la pièce et ordonne qu'il sera procédé à une vérification d'écritures tant par titres que par témoins et, s'il y a lieu, par expert (art. 112, §§ 1, 2). L'article 113 dit quelles pièces peuvent être admises comme pièces de comparaison.

Jugement ordonnant la vérification. Avis de consignation. Liste de témoins. Dépôt des pièces de comparaison. — L'article 112, § 3 dit que les règles établies pour les enquêtes et les expertises sont applicables aux vérifications d'écritures. Il semble ainsi que la pièce ayant été parafée, le jugement en ordonne la vérification par les moyens qu'il précise (titres, témoins, expert), invite les parties à déposer au secrétariat dans les trois jours (analogie art. 98, § 2) leurs pièces de comparaison ou les noms et adresses des dépositaires des pièces et leurs listes de témoins, nomme l'expert (le tout suivant le mode de vérification choisi), et enfin dit que les jour et heure de la vérification seront fixés par convocation ultérieure. Il faut ensuite notifier aux parties, suivant les distinctions de l'article 79, un avis de consignation (formule n° 11). Le greffier s'assure, notamment quand les parties viennent consigner, qu'elles ont déposé leurs pièces de comparaison ou les noms et adresses des dépositaires ainsi que leurs listes de témoins.

Convocation des parties, des témoins, de l'expert, des dépositaires des pièces. — Une fois qu'on a les listes, les pièces de comparaison et la consignation, le juge convoque à son cabinet aux jour et heure qu'il fixe, les parties, les témoins, l'expert, les dépositaires des pièces de comparaison, pour qu'il soit procédé à la vérification. La convocation peut être libellée suivant la **formule n° 15**. On fait un original et autant de copies qu'il y a de parties. La notification se poursuit suivant les règles habituelles. Il faut veiller à ce que les délais de comparution soient observés. Les témoins défaillants encourent, le cas échéant, les sanctions prévues par l'article 103. Les convocations reproduisent ce texte et aussi l'article 114 fixant l'amende dont les parties sont éventuellement passibles.

Procès-verbal de vérification. Jugement après vérification d'écritures. — Après la séance de vérification, le juge de paix a soin de convoquer de vive voix les parties à l'audience qu'il fixe pour la continuation des débats, avec avis au secrétariat de communiquer préalablement le procès-verbal de vérification. De cette façon l'affaire est solutionnée sans nouvel acte de procédure. S'il devenait nécessaire de convoquer par écrit à l'audience, après une vérification d'écritures, les convocations seraient libellées, *mutatis mutandis*, selon la formule n° 12.

On vient d'examiner la vérification d'écritures devant le juge, au besoin avec le concours d'un expert. Elle peut aussi avoir lieu au moyen d'une expertise proprement dite dans les conditions prévues par les articles 82 à 91. C'est ce qui paraît résulter de l'article 112, §§ 2 et 3 rapproché de l'article 179, § 3. On suivrait alors la procédure de l'expertise (V. *supra*, art. 82-91).

Demande incidente d'inscription de faux. Compétence exclusive du tribunal d'instance. Ce que doit faire le juge de paix. — Les articles 115 et 116 ont trait à la demande incidente d'inscription de faux. La connaissance en est réservée aux tribunaux de première instance (art. 18, 116, 199 et suiv.). On dit seulement ici ce que doit faire le juge-de-paix en présence d'un incident de cette nature.

Quand l'une des parties prétend qu'une pièce produite est fausse ou falsifiée, le juge peut passer outre s'il reconnaît que la décision ne dépend pas de la pièce arguée de faux. En cas contraire, il invite la partie qui l'a produite à déclarer si elle entend s'en servir. Si la partie déclare qu'elle n'entend pas s'en servir ou ne fait pas de déclaration, la pièce est rejetée (art. 115). Voilà donc trois premiers cas où l'incident se termine devant le juge de paix sans qu'il y ait lieu à renvoi devant le tribunal d'instance. Ce renvoi fait l'objet d'un quatrième cas réglé par l'article 116.

Si la partie déclare qu'elle entend se servir de la pièce, le juge surseoit à statuer au jugement de la demande principale et renvoie les parties devant le tribunal compétent. Il fixe le délai dans lequel ce tribunal doit être saisi par la partie la plus diligente. S'il n'est pas justifié de diligences faites dans ce délai, le juge peut, après son expiration, passer outre au jugement de l'affaire.

CHAPITRE IV

DES INCIDENTS, DE L'INTERVENTION, DES REPRISES D'INSTANCE, DU DÉSISTEMENT

(Art. 117 à 134).

I. *Des incidents, de l'intervention.*

Règles générales. — Les articles 117 à 128 traitent de certains incidents qui viennent compliquer la marche du procès devant le tribunal de paix. Ce sera un défendeur qui demande à mettre un tiers en cause à titre de garant ou pour autre motif; un défendeur pris comme héritier ou comme conjoint survivant, qui demande délai pour prendre parti; ou bien il y aura litispendance, connexité, incompétence, demande d'intervention ou autre demande incidente. Tous ces incidents sont réglés de manière que la complication qui en résulte soit réduite au minimum. Il ne faut pas qu'ils entravent hors de propos l'expédition des affaires ou qu'ils deviennent entre les mains de certains plaideurs un moyen d'obstruction. On peut rattacher à cette idée les règles qui suivent :

1º Toute demande de mise en cause doit être formée, toute exception dilatoire, toute exception de litispendance ou de connexité doit être proposée, à la première audience et avant toute défense au fond (art. 123);

2º En cas d'appel d'un tiers en cause, le juge peut, soit statuer séparément sur la demande principale si elle est en état d'être jugée, soit la renvoyer pour statuer sur cette demande et sur celle d'appel en cause (art. 126);

3º Les dispositions des deux derniers paragraphes de l'article 116 sont applicables dans tous les cas où le juge surseoit à statuer en renvoyant les parties devant un autre tribunal pour la solution d'une question préjudicielle (art. 127). Cela veut dire que le juge de paix doit fixer le délai dans lequel ce tribunal sera saisi, avec faculté pour lui de passer outre s'il n'est pas justifié de diligences faites dans le délai;

4º L'intervention et les autres demandes incidentes ne peuvent retarder le jugement de la demande principale quand celle-ci est en état d'être jugée (art. 128).

Mise en cause. Exception dilatoire de garantie. — Si le défendeur demande à mettre un tiers en cause à titre de garant ou pour tout autre motif, la partie appelée en cause est convoquée dans les conditions fixées par les articles 55, 56, 57. Délai suffisant est accordé au tiers appelé en cause en raison des circonstances de l'affaire et de son domicile ou résidence pour comparaître à l'audience (art. 117). Il est procédé de même quand le garant mis en cause en appelle un autre en sous-garantie (art. 118).

Un cas très simple se produit lorsque la demande principale se trouvant en état, le juge statue séparément sur cette demande par application de l'article 126. L'incident de mise en cause disparaît en quelque sorte. On juge l'affaire principale toute seule, puis, sur convocations ordinaires (formule nº 3), on juge l'affaire entre le défendeur originaire et l'appelé en cause.

Ce cas excepté, on appellera le tiers mis en cause conformément aux textes ci-dessus, et par exemple par une convocation selon la **formule nº 16**. Elle comporte un original et une copie à notifier suivant les règles habituelles. La notification est faite de manière que le délai de l'article 117 soit observé. A l'audience où se produit l'incident, le juge de paix fait inscrire au plumitif la déclaration du défendeur qui demande à mettre un tiers en cause; cette déclaration (analogie, art. 48) est reproduite dans la convocation adressée au tiers (formule nº 16). Le juge fixe séance tenante et en tenant compte des délais, le jour pour lequel le tiers sera convoqué; il invite verbalement le demandeur et le défendeur à se représenter ce jour-là, avec mention au plumitif de l'avis ainsi donné, ce qui évite de nouvelles convocations; enfin il fait convoquer l'appelé en cause comme il est dit ci-dessus. En ajournant le demandeur originaire au jour fixé pour la nouvelle audience, on lui impose une sorte de sursis, de suspension de sa procédure, ce qui rappelle l'exception dilatoire de garantie du droit commun. Mais cela ne se produit que tout autant que le défendeur a fait son appel en cause à la première audience, avant toute défense au fond (art. 123), et que le juge n'use pas du droit de statuer immédiatement sur la demande principale (art. 126).

Les distinctions du droit commun entre ce qu'on appelle la garantie simple et la garantie formelle, sont remplacées par les règles de l'article 119 ; le garant est tenu d'intervenir et faute par lui de comparaître, il est statué par défaut à son égard, mais le garant ne prend le fait et cause du garanti que sur sa déclaration ; les jugements rendus contre le garant qui a pris le fait et cause du garanti, sont exécutoires contre le garanti, en cas d'insolvabilité du garant.

Exception dilatoire de l'héritier, du conjoint survivant. — Quand un défendeur est appelé devant le tribunal en sa qualité d'héritier d'une personne décédée ou de conjoint survivant, un délai suffisant pour présenter sa défense au fond lui est, sur sa demande, accordé par le juge, en tenant compte des circonstances de la cause et notamment des délais pour faire inventaire et pour délibérer qui sont fixés par la loi applicable à ce défendeur en matière de succession (art. 120).

Ici encore le juge de paix, à l'audience où l'incident se produit, fait constater au plumitif la demande de délai formulée par le défendeur en l'une des qualités susdites, puis il renvoie l'affaire de manière que le délai précisé au texte se trouve observé. Il impose par là même au demandeur un sursis qui correspond à l'exception dilatoire tirée du droit de faire inventaire et délibérer. En d'autres termes, il fait droit à l'exception soulevée par le défendeur, mais celui-ci doit la proposer à la première audience et avant toute défense au fond (art. 123).

Le juge de paix peut, comme précédemment, se contenter de convoquer séance tenante et de vive voix les parties pour la nouvelle audience qu'il fixe, avec mention au plumitif de la convocation ainsi faite. Toutefois, comme le délai peut être assez long, il sera prudent, au moins dans certains cas, d'envoyer de nouvelles convocations. Elles devront rappeler les causes du renvoi. Elles pourront être libellées suivant la **formule n° 17.**

Exceptions déclinatoires de litispendance, connexité, incompétence. — Les articles 121, 122, 123, 124 traitent des exceptions déclinatoires (litispendance, connexité, incompétence).

L'article 122 s'occupe d'un cas très simple, celui où il s'agit d'instances connexes pendantes *devant le même tribunal de paix.* Il dit que la jonction à raison de leur connexité, d'instances pendantes devant le même tribunal est prononcée soit d'office, soit sur la demande des parties.

Les articles 121, 123 règlent en ces termes les exceptions de litispendance et de connexité : s'il a été formé précédemment en un autre tribunal une demande pour le même objet, ou si la contestation est connexe à une cause déjà pendante en un autre tribunal, le renvoi peut être ordonné sur la demande des parties. Toute exception de litispendance ou de connexité doit être proposée à la première audience, avant toute défense au fond.

L'exception d'incompétence fait l'objet de l'article 124. Aux termes de ce texte, l'incompétence du tribunal peut être soulevée par les parties ou déclarée d'office par le juge en tout état de cause. S'il s'agit d'une incompétence *ratione materiæ,* elle sera toujours prononcée, car on ne peut pas, semble-t-il (sauf peut-être dans le cas de l'article 63), déroger aux règles de compétence des articles 1er et suivants. Au contraire, s'il s'agit d'une incompétence territoriale (art. 23 et suivants), c'est-à-dire d'une incompétence *ratione loci,* elle pourra ne pas être prononcée si l'on est dans un cas (exemple, art. 25) où il peut être dérogé à la règle ordinaire de compétence territoriale. Il n'est d'ailleurs pas dit (art. 123, 124 et argument de ces textes, *junge* art. 550), que l'exception d'incompétence territoriale doit être proposée avant toute défense au fond, donc elle ne sera pas couverte faute d'avoir été proposée *in limine litis*.

Intervention forcée ou volontaire d'un tiers. Demandes additionnelles du demandeur, demandes reconventionnelles du défendeur. — Les articles 125, 128 parlent de l'intervention et des autres demandes incidentes.

On a vu le cas où le défendeur appelle un tiers en cause à titre de garant et l'exception dilatoire de garantie qui en résulte. C'est un cas d'intervention forcée; il y en a d'autres. L'intervention forcée se produit toutes les fois que le demandeur ou le défendeur — ou même le tribunal d'office — mettent ou font mettre en cause une personne jusqu'alors étrangère au procès. Dans la procédure du Dahir, l'intervention forcée devant le tribunal de paix se réalisera par le moyen d'une convocation analogue à la formule n° 16, où on précisera le motif pour lequel on fait intervenir la partie convoquée.

A côté de l'intervention forcée se place l'intervention volontaire qui est l'acte spontané d'un tiers demandant à être admis dans une instance déjà commencée, pour conserver ou pour faire valoir ses droits. A cet égard, l'article 125 dispose que les demandes en intervention sont admises de la part de ceux qui ont intérêt au litige engagé. Ces demandes pourront se produire au secrétariat sous forme de requête écrite ou de procès-verbal de déclaration (art. 48 et formule n° 1), suivi de la comparution volontaire de l'intervenant à l'audience où l'affaire est appelée. Plus simplement l'intervenant se présentera directement à l'audience, le juge de paix fera prendre note de sa déclaration au plumitif, et le recevra, s'il y a lieu, intervenant au procès.

L'article 128, à côté de l'intervention, parle des autres demandes incidentes. Cela vise les demandes formées entre parties déjà en cause, incidemment au procès, par exemple les conclusions additionnelles du demandeur ou les demandes reconventionnelles du défendeur. Elles seront formées à l'audience même, inscrites au plumitif et reçues s'il y a lieu par le juge. Il tiendra compte de la règle posée par l'article 128, c'est-à-dire qu'il n'admettra ces demandes incidentes que tout autant qu'elles ne seront pas de nature à retarder le jugement de la demande principale. Si elles devaient avoir cet effet, il renverrait à se pourvoir par action séparée. A ces demandes additionnelles ou reconventionnelles s'appliqueront, en ce qui concerne la compétence et le ressort, les règles posées par les articles 8, 10, 11 (V. *supra*).

II. *Des reprises d'instance.*

Dans le système du Dahir, ce qui motive la reprise d'instance, c'est le décès ou le changement d'état d'une des parties. Il y a changement d'état quand une partie capable d'ester en justice devient incapable ou inversement. Le décès ou le changement d'état reste sans influence si l'affaire est en état d'être jugée (art. 129). Quand l'affaire n'est pas en état, le juge, dès que le décès ou le changement d'état d'une des parties est à sa connaissance, invite verbalement ou par un avis adressé dans les conditions prévues aux articles 55, 56, 57, ceux qui ont qualité pour reprendre l'instance à effectuer cette reprise (art. 130).

On peut concevoir que le juge de paix fixe séance tenante la nouvelle audience où l'affaire sera appelée, qu'il convoque de vive voix pour ce jour-là les parties présentes à la barre, qu'il avise verbalement celles ayant qualité pour reprendre l'instance, et, qu'au jour dit, l'affaire étant de nouveau appelée, il passe outre au jugement.

Mais on ne peut ainsi procéder que si l'on est bien sûr d'avoir toutes les parties présentes à l'audience de renvoi et si l'on est à même d'aviser verbalement les parties, jusqu'alors étrangères à l'instance, qui doivent la reprendre. Dans la pratique il semble qu'il faudra, au moins le plus souvent, se borner à dire que l'affaire est renvoyée et qu'elle sera appelée sur nouvelles convocations, à la première audience utile. Le secrétariat recherche quelles sont exactement les parties ayant qualité pour reprendre l'instance. Le juge leur envoie un avis écrit, notifié conformément aux articles 55, 56, 57 ainsi que le prévoit l'article 130. Il les invite à reprendre l'instance dans un délai donné et il les convoque pour la première audience après ce délai. En même temps il envoie des convocations pour cette même audience aux autres parties en cause. Le délai imparti tient compte des délais habituels de comparution et de distance, calculés sur le domicile de la partie la plus éloignée. Les avis peuvent être libellés suivant la **formule n° 18**, les convocations aux autres parties, suivant la **formule n° 19**.

Que doivent faire les parties invitées à reprendre l'instance? Il faut qu'elles déposent une requête écrite au secrétariat ou qu'elles y fassent leur déclaration comme pour l'introduction des instances (art. 132). Plus simplement, il leur suffit de comparaître à l'audience pour laquelle on les convoque (art. 133). Faute par elles de ce faire, il est passé outre au jugement de l'affaire (art. 131). Le jugement sera par défaut contre celles des parties qui, régulièrement convoquées, n'ont pas comparu (art. 70).

Si ceux qui ont qualité reprenaient spontanément l'instance, par exemple en se présentant à la barre sur l'appel de l'affaire, l'incident de reprise d'instance disparaîtrait en quelque sorte et il n'y aurait aucun avis ni aucune convocation nouvelle à envoyer. Le juge devrait simplement recevoir leur déclaration et la faire consigner au plumitif.

III. *Du désistement.*

Aux termes de l'article 134, le désistement peut être fait par acte écrit ou procès-verbal de déclaration, mentionnant la demande dont la partie se désiste. *Il en est donné acte par jugement*, sans qu'il soit besoin de le communiquer aux autres parties en cause, s'il est pur et simple.

Il faut rapprocher la règle de l'article 555 suivant laquelle toute affaire donne lieu à un jugement sans pouvoir être terminée par simple radiation. Cette règle est naturelle dans un système de procédure où, suivant les expressions du rapport servant d'introduction aux Dahirs, la direction de l'affaire est confiée non aux plaideurs mais au juge, et où le juge a mission de conduire toute affaire vers sa solution nécessaire, le jugement. Donc au tribunal de paix comme ailleurs toute affaire aboutira à un jugement. Ce sera un jugement de rejet (par défaut) si le demandeur ne comparaît pas, un jugement de défaut si le défendeur ne comparaît pas (art. 70, §§ 1, 2). Si aucune des parties ne comparaît, il semble que le juge appliquant cumulativement les deux règles de l'article 70 donnera défaut, puis rejettera la demande attendu que le demandeur ne comparaît pas, le tout sous réserve dans ces divers cas des dispositions bienveillantes de l'article 71. Enfin s'il y a désistement, il faudra un désistement satisfaisant aux prescriptions de l'article 134, puis un jugement de donné acte. Faute de désistement régulier, on retombe dans l'un des cas ci-dessus, régis par l'article 70. Il ressort de l'article 134 que, si le désistement n'est pas pur et simple, il faut le communiquer aux autres parties en cause avant de statuer.

CHAPITRE V

DES DÉPENS

(Art. 135 à 140).

Qui supporte les dépens. — Aux termes de l'article 135 toute partie qui succombe, qu'il s'agisse d'un particulier ou d'une administration publique, est condamnée aux dépens. Toutefois les dépens peuvent, en raison des circonstances de l'affaire, être compensés en tout ou en partie. En outre, en cas de désistement, ils sont à la charge de la partie qui se désiste, sauf convention contraire.

Liquidation des dépens. Ordonnance de liquidation. Voies de recours : opposition ou appel, exécutoire. — Les articles 136, 140 disent comment on liquide les dépens. Le demandeur a commencé par en consigner le coût probable au secrétariat (art. 4 et 5 du Dahir sur les perceptions). Ensuite, aux termes de l'article 136, le montant des dépens liquidés est mentionné dans le jugement qui statue sur le litige, à moins qu'il n'ait pu être procédé à la liquidation avant que le jugement ait été rendu. La liquidation des dépens est faite par ordonnance du juge qui demeure annexée aux pièces de la procédure. En fait, on liquide les dépens seulement après que l'affaire est jugée, d'où il suit que leur chiffre n'est pas, en général, indiqué dans le jugement.

Les parties peuvent faire opposition à la liquidation des dépens devant le tribunal de paix, dans les huit jours à dater de la notification du jugement ou de l'ordonnance fixant le montant des dépens liquidés, si le jugement est en dernier ressort. L'ordonnance rendue sur cette opposition n'est pas susceptible d'appel. Si le jugement sur le fond est à charge d'appel, les parties ne peuvent contester la liquidation des dépens que par la voie de l'appel (art. 140). Comme en pratique les dépens ne sont pas mentionnés dans le jugement, il y aura toujours lieu de notifier l'ordonnance de liquidation. Elle sera notifiée d'office à toutes les parties sur l'ordre du juge (formule nᵒ 20). On sait que le jugement leur est également notifié d'office (V. *supra*, art. 77). Il semble qu'il faut (V. *infra*) procéder en même temps à cette double notification, c'est-à-dire placer sous la même enveloppe l'expédition du jugement et l'expédition de l'ordonnance de liquidation de dépens, chacune accompagnée de l'ordonnance de notification. D'ailleurs, comme l'enveloppe et le certificat de remise sont afférents à deux notifications, il faut avoir soin d'y mentionner aux places habituelles les numéros des deux cotes auxquelles correspondent dans le dossier les originaux des actes notifiés (sur ce point, V. *supra*, art. 55, 56, 57, formules nᵒˢ 4 et 5). C'est une simple copie de l'ordonnance de liquidation qui est notifiée d'office. Il appartient au gagnant, s'il veut poursuivre le recouvrement des dépens adjugés, de se faire délivrer et de notifier au perdant un exécutoire. La notification d'office porte l'ordonnance à la connaissance des parties et les met en demeure de l'accepter ou d'exercer l'une des voies de recours que leur ouvre l'article 140 ; elle termine l'affaire au point de vue des frais. Les parties qui veulent éviter la notification d'office, n'ont qu'à faire au secrétariat une déclaration en forme par laquelle elles acceptent l'ordonnance. La situation est de tous points la même que pour les jugements.

Il est délivré exécutoire de l'ordonnance de liquidation au profit de la partie qui a obtenu la condamnation (art. 8 du Dahir sur les perceptions).

Pour cela, il semble que le secrétaire-greffier (analogie, art. 137 Dahir Procédure) visera pour exécution une expédition de l'ordonnance. Par exemple, il écrira au bas de l'expédition avec signature et apposition du sceau : « *De la présente ordonnance de liquidation de dépens, il est par nous, secrétaire-greffier, en conformité de l'article 8 du Dahir sur les perceptions, délivré exécutoire au profit de ..... (nom du gagnant), partie ayant, suivant jugement du ....., obtenu condamnation contre ..... (nom du perdant)* ».

L'article 140 ouvre deux voies de recours contre la liquidation des dépens : l'opposition à l'ordonnance si le jugement est en dernier ressort, l'appel si le jugement est à charge d'appel. Il appartient à la partie qui veut contester la liquidation et qui a reçu, on le suppose, la notification d'office du jugement et de l'ordonnance, de prendre parti. Si elle estime que le jugement est en premier ressort, elle fait appel conformément aux articles 226 et suivants (V. *infra*). Si elle estime qu'il est en dernier ressort, elle fait opposition conformément à l'article 142 (V. *infra*) et dans le délai de l'article 140. Ce délai est de huit jours à dater de la notification, mais si le jugement est par défaut on peut se demander si, de même que le délai d'appel (art. 225), il ne court pas seulement à dater de l'expiration du délai pour former opposition au jugement. C'est pour faciliter à l'intéressé le choix du parti qu'il a à prendre, qu'il importe de lui notifier en même temps le jugement et l'ordonnance liquidant les dépens, en telle sorte qu'il soit du même coup mis en demeure d'exercer tel recours qui lui convient. Sur l'opposition, le juge de paix statuant, semble-t-il, en audience publique (le texte dit que l'opposition est faite *devant le tribunal de paix*) rend une ordonnance qui modifie ou qui maintient la liquidation précédemment faite et qui n'est pas susceptible d'appel (art. 140, §§ 1, 2).

Vacations et frais des experts et des interprètes. Taxe. Exécutoire. Opposition à la taxe. — Les articles 137, 138, dont il faut rapprocher l'article 3 du Dahir sur les perceptions, disent comment se liquident et se règlent les frais des experts et des interprètes. Ces frais ont fait l'objet d'une consignation préalable au secrétariat, conformément à l'article 79. Ils sont taxés par l'ordonnance qui liquide les dépens. Le montant de la somme restant due après versement d'avances est indiqué, s'il y a lieu, sur l'expédition de l'ordonnance. L'expédition destinée à l'expert ou à l'interprète est visée pour exécution par le secrétaire-greffier. Il écrit, par exemple, au bas de cette expédition : « *De la présente ordonnance de taxe, il est, par nous, secrétaire-greffier, délivré exécutoire pour la somme de ..... restant due après versement d'avances (un décompte écrit en marge fait apparaître ce reliquat) au profit de M. ....., expert (ou interprète), commis dans l'instance entre ..... (nom du demandeur) et ..... (nom du défendeur) contre lesdites parties, le tout conformément à l'article 137 du Dahir de procédure* ». L'expédition de l'ordonnance revêtue de ces diverses mentions est transmise et remise, dans les conditions prévues aux articles 55, 56, 57, à l'expert ou à l'interprète. Cela veut dire que l'ordonnance leur est notifiée. La notification peut se faire suivant la **formule n° 24**, en joignant à la copie de l'acte ainsi établi l'expédition en question.

L'expert ou l'interprète peut, dans les trois jours à dater de la notification de l'ordonnance de taxe, faire opposition à la taxe devant le tribunal de paix. L'ordonnance rendue sur cette opposition n'est pas susceptible d'appel (art. 138). L'opposition sera faite conformément à l'article 142, dans le délai de l'article 138 et il y sera statué, semble-t-il, en audience publique (argument de ces mots « devant le tribunal de paix »). Le juge rend une nouvelle ordonnance qui modifie ou maintient la taxe et qui n'est pas susceptible d'appel.

L'expert ou l'interprète se fait payer à la caisse du secrétariat, sur le vu de la taxe, si la somme consignée est suffisante. Si elle est insuffisante, il se fait payer par les parties au moyen de l'exécutoire qui lui a été délivré et suivant les distinctions de l'article 137, § 3 (art. 3, Dahir sur les perceptions).

On remarquera que la taxe soumise à la procédure des articles 137, 138 devient définitive à l'égard de l'expert ou de l'interprète. Mais l'ordonnance de liquidation de dépens, qui comprend ces frais, peut elle-même faire l'objet du recours précédemment examiné sous les articles 136, 140. Il ne semble pas que la taxe, devenue, on le suppose, définitive au regard de l'expert ou de l'interprète, s'impose avec la force de la chose jugée au regard des parties opposantes à la liquidation de dépens, et cela parce qu'une des conditions de la chose jugée, l'identité des parties, fait défaut. Mais, en fait, le chiffre de cette taxe, déjà débattu, sera évidemment maintenu.

Taxe à témoin. — Si un témoin requiert taxe, il est procédé comme au § 1er de l'article 137 (art. 139). Pratiquement, la taxe sera remise au témoin après qu'il a déposé et il en touchera le montant à la caisse du secrétariat.

CHAPITRE VI

DE L'OPPOSITION

(Art. 141 à 144)

Des jugements par défaut au tribunal de paix et de leur notification. — Si on laisse de côté l'hypothèse réglée par l'article 72 où il y a plusieurs défendeurs et où l'un d'eux ne comparaît pas (V. *supra*), il faut dire qu'il y a jugement par défaut au tribunal de paix lorsque, soit le demandeur, soit le défendeur régulièrement convoqués, ne comparaissent pas (art. 70). Le jugement rejette la demande dans le premier cas, il y statue dans le second. Suivant la règle posée sous l'article 77 (V. *supra*), le jugement est notifié d'office à toutes les parties. La notification est faite sur ordonnance du juge de paix. Cette ordonnance peut être libellée suivant la **formule n° 22**. On a soin de préciser dans l'ordonnance la partie défaillante, en faisant suivre son nom de la mention « partie défaillante ». On a soin également d'ajouter la mention prescrite par l'article 141 au sujet du délai d'opposition. Pour le surplus, la notification se fait comme il a été dit sous l'article 77.

Forme et délai de l'opposition. Son effet. — Le jugement par défaut peut être attaqué dans le délai de trois jours à dater de la notification. L'acte de notification doit indiquer à la partie qu'après l'expiration dudit délai elle sera déchue du droit de former opposition (art. 141). Ce délai est franc, le jour de la remise et le jour de l'échéance n'entrant pas en compte conformément à la règle générale posée par l'article 551. S'augmente-t-il à raison des distances? La jurisprudence fixera ce point. Dans le sens de la négative, on peut observer que les textes qui prévoient l'augmentation à raison de la distance, le disent expressément (Art. 59, 62, 103, 117, 150, 173, 228, 414, 455, 460, 461, 520), que l'art. 141 n'en parle pas et que son § 2 paraît formel en sens contraire. Il semble que la question se posera seulement pour les parties domiciliées hors du lieu où siège le tribunal mais dans le ressort. En effet, les parties domiciliées hors du ressort doivent y élire domicile à défaut de quoi toute notification, même celle du jugement définitif, est valablement faite au secrétariat (art. 51). Si l'on notifie valablement au secrétariat, il paraît bien que la partie ne pourra pas se prévaloir de la distance de son domicile hors du ressort. En ce sens on peut observer que, en ce qui concerne les délais d'appel, le Dahir (art. 226 et suivants) n'a pas renvoyé à l'article 60 pour ceux qui demeurent hors du ressort des juridictions françaises, comme le fait l'article 445 du Code de Procédure en renvoyant à l'article 73 du même Code.

La partie défaillante est mise en demeure de faire opposition par la notification qui lui est faite d'office du jugement. L'opposition est formée conformément à l'article 48 (art. 142), donc par requête écrite ou procès-verbal de déclaration au secrétariat. Il faut veiller à ce que l'opposant indique son domicile réel ou élu, et, s'il est hors du ressort, à ce qu'il se conforme à l'article 51. On lui fait au besoin compléter sa requête d'opposition à ce point de vue. Le juge de paix doit ensuite convoquer à l'audience pour être statué sur l'opposition. L'article 142 dit qu'on convoque à l'audience *le demandeur originaire* suivant les règles établies par les articles 55, 56, 57. Cela suppose que c'est le défendeur qui a fait opposition et qu'on le convoque verbalement pour l'audience fixée par le juge, au moment où il se présente au secrétariat. Pratiquement, il semble qu'il faudra sur l'opposition convoquer toutes les parties, y compris l'opposant, de même que sur la demande originaire, on convoque toutes les parties, y compris le demandeur (art. 54). Les convocations peuvent être libellées selon la **formule n° 23**. Tout ce qui a été dit sous l'article 54 pour les convocations à l'audience, s'applique ici.

L'effet de l'opposition est défini par l'article 143. L'opposition suspend l'exécution, à moins qu'il n'en ait été autrement ordonné par le jugement qui a statué par défaut, c'est-à-dire à moins que le jugement n'ait ordonné l'exécution provisoire nonobstant opposition par application de l'article 75.

Aux termes de l'article 144, la partie opposante qui se laisserait juger une seconde fois par défaut n'est pas reçue à former une nouvelle opposition. C'est une application de la règle traditionnelle « opposition sur opposition ne vaut ».

TITRE QUATRIÈME

De la procédure devant les tribunaux de première instance.

—

CHAPITRE PREMIER

DE L'INTRODUCTION DES INSTANCES ET DES MESURES GÉNÉRALES
D'INSTRUCTION

(Art. 145 à 156).

Comment on saisit le tribunal d'instance. Requête introductive. Conditions qu'elle doit remplir. — C'est par une *requête introductive* qu'on saisit les tribunaux de première instance .des litiges qu'on veut leur faire juger. Les articles 145, 146, 148, 149, 152 réglementent ces requêtes :

1º Elles sont déposées au secrétariat du tribunal, sauf ce qui est dit à l'article 231 relatif à l'appel des jugements (art. 145). D'après ce dernier texte, la requête d'appel peut être formée, soit au secrétariat de la juridiction compétente pour y statuer, ce qui est une application de la règle, soit au secrétariat du tribunal dont le jugement est attaqué, ce qui est une exception ;

2º Elles sont signées de la partie ou de son mandataire. Si le mandataire de la partie n'est pas un avocat, il doit justifier de son mandat par un acte sous seing privé, dûment légalisé ou par un acte authentique. Sont applicables devant les tribunaux de première instance les dispositions des §§ 2 et 3 de l'article 52 (art. 146). En définitive, les règles posées pour les mandataires au tribunal de paix (V. *supra,* art. 52) s'appliquent sauf en un point : on n'admet pas la constitution de mandataire par déclaration verbale devant le juge ; il faut un pouvoir écrit ;

3º Les requêtes doivent contenir les noms, profession, domicile réel ou élu du demandeur qui dépose la requête et du défendeur, c'est-à-dire de celui contre lequel la demande est formée (art. 146, 148). Si le demandeur est domicilié hors du ressort, il faut qu'il fasse élection de domicile, au lieu où siège le tribunal, ou qu'il constitue un mandataire ayant lui-même domicile réel ou élu dans le ressort. C'est la même règle qu'au tribunal de paix ; l'article 152 reproduit l'article 51. Il est, d'autre part, essentiel que la requête fournisse l'adresse exacte du défendeur. Ici encore, c'est la même règle qu'au tribunal de paix et la raison est identique (V. *infra,* art. 150, 151) ;

4º Les requêtes énoncent sommairement l'objet de la demande, les faits et les moyens invoqués à l'appui, les pièces dont le requérant entend se servir et qui y sont jointes (art. 148). Les requérants, spécialement les avocats qu'ils ont pu constituer comme mandataires, s'attacheront à présenter des demandes claires et précises. Leur intérêt leur commande de le faire. Ils exposeront clairement leurs prétentions, leurs arguments, leurs preuves. Très souvent ces preuves consistent dans une série de pièces et de documents; ils les produiront. Et qu'on remarque bien qu'il ne s'agit pas de joindre à la requête une liasse de papiers qu'on déclare être la preuve du bien fondé de la demande. La loi (art. 148) exige que la requête contienne *l'énonciation des pièces dont le requérant entend se servir;* cela implique que les pièces sont classées, inventoriées, expliquées, qu'elles sont au besoin placées dans des sous-cotes revêtues de toutes mentions manuscrites utiles, ainsi que le pratiquent les avocats en constituant leur dossier. En un mot, les requérants doivent présenter leurs pièces sous la forme d'un dossier d'une lecture claire et facile, notamment pour les autres parties en cause qui sont fondées (art. 153) à en demander communication. On voit par ce qui précède que la procédure du Dahir, *à la condition d'être exactement observée,* présente cet avantage de débuter, non pas par une assignation d'huissier souvent défectueuse, en tous cas dépourvue des pièces justificatives, mais par le dépôt au secrétariat d'une demande complète et assortie de son dossier;

5° Les requêtes présentées soit par les particuliers, soit par l'administration doivent être accompagnées de copies certifiées conformes par le demandeur, destinées à être notifiées aux parties en cause. Ces copies peuvent être établies par le secrétariat sur la demande et aux frais du requérant. Il faut autant de copies que de parties adverses ayant un intérêt distinct. Si on n'a pas la copie ou le nombre de copies réglementaires, le secrétaire-greffier invite le demandeur à les produire dans le délai de quinze jours. Passé ce délai, le tribunal peut déclarer la requête non avenue (art. 149).

Nous venons de passer en revue les règles auxquelles sont assujetties les requêtes introductives d'instance. Il faut que ces règles soient observées. Sans doute les secrétariats ne peuvent pas refuser d'enregistrer « à leur arrivée » les requêtes mêmes irrégulières, car cet enregistrement *qui donne sa date à la demande* (cf. *infra*, art. 416, §§ 3 et 4), est ordonné par un texte formel. Mais il appartiendra au juge rapporteur (V. *infra*) d'exiger du demandeur préalablement à toute autre procédure, qu'il régularise sa requête, et si le demandeur n'obtempère pas, il semble bien que le rapporteur pourra déférer la requête au tribunal et que celui-ci pourra la déclarer non avenue. Cette solution s'induit des dispositions des articles 149, 150 et elle est nécessaire : il faut que les juges rapporteurs aient le pouvoir d'écarter, dès le début, les procès qu'on veut engager sur des bases non conformes à la loi; leurs cabinets ne doivent pas rester encombrés de demandes qui ne sont pas établies selon les règles de la procédure en vigueur. On peut penser que c'est à la chambre du conseil que la requête doit être déférée. L'article 149 dit : « le tribunal peut déclarer la requête non avenue », mais on trouve d'autres textes (Ex. art. 203, 204) où *le tribunal* semble bien désigner la chambre du conseil.

Inscription de la requête au registre d'ordre. Timbre à date. — Les requêtes introductives d'instance sont inscrites *à leur arrivée* sur le registre d'ordre tenu au secrétariat; elles sont marquées *dès leur arrivée,* ainsi que les pièces qui y sont jointes, d'un timbre indiquant la date de l'arrivée (art. 147). Il y a ainsi deux formalités, l'apposition du timbre à date sur la requête et sur chacune des pièces, puis l'inscription de la requête sur le registre d'ordre. Il n'échappera pas aux secrétariats que ces formalités sont essentielles et qu'elles doivent être ponctuellement observées.

Désignation du juge rapporteur. Sa mission. — Immédiatement après l'enregistrement de la requête, le président du tribunal désigne un rapporteur auquel le dossier est transmis dans les vingt-quatre heures (art. 150, § 1). Nous touchons là à l'un des caractères essentiels de la procédure du Dahir « suppression de tout système de postulation, de tout intermédiaire nécessaire et obligatoire entre le justiciable et le juge ; direction de la procédure confiée non aux plaideurs ou à leurs représentants, mais au juge lui-même..... chargé d'une affaire qu'il a pour devoir de conduire par les voies les plus rapides à sa solution nécessaire, le jugement » (Rapport servant d'introduction au Dahir). Pour désigner le rapporteur, le président du tribunal écrit par exemple au bas de la requête ou sur une feuille à en tête de son cabinet : « *Soit commis Monsieur le juge ..... pour suivre l'affaire (civile, commerciale, administrative) n° ..... un tel contre un tel et faire rapport. Date et signature* ».

Le juge rapporteur s'assure d'abord que la requête est régulière, sinon il la fait régulariser, au besoin il la soumet au tribunal qui pourra la déclarer non avenue (V. *supra*). Ensuite il a la charge d'instruire l'affaire, de mettre la procédure en état d'être jugée et cela par les voies très simples qui sont tracées par les articles 150, 151, 153, 154, 155.

Notification de la requête introductive d'instance et des conclusions subséquentes. — Dans les huit jours qui suivent l'enregistrement de la requête, le juge rapporteur règle la notification aux parties défenderesses des requêtes introductives d'instance, *à moins qu'il ne soit procédé à ce règlement par le tribunal réuni en chambre du conseil* (art. 150, § 2). Toute cette partie de la procédure doit se faire rapidement ; le texte en témoigne ; la notification se fait en principe dans les huit jours, mais ce délai n'est pas fatal ; il peut être exceptionnellement dépassé, par exemple si le rapporteur se trouve en présence d'une requête irrégulière qu'il doit d'abord faire compléter. Par les dispositions qui précèdent, on voit que la chambre du conseil peut se trouver, dès le début, associée à l'instruction suivie par le juge rapporteur. Nous trouverons plusieurs textes qui prévoient l'intervention à ce titre de la chambre du conseil. Elle est alors une chambre d'instruction appelée à prendre, le rapporteur entendu, certaines mesures que ce magistrat ne veut pas (Ex. art. 150) ou ne peut pas (Ex. art. 157 et suiv.) prendre seul. Dans d'autres cas, par exemple dans les procédures relatives à l'état des personnes (Ex. art. 394 et suiv.), elle apparaît avec sa fonction ordinaire de juridiction gracieuse ou même contentieuse. La notification consiste à faire remettre au défendeur par les voies légales et contre certificat de remise une copie de la requête et à le mettre en demeure d'y répondre. Quant aux pièces qui accompagnent la requête, elles restent au secrétariat, mais nous verrons que le défendeur peut en prendre connaissance dans les conditions réglées par l'article 153.

Entrons maintenant dans les détails de la notification. Elle est réglée par les articles 150, 151. Pour donner satisfaction à ces textes, le juge rapporteur rend une ordonnance « réglant la notification aux parties défenderesses » qui peut être libellée selon la **formule n° 24.** L'ordonnance indique d'abord les noms, profession, domicile du demandeur et du défendeur, toutes indications qui doivent se trouver dans la requête. L'adresse exacte du défendeur est essentielle, car on se rappelle qu'il faut nécessairement le trouver ou tout au moins trouver son domicile ou sa résidence pour notifier valablement, donc pour prendre jugement (V. *supra*, art. 54). Si le défendeur ou l'un des défendeurs est domicilié hors du ressort, il faut se conformer à l'article 152. Pour cela, on reproduit, en marge de la première page de l'ordonnance, le texte de cet article. De même qu'au tribunal de paix (*supra*. art. 54, § 5), on n'a jamais à faire qu'une seule fois une notification hors du ressort. En effet, la notification qui suit est faite ou bien au domicile qu'a élu la partie dans le ressort, ou bien et à défaut de cette élection, au secrétariat du tribunal. L'ordonnance *prescrit la communication*, c'est-à-dire prescrit que copie de la requête soit notifiée au défendeur; en même temps, elle fixe *eu égard aux circonstances de la cause, et en tenant compte, s'il y a lieu, des délais de distance prévus aux articles 59 et 60*, le délai accordé au défendeur pour fournir sa défense avec mention qu'il peut, aux conditions fixées par l'article 153, prendre connaissance des pièces de l'affaire. L'ordonnance rappelle enfin au défendeur les règles de forme auxquelles doit satisfaire son mémoire en défense. Le juge rapporteur a dû déjà exiger du demandeur qu'il observe ces règles (*supra*, art. 148), il faut maintenant qu'il l'exige du défendeur. Il est indispensable que les productions de pièces qui accompagnent, soit les demandes, soit les défenses, se présentent sous la forme d'un dossier ou d'une cote méthodiquement classé, et dont les conclusions constituent le commentaire raisonné. Les juges rapporteurs et les secrétariats, nous le répétons une fois encore, doivent tenir la main à la stricte observation de cette règle. On ne saurait trop réagir contre la tendance de certains plaideurs qui consiste à déposer des pièces sans ordre, sans explication, et pour ainsi dire au hasard. C'est un mal dont a souffert le tribunal mixte de Tunisie où la procédure est analogue, et qu'il importe d'enrayer dès le début. Deux mentions marginales figurent au bas de l'ordonnance et en première page; elles sont reproduites à cette même place dans toutes les formules qui vont suivre; elles paraissent essentielles. La première, qu'on a déjà vue dans les modèles du tribunal de paix, a trait à la date de la notification; il faut que la partie sache quelle est cette date, où et comment elle est constatée; on sait que l'attention de l'intéressé est sollicitée à cet égard d'abord par l'enveloppe même du pli de notification et par les indications qui y figurent, ensuite par la mention marginale dont nous parlons, enfin par la formule : « *Pour copie conforme, etc.....* » qui doit figurer *en caractères très apparents* au bas de toutes les copies. Il faut, d'autre part, c'est l'objet de la seconde mention, que *les productions en réponse* de la partie, c'est-à-dire ses conclusions et ses pièces *soient adressées au secrétariat* avec rappel du dossier auquel elles se réfèrent. Les pièces ne doivent jamais être adressées directement au juge rapporteur; elles lui sont remises par le secrétariat avec le dossier, *et après leur entrée régulière à ce dossier,* c'est-à-dire après enregistrement au secrétariat, timbre et mention à l'inventaire qui doit figurer sur la chemise du dossier par application de l'article 151, § 3. La pratique qui consiste à envoyer directement les pièces au juge rapporteur, ou encore à les lui remettre de la main à la main en les accompagnant d'un commentaire verbal, est absolument contraire à la loi qui veut que les pièces soient déposées au secrétariat (art. 145, 154); elle présente des inconvénients multiples; elle doit être abandonnée.

Le modèle d'ordonnance qui vient d'être examiné comporte un original et autant de copies qu'il y a de parties. L'original signé par le juge rapporteur se termine par la forme habituelle « *Satisfait, etc.....* ». Le secrétaire-greffier signe cette formule pour constater que l'ordonnance a été mise à exécution, c'est-à-dire que la notification a été *entreprise;* c'est le certificat de remise venant se joindre à l'original qui constatera ensuite qu'elle est *réalisée.* Les copies reproduisent l'original en s'arrêtant à ces mots : «..... *le juge rapporteur, signé* ..... » et en se terminant par la formule « *Pour copie conforme, etc.....* ». Sur chaque copie on souligne d'une manière apparente le nom de la partie destinataire (sur tous ces points,

V. *supra,* art. 54). On voit que l'ordonnance est établie en un seul original et en autant de copies qu'il y a de parties défenderesses. Quand il y a plusieurs défendeurs on leur impartit, pour fournir leur défense, un délai unique calculé sur le domicile du défendeur le plus éloigné. Il n'y a pas d'avantage à exiger les productions d'une partie avant de pouvoir l'exiger de l'autre. On n'a ainsi au dossier qu'une seule ordonnance; les certificats de remise viennent s'y joindre; le tout, constituant l'original de la notification, est enregistré et coté comme pièce unique. A la suite on trouve les diverses productions que l'ordonnance provoque; chacune de ces productions est enregistrée et cotée à sa date.

L'ordonnance (original et copie) est, on le suppose, établie. Il faut maintenant notifier, c'est-à-dire faire parvenir à chaque défendeur une copie de l'ordonnance, plus une copie de la requête en se conformant aux articles 55, 56, 57. Nous avons expliqué à propos des tribunaux de paix le mécanisme de ces articles (V. *supra*); il suffit ici de le résumer. Le secrétariat place sous l'enveloppe spéciale (formule nº 4) la copie de l'ordonnance et la copie de la requête, épinglées ensemble; il ferme et scelle l'enveloppe, il en rédige la suscription comme il a été dit, c'est-à-dire qu'il inscrit le nom de la partie, ou bien *seulement* le nom de son mandataire, si elle a un mandataire. Au dos de l'enveloppe il épingle un certificat de remise *préparé,* qui est établi d'après l'une des **formules nᵒˢ 25, 26, 27,** selon que la remise a lieu par le secrétariat, par la poste ou par la voie administrative. Suivant une remarque déjà faite, l'original de l'ordonnance reste au secrétariat; au contraire l'enveloppe renfermant la copie et le certificat de remise circulent au dehors. Il faut sur l'enveloppe et sur le certificat une mention établissant, sans aucun doute possible, qu'ils se rapportent à l'original en question. Cela est obtenu en inscrivant sur l'enveloppe et sur le certificat, aux places indiquées dans les modèles, le numéro du dossier et, en outre, la cote que représente dans le dossier l'original de l'ordonnance. Le pli de notification ainsi constitué, le secrétariat remplit la formule « *Satisfait, etc.....* » au bas de l'original, de l'une des manières qui ont été indiquées (*art. 55, 56, 57, paragraphes concernant la notification par le secrétariat, par la poste, par l'autorité administrative*). Il faut autant de formules « Satisfait ..... par, etc..... » qu'il y a de plis de notification. Le pli de notification est confié soit à un agent du secrétariat, soit à la poste, soit à l'autorité administrative. L'agent, la poste ou l'autorité administrative assurent la transmission (art. 55), la remise (art. 56), le retour du certificat de remise (art. 57) ainsi qu'il a été expliqué sous ces divers articles. S'il s'agit d'une notification par la voie administrative hors du ressort des juridictions françaises, il faut une seconde enveloppe dans laquelle on place le pli de notification et le certificat de remise avec une lettre qui peut être libellée suivant la **formule nº 28.** Il ne reste plus qu'à attendre le retour des certificats de remise, à s'assurer qu'ils sont réguliers, et à les annexer à l'original en regard de la formule « *Satisfait, etc.....* ». L'ordonnance devient alors un acte de notification régulier dont les certificats de remise marquent la date. Chaque copie laissée entre les mains de l'intéressé a, à son tour, sa date marquée par l'enveloppe qui la renfermait et qu'on a soin de lui annexer (*Supra,* art. 55, 56, 57, *notification par le secrétariat, certificat de remise*).

Toutes les règles qui viennent d'être passées en revue relativement au dépôt et à la notification des requêtes introductives d'instance s'appliquent aux mémoires en défense des défendeurs, aux répliques des demandeurs, et à tous autres mémoires et conclusions. C'est ce qui résulte de l'article 154. Il faut avoir pour ces diverses productions les mêmes exigences que pour les requêtes, notamment en ce qui concerne le classement des pièces qui les accompagnent. L'ordonnance prescrivant la communication des mémoires en défense, pourra être libellée suivant la **formule n° 29.** Elle comporte les mêmes observations que l'ordonnance concernant les requêtes introductives; la notification se fait de la même manière. Les mémoires en défense pourront donner lieu à des répliques susceptibles elles-mêmes d'être notifiées par ordonnance (formule n° 29). Mais il est bien évident que le juge rapporteur arrêtera ces notifications dès que les parties auront eu latitude suffisante pour échanger leurs conclusions, leurs pièces et leurs moyens. Il aura soin toutefois de joindre aux convocations à l'audience la copie des dernières conclusions prises, pour qu'elles soient connues des intéressés.

Communication des pièces. — Ce sont les copies des requêtes, des mémoires en défense, des répliques qui sont notifiées aux parties. Bien évidemment elles ont besoin de connaître les pièces qui les accompagnent et qui constituent les preuves de l'adversaire. Ces pièces, nous l'avons dit, restent au secrétariat déposées au dossier de l'affaire. Comment les parties peuvent-elles en prendre connaissance? L'article 153 répond : les parties ou leurs mandataires peuvent prendre connaissance au secrétariat, mais sans déplacement, des pièces de l'affaire. Toutefois le juge rapporteur peut autoriser le déplacement des pièces, pendant un délai qu'il détermine, sur la demande des avocats chargés d'assister les parties. Le récépissé des pièces ainsi communiquées est signé de l'avocat et porte son engagement de les rendre dans le délai fixé. Après ce délai expiré, le tribunal peut condamner personnellement l'avocat à des dommages-intérêts n'excédant pas dix francs par jour de retard et même ordonner le rétablissement des pièces. Donc la règle c'est la communication des pièces au secrétariat sans déplacement. Cette communication est faite aux parties ou à leurs mandataires *justifiant de leur qualité.* Il faut qu'elle ait lieu sous le contrôle d'un employé du secrétariat qui veille à ce que la partie qui prend connaissance du dossier en respecte l'ordre, n'y ajoute aucune pièce, n'en retire aucune pièce. L'expérience prouve toute l'importance qui s'attache à la stricte observation de ces règles dans la communication des dossiers.

Par exception, le juge rapporteur peut autoriser le déplacement des pièces, mais dans ce cas plusieurs précautions sont prises : 1° il faut l'autorisation du juge rapporteur qui ne la donnera qu'à bon escient; 2° cette autorisation intervient sur la demande des avocats chargés d'assister les parties; donc c'est non pas à la partie ou à un mandataire quelconque, mais *à un avocat* que les pièces sont communiquées; 3° l'avocat signe un récépissé des pièces avec l'engagement de les rendre dans un certain délai; 4° après ce délai expiré, le tribunal peut condamner personnellement l'avocat à des dommages-intérêts n'excédant pas dix francs par jour de retard et même ordonner le rétablissement des pièces. Ici encore, il faut observer à la lettre toutes ces règles. Par exemple les secrétariats feront signer aux avocats un récépissé des pièces selon la **formule n° 30,** et ils appelleront leur attention sur la teneur du récépissé qu'ils signent.

Mise en état de la procédure. — La notification des requêtes, des mémoires, des répliques constitue le moyen ordinaire d'instruction, mais ce n'est pas le seul, car le juge rapporteur ne doit pas se borner à provoquer l'échange des conclusions, il doit, article 155, *mettre la procédure en état et ordonner les productions de pièces qui lui paraissent nécessaires à l'instruction de l'affaire.* Pour cela il peut avoir, et il aura souvent à demander aux parties des explications, des justifications sur un point donné; ce sont des pièces, des précisions qu'il exigera, des observations qu'il présentera.

Comment procédera-t-il? Il faut d'abord se rappeler que devant les tribunaux d'instance et devant la Cour, la procédure est essentiellement écrite. Donc on ne peut pas instruire les procès au moyen de conversations avec les parties. Sans doute le juge rapporteur peut, dans certains cas, appeler les intéressés pour donner ou recevoir les explications qu'il juge nécessaires; mais cette pratique doit rester exceptionnelle. Il n'y aura recours qu'avec une extrême prudence. Il s'abstiendra, au moins le plus souvent, de recevoir une partie hors la présence de l'adversaire. Il évitera tout ce qui, de près ou de loin, pourrait paraître faire de lui l'avocat ou le conseil de cette partie. Il ne faut pas, par exemple, qu'un plaideur — l'expérience prouve que certains excellent dans ce genre — se ménage un entretien avec le juge rapporteur et qu'il exploite ensuite les propos échangés pour les besoins de sa cause. Et d'ailleurs l'article 185, que nous trouverons plus loin, interdit au juge rapporteur qui fait rapport à l'audience de donner son avis. La règle ainsi posée pour le dernier acte de la mission du juge, pour le rapport d'audience, s'applique *a fortiori* à toutes les phases de la procédure qui précèdent l'audience et qui aboutissent au rapport. Il ne servirait de rien au rapporteur de ne pas donner son avis à l'audience, s'il l'a déjà donné à l'instruction; l'article 185, pour être pleinement obéi, doit recevoir satisfaction dès le début et pendant tout le cours de la procédure. On voit que les écueils précédemment signalés se doubleraient d'une violation de la loi. Tout cela sera évité en faisant non pas de l'instruction orale, mais de la procédure écrite.

Cette procédure qui, en dehors de l'échange des conclusions, tend à la mise en état, sera d'ailleurs très simple. Elle consistera à s'adresser aux parties *par l'intermédiaire du secrétariat* et par la voie d'un soit transmis ou bien d'une ordonnance :

1° L'ordonnance pourra être libellée selon la **formule n° 31**. Le modèle comporte un original et une ou plusieurs copies à notifier par les voies habituelles. En rédigeant son ordonnance, le juge a soin de ne pas donner son avis (art. 185 et arg. de ce texte), c'est-à-dire qu'il évite de formuler une opinion sur le fond de l'affaire;

2° Au lieu de rendre une ordonnance, le juge rapporteur peut recourir à la forme plus simple d'un *soit transmis* établi selon la **formule n° 32**. Le soit transmis est libellé suivant les cas au nom de la partie destinataire, ou encore au nom du secrétaire-greffier, chargé de notifier à la partie. On a soin d'indiquer exactement les nom, profession, domicile de la partie, car c'est à cette adresse que se fait la notification. Ici encore, le juge rapporteur évite de donner son avis (art. 185 et argument). Le soit transmis comporte, comme les autres actes de procédure, un original et une ou plusieurs copies à notifier par les voies habituelles;

3° Il faut nécessairement recourir à l'ordonnance ou au soit transmis dont il vient d'être question toutes les fois qu'on veut aboutir à une notification proprement dite suivant les formes des articles 55, 56, 57. Mais s'il s'agit d'une simple communication, on pourra faire plus simplement. On aura recours à un soit transmis **formule n° 33**. Il est rédigé comme le précédent, mais il ne fait pas l'objet d'une notification. Il suffit de mettre la copie à la poste, *sous enveloppe ordinaire,* en recommandant au besoin. La formule « *Satisfait, etc.....* » de l'original est remplacée par une mention constatant l'envoi par la poste; la copie porte simplement « *pour copie conforme* ». Si l'on a recommandé l'envoi, on épingle sur l'original le récépissé de la poste et au besoin l'avis de réception. Le fait de recourir ainsi purement et simplement à la poste pour l'instruction des affaires, quand la chose est possible, paraît répondre aux nécessités de la pratique; en tous cas, cela cadre bien avec l'esprit général de la nouvelle procédure. Mais il est bien entendu qu'on ne peut user de ce procédé que lorsqu'on n'a pas à faire une notification, car un envoi par la poste, même sous pli recommandé, même avec accusé de réception, n'est pas une notification au sens du Dahir de procédure.

Transmission du dossier au parquet. — Lorsque l'instruction écrite étant complète ou les délais pour les productions des réponses expirés, l'affaire est en état d'être jugée, ou lorsqu'il y a lieu de faire prescrire une mesure d'instruction par le tribunal siégeant en audience publique, le dossier est transmis par le juge rapporteur au procureur commissaire du gouvernement, par l'entremise du secrétaire-greffier (art. 156). Pour l'application de ce texte, le juge rapporteur rend une ordonnance selon la **formule n° 34**. Elle est établie en simple original puisqu'il n'y a pas lieu de la notifier. Le dossier avec l'ordonnance est remis au secrétariat qui transmet au Parquet. Le secrétaire-greffier constate par une mention en marge, datée et signée de lui, la transmission au Parquet.

CHAPITRE II

DES MESURES D'INSTRUCTION COMPORTANT UNE VÉRIFICATION

(Articles 157 à 179).

I. *Dispositions générales (art. 157, 158).*

Les dispositions générales des articles 78 à 81 relatives aux mesures d'instruction devant les tribunaux de paix s'appliquent ici sous réserve des règles particulières posées par les articles 157, 158 :

1° La mesure d'instruction est prescrite soit par jugement du tribunal rendu en audience publique, soit par décision du tribunal réuni en chambre du conseil, le rapporteur entendu (art. 157, § 2). Ainsi le juge rapporteur ne peut jamais ordonner lui-même une expertise, une visite de lieux, une enquête, un interrogatoire sur faits et articles, une vérification d'écritures. Il faut un jugement du tribunal ou une décision de la chambre du conseil. Si le juge rapporteur croit devoir faire ordonner la mesure en question par jugement, il communique le dossier au Parquet (art. 156), puis il porte l'affaire à l'audience ainsi qu'il sera dit sous les articles 180 et suivants. Il peut aussi, et plus simplement, saisir la chambre du conseil. Cette chambre fonctionnant comme chambre d'instruction, associée à ce titre à l'instruction suivie par le rapporteur (cf. art. 150), prend la décision, le rapporteur entendu, sans aucune procédure, sans qu'il y ait lieu à communication préalable du dossier au ministère public (arg. art. 156, 158), sans qu'il y ait lieu à convocation des parties (arg. art. 161, 165, 168). Ce n'est pas un jugement qui intervient, c'est, suivant le langage des textes, une décision, une ordonnance par mesure d'instruction et, semble-t-il, non susceptible de recours. Bien évidemment la chambre du conseil peut apprécier qu'un jugement est nécessaire; on retombe alors dans le cas précédent et le rapporteur porte l'affaire à l'audience.

2° La somme à consigner à titre d'avances pour le paiement des frais est fixée, et le délai pour cette consignation est déterminé, par la décision ou le jugement prescrivant la mesure d'instruction ou, à défaut, par le juge rapporteur. Avis du montant de la somme à consigner et du délai fixé est donné aux parties, soit lors de la notification de la décision ou du jugement, soit par l'avertissement du secrétaire-greffier (art. 157, §§ 4, 5).

Pour donner satisfaction à ce texte, le juge rapporteur envoie aux parties qui sont tenues de la consignation (V. art. 79) un avis libellé selon la **formule n° 35**. C'est la reproduction de la formule n° 11 donnée pour les tribunaux de paix et les mêmes observations s'appliquent. On fait un original, puis autant de copies qu'il y a de parties tenues de la consignation. Sur chaque copie on souligne le nom du destinataire et aussi la mention « *une fois versée* » qui suit l'énonciation de la somme à consigner. Chaque copie est envoyée par lettre recommandée à son destinataire. Le secrétaire-greffier signe la formule de mise à exécution au bas de l'original ; il épingle en regard les avis constatant l'envoi et la réception des lettres recommandées. Le juge attend que les fonds soient versés au secrétariat pour passer à l'exécution de la mesure prescrite. Si aucune consignation n'est faite dans le délai imparti, il procède comme il est dit à l'article 79, § 2, c'est-à-dire qu'il renvoie à l'audience pour qu'il soit passé outre au jugement, la demande qui devait donner lieu à la mesure d'instruction pouvant alors être rejetée. C'est la sanction légale du défaut de consignation, cette sanction est rappelée dans l'avis.

3° Le ministère public est associé aux mesures d'instruction dans la mesure que prévoit l'article 158 ainsi conçu : les décisions en chambre du conseil prescrivant l'une des mesures d'instruction prévues à l'article précédent sont communiquées au ministère public. Le ministère public peut assister à toutes les mesures d'instruction ordonnées par le tribunal. Le texte ne prévoit la communication que des décisions de la chambre du conseil ; en effet, les jugements en audience publique sont rendus en présence du ministère public, on n'a donc pas à les lui communiquer.

II. *Expertises (art. 159-164).*

Les dispositions des articles 82 à 91 relatives aux expertises du tribunal de paix sont, en principe, applicables devant les tribunaux de première instance, mais il y a quelques règles nouvelles (art. 159).

Expertise par un expert unique. Comment il est désigné. — L'expertise peut être confiée, comme au tribunal de paix, à un expert unique. Ce sera le cas le plus fréquent. L'expert est nommé soit d'office, soit sur les propositions faites d'accord par les parties (arg. art. 159, 83). Au tribunal de paix, le juge qui a les parties devant lui n'a qu'à les interpeller pour savoir si elles sont d'accord sur le choix de l'expert. Au tribunal d'instance, si les parties sont présentes ou représentées, le président les interpelle comme au tribunal de paix. La situation est aussi simple si les parties, même absentes, ont proposé un expert dans leurs requêtes et mémoires. Dans ces deux cas les parties ont fait leurs propositions et le tribunal nomme l'expert proposé d'accord ou un expert d'office. Si l'expertise est prescrite par décision rendue en chambre du conseil, ou si les parties ne sont ni présentes ni représentées à l'audience où l'expertise est ordonnée, et si d'ailleurs elles n'ont pas, dans leurs requêtes et mémoires, proposé un expert, alors s'applique l'article 161. La décision ou le jugement se borne à prescrire l'expertise ; le juge rapporteur *en donne avis aux parties* par une notification faite conformément à l'article 151, et il les invite à faire leurs propositions dans le délai de huit jours après lequel il sera passé outre à la nomination par le tribunal. L'avis de jugement prescrivant l'expertise peut être libellé selon la **formule n° 36**. Il est notifié suivant les règles habituelles. Le délai de huit jours est calculé à partir du certificat de remise dernier en date. Il dépend des parties d'éviter le circuit de procédure résultant de l'article 161 en faisant leurs propositions avant le jugement instituant l'expertise.

De toute façon lorsque l'expert est nommé, il faut donner aux parties avis du jugement qui le désigne, notamment pour qu'elles puissent exercer le droit de récusation qu'elles tiennent de l'article 162. Ce nouvel avis peut être libellé selon la **formule n° 37**. Si des récusations se produisent conformément à l'article 162, on procède comme il est dit à l'article 88.

Expertise par trois experts ou un plus grand nombre. Comment ils sont désignés. — Quand le tribunal estime que l'expertise ne doit pas être faite par un expert unique, il est procédé à l'expertise par trois experts ou un plus grand nombre s'il y a plus de deux parties en cause ayant des intérêts distincts (art. 160, § 1). Ces expertises ne peuvent être prescrites que par jugement rendu en audience publique (art. 157, § 3). L'un des experts est nommé d'office par le tribunal, sans proposition des parties, et il est chargé de diriger les opérations. Les deux autres experts ou un plus grand nombre s'il y a plus de deux parties en cause ayant un intérêt distinct, sont également nommés par le tribunal, mais après proposition de chaque partie respectivement pour l'un des experts (art. 160, §§ 2, 3).

On suit une procédure analogue à celle indiquée pour le cas d'expert unique. Si, au moment où le tribunal prescrit l'expertise, les parties ont fait leurs propositions, il nomme d'office l'un des experts en précisant qu'il est chargé, conformément à l'article 160, de diriger les opérations, puis il nomme les autres sur le vu des propositions des intéressés. Si les parties n'ont pas fait leurs propositions, on applique l'article 161, c'est-à-dire que le jugement se borne à prescrire l'expertise. Le juge rapporteur en donne avis aux parties par une notification faite conformément à l'article 151, et les invite à faire leurs propositions dans le délai de huit jours, formule n° 36. Ensuite le tribunal nomme un expert d'office comme il est dit ci-dessus, et les autres sur le vu des propositions. S'il n'y a pas eu de propositions, il nomme tous les experts d'office. Ici encore il appartient aux parties d'éviter le circuit de procédure résultant de l'article 161, en faisant leurs propositions avant le jugement instituant l'expertise.

De toute façon, lorsque les experts sont nommés, on donne avis aux parties (formule n° 37) du jugement désignant les experts, notamment en vue de l'exercice du droit de récusation de l'article 162.

Récusation. Délai. — Les récusations obéissent aux mêmes règles qu'au tribunal de paix, mais le délai pour récuser est différent ; on a huitaine à partir de la notification de la décision ou du jugement qui désigne l'expert (art. 162), c'est-à-dire à partir de la notification de l'avis, formule n° 37.

Envoi du dossier à l'expert. Règles qui lui sont imposées. Serment. Rapport. — Après les diverses procédures dont il vient d'être question, et après la consignation des fonds (art. 79), le juge rapporteur constitue et le secrétariat envoie le dossier à l'expert. Celui-ci, s'il ne figure au tableau des experts, doit tout d'abord prêter serment devant l'autorité désignée par le jugement (art. 85). Il doit ensuite se conformer aux prescriptions des articles 80 pour les avances de fonds, 86, § 3 pour l'état de ses vacations et frais, 89, § 1er pour la convocation des parties, 91 pour les traductions, et enfin 89, § 2, 163, 164 pour l'établissement du rapport. *Une note jointe au dossier d'expertise par les soins du secrétariat reproduira ces divers textes* et rappellera ainsi aux experts les règles qu'ils sont tenus d'observer.

Dépôt du rapport. Procédure à la suite. — Lorsque le rapport a été déposé au greffe, les parties sont invitées, par une notification faite conformément à l'article 151, à en prendre connaissance et à fournir leurs observations dans le délai de quinze jours; une prorogation de délai peut être accordée par le juge rapporteur (art. 164, § 2). Pour donner satisfaction à ce texte, le juge rapporteur fera usage de l'avis (**formule n° 38**). Cet avis comporte un original et autant de copies qu'il y a de parties. On notifie suivant les règles habituelles. Le juge rapporteur fixe un délai conformément au texte; il le fixe, le cas échéant, assez long pour éviter la formalité de la prorogation.

III. Visites de lieux (art. 165).

En principe, les dispositions des articles 92 à 96, relatives aux visites de lieux du tribunal de paix sont applicables devant les tribunaux de première instance (art. 165, § 1). Par conséquent, la visite est ordonnée soit d'office, soit sur la demande des parties (art. 92); elle a lieu, s'il y échet, avec l'assistance d'un expert (art. 93) et le concours de tous témoins utiles (art. 94); les frais de la visite sont compris dans les dépens de l'instance (art. 96). Voici maintenant les règles propres aux tribunaux d'instance :

1° Il est procédé à la visite de lieux par le juge rapporteur, à moins qu'il ne soit décidé par l'ordonnance (cela vise la décision de la chambre du conseil, comme le prouve la suite du texte) ou le jugement prescrivant cette mesure d'instruction, que tous les membres du tribunal ou l'un d'eux, en dehors du juge rapporteur, se transporteront sur les lieux (art. 165, § 2);

2° Lorsque la visite de lieux a été prescrite par ordonnance rendue en chambre du conseil, ou lorsque les parties ne sont ni présentes ni représentées à l'audience publique où la visite de lieux est ordonnée, elles sont avisées par une notification faite conformément à l'article 151, de l'ordonnance ou du jugement prescrivant la visite de lieux, ainsi que du jour et de l'heure auxquels la visite de lieux doit se faire (art. 165, § 3). Ce texte laisse entendre que lorsque la visite de lieux est ordonnée en présence des parties, il peut y être procédé d'emblée, sans autre procédure, en convoquant par exemple les parties de vive voix. Mais nous devons répéter une observation déjà faite à propos du tribunal de paix sous l'article 92. Il sera ordinairement nécessaire de s'assurer d'une consignation préalable (art. 79) et de ne fixer le transport qu'après que les fonds auront été consignés au secrétariat. Donc, le jugement ordonnant la visite de lieux se bornera, au moins le plus souvent, à dire que les jour et heure du transport seront fixés ultérieurement. Après le jugement, on enverra les avis de consignation (formule n° 35), puis, après la consignation, on avisera les parties du jour et de l'heure de la visite. Pour convoquer les parties, on pourra faire usage de la **formule n° 39**. Elle reproduit mutatis mutandis celle donnée sous le n° 13 pour les tribunaux de paix.

On remarquera que le juge rapporteur exécute le jugement ordonnant la visite, sans procéder à une notification proprement dite de ce jugement. Il se borne conformément au texte à en donner avis et à reproduire ses dispositions essentielles dans la notification par laquelle il convoque les parties sur les lieux. Cela n'a rien qui doive surprendre dès lors qu'il s'agit d'un jugement à exécuter par la juridiction elle-même, non par les parties ou par un tiers. L'observation s'applique aux autres jugements avant dire droit (V. art. 161, 168, 173);

3° Il est, dans tous les cas, dressé par le greffier procès-verbal de la visite de lieux (art. 165, § 4). Ce procès-verbal est déposé au secrétariat; les parties sont invitées par un avis, formule n° 38, à prendre connaissance du procès-verbal et à conclure (art. 164 et argument de ce texte).

IV. *Enquêtes (art. 166-169)*.

Les dispositions des articles 97 à 111 relatives aux enquêtes du tribunal de paix sont, en principe, applicables devant les tribunaux de première instance (art. 166). Donc on appliquera, *sous réserve de ce qui va suivre,* l'article 97 qui dit sur quels faits l'enquête peut être ordonnée; les articles 98, 99 aux termes desquels l'enquête se fait à l'audience ou sur les lieux, en vertu d'un jugement énonçant les faits admis en preuve, avec indication du jour et de l'heure de l'enquête et encore avec invitation aux parties d'avoir à présenter leurs témoins au jour fixé ou à déposer au secrétariat, dans les trois jours, leur liste de témoins; — l'article 100 qui permet aux parties de citer directement leurs témoins par lettre recommandée ou de les faire citer par une notification régulière du secrétariat; — l'article 103 qui fixe les délais de comparution pour les témoins et les amendes à prononcer contre les témoins défaillants; — les articles 102, 107, 108 qui tracent les règles pour recevoir les dépositions des témoins; — les articles 101, 105, 106 qui visent les cas d'indignité, d'incapacité, de reproche; — l'article 109 relatif au cas où on fait entendre plus de cinq témoins sur un même fait.

Voici maintenant les règles propres aux tribunaux de première instance :

1° Il est procédé à l'enquête par le juge rapporteur, à moins qu'il ne soit décidé par le tribunal que l'enquête aura lieu à l'audience (art. 167);

2° Lorsque l'enquête a été prescrite par décision rendue en chambre du conseil, ou lorsque les parties ne sont ni présentes, ni représentées à l'audience publique où l'enquête est ordonnée (sur ce point, art. 157, § 2), elles sont avisées par une notification faite conformément à l'article 151, de la décision ou du jugement prescrivant l'enquête, ainsi que du jour et de l'heure auxquels elle doit avoir lieu et sont invitées à présenter leurs témoins à ces jour et heure (art. 168, § 1). Ce texte, comme l'article 165, § 3 pour les visites de lieux, laisse entendre que lorsque l'enquête est ordonnée en présence des parties, il peut y être procédé sans autre forme de procédure, par exemple en invitant verbalement les parties à faire la consignation (art. 79) et à se présenter avec leurs témoins au jour fixé pour l'enquête. Mais suivant une remarque déjà faite sous l'article 98, il faudra, au moins le plus souvent, s'assurer en vue de la taxe des témoins d'une consignation *préalable* (arg. art. 79). Dès lors le jugement ordonnant l'enquête se bornera à articuler les faits admis en preuve et à inviter les parties à déposer au secrétariat leurs listes de témoins, conformément à l'article 98, puis il dira que les jour et heure de l'enquête seront ultérieurement fixés par ordonnance. A la suite de ce jugement, le juge rapporteur envoie les avis de consignation (formule n° 35) aux parties tenues de la consignation suivant les distinctions de l'article 79, et à toutes les parties un avis de jugement **(formule n° 40)** les invitant à déposer au secrétariat leurs listes de témoins. Le secrétariat veille de son côté, notamment quand on vient consigner, à ce que ces listes soient déposées. Une fois qu'on a la consignation et les listes de témoins, le juge rapporteur convoque les parties et les témoins soit devant lui, aux jour et heure qu'il fixe, soit à l'audience indiquée par le président si l'enquête se fait à l'audience. Ces convocations sont libellées selon la **formule n° 41**. Cette formule reproduit *mutatis mutandis* celle des tribunaux de paix (n° 14). L'enquête est fixée de manière que les délais de comparution pour les parties et pour les témoins soient observés. Les témoins défaillants encourent, le cas échéant, les sanctions de l'article 103. Ici encore le juge rapporteur n'a pas à procéder à une notification proprement dite du jugement ordonnant l'enquête; il se borne, *conformément aux textes,* à donner avis de ce jugement et des dispositions qui intéressent, dans les notifications qu'il fait aux parties;

3° Il est dans tous les cas dressé procès-verbal de l'enquête par le greffier (art. 168, § 2). Si les parties n'ont pas assisté à l'enquête, elles sont averties, par une notification faite conformément à l'article 151, qu'elles peuvent prendre connaissance du procès-verbal au secrétariat, dans le délai fixé par le tribunal ou par le juge rapporteur (art. 169). Pour donner satisfaction au texte, le juge rapporteur, après le dépôt du procès-verbal d'enquête au secrétariat, fait notifier aux parties un avis selon la formule n° 38. Le texte n'impose l'envoi des avis que si les parties n'ont pas assisté à l'enquête, mais, même en dehors de ce cas, le juge rapporteur reste évidemment libre d'en envoyer s'il le juge utile.

V. *Interrogatoire (art. 170-177).*

Les articles 170 à 177 traitent de l'interrogatoire sur faits et articles.

Le tribunal peut, soit d'office, soit sur la demande des parties, ordonner que les parties, ainsi que tous agents de l'administration, seront interrogés soit en audience publique, soit en chambre du conseil, soit en tout autre lieu qu'il indique (art. 170). La décision énonce les faits sur lesquels les parties seront interrogées et désigne, s'il y a lieu, pour procéder à l'interrogatoire, soit le juge rapporteur, soit le juge de paix commis à cet effet (art. 171). Si l'interrogatoire a lieu devant le tribunal, la décision qui l'ordonne en fixe les jour et heure; dans les autres cas, les jour et heure sont indiqués par le juge rapporteur ou le juge commis, au bas de la décision qui le charge de procéder à l'interrogatoire (art. 172). Les parties sont averties au moins vingt-quatre heures à l'avance, sans préjudice des délais de distance fixés aux articles 59 et 60, par une notification faite conformément à l'article 151 (art. 173). Si au jour de l'interrogatoire, une partie justifie d'empêchement légitime, le juge indique un nouveau jour pour l'interrogatoire. Si la partie est dans l'impossibilité de se présenter devant le juge, celui-ci se transporte au lieu où elle est retenue (art. 174). La partie interrogée doit répondre en personne sans pouvoir lire aucun projet de réponse par écrit, et sans assistance de conseil (art. 175). Il est donné lecture à la partie de l'interrogatoire et elle le signe, ou mention est faite qu'elle ne sait, ne peut ou ne veut signer. Procès-verbal de l'interrogatoire est dressé par le greffier (art. 176). Les administrations publiques sont tenues de se faire représenter par un de leurs agents à l'interrogatoire, s'il en a été ainsi ordonné (art. 177).

Ces textes très clairs n'appellent aucun commentaire. Nous dirons seulement quelques mots de la procédure que motive cette mesure d'instruction. Elle ne nécessite pas de frais, donc il n'y a pas de consignation à faire effectuer, on passe directement à l'exécution. L'exécution consiste à adresser une expédition du jugement au juge commis, si l'on a commis un juge de l'extérieur, par exemple le juge de paix du domicile de la partie à interroger. Il faut, en tout cas, convoquer la partie aux jour, lieu et heure fixés pour l'interrogatoire. On n'a pas à lui notifier le jugement; il suffit de l'avertir, conformément à l'article 173, par une convocation dans laquelle on reproduit les dispositions essentielles du jugement. Cette convocation peut être libellée selon la **formule n° 42.** Elle est notifiée de manière que les délais prescrits par l'article 173 soient observés.

VI. *Comparution personnelle (art. 178).*

Le tribunal peut toujours ordonner la comparution personnelle des parties (le juge de paix a la même faculté; art. 68, § 2), soit à l'audience publique, soit en chambre du conseil, soit devant le juge rapporteur, ou encore commettre un juge devant lequel elles doivent comparaître et qui dresse procès-verbal de la comparution (art. 178).

Dans le droit commun, la comparution personnelle diffère sous plusieurs rapports de l'interrogatoire. Le Dahir de procédure semble ne laisser subsister qu'une différence qui a, à la vérité, son importance pratique : le jugement ordonnant l'interrogatoire doit (art. 171) énoncer les faits sur lesquels les parties seront interrogées ; rien de semblable n'est dit pour la comparution personnelle et par suite la partie ne sera pas prévenue à l'avance des questions qui lui seront posées. Si la comparution a lieu devant un juge commis, une note jointe à l'expédition du jugement fera connaître au juge les points à élucider.

De même que l'interrogatoire, la comparution personnelle ne nécessite pas de frais; donc il n'y a pas d'avis de consignation à envoyer, on passe directement à l'exécution. L'exécution consiste à envoyer une expédition du jugement (au besoin avec une note jointe, V. ci-dessus) au juge commis, si l'on a commis un juge de l'extérieur. Il faut, en tous cas, convoquer la partie aux jour, lieu et heure fixés pour la comparution. La convocation peut être libellée selon la **formule nº 43**. Il faut observer par analogie les délais prescrits par l'article 173. La convocation est notifiée en conséquence.

VII. *Vérification d'écritures (art. 179).*

Il résulte de l'article 179 que, devant le tribunal d'instance, il y a deux sortes de vérifications d'écritures, la vérification devant le juge (art. 179, § 2) et la vérification par trois experts ou un plus grand nombre (art. 179, § 3).

Vérification devant le juge. — Il est procédé à la vérification d'écritures devant le juge rapporteur, à moins qu'il n'en soit autrement ordonné par l'ordonnance ou le jugement qui prescrit cette mesure (art. 179, § 2). Par exemple, on peut ordonner qu'elle aura lieu devant le tribunal en chambre du conseil, ou bien devant un juge commis, spécialement devant le juge de paix du lieu où se trouvent les pièces (analogie art. 171, 178).

Sont applicables devant les tribunaux de première instance les dispositions des articles 112 à 114 relatives aux vérifications d'écritures (art. 179, § 1). Donc on appliquera l'article 112, §§ 1 et 2 qui dit dans quels cas il y a lieu à vérification d'écritures; l'article 113 qui dit quelles pièces sont admises comme pièces de comparaison; l'article 114 relatif aux amendes dont les parties sont éventuellement passibles; l'article 112, § 3, aux termes duquel les règles établies pour les enquêtes... sont applicables aux vérifications d'écritures.

En vertu de ce dernier texte, le jugement ordonnant une vérification d'écritures précise la pièce soumise à la vérification, après qu'elle a été parafée par le juge, invite les parties à déposer au secrétariat dans les trois jours leurs pièces de comparaison ou les noms et adresses des dépositaires des pièces et leurs listes de témoins, nomme l'expert si le juge doit être assisté d'un expert, enfin dit que les jour et heure de la vérification seront fixés par convocation ultérieure. A la suite de ce jugement, le juge rapporteur envoie les avis de consignation (formule nº 35) aux parties tenues de la consignation suivant les distinctions de l'article 79, puis, à toutes les parties, un avis de jugement (formule n° 40, *mutatis mutandis*) les invitant à déposer au secrétariat dans les trois jours *leurs pièces de comparaison ou les noms et adresses des dépositaires des pièces et leurs listes de témoins*. Le secrétariat veille de son côté, notamment quand on vient consigner, à ce que le tout soit dûment déposé. Une fois cela fait, le juge rapporteur convoque aux jour et heure qu'il fixe, les parties, les témoins et, le cas échéant, l'expert nommé ainsi que les dépositaires des pièces de comparaison. Les convocations peuvent être libellées suivant la **formule n° 44**. Elles rappellent aux témoins les sanctions de l'article 103, aux parties les amendes de l'article 114 dont elles sont éventuellement passibles. Les convocations sont notifiées de manière que les délais de comparution pour les témoins et pour les parties (art. 103, 173) soient observés. Le greffier dresse procès-verbal de la séance de vérification; il y joint le rapport qu'a pu déposer l'expert. Des avis selon la formule n° 38 sont, s'il y a lieu, notifiés aux parties.

Vérification par trois experts ou un plus grand nombre. — Après avoir parlé de la vérification d'écritures devant le juge, l'article 179, § 3, ajoute : en outre, une vérification d'écritures par trois experts ou un plus grand nombre, procédant dans les conditions prévues par les articles 159 à 164, peut également être ordonnée. Il ne s'agit plus de l'expert que le juge peut s'adjoindre d'office, tout en procédant lui-même à la vérification; c'est une expertise proprement dite qui est ordonnée et pour laquelle on suit purement et simplement les règles des articles 159 à 164 (V. *supra* ces articles au paragraphe « Expertise par trois experts ou un plus grand nombre »).

<h1 style="text-align:center">CHAPITRE III</h1>

DU JUGEMENT

(Art. 180 à 192)

Comment l'affaire est portée à l'audience. Rôle d'audience. Convocation des parties. — Lorsque le juge rapporteur a mis la procédure en état d'être jugée et qu'il l'a communiquée au ministère public (art. 155, 156), il remet le dossier au président pour la fixation de l'affaire. Le rôle de chaque audience publique, porte l'article 180, est arrêté par le président du tribunal; il est communiqué au ministère public et affiché à la porte de la salle d'audience.

Il faut maintenant que le juge rapporteur convoque les parties pour l'audience où l'affaire est fixée. Toute partie ou son mandataire doit être avertie, par une notification faite conformément à l'article 151, du jour où l'affaire est portée à l'audience publique. L'avertissement est donné au moins quatre jours à l'avance (art. 181). Pour donner satisfaction à ce texte, le juge rapporteur rend une ordonnance de convocation à l'audience, **formule n° 45**. On fait un original et autant de copies qu'il y a de parties. Sur chaque copie, on souligne d'une manière apparente le nom de l'intéressé destinataire. Les copies sont notifiées suivant les règles habituelles. L'original, qui reste au dossier, se complète par les pièces de retour, c'est-à-dire par les certificats de remise. On notifie de manière que le délai de l'article 181 soit observé.

Les convocations *régulièrement délivrées* mettent le tribunal en mesure de statuer sur la procédure déférée. Il rend un jugement contradictoire ou par défaut; il juge contradictoirement, même en l'absence des parties, dès lors qu'elles ont conclu et qu'elles ont été régulièrement convoquées (V. *infra*, art. 188). On voit toute l'importance qui s'attache aux convocations. Voilà pourquoi la formule proposée dit «*que les parties seront averties dans les formes, délais et avec les conséquences édictées par la loi......*». Voilà aussi pourquoi le juge rapporteur doit s'assurer et constater dans le rapport à l'audience, que les parties ont été régulièrement averties et que les certificats de remise sont bien tous joints à l'original de la convocation. C'est un point que le jugement doit aussi constater (art. 189, § 4).

Tenue et police des audiences. — Les articles 182, 183, 184 règlent la tenue et la police des audiences (cf. art. 64, 66, 67, pour les tribunaux de paix). L'audience est publique, sauf la faculté pour le tribunal de prononcer le huis clos, lorsque la publicité est dangereuse pour l'ordre ou pour les mœurs (art. 182). Le président a la police de l'audience. L'article 66 est applicable (art. 183). Cela veut dire que les parties sont tenues de s'expliquer avec modération et de garder en tout le respect qui est dû à la justice. Si elles y manquent, le président les y rappelle d'abord par un avertissement; en cas de récidive, le tribunal peut les condamner à une amende allant jusqu'à 50 francs (art. 66, 183 cbn.). En cas de trouble ou de scandale, le président peut ordonner l'expulsion tant d'une partie ou de son mandataire que de toute autre personne présente à l'audience. En cas d'insulte ou d'irrévérence grave envers le tribunal, le président en fait séance tenante dresser procès-verbal par le greffier et le tribunal peut condamner à un emprisonnement de trois jours au plus (il faut réserver le cas où il y aurait lieu à l'application de peines plus graves par les juridictions répressives contre l'auteur des faits; (cf. *supra*, observation conforme sur l'article 66). Enfin, les jugements rendus dans ces divers cas sont exécutoires par provision (art. 183 et 66). Dans le cas où des discours injurieux, outrageants ou diffamatoires seraient tenus par des avocats, le tribunal peut appliquer à ceux-ci, par jugement séparé, les peines disciplinaires de l'avertissement et de la réprimande (le juge de paix a le même droit, ses pouvoirs s'arrêtent là, art. 67) et même celle de l'interdiction temporaire pour une durée n'excédant pas deux mois, ou six mois en cas de récidive dans l'année (art. 184). Là s'arrête la limite de la répression pour les fautes commises à l'audience par les avocats. Les peines plus fortes — interdiction temporaire au delà de six mois jusqu'à un an et radiation — nécessitent la procédure des articles 40, 41, 42. Il s'agit, d'ailleurs, là, de peines disciplinaires; il faut ici encore réserver le cas où il y aurait lieu à l'application de peines plus graves par les juridictions répressives compétentes (cf. observation conforme sur l'art. 67).

Procédure à l'audience. — On a vu comment l'affaire est portée devant le tribunal, comment sont réglées la tenue et la police de l'audience. Les articles 185, 186, 187 déterminent à présent la procédure qui s'y déroule.

1° Le rapport est fait sur chaque affaire aussitôt après qu'elle a été appelée. Le juge rapporteur résume les faits et les moyens *sans donner son avis* (art. 185, §§ 1, 2). Nous avons déjà signalé ce texte; nous avons dit la règle de conduite qu'il impose au rapporteur pendant toute l'instruction (*supra*, art. 155). C'est un rapport oral que la loi impose au rapporteur. Sans doute il s'aidera pour le faire d'un projet écrit; ce sont des notes personnelles, qu'il tiendra bien évidemment à la disposition du président et du ministère public, mais qui ne constituent pas une pièce du dossier; donc les parties ne seraient pas fondées à demander la communication du rapport. Leur droit consiste seulement à être présentés à l'audience, à entendre le rapport, et le cas échéant à y répondre (art. 185 et arg. de ce texte).

2° Après le rapport, les parties peuvent présenter soit en personne, soit par mandataire ou avocat, des observations orales *à l'appui de leurs obser-vations écrites* (art. 185, § 3). On remarquera que ces observations orales, de même que la plaidoirie de l'avocat, ne constituent qu'un accessoire purement facultatif. Il n'y a d'obligatoire à l'audience que le rapport du rapporteur dans toutes les affaires, et les conclusions du ministère public dans les cas visés par l'article 186. On remarquera encore qu'on ne peut présenter d'observations orales qu'à l'appui des conclusions écrites, et qu'on ne peut plus conclure, sauf pour se désister, dans les deux jours qui précèdent l'audience (art. 185, § 4). Ces règles imposées par le système de la procédure *écrite* du Dahir sont formulées d'une manière impérative par les §§ 3 et 4 de l'article 185 Les tribunaux doivent tenir la main à leur stricte observation.

3° Les débats sont clos après les observations des parties, mais il reste à entendre le ministère public qui donne ses conclusions facultativement dans toutes les affaires, et obligatoirement dans celles énumérées à l'article 186, c'est-à-dire : 1° dans toutes les causes concernant l'ordre public ou les administrations publiques ; 2° dans celles concernant l'état des per-sonnes, les mineurs, les interdits, les personnes présumées absentes, et généralement toutes celles où l'une des parties est représentée par un tiers chargé de l'administration de ses biens. Le ministère public donne ses con-clusions en dernier lieu, et sans que les parties soient admises à lui répondre (art. 187 et arg. de ce texte).

4° Après la clôture des débats et, le cas échéant, après audition du ministère public en ses conclusions, le président met l'affaire en délibéré. Le délibéré a lieu hors la présence des parties (art. 187).

Jugement. Cas où le jugement est contradictoire. Cas où il est par défaut. — Pour que le tribunal puisse juger, il faut que la procédure ait été régulièrement suivie et que les parties aient été régulièrement convoquées à l'audience (art. 181, 189, § 4, et arg. de ces textes). Mais le jugement sera-t-il contradictoire ou par défaut ? Pour les tribunaux de paix, le point est réglé par les articles 70, 71, 72 (V. *supra*). Pour les tribu-naux d'instance, c'est l'article 188 qui pose la règle ; elle est fort impor-tante car on y trouve à la fois une conséquence du système de procédure créé par le Dahir et une dérogation aux principes ordinaires du droit com-mun. D'après le droit commun, ce qui rend l'affaire contradictoire, c'est le fait par les avoués d'échanger leurs conclusions à la barre, c'est-à-dire de *poser qualité*. Les conclusions signifiées, si elles ne sont prises à la barre, n'empêchent pas le défaut. Au contraire, aux termes de l'article 188, sont considérés comme contradictoires les jugements rendus sur les requêtes ou mémoires des parties, alors même que les parties ou leurs mandataires ou avocats n'auraient pas présenté d'observations orales à l'audience publique. Tous les autres jugements sont rendus par défaut. Donc au tribunal d'instance, ce qui rend le jugement contradictoire au regard d'une partie, c'est le fait d'avoir conclu par écrit ; peu importe qu'elle n'ait pas comparu, dès lors qu'elle a été régulièrement convoquée. Au contraire, au tribunal de paix, ce qui rend le jugement contradictoire, c'est le fait par une partie de comparaître (V. *supra*, art. 65, 70). Cela tient à ce que la procédure, orale au tribunal de paix, est écrite au tribunal d'instance. Une partie qui n'a pas conclu au tribunal d'instance est néces-sairement jugée par défaut, quand bien même elle comparaîtrait et, comme on ne peut pas conclure dans les deux jours qui précèdent l'audience (art. 185, §4), on ne peut pas éviter le défaut même en se présentant à l'audience avec des conclusions écrites ; ces conclusions sont en effet irrecevables (même texte).

L'article 72 a prévu pour les tribunaux de paix le jugement de défaut profit-joint. Cette disposition n'est pas reproduite ici. Donc, il faut dire que le jugement de défaut profit-joint n'existe pas devant le tribunal d'instance.

Prononcé, rédaction, conservation des jugements. Remise des pièces. — Les articles 189, 190 sont relatifs au prononcé, à la rédaction, à la conservation des jugements et aussi à la remise aux parties, après jugement, des pièces qui leur appartiennent. Il suffit de renvoyer aux textes qui sont fort clairs. Il faut veiller à ce que ces textes soient exactement observés, notamment au point de vue de la rédaction du jugement. Nous rappelons que, selon nous, dans le système du Dahir, les jugements doivent être couchés *de plano* dans leur entier sur la feuille d'audience, c'est-à-dire nantis de ce qu'on appelle en droit commun *les qualités*, et que cette partie du jugement doit se trouver toute préparée par la partie correspondante du rapport du rapporteur. Nous avons dit les avantages pratiques de ce système ; il permet notamment aux secrétariats de délivrer immédiatement les expéditions qui ne sont qu'une copie de la minute avec adjonction des formules de l'intitulé et de la fin, prévues aux articles 73, 189, 285 (sur tous ces points, V. *supra,* art. 73).

Exécution provisoire. — L'article 191 pose les règles en matière d'exécution provisoire : 1° l'exécution provisoire, nonobstant opposition et appel, *doit* être ordonnée sans caution, s'il y a titre authentique, promesse reconnue ou condamnation précédente dont il n'y ait point eu appel ; 2° l'exécution provisoire *peut* toujours être ordonnée, avec ou sans caution, suivant les circonstances de la cause.

Expédition. Notification des jugements. — Aux termes de l'article 192, § 1er : l'expédition de tout jugement préparatoire, interlocutoire ou définitif est délivrée par le secrétaire-greffier dès qu'il en est requis. Le secrétariat, pour délivrer l'expédition, n'a qu'à recopier la minute (V. *supra; junge,* observations sur les articles 73, 76, 189).

Aux termes de l'article 192, § 2 : la notification d'un jugement est accompagnée d'une expédition de ce jugement ; elle est transmise et remise dans les conditions fixées à l'article 151. Cette notification se fera en vertu d'une ordonnance **(formule n° 46)** s'il s'agit d'un jugement contradictoire, et formule n° 52 s'il s'agit d'un jugement par défaut. Ces modèles comportent un original et autant de copies qu'il y a de parties en cause. A chaque copie, on joint, comme il est dit au texte, une expédition du jugement. La notification se poursuit par les voies habituelles. On sait que, selon nous, la notification des jugements a lieu d'office, en vertu des ordonnances précitées, sans que les parties aient à le demander, cette notification d'office ayant pour effet et pour but de porter le jugement à la connaissance des parties, de les mettre en demeure de l'accepter ou d'exercer les voies de recours, en un mot, de terminer l'affaire (V. *supra,* art. 77 et observations sur cet article). La notification d'office n'a d'ailleurs lieu que pour les jugements définitifs, c'est-à-dire pour ceux qui solutionnent les litiges soit sur le fond, soit sur un incident ; les jugements avant dire droit obéissent à d'autres règles (V. *supra,* art. 77 ; cf. art. 78 à 116, et art. 157 à 179).

CHAPITRE IV

DES INCIDENTS. DE L'INTERVENTION. DES REPRISES D'INSTANCE. DU DÉSISTEMENT

(Art. 193 à 198).

I. *Des incidents et de l'intervention (art. 193).*

L'article 193 s'occupe des incidents déjà réglés pour les tribunaux de paix par les articles 117 à 128. Ce sont :

la mise en cause ;

les exceptions dilatoires de garantie, de l'héritier, du conjoint survivant ;

les exceptions déclinatoires de litispendance, de connexité, d'incompétence ;

l'intervention ;

les autres demandes incidentes (conclusions additionnelles, demandes reconventionnelles).

Le texte pose deux règles qu'il faut examiner successivement : la première concerne le fond, l'autre la forme.

Première règle. — Les dispositions (de fond) des articles 117 à 128 s'appliquent devant les tribunaux de première instance (art. 193, 2ᵉ phrase). De là, les conséquences qui suivent :

1° Toute demande de mise en cause doit être formée, toute exception dilatoire, toute exception déclinatoire proposée avant toute défense au fond (art. 123) ;

2° En cas d'appel d'un tiers en cause, le tribunal peut ou bien statuer séparément sur la demande principale si elle est en état d'être jugée (et renvoyer à se pourvoir par action séparée sur l'appel en cause), ou bien renvoyer la demande principale pour statuer conjointement sur cette demande et sur l'appel en cause (art. 126). L'intervention et les autres demandes incidentes ne peuvent retarder le jugement de la demande principale, quand celle-ci est en état d'être jugée (art. 128). Le juge rapporteur tiendra compte de ces règles et orientera sa procédure en conséquence ;

3° Le garant est tenu d'intervenir, c'est-à-dire de présenter son mémoire en défense, faute de quoi il est statué par défaut à son égard (art. 119) ;

4° Le garant ne prend le fait et cause du garanti que sur sa déclaration. Les jugements rendus contre le garant qui a pris le fait et cause du garanti sont exécutoires contre le garanti, en cas d'insolvabilité du garant (art. 119) ;

5° Lorsqu'un défendeur est appelé en sa qualité d'héritier d'une personne décédée ou de conjoint survivant, un délai suffisant pour présenter sa défense au fond lui est, sur sa demande, accordé par le juge rapporteur, en tenant compte des circonstances de la cause, notamment des délais pour faire inventaire et pour délibérer qui sont fixés par la loi applicable à ce défendeur en matière de succession (art. 120). Le juge rapporteur peut user de la faculté qui lui est ouverte par l'article 150, c'est-à-dire qu'il portera, le cas échéant, l'incident devant la chambre du conseil pour la fixation du délai ;

6° En cas d'instances connexes pendantes *devant le même tribunal,* la jonction est prononcée d'office ou sur la demande des parties (art. 122). Cette jonction sera faite par le juge rapporteur s'il s'agit d'affaires toutes distribuées à son cabinet. Elle sera faite par le président s'il s'agit d'affaires distribuées à des juges rapporteurs différents. Elle sera faite par le tribunal si la connexité se révèle non plus à l'instruction mais à l'audience;

7° S'il y a connexité avec une instance pendante *devant un autre tribunal*, le renvoi peut être ordonné sur la demande des parties (art. 121). Il doit être proposé avant toute défense au fond (art. 123). La demande de renvoi sera formée par conclusions devant le juge rapporteur qui portera l'incident devant le tribunal, évidemment seul compétent pour statuer;

8° S'il s'agit d'une incompétence à raison de la matière — ou, pour parler le langage du Dahir, d'une question de compétence suivant le litige (art. 1 et suiv.) —, le tribunal qui constate cette incompétence soit d'office, soit par les conclusions prises devant lui par les parties, doit la déclarer, et cela en tout état de cause (art. 124 et arg. de ce texte);

9° S'il s'agit d'une incompétence à raison de la personne — c'est-à-dire d'une question de compétence territoriale (art. 23 et suiv.) —, cette incompétence ne sera pas couverte faute d'avoir été proposée *in limine litis,* mais le tribunal ne sera pas tenu de la déclarer; il pourra seulement la déclarer (art. 123, 124 et arg. de ces textes; *junge,* art. 550). Ici encore le juge rapporteur tiendra compte de ces divers principes et, par exemple, il renverra devant le tribunal sans pousser plus avant son instruction, s'il lui apparaît qu'il y a lieu de déclarer l'incompétence;

10° A côté de l'intervention forcée qui a lieu lorsque le demandeur ou le défendeur — ou le tribunal d'office — mettent ou font mettre un tiers en cause, il y aura place pour les interventions volontaires de la part de ceux qui ont intérêt au litige engagé (art. 125), pour les demandes incidentes entre parties (conclusions additionnelles de la part du demandeur, demandes reconventionnelles de la part du défendeur). A ces interventions, à ces demandes incidentes s'appliquera l'article 128, c'est-à-dire qu'elles ne pourront pas retarder le jugement de la demande principale, quand celle-ci est en état d'être jugée. C'est encore un point que le juge rapporteur fera, le cas échéant, trancher par le tribunal.

Deuxième règle. — Nous venons à la deuxième règle posée par l'article 193; elle a trait non plus au fond mais à la forme. Les demandes de mise en cause d'un tiers, soit à titre de garant ou de sous-garant, soit pour tout autre motif, les exceptions dilatoires, les interventions et autres demandes incidentes sont formées comme les requêtes introductives d'instance, et il est procédé à l'instruction de ces demandes suivant les règles établies par les articles 145 à 156 (art. 193, 1re phrase). Donc tous les incidents que nous venons de passer en revue sont formulés et instruits comme les requêtes introductives d'instance.

Ainsi il y aura dépôt au secrétariat d'une *requête incidente* tendant à une mise en cause, à une exception, à une demande additionnelle ou reconventionnelle. Cette requête doit satisfaire à toutes les prescriptions des articles 145, 146, 148, 149, 152. Elle est timbrée et enregistrée (non pas au registre d'ordre car ce n'est pas une demande nouvelle, mais à l'inventaire du dossier de la demande principale) conformément à l'article 147. Elle est ensuite notifiée aux parties conformément aux articles 150, 151, par les soins du juge rapporteur et par la voie d'une ordonnance analogue à celle concernant les requêtes introductives. Cette ordonnance peut être libellée suivant la **formule n° 47.** Les mémoires en défense, les répliques sont à leur tour notifiées conformément à l'article 154 par une ordonnance, formule n° 29. Le juge rapporteur met au besoin la procédure en état sur l'incident comme il a été dit sous l'article 155 (formules n°s 31, 32, 33).

II. *Des reprises d'instance (art. 194 à 197).*

On sait que ce qui motive la reprise d'instance, c'est le décès ou le changement d'état d'une des parties (art. 129, 130, 195, 196). Quand une affaire est en état d'être jugée, la mort et le changement d'état des parties n'obligent pas le tribunal à différer le jugement (art. 195, cf. art. 129). Si l'affaire n'est pas en état, alors il y a lieu à reprise d'instance.

Si les parties qui ont qualité entendent reprendre spontanément l'instance, elles se conforment à l'article 194, c'est-à-dire qu'elles déposent au secrétariat une *requête en reprise d'instance* et cette requête est notifiée aux parties adverses par une ordonnance, formule n° 47, *mutatis mutandis.*

Si les parties qui ont qualité ne prennent pas les devants, alors s'applique l'article 196, ainsi conçu : Quand une affaire n'est pas en état d'être jugée, le tribunal ou le juge rapporteur, dès que le décès ou le changement d'état d'une partie est à leur connaissance, appelle ceux qui ont qualité pour reprendre l'instance à effectuer cette reprise, par une communication faite conformément à l'article 151. L'appel aux parties résultera d'une ordonnance qui peut être libellée selon la **formule n° 48.** Le délai imparti tient compte des délais habituels de comparution et de distance; il est calculé sur le domicile de la partie la plus éloignée. Si elles défèrent à l'ordonnance, on retombe dans le cas précédent, c'est-à-dire qu'elles déposent au secrétariat une requête qui est formée et communiquée suivant les règles établies pour les requêtes introductives (art. 194). A défaut d'une déclaration expresse, l'instance est tenue pour reprise avec ceux qui ont été appelés à la reprendre, en vertu du premier acte par eux produit (art. 197, § 2; cf. art. 133). A l'expiration du délai imparti et si l'instance n'a été reprise ni expressément, ni implicitement, il est passé outre au jugement de l'affaire (art. 197, § 1), c'est-à-dire qu'il y aura un jugement de défaut (art. 188) tenant l'instance pour reprise. Faut-il dire, conformément au droit commun, que ce jugement ne pourra pas statuer en même temps sur le fond et qu'il ne pourra même être statué au fond, par défaut, qu'après que le jugement déclarant l'instance reprise aura acquis l'autorité de la chose jugée? La jurisprudence fixera ce point. En tous les cas, le jugement qui statuerait séparément sur la reprise d'instance serait un jugement définitif sur un incident et, à ce titre, il devrait faire l'objet d'une notification d'office.

III. *Du désistement (art. 198).*

On sait que dans le système du Dahir, toute affaire donne lieu à un jugement, sans pouvoir être terminée par simple radiation (art. 555). Ce jugement est un jugement contradictoire ou par défaut suivant que le défendeur a ou n'a pas conclu (art. 188). Le demandeur peut se désister, mais il faut (art. 198, § 1; cf. art. 134) un désistement par écrit, signé de la partie ou de son mandataire et mentionnant *la demande dont la partie se désiste.* La question pourra se poser de savoir si cette formule, reproduite de l'article 134, n'implique pas que le Dahir reconnaît seulement le désistement du droit et non pas le simple désistement d'instance. Cela s'expliquerait dans un système où la direction de l'instance appartient au juge qui doit la conduire à son aboutissement, le jugement (art. 555).

Le désistement est communiqué dans les conditions prévues à l'article 151. Il en est donné acte par jugement. Si le désistement est pur et simple, le tribunal peut, dans tous les cas, en donner acte (art. 198, § 2). Cette dernière phrase, éclairée par l'article 134 où la même idée se trouve exprimée, implique que, en présence d'un désistement pur et simple, le tribunal en donne acte sans communication préalable à la partie adverse. Mais bien évidemment il faudra convoquer à l'audience toutes les parties pour que le tribunal puisse rendre son jugement de donné acte. Si le désistement n'est pas pur et simple il faut d'abord le communiquer aux parties adverses, c'est-à-dire qu'il doit faire l'objet d'une notification régulière. Elle pourra se réaliser à l'aide d'un soit transmis selon la formule n° 32. Le juge rapporteur écrira par exemple :

« Soit transmis à Monsieur le Secrétaire-greffier en chef avec prière de notifier à ..... (énumération avec noms, profession, domicile des parties à qui l'on notifie) l'acte ci-joint en date du ..... enregistré au secrétariat le ..... par lequel ..... (nom, profession, domicile de la partie qui se désiste) se désiste de la demande inscrite au secrétariat sous le numéro ..... des affaires (civiles, commerciales, administratives) aux conditions exprimées dans cet acte, avec délai de huitaine à compter de la notification des présentes pour conclusions en réponse s'il y échet ».

Le secrétariat fait autant de copies qu'il y a de parties. A chaque copie il joint une copie du désistement. Les notifications se poursuivent par les voies habituelles. Quand les certificats sont rentrés et que le délai de réponse est expiré, le juge rapporteur porte l'affaire à l'audience pour qu'il soit donné acte du désistement, plus généralement pour qu'il soit statué ce que de droit. Le jugement de donné acte solutionne définitivement l'instance, et à ce titre il comporte la notification d'office.

CHAPITRE V

DE LA DEMANDE INCIDENTE D'INSCRIPTION DE FAUX

(Art. 199 à 209).

On sait (art. 115, 116) que l'inscription de faux est de la compétence exclusive des tribunaux de première instance, et que le juge de paix n'en connaît pas, même lorsque l'incident se produit au cours d'une instance devant son tribunal. Il n'a donc pas encore été question de cette procédure. Elle fait l'objet des articles 199 à 209. On va voir qu'elle peut être suivie en grande partie à l'aide des formules déjà données.

Demande d'inscription de faux. Jugement sur la recevabilité. — 1° Il faut d'abord une demande de la partie qui s'inscrit en faux contre une pièce produite par son adversaire. Cette demande est, aux termes de l'article 199, formée suivant les règles établies pour les requêtes introductives d'instance (art. 145 à 149).

2° Elle est communiquée suivant les mêmes règles (art. 199, 150, 151), donc par une ordonnance, formule n° 24, *mutatis mutandis*. Le juge rapporteur a soin de préciser qu'il s'agit d'une demande d'inscription de faux, et il vise les articles 199, 200. Il fixe le délai dans lequel la partie à qui il notifie (c'est-à-dire celle qui a produit la pièce arguée de faux) devra déclarer si elle entend se servir de la pièce (art. 200, § 1). Le délai peut aussi être fixé par le tribunal; il s'agit, semble-t-il, du tribunal réuni en chambre du conseil (analogie art. 150).

3° Si la partie déclare qu'elle n'entend pas se servir de la pièce, ou ne fait pas de déclaration, la pièce est rejetée (art. 200, § 2, 1re phrase), et l'incident se trouve clos.

4° Si la partie déclare qu'elle entend se servir de la pièce, le tribunal peut, soit surseoir à statuer sur l'instance principale jusqu'après le jugement du faux, soit passer outre au jugement sur le fond, s'il reconnaît que la décision ne dépend pas de la pièce arguée de faux (art. 200, § 2, 2e phrase). Ici il semble qu'il s'agit d'un jugement à rendre en audience publique après audition du rapporteur, des parties et, le cas échéant, du ministère public, et que par suite le juge rapporteur doit porter l'affaire à l'audience.

Si le tribunal prend le deuxième parti, c'est-à-dire s'il estime que la décision ne dépend pas de la pièce arguée de faux et qu'il doit être passé outre au jugement sur le fond, l'incident se trouve encore clos.

Si au contraire le tribunal surseoit à statuer sur l'instance principale jusqu'après le jugement du faux — et de même en cas de renvoi ordonné par le tribunal de paix par application de l'article 116, § 1 (V. *supra*), — il est procédé devant le tribunal de première instance à l'instruction de la demande incidente d'inscription de faux (art. 201).

Dépôt au secrétariat de la pièce arguée de faux. — Le juge rapporteur invite, par une communication faite conformément à l'article 154, la partie qui entend se servir de la pièce arguée de faux à la remettre au secrétariat du tribunal dans le délai de trois jours (art. 202, § 1). Pour cela le juge rapporteur peut rendre une ordonnance selon la formule n° 31. Plus simplement, il écrit sur un soit transmis, formule n° 32 :

« *Soit transmis à Monsieur le Secrétaire-greffier en chef avec prière de faire connaître à ..... (noms, profession, domicile de la partie qui entend se servir de la pièce) que conformément à l'article 202 du Dahir de procédure, je l'invite à remettre au secrétariat, dans les trois jours de la notification des présentes (ici l'indication de la pièce), pièce arguée de faux, dont il entend se servir.*

Étant observé que faute d'effectuer la remise dans le délai imparti, la pièce sera rejetée ».

Le secrétariat fait une copie du soit transmis et le notifie à l'intéressé par les voies habituelles. On remarquera que la pièce a, par hypothèse, déjà été produite, mais autre chose est l'avoir produite au soutien de conclusions, autre chose est en faire la remise au secrétariat pour qu'elle soit soumise à la procédure de faux. Il y a d'ailleurs un cas, prévu par l'article 203, où la remise à faire concerne non pas seulement la pièce elle-même, mais la minute de cette pièce.

Dépôt de la minute. — Si la pièce arguée de faux est en minute dans un dépôt public, le juge rapporteur ou le tribunal ordonne au dépositaire public d'effectuer la remise de cette minute au secrétariat du tribunal (art. 203). Le juge rapporteur met en demeure comme dans le cas précédent, mais s'il s'agit d'un tiers, il est alors préférable de prendre la forme d'une ordonnance, formule n° 31. En ce sens on remarquera que le texte ne dit plus que le juge rapporteur *invite*, mais que le juge rapporteur *ordonne*. Il prévoit même que l'ordre peut émaner du tribunal (c'est-à-dire, semble-t-il, de la chambre du conseil, arg. art. 150).

Faute par la partie d'effectuer la remise de la pièce dans le délai de trois jours, il est procédé comme dans le cas où la partie déclare ne pas se servir de la pièce (art. 202, § 2). Cela veut dire que la pièce est rejetée (arg. art. 200). Cette sanction est rappelée par le juge à la fin du soit transmis (V. *supra*). Ici encore, si cette éventualité se réalise, l'incident de faux se trouve clos.

Procès-verbal descriptif de l'état de la pièce. — La remise de la pièce au secrétariat, opérée comme il vient d'être dit, ouvre une nouvelle phase de la procédure ainsi réglée par l'article 204 : dans les huit jours de

la remise au secrétariat de la pièce arguée de faux et, s'il y a lieu, de la
minute, le juge rapporteur dresse procès-verbal de l'état de la pièce arguée
de faux et de la minute, les parties ayant été dûment appelées, par une
communication faite conformément à l'article 151, à assister à la rédaction
de ce procès-verbal. Le tribunal (semble-t-il, en chambre du conseil, arg.
art. 150) peut, suivant l'exigence des cas, ordonner qu'il sera dressé d'abord
procès-verbal de l'état de l'expédition, sans attendre l'apport de la minute,
de l'état de laquelle il est alors dressé procès-verbal séparément. Le procès-verbal contient mention et description des ratures, surcharges, inter-
lignes et autres circonstances du même genre; il est dressé en présence
du ministère public; il est parafé par le juge rapporteur, le magistrat du
ministère public et par les parties présentes ou leurs mandataires (art. 204).
Ainsi, il faut un procès-verbal descriptif de l'état de la pièce, dressé conformément au texte, en présence du ministère public et des parties. Pour
appeler les parties, le juge rapporteur leur adresse des convocations qui
peuvent être libellées selon la **formule n° 49**.

Administration de la preuve du faux. — Immédiatement après la
rédaction du procès-verbal, il est procédé, pour l'administration de la
preuve du faux, comme en matière de vérification d'écritures (art. 205, § 1).
De là les conséquences qui suivent :

1° Le juge rapporteur envoie aux parties tenues de la consignation, suivant les distinctions de l'article 79, des avis de consignation, formule n° 35.
Il va, en effet, y avoir des frais de témoins et peut-être d'expert. Il envoie
à toutes les parties des avis de jugement, formule n° 40, *mutatis mutandis;*
les avis précisent qu'il s'agit d'un jugement ordonnant l'instruction d'une
demande incidente d'inscription de faux et que les parties doivent déposer
au secrétariat, dans les trois jours, *leurs pièces de comparaison ou les noms
et adresses des dépositaires des pièces et leurs listes de témoins.* Le secrétariat
veille de son côté, notamment quand on vient consigner, à ce que le tout
soit déposé;

2° Le juge rapporteur soumet, le cas échéant, à la chambre du conseil,
le point de savoir s'il doit se faire assister d'un expert. Dans l'affirmative,
cette chambre nomme l'expert (arg. art. 112, 157);

3° Lorsque les fonds, les pièces de comparaison ou les noms des dépositaires, les listes de témoins sont déposés au secrétariat et que l'expert, s'il
y a lieu, a été nommé, le juge rapporteur convoque à son cabinet, aux jour
et heure qu'il fixe, *pour qu'il soit procédé à toutes vérifications utiles en ce
qui concerne la pièce arguée de faux,* les parties, les témoins et, au besoin,
les dépositaires des pièces et l'expert. Les convocations peuvent être libellées suivant la formule 44, *mutatis mutandis.* Elles rappellent aux témoins
les sanctions de l'article 103, aux parties les amendes de l'article 114. Elles
sont notifiées de manière que les délais de comparution pour les témoins
et pour les parties soient observés;

4° Le greffier dresse procès-verbal de la séance de vérification. Il y joint
le procès-verbal qu'a pu déposer l'expert. Des avis selon la formule n° 38
sont, s'il y a lieu, notifiés aux parties.

Jugement définitif. — Il n'y a plus qu'à porter l'affaire devant le tribunal pour qu'il soit statué (art. 205, § 2, 1re phrase). Le tribunal apprécie
les preuves administrées devant le juge commissaire et il rend un jugement qui rejette l'inscription de faux ou qui déclare la pièce fausse.

Si le tribunal rejette l'inscription de faux, il maintient la pièce au procès,
le demandeur succombe et, par application de l'article 205, § 2, 2e phrase,
il est passible d'une amende de 50 à 300 francs, sans préjudice des dommages-intérêts et des poursuites pénales.

Si le tribunal déclare la pièce fausse, il la rejette du procès et il ordonne suivant les cas, soit la suppression, la lacération ou la radiation en tout ou en partie, soit la réformation ou le rétablissement de la pièce déclarée fausse. Mais alors, il est sursis à l'exécution de ce chef du jugement tant que le condamné est dans le délai de se pourvoir en appel, en rétractation ou en cassation, ou qu'il n'aura pas formellement acquiescé au jugement (art. 206). Ainsi et par exception au droit commun, les délais de l'appel, si le jugement est en premier ressort (art. 226 et suiv.), de la demande en rétractation (art. 240 et suiv.), du pourvoi en cassation (art. 14 Dahir sur l'organisation judiciaire), si le jugement est en dernier ressort, sont eux-mêmes suspensifs, et l'on ne peut ni supprimer, ni modifier la pièce tant que le jugement n'est pas devenu irrévocable ou tant que le condamné n'a pas acquiescé. [De même lorsque le jugement ordonne la restitution des pièces produites (pièces de conviction ou de comparaison), il est sursis à l'exécution de ce chef du jugement, dans les cas spécifiés à l'article précédent — c'est-à-dire tant que le jugement n'est pas devenu irrévocable ou n'a pas été acquiescé — à moins qu'il n'en soit autrement ordonné sur la requête des particuliers ou dépositaires publics intéressés (art. 207).

Tant que des pièces arguées de faux demeurent déposées au secrétariat du tribunal, il n'en peut être délivré aucune expédition, si ce n'est en vertu d'un jugement du tribunal (art. 208).

Si, indépendamment de la demande incidente d'inscription en faux, la juridiction répressive est saisie par voie principale, il est sursis à statuer sur le civil jusqu'après le jugement du faux (art. 209). C'est une application de la règle que le criminel tient le civil en état.

CHAPITRE VI

DES DÉPENS

(Art. 210 à 214).

Qui supporte les dépens. — Aux termes de l'article 240, est applicable devant les tribunaux de première instance l'article 135 concernant les condamnations aux dépens. Donc il faut dire que toute partie qui succombe, qu'il s'agisse d'un particulier ou d'une administration publique, est condamnée aux dépens. Toutefois les dépens peuvent, en raison des circonstances de l'affaire, être compensés en tout ou en partie. En outre, en cas de désistement, ils sont à la charge de la partie qui se désiste, sauf convention contraire.

Liquidation des dépens. Ordonnance de liquidation. Voies de recours. Opposition ou appel. Exécutoire. — Le montant des dépens liquidés est mentionné dans le jugement qui statue sur le litige, s'il a été procédé à la liquidation au moment où le jugement est rendu. La liquidation des dépens est faite, le rapporteur entendu, par ordonnance du président du tribunal ou par un juge commis par lui à cet effet; cette ordonnance demeure annexée à la procédure (art. 211). La liquidation des dépens peut être contestée par les parties dans les conditions fixées par l'article 140; mais l'opposition des parties à la liquidation, prévue au § 1er de cet article, est portée devant le tribunal réuni en chambre du conseil (art. 214).

Il faut répéter les observations déjà faites sous les articles 136, 140. Les dépens ne sont liquidés dans la pratique qu'après le jugement, donc ils n'y sont pas mentionnés, par suite il faut notifier non seulement le jugement, mais l'ordonnance de liquidation. La notification a lieu d'office, comme celle du jugement, sur ordonnance, **formule n° 50**. Il faut procéder en même temps à cette double notification, c'est-à-dire placer sous la même enveloppe l'expédition du jugement et l'expédition de l'ordonnance de liquidation de dépens, chacune accompagnée de l'ordonnance de notification. On a soin de mentionner sur l'enveloppe et sur les certificats de remise *les deux numéros de cotes afférents* aux originaux des ordonnances de notification. C'est une simple copie de l'ordonnance de liquidation qui est notifiée d'office. Il appartient au gagnant, s'il veut poursuivre, de se faire délivrer et de notifier un exécutoire (V. ci-après). Il y a deux voies de recours possibles : l'opposition, conformément à l'article 216, dans le délai de l'article 140, devant la chambre du conseil, si le jugement sur le fond est en dernier ressort, et l'appel, conformément aux articles 226 et suivants, si le jugement est en premier ressort (art. 140, 214 cbn.). Il appartient à l'intéressé, au vu de la notification du jugement et de l'ordonnance, d'exercer le recours qu'il croit convenable. La décision de la chambre du conseil rendue sur l'opposition n'est pas susceptible d'appel (Sur tous ces points, *supra*, art. 136, 140, et observations sur ces articles).

Nous avons dit, sous l'article 140, comment est délivré l'exécutoire (V. cet article).

Vacations et frais des experts et des interprètes. Taxe. Exécutoire. Opposition à la taxe. — L'article 212 dit comment se liquident et se règlent les frais des experts et des interprètes. Il reproduit les règles posées par les articles 137 et 138 pour le tribunal de paix et il comporte les mêmes observations. Ces frais, qui ont fait l'objet d'une consignation préalable (art. 79), sont taxés par l'ordonnance qui liquide les dépens. La somme pouvant rester due après versement d'avances (art. 79-81) est indiquée sur l'expédition de l'ordonnance. L'expédition destinée à l'expert ou à l'interprète est visée pour exécution par le secrétaire-greffier. Il écrit au bas de l'expédition : « *De la présente ordonnance de taxe, il est par nous, secrétaire-greffier, délivré exécutoire pour la somme de ..... restant due après versement d'avances (un décompte en marge fait apparaître ce reliquat) au profit de M. ....., expert (ou interprète) commis dans l'instance entre ..... (noms du demandeur et du défendeur), contre lesdites parties, le tout conformément à l'article 212 du Dahir de procédure* ». L'expédition revêtue de ces diverses mentions est notifiée à l'expert ou à l'interprète par ordonnance suivant la **formule n° 51**. Il peut faire opposition, conformémeut à l'article 216, dans les trois jours de la notification et devant la chambre du conseil. La décision rendue sur cette opposition n'est pas susceptible d'appel. L'expert ou l'interprète se fait payer au secrétariat sur le vu de la taxe s'il y a consignation suffisante ; sinon il se fait payer par les parties au moyen de l'exécutoire, suivant les distinctions de l'article 137, § 3. La taxe soumise à la procédure qui précède devient définitive à l'égard de l'expert ou de l'interprète, mais l'ordonnance de liquidation (qui comprend les frais d'expert) reste susceptible dé la part des parties du recours de l'article 214, en sorte que les frais d'expertise définivement fixés au regard de l'expert ne le sont pas, théoriquement du moins, au regard des parties (Sur tous ces points, *supra*, art. 137, 138 et observations sur ces articles).

Taxe à témoin. — Aux termes de l'article 213, si un témoin requiert taxe, il est procédé comme au § 1er de l'article 212. Pratiquement, on l'a vu, la taxe sera remise au témoin après qu'il a déposé et il en touchera le montant à la caisse du secrétariat.

CHAPITRE VII

DE L'OPPOSITION

(Art. 215, 216).

Des jugements par défaut au tribunal de première instance et de leur notification. — On a vu sous l'article 188 qu'au tribunal d'instance un jugement est par défaut quand il est rendu contre une partie *qui n'a pas conclu,* d'où il suit qu'un demandeur ne peut pas faire défaut puisqu'il a nécessairement conclu par sa requête introductive d'instance. Cela ne serait pas vrai au tribunal de paix où le jugement est par défaut quand il est rendu contre une partie *qui ne comparaît pas.* On a également vu, sous l'article 192, que les jugements par défaut, comme les jugements contradictoires — quand ils sont rendus sur le fond et solutionnent le litige — sont notifiés d'office sur ordonnance du juge rapporteur, **formule n° 52.** On a soin de préciser dans l'ordonnance quelle est la partie défaillante, par exemple en faisant suivre son nom de la mention « *partie défaillante* ».

Forme et délai de l'opposition. Son effet. — Aux termes de l'article 215, les jugements non contradictoires des tribunaux de première instance peuvent être attaqués par voie d'opposition dans le délai de quinze jours à dater de la notification qui est faite conformément à l'article 192. L'acte de notification doit indiquer à la partie qu'après l'expiration du dit délai elle sera déchue du droit de faire opposition. La partie défaillante est mise en demeure de faire opposition par la notification du jugement qui lui est faite d'office comme il vient d'être dit. L'ordonnance, formule n° 52, est libellée de manière à donner satisfaction au texte. Le délai de quinze jours est franc, le jour de la notification et le jour de l'échéance n'entrent pas en compte (art. 551). Ce délai s'augmente-t-il à raison des distances? C'est la même question que pour le délai d'opposition au tribunal de paix et il faut faire la même réponse (V. *supra,* art. 141).

L'opposition est formée suivant les règles établies pour les requêtes introductives d'instance. Les communications sont ordonnées comme pour ces requêtes (art. 216, §§ 1 et 2). Donc on suit la procédure tracée par les articles 145 à 156 et l'on aboutit ainsi au jugement de l'opposition. On fait usage des formules données sous ces divers articles (formules n° 24 et suiv., *mutatis mutandis*), par exemple, on remplace « requête introductive d'instance » par « requête d'opposition » et l'on ajoute, aux articles visés, l'article 216.

Sont applicables devant les tribunaux de première instance les articles 143 et 144 (art. 216, § 3). Cela veut dire d'une part que l'opposition suspend l'exécution à moins que, conformément à l'article 191, il n'en ait été autrement ordonné par le jugement qui a statué par défaut (art. 143), et d'autre part que la partie opposante qui se laisserait juger une seconde fois par défaut, n'est pas reçue à former une nouvelle opposition (art. 144).

TITRE CINQUIÈME

Procédures en cas d'urgence. Voies de recours. Procédures exceptionnelles.

CHAPITRE PREMIER

DES SOMMATIONS ET DES CONSTATS

(Art. 217, 218).

On trouve avec l'article 217 une situation de procédure qui ne s'est pas rencontrée jusqu'ici et qui oblige l'agent du secrétariat, après avoir préparé son acte, à se transporter au dehors pour le compléter. Cette obligation qui existe *toujours* pour l'huissier, quel que soit l'acte, n'existe au contraire pour le secrétaire-greffier que par exception, et pour certains actes. Ceci appelle une explication.

D'après le Code de procédure, il faut que l'huissier se transporte auprès de la partie, alors même qu'il n'a à faire qu'une simple remise d'acte. C'est qu'en effet il doit consigner sur son exploit, original et copie (art. 68 C. pr. civ.), toutes les circonstances qui accompagnent la remise ; il doit dire qu'il remet la copie parlant à telle personne et comment il est amené à remettre à cette personne, dire, par exemple, pourquoi il remet au maire, au parquet ; de plus, depuis la loi du 15 février 1899 (texte ci-dessus), il doit, s'il ne délivre pas copie à la partie elle-même ou au procureur de la République, remettre sous enveloppe, en ayant soin auparavant de mentionner sur son acte qu'il remet sous enveloppe fermée, ne portant d'autre indication, etc..... En un mot l'huissier apporte son acte préparé mais non fini ; c'est au moment de la remise qu'il l'achève, que, suivant l'expression consacrée, il le *régularise,* en le datant, en le signant, en remplissant le « *parlant à* », pour ensuite, s'il y a lieu, le placer sous enveloppe. Voilà pourquoi il est toujours obligé de se rendre auprès de la partie.

Le système du Dahir de procédure est différent, et la situation qui vient d'être envisagée ne s'y rencontre pas. On n'a plus voulu que la simple remise d'une copie nécessitât le transport de l'agent instrumentaire auprès de la partie. Pour cela, on a décidé que la copie serait placée sous enveloppe fermée (art. 56, § 3), non plus seulement dans des cas spéciaux et au dernier moment, mais toujours et dès avant d'entreprendre la notification. On a décidé encore qu'on annexerait un certificat de remise (art. 57) pour constater la remise faite conformément à l'article 56, §§ 1 et 2. On a décidé enfin que la copie sous enveloppe avec certificat joint pourrait, en règle générale, être transmise et remise non seulement par l'agent du secrétariat, mais aussi par la poste ou par la voie administrative (art. 55). D'où la conséquence que la signification (ou notification) d'un acte ne consiste jamais que dans la remise de la copie sous enveloppe fermée contre certificat de remise, et que le seul résultat de cette remise est la régularisation du certificat conformément à l'article 57, sans aucune addition sur l'acte lui-même qui est, par hypothèse, clos et scellé au moment où on le notifie. Voilà comment l'agent instrumentaire qui a rédigé l'acte et constitué au secrétariat le pli de notification peut être suppléé par un facteur des postes ou par un agent administratif quelconque dans cette opération purement matérielle de la notification et cela fait que, contrairement à l'huissier, le secrétaire-greffier peut et doit le plus souvent rester à son secrétariat. Sans doute il y a un certain nombre d'actes, par exemple les actes d'exécution, les protêts, les constats, certaines sommations, qui doivent être complétés par des constatations à faire sur place ou par des interpellations à faire à la partie. A la différence des autres, ils ne peuvent pas être entièrement rédigés, clos et scellés au secrétariat ; il est nécessaire que l'agent instrumentaire se transporte au dehors pour faire les opérations en question, les constater sur l'acte et en achever ainsi la rédaction. Mais pour qu'il en soit ainsi, il faut que l'acte, par sa nature ou en vertu d'un texte, exige ces opérations, cette rédaction complémentaire à faire sur place ; d'autre part, cela reste distinct de la notification, l'opération toute matérielle de la notification étant toujours la même et pouvant — une fois l'acte achevé, clos et scellé — être accomplie, non seulement par l'agent instrumentaire, mais aussi par la poste ou par la voie administrative. L'article 217, qui s'occupe des sommations et des constats, va nous fournir une application de ces idées.

Des sommations. — Toute sommation ou acte analogue… est faite par l'un des agents du secrétariat du tribunal de paix, à ce désigné par le juge de paix, sur la demande écrite ou verbale de la partie intéressée. L'agent, chargé d'une sommation, la notifie à personne ou à domicile dans les conditions prévues aux articles 56 et 57, § 1 (art. 217, §§ 1, 2). Ainsi, pour faire une sommation, on s'adresse au juge de paix du domicile de la partie qu'il s'agit de sommer. On lui envoie une requête écrite ou bien on fait une déclaration au secrétariat qui dresse procès-verbal (analogie, art. 48). Sur le vu de cette demande écrite ou verbale, le juge de paix désigne un agent du secrétariat ; cet agent fait la sommation et il la notifie. C'est une application de l'article 26 qui dit que le secrétariat est chargé « de tous les actes de sommation….. notification….. ordonnés par le juge ».

S'il s'agit d'une sommation à faire directement à une partie par l'agent du secrétariat pour provoquer et pour consigner la réponse de cette partie, on est en présence d'un de ces actes dont nous parlions plus haut, qui exigent le déplacement de l'agent, qui sont préparés au secrétariat, mais qu'on ne peut achever que sur place après l'opération qu'ils ont pour but de constater. On fait usage de la **formule n° 53.** Elle se divise en trois parties : la première est *l'ordre du juge* qui désigne l'agent instrumentaire ; la seconde est la sommation proprement dite faite par l'agent ; il en achève la rédaction sur place après interpellation à la partie et constatation de sa réponse. Après avoir rédigé la sommation, il faut la notifier. C'est ce qu'exprime la mention finale. « *De tout quoi il a été dressé le présent acte qui sera, aux dates constatées par les certificats de remise, notifié à,* etc….. » (V. la formule). On retrouve cette mention dans tous les actes établis dans des conditions analogues ; nous la signalons une fois pour toutes. La troisième et dernière partie de l'acte n'est autre que la formule « *Satisfait* etc….. » qui sera remplie par l'agent au moment où il place la copie sous l'enveloppe spéciale. Elle ne figure que sur l'original ; elle est remplacée sur la copie par la mention d'usage. « *Pour copie conforme et pour valoir* etc….. » qui termine les copies. Le modèle comporte un original et autant de copies qu'il y a de parties sommées.

La notification de la sommation, formule n° 53, a lieu suivant les règles habituelles, c'est-à-dire que l'agent, après avoir achevé son acte, procède exactement comme il procède au secrétariat pour constituer le pli de notification. Cette opération de la notification, qui succède à l'établissement de l'acte, commence par l'apposition sur l'original de la formule « *Satisfait, etc.....* » dûment remplie, et se termine par le retour du certificat de remise de la copie, qui vient se joindre à cette mention. Et maintenant, comme on suppose que l'agent s'est transporté chez la partie, il est tout simple qu'il remette lui-même le pli de notification en se conformant aux articles 56 et 57, § 1. C'est ce que dit l'article 217, § 2. Le texte passe sous silence l'article 55 qui est relatif à la *transmission* du pli. En effet, l'agent étant sur place, il n'y a pas à transmettre, mais seulement à remettre le pli. On remarquera qu'il n'y a pas lieu de notifier au demandeur puisque la sommation est faite à sa requête. L'observation s'applique à tous les actes dressés à la requête d'un demandeur.

S'il s'agit d'une sommation ordinaire, n'exigeant pas qu'un agent du secrétariat se transporte auprès de la partie sommée pour provoquer sa réponse, on retombe dans le cas habituel, tout se fait par le moyen d'un acte établi au secrétariat transmis et remis conformément aux articles 55, 56, 57. On a alors recours à la **formule n° 54** qui ne se distingue de la précédente que par la deuxième partie, c'est-à-dire par la sommation proprement dite. L'acte est rédigé tout entier au secrétariat; on constitue le pli de notification, puis on notifie par les voies ordinaires. On peut ainsi procéder toutes les fois qu'il ne paraît pas indispensable que l'agent du secrétariat fasse sommation en personne. On réalise une économie de temps et une économie de frais. Le plus souvent une sommation pourra être très utilement faite de cette manière. Un acte dressé et notifié comme il est dit, suppléera heureusement dans bien des cas à la venue personnelle auprès de la partie de l'agent du secrétariat, qui pourrait être tenté d'accompagner la sommation de commentaires inutiles sinon dangereux. Cela sera surtout vrai s'il faut faire appel au Dahir du 22 novembre-3 décembre 1913, et recourir à des agents étrangers aux secrétariats, donc à la pratique judiciaire. Aussi nous pensons que l'usage de la formule indiquée en dernier lieu pourra très heureusement se généraliser. Si l'on procède ainsi, on n'aura jamais à recourir au Dahir du 22 novembre, car quand il s'agit seulement d'une notification, il est pourvu à tous les cas, spécialement aux cas de notification à distance, par l'application pure et simple des articles 55, 56, 57 du Dahir de procédure. Si le Dahir susvisé parle des significations, notifications..... à distance, il ne peut avoir en vue que les actes qui, en dehors de la notification proprement dite, exigent une opération complémentaire à accomplir (V. *supra*).

On peut, à propos des formules de sommation 53 et 54, faire une dernière remarque. Jusqu'à présent, il avait suffi de faire suivre l'ordre du juge d'une notification conforme aux articles 55, 56, 57, si bien que, tout de suite après l'ordonnance, on trouve les mentions de notification « *Satisfait, etc.....* » sur l'original, « *Pour copie conforme et pour valoir, etc.....* » sur la copie. C'est le cas de tous les modèles proposés jusqu'ici. Avec les sommations, une nouvelle formule apparaît, celle où l'ordonnance du juge est suivie d'un acte distinct établi par le secrétariat et après lequel viennent les mentions de notification. Il en est nécessairement ainsi quand il s'agit d'un acte (V. *supra*) qui implique certaines opérations à accomplir au dehors par l'agent instrumentaire. Il faut bien que l'agent constate ces opérations par un acte spécial; ce sera le cas des sommations à réponse, des constats, de toute la procédure d'exécution. Même en dehors de là, on trouve certaines situations de procédure où il paraît nécessaire de faire suivre l'ordonnance d'un acte établi au secrétariat, qui s'y ajoute, qui la complète et qui est lui-même suivi des mentions de notification (ex. : formules n°s 54, 62, 85). Ces quelques observations donnent une vue d'ensemble sur les modèles proposés au formulaire. On peut ainsi mieux se rendre compte du mécanisme des formules et savoir celle qui convient pour un cas non prévu.

Des constats. — Aux termes de l'article 217, §§ 1, 3, 4, 5, toute constatation d'un fait de nature à motiver une demande en justice est faite par l'un des agents du tribunal de paix, à ce désigné par le juge de paix, sur la demande écrite ou verbale de la partie intéressée. L'agent chargé d'un constat donne avis au défendeur éventuel, par lettre recommandée, des jour et heure auxquels il procédera à la constatation requise, à moins qu'il n'en soit autrement ordonné par la décision qui le désigne. Il mentionne succinctement au procès-verbal de constat les dires et observations du défendeur éventuel ou de son représentant. Le procès-verbal de constat peut, sur la demande de la partie qui a requis le constat, être notifié au défendeur éventuel dans les conditions prévues aux articles 77 et 192.

Le modèle proposé, **formule n° 55**, donne satisfaction à ces textes. Il est analogue à la formule de sommation n° 53 ; il comprend une première partie qui est l'ordre du juge avec désignation de l'agent, une deuxième qui est le constat proprement dit, une troisième correspondant aux mentions de notification. Il faut toujours, cela est d'évidence, que l'agent se transporte sur place pour faire son constat ; on ne peut pas procéder par la voie d'un acte établi au secrétariat. L'acte y est *préparé,* mais il ne reçoit sa rédaction définitive qu'après les constatations que fait l'agent et qu'il consigne à l'acte. Pour la notification (si elle doit avoir lieu, art. 217, § 5), tout ce que nous avons dit précédemment s'applique. Après que l'agent a achevé la rédaction du constat, il constitue le pli (ou les plis) de notification. Si le défendeur éventuel est présent, il lui remet séance tenante le pli le concernant contre certificat de remise, en se conformant aux articles 56, 57, § 1. Si le défendeur n'est pas présent, comme l'agent se trouve sur le lieu du constat, et non pas nécessairement au domicile du défendeur, il faut opérer *la transmission* et la remise du pli, en se conformant aux articles 55, 56, 57. L'article 217 dit que le constat est notifié dans les conditions prévues aux articles 77 et 192 ; cela implique que la notification doit être accompagnée d'une copie de constat ; le modèle proposé donne satisfaction au texte.

Du constat par expert. — Quand la constatation requise ne peut être faite utilement que par un homme de l'art, le juge de paix, ou, si le litige éventuel est de la compétence du tribunal de première instance, le président du tribunal désigne un expert chargé d'y procéder. Le constat par expert ne peut être ordonné que sur requête écrite. Les dispositions des §§ 3, 4 et 5 de l'article 217 sont applicables au constat par expert (art. 218). L'application de ce texte semble conduire au modèle, **formule n° 56**. Le juge de paix, ou le président du tribunal, rend une ordonnance qui désigne l'expert et qui commet le secrétariat pour la notification du constat si elle doit avoir lieu (*formule, 1re partie*). Cette ordonnance une fois rendue, on fait faire la consignation, puis on envoie le dossier à l'expert, le tout en se conformant aux règles précédemment expliquées pour les expertises. Quand le rapport est déposé, le juge taxe (art. 137, 138). Si la notification est requise, le secrétariat commis l'exécute. Pour cela il inscrit à la suite de l'ordonnance une mention constatant que le rapport de l'expert a été déposé et qu'il va être notifié en exécution de l'ordonnance (*formule,*

2ᵉ *partie*). Il poursuit ensuite la notification conformément aux règles habituelles, c'est-à-dire qu'il fait une expédition du rapport de l'expert et une copie de l'acte, formule n° 56. Il place le tout sous l'enveloppe spéciale en apposant sur l'original de l'acte la formule « *Satisfait,* etc..... » (*formule, 3ᵉ partie*), puis le pli de notification est transmis et remis conformément aux articles 55, 56, 57.

CHAPITRE II

DES RÉFÉRÉS

(Art. 219 à 225.)

Par qui sont exercées les fonctions de juge des référés. — Au lieu où siège le tribunal de première instance et dans le ressort des tribunaux de paix établis en ce lieu, les fonctions de juge des référés sont exercées par le président du tribunal de première instance. Dans chacun des autres ressorts de tribunaux de paix, elles sont exercées par le juge de paix (V. *supra,* art. 19). Toutefois, lorsqu'il y a litige engagé, le juge de paix ou le président de la juridiction qui en est saisi est seul compétent pour ordonner, avec ou sans caution, des mesures provisoires demandées en cours d'instance (art. 219, § 3).

Dans quels cas on peut se pourvoir en référé. — On peut se pourvoir en référé :

1° Dans tous les cas d'urgence (art. 219); ce premier cas est manifestement le plus large; il peut varier à l'infini dans les applications; la question de savoir si une affaire est urgente est de pur fait.

2° Lorsqu'il s'agit de statuer provisoirement sur les difficultés relatives à l'exécution d'un titre exécutoire ou d'un jugement (art. 219). On a vu que l'article 22 donne compétence à chaque juridiction pour connaître des difficultés relatives à l'exécution de ses jugements; cette compétence ne se confond pas avec celle du juge des référés qui, comme l'indique le texte, statue *provisoirement.*

3° Lorsqu'il s'agit d'ordonner une mise sous séquestre ou toute autre mesure conservatoire (art. 219). Ce troisième cas de compétence trouvera des applications nombreuses. Suivant le droit commun, des cas de ce genre motiveraient quelquefois des ordonnances sur requête, mais on va voir que précisément, dans le système du Dahir, le juge des référés peut statuer sur requête (arg. art. 221).

4° Lorsqu'il s'agit de faire ordonner des mesures d'instruction *in futurum.* La question est discutée en droit commun. Ici elle est résolue affirmativement par l'article 223 ainsi conçu : si des personnes entre lesquelles il y a des difficultés susceptibles de donner lieu à un procès en font la demande d'un commun accord, le juge des référés peut prescrire toutes les mesures d'instruction nécessaires à la solution du litige éventuel. Il est fait état par les juges du fond des mesures d'instruction ainsi ordonnées.

Il paraît sans difficulté que dans le système du Dahir le juge des référés est compétent même pour les matières commerciales, administratives ou de la compétence du juge de paix. Ces questions sont, comme on sait, controversées en droit commun.

Compétence relative. — Nous venons d'indiquer les matières dont la connaissance appartient au juge des référés. A quel juge maintenant faut-il s'adresser? S'il y a litige engagé, c'est à la juridiction (président ou juge de paix) saisie du fond (art. 219, § 3). Hormis ce cas, il semble bien que la compétence reviendra en principe au juge du domicile du défendeur, par exception au juge du lieu, quand les circonstances l'exigent, notamment quand il s'agit de questions relatives à un immeuble.

Procédure en référé. — 1° C'est par une demande écrite déposée et enregistrée au secrétariat que le juge des référés est saisi. Cela ressort de l'article 220 qui, dans un cas spécial, autorise la présentation de la demande au juge avant son inscription sur le registre tenu au secrétariat du tribunal. Cette règle est d'évidence. On ne peut pas saisir une juridiction verbalement et pour ainsi dire par des paroles en l'air. L'instruction de la demande peut bien être verbale; c'est ce qui a lieu au tribunal de paix, c'est ce qui aura lieu en référé; mais l'acte qui saisit la juridiction est nécessairement écrit. On a vu sous l'article 48 relatif au tribunal de paix que le demandeur doit ou bien déposer une requête écrite, ou bien venir au secrétariat exposer sa demande, ce qui donne lieu à un procès-verbal de déclaration. Les mêmes règles s'appliqueront au référé devant le juge de paix (V. sous l'article 48, observations et formules). Pour un référé devant le président du tribunal, il faudra une requête écrite (analogie, art. 145 et suiv.), mais tout se trouvera simplifié, car l'exposé clair et précis d'un référé pourra le plus souvent se faire en quelques lignes.

2° Le juge, *s'il le croit utile,* ordonne la convocation à l'audience de la partie adverse; cette convocation est faite dans les conditions prévues aux articles 55, 56, 57 (art. 221). Ainsi dans le système du Dahir l'ordonnance de référé peut être rendue sur requête et sans appeler l'adversaire. Au juge il appartient d'apprécier s'il doit ou non convoquer l'adversaire. Toutefois, dans le cas de l'article 223 (V. *supra*) et de l'article 222 (V. *infra*) il faut une demande faite *d'accord* par les parties; donc, ici, on ne peut pas statuer hors la présence de l'adversaire. Il semble que c'est au moment même où l'on vient faire inscrire la demande, que le secrétaire-greffier doit s'informer si le juge ordonne la convocation de l'adversaire et pour quelle audience. Dans l'affirmative, il fait aussitôt notifier la convocation aux parties. Si le demandeur s'est présenté *en personne,* on peut se contenter de le convoquer verbalement avec mention de cette convocation en marge de la demande, ou bien encore on peut lui remettre séance tenante, contre certificat de remise, sa copie de convocation. La convocation est libellée suivant la **formule n° 57.** Elle est notifiée par les voies habituelles.

3° En principe, les demandes de référé viennent à une audience dite des référés qui a lieu à des jours et heures fixés à l'avance par le président du tribunal de première instance et les juges de paix (art. 219, § 2). Exceptionnellement, s'il y a extrême urgence, elles peuvent être présentées au juge des référés, soit au siège du tribunal, et avant inscription sur le registre tenu au secrétariat, soit même à son domicile. Le juge fixe immédiatement les jours et heures auxquels il sera statué. Il peut statuer même les dimanches et jours fériés (art. 220).

Ordonnances de référé. — Les ordonnances sur référés ne statuent qu'au provisoire, et sans préjudice de ce qui sera décidé sur le fond. *Toutefois, sur la demande faite d'accord par les parties, le juge des référés peut décider sur le fond* (art. 222). Le deuxième paragraphe de l'article 222 apporte ainsi une extension remarquable à la compétence du juge des référés. On sait qu'il y a, en France, des projets de loi en ce sens.

Le juge des référés peut, suivant les cas, statuer sur les dépens. Les minutes des ordonnances sont déposées au secrétariat, et il en est formé un registre spécial (art. 225).

Exécution provisoire. — Les ordonnances sur référés sont exécutoires de plein droit par provision et elles peuvent même, dans les cas les plus urgents, être exécutoires sur minute. Le juge a toujours le droit d'obliger le gagnant à fournir caution, mais si l'ordonnance garde le silence, il est par cela même dispensé de fournir caution (art. 224, §§ 1, 5).

Notification. Voies de recours. — S'il y a lieu à notification de l'ordonnance de référé, on fera usage du modèle **formule n° 58**, qui comporte un original, autant de copies qu'il y a de parties, avec adjonction à chaque copie d'une expédition de l'ordonnance (analogie art. 77, 192).

Aux termes de l'article 224, § 2, les ordonnances sur référés ne sont pas susceptibles d'opposition. Ce texte ferme la voie de l'opposition au défendeur convoqué qui fait défaut.

Aux termes de l'article 224, §§ 3, 4, dans les cas où la loi autorise l'appel, cet appel doit être formé dans la huitaine de la notification de l'ordonnance. L'appel est jugé d'urgence. Pour savoir si l'ordonnance est susceptible d'appel, il semble qu'il faut se reporter aux règles des articles 16 et suivants, même si elle émane d'un juge de paix, car ici le juge de paix a la compétence du président de première instance. L'appel sera porté au tribunal si l'ordonnance émane d'un juge de paix (art. 16, §§ 1, 2), à la Cour dans tous les autres cas (art. 20, §§ 1, 2).

On sait que l'ordonnance de référé peut être rendue sur requête. S'il en est ainsi et si l'ordonnance préjudicie aux droits d'un tiers, il semble que que ce tiers aura la voie de la tierce opposition (art. 238 et suiv.).

CHAPITRE III

DE L'APPEL

(Art. 226 à 236).

Délai ordinaire d'appel. Son point de départ. — L'article 226 fixe le délai d'appel à un mois pour les jugements des tribunaux de paix et à deux mois pour les jugements des tribunaux de première instance. Le délai court à dater de la notification soit à personne, soit à domicile réel ou élu, si le jugement est contradictoire, et à dater de l'expiration du délai d'opposition, si le jugement est par défaut. On sait que le délai d'opposition, qui est de trois jours ou de quinze jours, court lui-même à dater de la notification (art. 141, 215).

Le délai d'appel est franc, le jour de la notification et le jour de l'échéance n'entrent pas en compte (art. 551). S'augmente-t-il à raison des distances ? C'est la même question que pour l'opposition, et il faut faire la même réponse (V. *supra*, art. 141, 215).

Appel incident. — L'appel incident, à la différence de l'appel principal, n'est pas soumis à un délai fixe. Il peut être relevé par l'intimé pendant toute l'instance engagée devant la juridiction d'appel (art. 227).

Délai d'appel spécial. — Les délais d'appel sont augmentés de six mois en faveur de ceux qui sont *absents* du territoire de notre Empire, de la France, de l'Algérie ou de la Tunisie, *pour cause de service public* et en faveur des gens de mer *absents pour cause de navigation* (art. 228). L'augmentation de délai est ici basée sur une circonstance de fait, l'absence pour cause de service public ou de navigation ; elle est étrangère à la question de domicile. Nous avons remarqué déjà, sous l'article 141, que le Dahir de procédure, en fixant les délais d'appel, n'a pas renvoyé à l'article 60 pour ceux qui demeurent hors du ressort des juridictions françaises, comme le fait l'article 445 du Code de procédure en renvoyant à l'article 73 du même code.

Suspension du délai d'appel. — En cas de mort de la partie condamnée pendant le délai qui lui est donné pour interjeter appel, ce décès suspend le cours du délai. Il ne reprend qu'après une nouvelle notification faite collectivement aux héritiers, au domicile du défunt (art. 229). Le délai étant seulement *suspendu*, les héritiers n'auront, pour interjeter appel, que ce qui restait de l'ancien délai. Celui-ci reprendra son cours à partir de la notification qu'ils reçoivent du jugement, mais comme on peut ignorer qui est héritier et où sont domiciliés les héritiers, il suffira d'une notification faite à tous les héritiers collectivement, sans autre indication et au dernier domicile du défunt (même texte). L'article 229 dit que la notification sera faite dans les conditions prévues à l'article 77 et à l'article 192, donc dans les conditions expliquées sous ces articles (V. *supra*). L'ordonnance de notification (formule n° 46, *mutatis mutandis*) visera la mort de la partie condamnée et prescrira une nouvelle notification du jugement « *aux héritiers ou représentants du défunt à son dernier domicile, rue ......, n° ....., à ....., conformément à l'article 229 du Dahir de procédure* ». Le pli de notification portera une suscription conforme. Une note jointe au certificat de remise expliquera que le pli doit être remis à la personne d'un des héritiers, s'il s'en trouve au domicile du défunt, sinon à ce domicile entre les mains de parents, amis, serviteurs, portiers ou concierges, suivant la règle de l'article 56.

Si la notification est faite avant l'expiration des délais accordés aux héritiers par la loi qui leur est applicable en matière de succession pour faire inventaire et délibérer, la partie du délai d'appel qui restait à courir ne reprend son cours qu'après l'expiration de ces délais (art. 229, § 1, *in fine*).

Délai d'appel des jugements avant faire droit. — S'agit-il d'un jugement préparatoire, c'est-à-dire d'un jugement ordonnant une mesure d'instruction qui ne préjuge pas le fond, il n'est pas permis d'en appeler tant que le jugement sur le fond n'est pas rendu et, à ce moment, l'appel du préparatoire n'est autorisé qu'à la condition que la partie appellera conjointement du jugement définitif. Ainsi le jugement préparatoire n'est susceptible ni d'appel immédiat ni d'appel séparé. Le délai d'appel du préparatoire ne court que du jour de la notification du jugement définitif. Cet appel est recevable encore que le jugement préparatoire ait été exécuté sans réserves (art. 230, § 1).

S'agit-il d'un jugement interlocutoire, c'est-à-dire d'un jugement qui préjuge le fond, ou encore d'un jugement qui a statué par provision, l'appel peut être interjeté au cours du procès, avant le jugement définitif. Il peut encore être interjeté après que le jugement définitif a été rendu et conjointement avec l'appel de ce jugement (art. 230, § 2).

Formes de l'appel. — L'appel est formé au moyen d'une requête que l'on dépose au secrétariat de la juridiction compétente pour y statuer (art. 231). C'est le droit commun des articles 145 et suivants. Il est d'ailleurs précisé (art. 232) que les règles établies par les articles 145 à 149 sont applicables aux requêtes d'appel. Donc elles sont rédigées ainsi qu'il a été dit sous ces articles pour les requêtes introductives d'instance. Elles sont inscrites, dès leur arrivée, au registre d'ordre. Elles sont marquées du timbre à date. Cette formalité est très importante; elle marque la date de l'appel et la recevabilité de l'appel peut en dépendre. Le secrétaire-greffier délivre un récipissé aux parties qui en font la demande. Les requêtes doivent énoncer l'objet de l'appel et, en outre, *les faits, les moyens, les pièces* à l'appui de cet appel. Il faut joindre les pièces (sur tous ces points, art. 232, 145 à 148). Il faut notamment joindre l'expédition du jugement attaqué. Si cette expédition n'est pas jointe, on procède conformément à l'article 149, § 2, c'est-à-dire que l'on invite l'appelant à produire la pièce dans les quinze jours, après quoi la requête peut être déclarée non avenue. On a vu, sous les articles 148, 149, que cette même sanction peut atteindre les requêtes qui ne sont pas établies, ou assorties de leurs pièces justificatives, conformément aux prescriptions de la loi. Il appartient aux rapporteurs de tenir la main à ce que ces sanctions soient effectives, et de déférer, le cas échéant, à la juridiction d'appel les requêtes d'appel irrégulières. Il faut que les appelants sachent qu'il ne suffit pas de déclarer qu'on fait appel, et que, s'ils ne présentent pas une requête régulière accompagnée de toutes les pièces conformément à la loi, ils sont menacés d'une décision de déchéance qui peut ici atteindre le droit d'appel lui-même. On verra, sous l'article 291, que le secrétariat d'appel qui reçoit une requête d'appel doit *aviser, sans délai,* le secrétariat de première instance de l'appel interjeté (*infra*, art. 291 et formule n° 59).

La requête d'appel peut aussi être déposée au secrétariat du tribunal dont le jugement est attaqué. C'est une exception à la règle ordinaire qui veut qu'on dépose la requête au secrétariat de la juridiction qui doit statuer. Cette exception annoncée par l'article 145, consacrée par l'article 231, s'explique : on a voulu que l'appelant qui peut être fort loin de la juridiction d'appel et qui, nous le croyons du moins, a un délai fixe pour faire appel sans augmentation à raison de la distance, eût du moins la possibilité d'appeler là où il a été jugé, là où il a dû faire élection de domicile et recevoir la notification du jugement (art. 51, 152); on peut rattacher à cette même idée la disposition de l'article 52, dernier alinéa. Le secrétariat de première instance qui reçoit la requête d'appel, l'enregistre et la marque à son arrivée du timbre à date (art. 231, 232, 147); il la transmet sans frais ainsi que les pièces qui y sont jointes au secrétariat d'appel; il en délivre récépissé aux parties qui le demandent (art. 231). Il est essentiel, nous le rappelons, que le secrétariat de première instance qui reçoit la requête d'appel, la marque du timbre à date, car c'est ainsi que la date de l'appel est constatée.

Procédure d'appel. — On suit sur la requête d'appel comme sur les requêtes introductives d'instance (arg. art. 237). Donc il y a lieu à la désignation d'un rapporteur conformément à l'article 150 et ce magistrat instruit l'appel comme il a été dit sous les articles 150 et suivants. Il doit d'abord rechercher si l'appel est recevable et notamment s'il a été interjeté dans le délai. Il sait par le timbre d'arrivée au secrétariat *où la requête a été déposée* quelle est la date de l'appel. D'autre part, l'appelant a dû joindre à sa requête la copie de l'acte de notification du jugement attaqué *avec l'enveloppe qui contenait cette copie* (V. *supra*, art. 56 et observations sur cet article). On a vu que cette enveloppe reproduit la date du certificat de remise, c'est-à-dire la date de notification; donc la copie de l'acte de notification du jugement, nantie de son enveloppe, prouve si l'appel a été interjeté dans les délais. C'est une pièce justificative essentielle que l'appelant doit produire (art. 148) et que le rapporteur doit exiger (art. 155). De toute façon, le rapporteur, pour avoir la date de la notification, peut toujours s'adresser au secrétariat de la juridiction de première instance : la notification du jugement attaqué a eu lieu d'office par les soins de ce secrétariat (V. *supra,* art. 77, 192), donc il détient le certificat de remise, en tout cas, il a dû faire mention au dossier de la notification du jugement et de sa date (art. 151, § 3), par conséquent il est toujours en mesure de fournir la date en question.

Les demandes nouvelles sont interdites en cause d'appel. Exceptions au principe. — Les demandes nouvelles sont interdites en cause d'appel. Après avoir formulé le principe, l'article 233 y apporte quatre exceptions :

1º Il permet à celui qui a été défendeur en première instance, quel que soit son rôle en cause d'appel, d'opposer pour la première fois la compensation. Il s'agit de la compensation judiciaire, car la compensation légale ne constituerait qu'un moyen nouveau, toujours permis en cause d'appel;

2º Il permet, toujours au défendeur de première instance, appelant ou intimé en cause d'appel, de former toute demande nouvelle qui peut servir de défense directe à l'action principale;

3º L'une et l'autre parties, demandeur ou défendeur originaire, peu importe, peuvent demander des intérêts, arrérages, loyers et autres accessoires échus depuis le jugement dont est appel;

4º Les parties peuvent enfin, pour la première fois en appel, demander des dommages-intérêts relatifs au procès pour préjudice souffert depuis le jugement.

Intervention des tiers en appel. — En première instance, l'intervention des tiers est admise de la manière la plus large (art. 125, 193). Au contraire, en cause d'appel, l'article 234 ne permet d'intervenir qu'à ceux qui auraient droit de former tierce opposition. L'intervention est bien une demande nouvelle; on l'autorise, par une nouvelle exception au principe, pour prévenir la tierce opposition.

Exécution de l'arrêt d'appel. — 1º Si le jugement est confirmé, l'exécution appartient au tribunal dont est appel (art. 235, § 1er). Il est tout simple de donner compétence aux juges du premier degré en cas de confirmation; le jugement de première instance, du fait de la confirmation, reprend sa force et l'effet dévolutif de l'appel cesse.

2º Si le jugement est infirmé, l'exécution entre les mêmes parties appartient, soit à la Cour, soit au tribunal par elle indiqué, sauf dans les cas où des dispositions spéciales attribueraient juridiction (art. 235, § 2). Ce texte permet au tribunal d'appel de renvoyer l'exécution au tribunal dont est appel, même en cas d'infirmation. En effet, à la différence du texte de droit commun (art. 472 C. proc. civ.), il ne dit pas que l'exécution appartiendra soit à la Cour, soit à un *autre* tribunal, mais au tribunal par elle indiqué. Il est à croire que les juridictions d'appel et notamment la Cour, tenant compte des nécessités pratiques, renverront le plus souvent au tribunal dont est appel, en sorte que, même après un appel, l'exécution appartiendra, en règle générale, à la juridiction de première instance. Cela sera très opportun, puisque cette juridiction est plus rapprochée, donc mieux qualifiée pour l'exécution.

Les dispositions qui précèdent ont une importance spéciale, car dans le système du Dahir les juridictions se trouvent intimement liées à la procédure d'exécution (V. *infra,* art. 284 et suiv.). Il sera d'ailleurs nécessaire que la juridiction d'appel, lorsqu'elle infirme, indique toujours, par application de l'article 235, le tribunal auquel appartient l'exécution, et, pour les raisons qui précèdent, elle dira le plus souvent que l'exécution appartient au tribunal dont est appel.

Évocation. — Pour qu'il y ait lieu à évocation, il faut supposer que le fond n'a pas été jugé en première instance, ou tout au moins qu'il ne l'a pas été valablement, c'est-à-dire qu'il y a eu violation des règles de la compétence, ou vice de forme, ou encore omission de statuer sur un chef de demande. Autrement, la juridiction d'appel se trouverait saisie du fond par l'effet dévolutif de l'appel et il ne pourrait pas être question d'évocation. Cela étant, trois règles se dégagent de l'article 236 : 1º quand il y a infirmation pour omission de statuer sur un chef de demande, la cour doit évoquer et statuer sur ce chef ; 2º quand il y a infirmation pour violation des règles de la compétence, la Cour ne doit pas évoquer, mais renvoyer devant les juges compétents ; 3º quand il y a infirmation pour irrégularité de la procédure, elle doit soit renvoyer devant le tribunal dont est appel, soit évoquer la cause. Aucune autre condition n'est imposée. Il n'est pas dit que l'affaire doit être en état, ni que la cour doit statuer en même temps sur l'appel et sur le fond.

CHAPITRE IV

DE LA PROCÉDURE DEVANT LA COUR D'APPEL

(Art. 237).

Les dispositions des articles concernant la procédure devant les tribunaux de première instance sont applicables à la procédure devant la Cour d'appel (art. 237). Il suffit de renvoyer aux observations concernant la procédure de première instance. Les mêmes formules serviront devant la Cour ; il suffira de les modifier en conséquence.

CHAPITRE V

DES VOIES EXTRAORDINAIRES POUR ATTAQUER LES JUGEMENTS

(Art. 238 à 246).

Tierce opposition (art. 238, 239). — 1º Toute partie peut former tierce-opposition à un jugement ou arrêt qui préjudicie à ses droits, et lors duquel ni elle ni ceux qu'elle représente n'ont été appelés (art. 238, § 1). C'est le droit commun.

2º La tierce opposition est formée suivant les règles établies pour les requêtes introductives d'instance (art. 238, § 2). On appliquera les articles 145 et suivants. Il n'y a qu'à se reporter à ce qui a été dit sous ces articles. On sait que la tierce-opposition est tantôt principale et introductive d'instance, et tantôt incidente. La procédure sera la même puisque les demandes incidentes (art. 193) sont formées et instruites comme les requêtes introductives d'instance.

3º Suivant les distinctions du droit commun, la tierce opposition sera suivie contre celui qui a obtenu le jugement, ou bien à la fois contre lui et contre le perdant. De même la tierce opposition incidente se poursuivra tantôt devant la juridiction déjà saisie de la demande principale, tantôt devant la juridiction qui a rendu le jugement frappé de tierce opposition.

De même encore elle aura ou n'aura pas pour effet, suivant les cas, de faire surseoir au jugement de la demande principale, de faire suspendre l'exécution du jugement entrepris. Il appartiendra au magistrat rapporteur qui suit la tierce opposition, de lui imprimer la direction qui convient en tenant compte à la fois des principes du droit commun et des formes de procédure du Dahir.

4° Aucune tierce opposition n'est recevable si elle n'est accompagnée d'une quittance constatant la consignation au secrétariat du tribunal d'une somme égale au montant de l'amende qui peut être prononcée par application de l'article 239 (art. 238, § 3). L'article 239 fixe le montant maximum de l'amende à cent, deux cents, trois cents francs, suivant que l'on est devant le tribunal de paix, devant le tribunal d'instance ou devant la Cour.

Demande en rétractation. — Les articles 240 à 246 réglementent *la demande en rétractation.* C'est la requête civile du droit commun, mais notablement simplifiée. Les textes disent seulement quels jugements sont susceptibles de cette voie de recours et quelles causes y donnent ouverture (art. 240), quel délai est imparti pour l'exercer (art. 242, 243, 244), quel tribunal est compétent pour y statuer (art. 245, § 1). Quant à la procédure, ils se bornent à indiquer qu'aucune demande en rétractation n'est recevable si elle n'est accompagnée de la quittance constatant la consignation de l'amende (art. 241), que la demande en rétractation n'a pas d'effet suspensif (art. 245, § 2), et enfin que la partie dont la demande en rétractation est rejetée, est passible de l'amende et des dommages intérêts prévus par l'article 239 (art. 246).

Les textes sont muets en ce qui concerne le surplus de la procédure. Il faut en conclure que la demande en rétractation, principale ou incidente, sera formée et suivie d'après les règles établies pour les requêtes introductives d'instance (art. 143 et suiv.). La procédure se trouvera ainsi dégagée des formalités et des complications dont la requête civile a été entourée par le Code de procédure et qui sont généralement critiquées. Sous le bénéfice de ces observations, il suffit de renvoyer à tout ce qui a été dit sous les articles 143 et suivants du Dahir.

CHAPITRE VI

DES RÉCUSATIONS

(Art 247 à 251).

1° L'article 247 énumère les causes de récusation.

2° Les articles 248, 249, 250 règlent la procédure de récusation. Ici encore le Dahir s'attache à simplifier les formes. Il s'inspire de la récusation des juges de paix (art. 44-47 Proc. civ.), plus simple que la récusation ordinaire (art. 378-397 même code).

La demande de récusation est formée suivant les règles établies pour les requêtes introductives d'instance (art. 248, § 1). Elle est communiquée au juge contre qui elle est dirigée, lequel déclare dans les deux jours, par écrit, son acquiescement à la récusation, ou son refus de s'abstenir, avec sa réponse aux moyens de récusation (art. 248, § 2). Il semble que le secrétaire-greffier n'aura qu'à communiquer la copie de la requête au juge intéressé en mentionnant sur l'original et sur la copie que la communication est faite *aux fins de l'article 248, § 2 du Dahir de procédure.* Si le juge acquiesce à la récusation, tout est fini. L'autre cas, celui où le juge refuse

de s'abstenir ou ne répond pas, est réglé par l'article 248, §§ 3. 4. La demande
de récusation est transmise dans le délai fixé au texte, par les soins du
secrétariat à la juridiction qui doit statuer et qui sera le tribunal de
première instance s'il s'agit d'un juge de ce tribunal ou d'un juge de paix,
la Cour, s'il s'agit d'un conseiller. Le président de la juridiction commence
par entendre en leurs explications la partie requérante et le magistrat
récusé, puis la juridiction statue en chambre du conseil. Ainsi tout se
résume dans le dépôt d'une demande de récusation au secrétariat du siège
du juge, puis dans la communication de la demande au juge récusé, et
enfin dans la transmission des pièces à la juridiction qui statue.

Aux termes de l'article 249, les jugements des tribunaux de première
instance rendus dans les cas prévus à l'article précédent, peuvent être
attaqués par la voie de l'appel dans les huit jours de la notification qui en
est faite. Suivant la règle que nous avons admise (V. *supra,* art. 192), le
jugement (ou l'arrêt) sera notifié d'office à toutes les parties, ce qui comprend les adversaires au procès principal dont la récusation constitue un
incident. On sait que l'on s'accorde à leur reconnaître le droit d'appel ; ils
seront, comme les autres parties, mis en demeure de faire appel par la
notification d'office.

Aux termes de l'article 250, le demandeur en récusation qui succombe
dans sa demande est condamné à une amende qui ne peut excéder
300 francs.

3° L'article 251 a trait à la déclaration d'abstention volontaire du juge.
Tout magistrat qui connaît que l'une des causes de récusation énumérées
à l'article 247, ou toute autre cause grave de récusation, existe entre lui et
l'une des parties, doit le déclarer aux autres membres du tribunal ou de
la Cour, siégeant avec lui, lesquels décident s'il doit s'abstenir.

CHAPITRE VII

DES RÈGLEMENTS DE JUGES

(Art. 252 à 254)

L'article 252 dit quels sont les cas où il y a lieu à règlement de juges.
Les articles 253, 254 indiquent devant quelle juridiction la demande est
formée. Les textes sont muets sur la procédure. Il faut conclure que la
demande en règlement sera formée et suivie d'après les règles établies
pour les requêtes introductives d'instance (art. 145 et suiv.).

CHAPITRE VIII

DE LA PRISE A PARTIE

(Art. 255 à 265)

Les articles 255, 256 énumèrent les cas de prise à partie. Les articles 257
à 265 organisent la procédure. Cette procédure comporte d'abord, *au cas
de déni de justice,* deux réquisitions au juge pour le mettre en demeure de
rendre la justice avant de le prendre à partie. Il faut ensuite, et dans tous
les cas, une requête à la juridiction qui doit connaître de la prise à partie
(Cour d'appel ou Cour de cassation) à fin de *permission préalable.* Enfin, si
la requête est admise, c'est-à-dire s'il y a permission préalable, la Cour
instruit et juge la prise à partie.

Réquisitions au juge. — Le déni de justice est constaté par deux réquisitions notifiées aux juges, à personne ou à domicile, de trois en trois jours au moins pour les magistrats des tribunaux de paix et de huitaine en huitaine pour les autres juges. Les réquisitions sont faites, dans les conditions prévues pour les constats et sommations, par le secrétaire-greffier du tribunal de première instance si elles doivent être adressées à un magistrat d'un tribunal de paix et par le secrétaire-greffier de la Cour d'appel si elles doivent être adressées à un magistrat d'un tribunal de première instance ou de la Cour d'appel. Il n'y est procédé que sur la demande écrite adressée directement au secrétaire-greffier par la partie intéressée. Tout secrétaire-greffier, saisi d'une demande à fin de réquisition, est tenu d'y faire droit à peine de révocation (art. 257). Le texte est très clair. On l'appliquera en tenant compte des principes et des règles de procédure déjà posés par le Dahir. De là les conséquences qui suivent.

1° Il faut une demande écrite adressée directement au secrétaire-greffier. Ce sera le secrétariat du tribunal de première instance s'il s'agit d'un juge de paix et le secrétariat de la Cour d'appel s'il s'agit d'un magistrat de première instance ou d'un conseiller. Pour la rédaction de cette demande, comme pour la requête dont il est ci-après question, il faut tenir compte de l'article 261, aux termes duquel il ne peut être employé aucun terme injurieux contre les juges, à peine de telle amende qu'il appartiendra contre la partie et sans préjudice des peines disciplinaires pouvant être appliquées aux avocats.

2° Après l'enregistrement de la demande au secrétariat, le président de la juridiction désigne un rapporteur. C'est le droit commun (art. 150). On ne comprendrait pas, alors que toutes les procédures bénéficient de cette garantie spéciale, que cette première phase de la prise à partie en cas de déni de justice en fût privée; d'ailleurs, il faut nécessairement l'intervention du juge (art. 26, 247) pour faire la réquisition. Le rapporteur prend connaissance de la demande à fin de réquisition; il la fait au besoin préciser, compléter; ensuite il donne l'ordre de notification. Il écrit, par exemple, au bas de la demande : « *Soit notifié le présent acte pour constituer les deux réquisitions prévues par les articles 257, 258 du Dahir de procédure, à deux reprises, à trois jours d'intervalle, à M......, juge de paix de..... ».*

Et s'il s'agit d'un juge ou d'un conseiller : « *à deux reprises, à huit jours d'intervalle, à M......., juge ou conseiller, par M. le Secrétaire-greffier en chef (du tribunal dans le premier cas, de la Cour d'appel dans le second).*

    » ....., le ..... 191 .

» Le juge (ou le conseiller) rapporteur,
» Signature ».

3° Le secrétaire-greffier n'a plus qu'à exécuter la notification. Il recourt aux voies habituelles. Il commence par faire une copie du tout (demande et ordonnance de notification) qu'il termine par la formule :

    « ....., le ..... 191 .

» Le juge (ou le conseiller) rapporteur, signé : .....

» Pour copie conforme et pour valoir notification à la date du certificat de remise. Cette date est reproduite sur l'enveloppe contenant la présente copie.

» Le secrétaire-greffier en chef,
» Signature ».

Il place cette copie sous l'enveloppe spéciale, avec suscription et sceau, en annexant le certificat préparé. Si le juge intéressé est sur place, ce qui se produira s'il s'agit d'un juge de paix du siège du tribunal, ou bien d'un juge du tribunal du siège de la Cour ou d'un conseiller (art. 257), le secrétaire-greffier effectue lui-même la remise du pli de notification à personne ou à domicile, contre certificat de remise. Si le juge n'est pas sur place, il envoie le pli au secrétariat du siège du juge pour remise à l'intéressé et retour du certificat. En même temps qu'il prend le pli en charge ou qu'il l'envoie à son collègue, le secrétaire-greffier a soin de revêtir l'original d'une mention : « Satisfait, etc. ». Trois jours après s'il s'agit d'un juge de paix, huit jours après s'il s'agit d'un juge ou d'un conseiller, il fait exactement dans les mêmes formes une deuxième notification. Les deux certificats de remise viennent se joindre à l'original.

Après les deux réquisitions, porte l'article 258, le juge peut être pris à partie.

Requête afin de permission préalable. Instruction et jugement de la prise à partie. — Nous arrivons à la procédure de la prise à partie proprement dite. La prise à partie est portée devant la Cour d'appel, sauf si elle est formée contre un magistrat de cette Cour; dans ce dernier cas, elle est portée devant la Cour de cassation (art. 259). Nous nous occupons seulement de la procédure devant la Cour d'appel.

1° Aucun juge ne peut être pris à partie sans permission préalable du tribunal devant lequel la prise à partie est portée. Il est présenté à cet effet une requête signée de la partie ou d'un mandataire désigné par procuration authentique et spéciale, laquelle procuration est annexée à la requête ainsi que les pièces justificatives, s'il y en a, à peine de nullité. Il ne peut être employé aucun terme injurieux contre les juges, à peine de telle amende qu'il appartiendra contre la partie, et sans préjudice des peines disciplinaires pouvant être appliquées aux avocats (art. 260, 261). Il semble, au surplus, que la requête devra satisfaire aux articles 145-149 concernant les requêtes ordinaires, en ce qu'ils ne sont pas contraires aux textes qui précèdent. S'il s'agit d'un déni de justice, il faudra joindre l'original des deux notifications précédemment expliquées avec les deux certificats de remise. Ils font en effet partie des pièces justificatives (arg. art. 258). On suivra sur la requête conformément aux règles ordinaires en tenant compte des dispositions spéciales des articles 262 à 265.

2° Un rapporteur est désigné et la requête lui est transmise (anal. art. 150). S'il s'agit d'un déni de justice suivi contre un magistrat de première instance, on saisit le conseiller qui a déjà connu de la demande à fin de réquisition (V. *supra,* art. 257). Il soumet la requête à la Cour, chambre du conseil, qui examine et qui décide s'il y a lieu d'accorder ou de refuser l'autorisation de poursuivre, après avoir entendu le rapporteur en son rapport, le requérant, s'il y échet, en ses observations, et le ministère public en ses conclusions.

3° Si la requête est rejetée, le demandeur est condamné à une amende qui ne peut être moindre de trois cents francs et, s'il y a lieu, à des dommages-intérêts envers les autres parties (art. 262).

4° Si la requête est admise, elle est communiquée dans les trois jours au juge pris à partie, qui est tenu de fournir ses défenses dans la huitaine (art. 263, § 1). Pour cela le conseiller rapporteur peut rendre une ordonnance de communication analogue à celle indiquée sous l'article 150, formule n° 24. Il peut aussi écrire au bas de la requête, préalablement revêtue par le secrétariat d'un extrait certifié conforme, de l'arrêt d'admission : « *Soit communiqué à Monsieur le juge ..... (ou à Monsieur le juge de paix .....) en conformité de l'article 263, § 1 du Dahir de procédure et pour être, par ce magistrat, fourni ses défenses dans la huitaine de la communication* ». Le secrétariat fait une copie du tout avec la mention d'usage : « Pour copie conforme et pour valoir, etc..... ». En même temps il complète l'original par la mention « Satisfait, etc..... » qu'il remplit au départ du pli. La notification se poursuit suivant les règles ordinaires et par les voies appropriées, c'est-à-dire par les soins du secrétaire-greffier en chef de la Cour si le juge est sur place, sinon par les soins du secrétaire-greffier du siège du juge auquel le pli de notification est envoyé. A partir de l'admission de la requête, le juge pris à partie s'abstient de la connaissance du différend au cours duquel est né la prise à partie ; il s'abstient même jusqu'au jugement définitif de la prise à partie, de toutes les causes que le demandeur ou ses parents en ligne directe, ou son conjoint, peuvent avoir dans son tribunal, à peine de nullité des jugements (art. 263, § 2). On continue la procédure conformément au droit commun, en d'autres termes : les défenses du juge sont déposées au secrétariat de la Cour, puis communiquées au demandeur (art. 154) ; celui-ci conclut et sur ses conclusions, porte l'article 264, l'affaire est portée à l'audience. Cela veut dire que le rapporteur, l'instruction écrite étant complète, transmet le dossier au procureur général, fait mettre au rôle, convoque les parties et qu'enfin l'affaire est appelée à l'audience publique où elle est jugée sur le rapport du rapporteur, les parties et le ministère public entendus (art. 156, 180 et suivants).

5° La prise à partie doit être jugée par d'autres juges que ceux qui l'ont admise (art. 264). Si le demandeur est débouté, il est condamné à une amende qui ne peut être moindre de 300 francs, et s'il y a lieu, à des dommages-intérêts envers les parties adverses (art. 265).

TITRE SIXIÈME

De l'exécution des jugements.

CHAPITRE PREMIER

DES DÉPOTS ET RÉCEPTIONS DE CAUTION

(Art. 266 à 273).

La matière est réglementée par les articles 266 à 268 pour les tribunaux de paix, par les articles 269 à 273 pour les tribunaux d'instance et la Cour d'appel.

Tribunaux de paix. — Les formes sont des plus simples. La *caution en numéraire* est déposée au secrétariat du tribunal de paix. La *caution personnelle* est présentée à l'audience avec dépôt, s'il y a lieu, entre les mains du greffier, des titres établissant la solvabilité de la caution (art. 266, § 2). Cela étant, le juge de paix qui ordonne de fournir caution fixe la date où la caution doit être déposée au secrétariat, s'il s'agit d'une caution en numéraire et la date où elle sera présentée à l'audience s'il s'agit d'une caution personnelle (art. 266, 1er alinéa). Toute contestation par la partie adverse, relative à l'admission de la caution, est formulée à cette audience même et il y est statué dans le moindre délai (art. 267). Enfin aux termes de l'article 268, dès que la caution a été présentée ou qu'il a été statué sur la contestation relative à son admission, elle fait sa soumission qui est exécutoire sans jugement. Il semble qu'on doit entendre ce texte en ce sens que la caution fait sa soumission au secrétariat et qu'il n'est pas nécessaire qu'un jugement donne acte de cette soumission.

Il faut un acte de greffe, évidemment très simple, pour constater le dépôt de la caution en numéraire, et en cas de caution personnelle, le dépôt, s'il y a lieu, des titres justificatifs de solvabilité, en tous cas, et après jugement de la contestation si elle s'est produite, pour constater la soumission de la caution. Il semble qu'en principe il n'y aura lieu à aucun autre acte de procédure. Il suffira, par exemple, au juge de paix qui ordonne de fournir caution, de fixer séance tenante et de vive voix, en présence des parties, la date où la caution en numéraire sera déposée, la date où la caution personnelle sera présentée, contestée, reçue. S'il devenait nécessaire d'adresser aux parties un avertissement écrit, on procéderait, par analogie, comme il va être dit pour le tribunal d'instance.

Tribunaux d'instance. Cour d'appel. — Les règles sont au fond les mêmes qu'au tribunal de paix. Il y a de simples nuances de procédure. En outre les avertissements aux parties sont donnés par écrit (art. 269 à 272

et 273). Tout pourra se régler avec des *soit transmis à notifier* (formule n° 32).
Les actes de la procédure seront les suivants :

1° Pour satisfaire à l'article 269, § 2, le juge rapporteur dira : « *Soit transmis à Monsieur le Secrétaire-greffier avec prière de :*

.» *Vu le jugement du ..... dans l'affaire ..... et l'article 269 du Dahir de procédure,*

« *Inviter M. ..... (nom, profession, domicile de la partie qui doit fournir caution) à déposer au secrétariat dans un délai de ..... à compter de la notification des présentes, la caution en numéraire, fixée par le jugement susvisé ».*

Ou bien :

« *A présenter dans un délai de ..... à compter de la notification des présentes, caution avec dépôt, s'il y a lieu, de titres établissant la solvabilité, le tout par acte à recevoir au secrétariat, et en conformité du jugement susvisé ».*

Ici, il semble que la présentation de la caution pourra avoir lieu au secrétariat, par acte du greffe constatant à la fois la présentation et le dépôt des titres.

2° Pour satisfaire à l'article 270 alinéa 1 :

« *Soit transmis à Monsieur le Secrétaire-greffier en chef avec prière de :*

» *Vu le jugement du ..... dans l'affaire .....*

» *Vu la présentation de la caution avec dépôt de titres suivant acte au greffe du .....*

» *Vu l'article 270, § 1 du Dahir de procédure,*

» *Inviter M. ..... (nom, profession, domicile de la partie adverse) à faire connaître dans un délai de ..... à compter de la notification des présentes, s'il conteste la caution, et le cas échéant, à prendre dans le même délai au secrétariat communication sans déplacement des titres de la caution ».*

3° Pour satisfaire à l'article 270, § 2, après l'expiration du délai imparti pour contester, et s'il n'y a pas eu contestation :

« *Soit transmis à Monsieur le Secrétaire-greffier en chef avec prière de :*

» *Vu le jugement du ..... dans l'affaire .....*

» *Vu l'article 270, § 2, du Dahir de procédure,*

» *Attendu qu'il y a eu présentation et acceptation (ou bien : présentation et défaut de contestation) de M. ..... (nom de la caution) comme caution, ainsi qu'il ressort d'un acte du greffe du ..... et d'une sommation à la partie adverse du ..... (date du certificat de remise du précédent soit transmis),*

» *Inviter ledit M. ..... (nom, profession, domicile de la caution) dans un délai de ....., à compter de la notification des présentes, à faire sa soumission au secrétariat du tribunal ».*

4° Pour satisfaire à l'article 271, § 1er (c'est le cas où il y a contestation, il s'agit d'avertir les parties du jour où la contestation sera jugée en audience publique), on fera usage de la convocation à l'audience (formule n° 45); on précisera qu'il s'agit d'un incident de caution en écrivant après les mots « que l'affaire un tel contre un tel » *incident de contestation de caution*;

5° Pour satisfaire enfin à l'article 272 (c'est le cas où la caution est admise par jugement après contestation) :

« *Soit transmis à Monsieur le Secrétaire-greffier en chef avec prière de :*

» *Vu le jugement du ..... dans l'affaire ..... et qui a admis M. ..... (nom de la caution), caution présentée en exécution d'un précédent jugement du .....*

» *Vu l'article 272 du Dahir de procédure,*

» *Inviter ledit M. ..... (nom, profession, domicile de la caution) dans un délai de ..... à compter de la notification des présentes, à faire sa soumission au secrétariat du tribunal ».*

. Aux termes de l'article 273, les invitations et avertissements adressés aux parties, en vertu des articles qui précèdent, sont adressés dans les

conditions prévues par l'article 151. Cela veut dire qu'il faut notifier. Les
soit transmis et les convocations dont il vient d'être parlé sont en effet
notifiés par le secrétariat suivant les règles habituelles. Il est ainsi satisfait
à l'article 273.

CHAPITRE II

DES REDDITIONS DE COMPTES
(Art. 274 à 283).

1° Les articles 274, 275 règlent des questions de compétence.

2° L'article 276 a trait au jugement qui ordonne de rendre compte. On
ne dit rien sur l'instance qui aboutit à ce jugement. Donc le droit commun
(art. 145 et suiv.) s'applique : la demande s'introduit par le dépôt d'une
requête au secrétariat, un rapporteur est désigné, l'instruction se poursuit
par les voies ordinaires. Aux termes de l'article 276, tout jugement portant
condamnation de rendre compte fixe le délai dans lequel le compte est
rendu et commet un juge. On pourra, semble-t-il, commettre le juge
rapporteur qui entre en fonctions dès le dépôt de la demande (art. 150) et
dont la mission se poursuivra ainsi après le jugement.

3° L'article 277, § 1, fixe le mode d'établissement du compte (V. cet
article). Le *rendant compte* doit non seulement établir son compte, il doit
le présenter et l'affirmer en personne ou par mandataire spécial, dans le
délai fixé au jour indiqué par le juge commissaire, *les oyants* (c'est-à-dire
ceux qui ont droit de recevoir le compte) appelés par notification faite à
personne ou à domicile (art. 277, § 2). Pour satisfaire au texte, le juge
donne avis du jugement. La notification de cet avis fait courir le délai pour
rendre compte. Par le même acte, il convoque les parties devant lui dans le
délai fixé et au jour qu'il indique. Tout cela peut se faire à l'aide d'un soit
transmis à notifier (formule n° 32). Le juge rapporteur écrira par exemple :
« *Soit transmis à Monsieur le Secrétaire-greffier en chef avec prière de* .....

Vu le jugement du ..... *dans l'affaire* . ... *ce jugement disposant notamment
(on reproduit la partie du jugement qui intéresse),*

Vu l'article 277 du Dahir de procédure,

Inviter M. ..... *(noms, profession, domicile du rendant compte), rendant
compte,*

..... *et (énumération avec noms, profession, domicile des oyants compte)
oyants compte,*

..... *à se présenter le* ..... *191* ..... *à* ..... *heures devant le juge rapporteur
soussigné en son cabinet, au Palais de Justice, sis à* ..... *le rendant pour présenter et affirmer son compte, les oyants pour assister si bon leur semble à ces
présentation et affirmation* ». Le secrétariat fait autant de copies qu'il y a de
parties. La notification se poursuit par les voies habituelles.

4° Si le rendant ne défère pas à la convocation, et laisse écouler le délai
sans rendre compte, le juge renvoie l'affaire à l'audience par la procédure
habituelle ; le tribunal rend un jugement qui autorise la saisie et la vente
des biens du rendant jusqu'à concurrence d'une somme qu'il arbitre (art.
278).

5° Si le rendant défère à la convocation, il présente et affirme son
compte, puis — les textes ne le disent pas, mais ils le sous-entendent — il
dépose ce compte avec les pièces justificatives au secrétariat où les intéressés peuvent prendre connaissance du tout (arg. art. 153). Par ce moyen,
il sera suppléé à la formalité onéreuse, mais inévitable du droit commun,
qui consiste à signifier le compte à toutes les parties avec offre de com-

muniquer les pièces. L'article 279 donne à l'oyant la faculté d'obtenir du juge commissaire pour l'excédent du compte tel qu'il est présenté, une ordonnance exécutoire *sans approbation du compte*.

6° Il faut maintenant réunir à nouveau les parties devant le juge commissaire pour qu'elles discutent le compte — qu'elles ont pu examiner dans l'intervalle au secrétariat — et pour qu'il soit dressé du tout procès-verbal, ce que l'article 280 exprime par la formule traditionnelle « aux jour et heure indiqués par le juge commissaire, les parties se présentent devant lui pour fournir débats, soutènements et réponses sur son procès-verbal ». Ce sera très simple. A toutes les parties présentes lors de la première réunion, le juge donnera de vive voix avis — avec mention de cet avis au procès-verbal de présentation du compte — de se présenter à nouveau devant lui au jour fixé « pour débattre le compte qui va être déposé au secrétariat et qu'elles auront examiné dans l'intervalle ». S'il y y a des parties qui n'ont pas comparu, il les avisera par écrit. Le texte ne parle plus de *notification* (cpr. art. 280, §1, et 277, § 2). Un avis par la poste pourrait suffire, mais il semble préférable de prendre ici encore la voie du soit transmis. Le juge rapporteur écrira par exemple : *Soit transmis à M. le Secrétaire-greffier en chef avec prière de :*

» Vu l'affirmation entre nos mains et le dépôt au secrétariat du compte présenté par M....... à la date du...... en suite du jugement ordonnant de rendre compte,

» Vu l'article 280 du Dahir de procédure,

» Inviter (énumération avec nom, profession, domicile de toutes les parties à convoquer) à se présenter le ....., à ..... heures devant le juge rapporteur soussigné, en son cabinet, au Palais de Justice sis à ..... pour, avec toutes autres parties intéressées, fournir débats sur le compte, qu'elles auront examiné dans l'intervalle, et s'accorder s'il est possible ». Le secrétariat fait autant de copies qu'il y a de parties, puis envoie par la poste ou notifie par les voies habituelles.

7° Lors de cette seconde réunion, le juge dresse procès-verbal de l'accord ou du désaccord des parties. En cas de désaccord, il renvoie à l'audience pour être statué sur son rapport (art. 280, § 2). Pour appeler les parties à l'audience, il peut donner avis de vive voix aux parties présentes — avec mention de cet avis au procès-verbal — *de se présenter à l'audience qu'il fixe et préalablement conclure ce qu'il appartiendra sur le procès-verbal constatant le désaccord des parties.* S'il y a des parties qui n'ont pas comparu, il les avise par écrit. Il leur fait, par exemple, *notifier* un soit transmis ainsi conçu : « *Soit transmis à Monsieur le Secrétaire-greffier en chef avec prière de :*

» Vu la réunion des parties à notre cabinet du ..... (date de la réunion) pour débattre le compte présenté par ..... ensuite du jugement ordonnant de rendre compte,

» Inviter (énumération avec nom, profession, domicile de toutes les parties à convoquer) à conclure ce qu'il appartiendra sur le procès-verbal constatant le désaccord des parties, puis à se présenter le ..... à ..... heures à l'audience publique du tribunal, séant au Palais de Justice sis à ..... pour — ainsi que toutes autres parties intéressées — et sur le rapport du juge soussigné, entendre statuer ce que de droit sur le compte présenté ».

8° On aboutit ainsi au second jugement qui clôture l'instance de compte. L'article 281 précise ce que ce jugement doit contenir.

9° L'article 282 concerne le redressement des comptes.

10° L'article 283 prévoit enfin le cas où le jugement est rendu par défaut à l'égard de l'oyant. On se reportera à l'article 188 pour savoir si le jugement est par défaut. Pour le surplus, il suffit de renvoyer à ces divers articles.

CHAPITRE III

RÈGLES GÉNÉRALES SUR L'EXÉCUTION FORCÉE DES JUGEMENTS

(Art. 284 à 308).

Temps pendant lequel le jugement est susceptible d'exécution.
— Les jugements sont susceptibles d'être exécutés pendant trente années
à partir du jour où ils ont été rendus; ce délai expiré, ils sont périmés
(art. 284).

Expéditions en forme exécutoire et expéditions simples. — L'article 285 règle la délivrance des expéditions en forme exécutoire et des
expéditions simples. Nous avons vu que, dans le système du Dahir, les
jugements sont, dès l'origine, rédigés et couchés dans leur entier sur les
registres du secrétariat; que, par suite, pour délivrer les expéditions, on
n'a qu'à en faire des copies avec adjonction, au commencement et à la fin,
des mentions prévues par les articles 73, 189 et par le présent article. Nous
avons vu aussi en quoi consistent ces mentions (V. art. 73, 76, 189; rapprocher art. 25 du Dahir sur l'organisation judiciaire).

L'article 286 règle le cas exceptionnel de la délivrance d'une seconde
expédition en forme exécutoire. Les différentes phases de la procédure
pour y parvenir se poursuivront conformément au texte, suivant les règles
et les formes déjà expliquées.

L'article 287 prescrit au secrétaire-greffier de faire mention, au dossier
de chaque affaire, de toute expédition qu'il délivre. Il semble que la mention doit être faite en marge de la minute du jugement. Du reste, la minute,
dans le système du Dahir, est étroitement liée au dossier de l'affaire
(V. art. 190).

**Force exécutoire dans le ressort des juridictions françaises du
Maroc.** — Les jugements et arrêts des juridictions françaises du Maroc
sont exécutoires dans toute l'étendue du ressort de ces juridictions, encore
que l'exécution ait lieu hors du ressort du tribunal par lequel ils ont été
rendus, s'il s'agit de jugements (art. 288). Pour l'exécution en territoire
français, il faut ajouter la formule exécutoire énoncée dans le décret français du 2 septembre 1871 (art. 25 du Dahir sur l'organisation judiciaire).

Les jugements et arrêts émanés des juridictions françaises de la France
continentale, de l'Algérie, des colonies françaises et des pays de protectorat français sont, ainsi que tous autres actes revêtus de la formule exécutoire française, exécutoires de plein droit dans le ressort des juridictions
françaises du Maroc (art. 289; rapprocher art. 26 du Dahir sur l'organisation
judiciaire).

Les jugements rendus par les tribunaux étrangers et les actes reçus par
les fonctionnaires et officiers publics ou ministériels étrangers ne sont
susceptibles d'exécution, dans le ressort des juridictions françaises du
Maroc, qu'autant qu'ils ont été déclarés exécutoires par l'une de ces juridictions, sans préjudice des dispositions contraires qui pourraient exister
dans les conventions diplomatiques (art. 290). Le texte ne dit rien sur la
demande d'exequatur; donc elle sera introduite et poursuivie suivant les
règles ordinaires.

Exécution des jugements par les tiers ou contre eux. — L'article 291 traite de l'exécution des jugements par les tiers ou contre eux.

Pour une exécution de cette sorte, il y a trois exigences particulières :

1° Il faut que les délais d'opposition ou d'appel soient expirés. On sait qu'ils courent à dater de la notification (art. 141, 215, 226).

2° Il faut un certificat du secrétariat de la juridiction qui a rendu le jugement, constatant la date de la notification à la partie condamnée. On sait que les secrétariats sont toujours en mesure de donner cette date.

3° Il faut que ce même certificat constate qu'il n'existe contre le jugement ni opposition, ni appel. L'opposition est formée au secrétariat (art. 142, 216); de même l'appel (art. 231, § 1, 1ʳᵉ phrase). L'appel peut aussi être formé au secrétariat d'appel (même texte, 2ᵉ phrase); mais dans ce cas le secrétariat d'appel doit aussitôt aviser le secrétariat de première instance (art. 291, § 2). De tout cela il suit que le secrétariat de première instance est toujours en mesure de délivrer le certificat de non opposition ni appel qu'on lui demande. L'avis d'appel pourra être libellé suivant la **formule n° 59**. Le secrétariat d'appel enverra cet avis au secrétariat de première instance le *jour même* où il reçoit la requête d'appel, et il mentionnera l'envoi de l'avis en marge de la requête. Il importe que les secrétariats veillent à la stricte observation de ces prescriptions, pour éviter toute chance d'erreur dans la délivrance des certificats de non opposition ni appel.

Voies d'exécution. Saisies mobilières ou immobilières. Conditions à remplir. — Les voies d'exécution consistent à mettre le bien du débiteur sous la main de la justice au moyen d'une saisie mobilière ou immobilière, puis à le convertir en une somme d'argent au moyen de la vente. Cela suppose un créancier qui veut parvenir à se faire payer une somme d'argent. Pour saisir il faut qu'il ait un titre exécutoire et qu'en outre la créance soit à la fois liquide et exigible. Si la créance n'est pas liquidée en argent, il faut, après la saisie, arrêter la procédure jusqu'à ce que la créance ait été ramenée à une somme d'argent. C'est ce qu'exprime l'article 292. De ces principes, nous concluons que les voies d'exécution, au sens propre du mot, sont étrangères au cas de condamnations qui n'ont pas pour objet une somme d'argent (Exemples art. 303, 304, 305), au cas de jugements avant dire droit ordonnant des mesures d'instruction et dont l'exécution consiste simplement dans l'accomplissement de la mesure prescrite (Exemples art. 157 à 179), au cas enfin d'exécutions qui s'obtiennent *par suite d'instance,* c'est-à-dire par le moyen de procédures spéciales comme le règlement des dépens (art. 210 et suiv.), les réceptions de cautoin (art. 266 et suiv.), les redditions de comptes (art. 274 et suiv.).

Du cas de rébellion. — Tout agent d'exécution insulté dans l'exercice de ses fonctions dresse procès-verbal de rébellion, et il est procédé suivant les règles établies par la loi pénale pour les infractions commises contre les citoyens chargés d'un ministère de service public (art. 293).

Comment les jugements sont mis à exécution. — L'instance a pris fin. Le jugement est rendu; il s'agit de l'exécuter. La procédure d'exécution succède à la procédure d'instance. Dans le système du Dahir elle a, comme celle-ci, une physionomie à part; il faut en dire quelques mots.

Jusqu'ici il s'agissait d'instruire les prétentions des parties, c'était le rôle du juge rapporteur. Maintenant le jugement est rendu, il faut l'exécuter. On fait pour cela appel à un nouvel organe de la juridiction, qui est le secrétariat. De même qu'on s'est passé d'avoué pour prendre jugement, on se passe d'huissier pour exécuter; le plaideur continue à n'avoir affaire qu'à la juridiction elle-même, à ses différents rouages, d'abord au juge rapporteur, ensuite au secrétaire-greffier. L'un et l'autre se distinguent essentiellement des officiers ministériels auxquels ils suppléent. Ils s'en distinguent par leur situation de magistrats ou de fonctionnaires à traitement fixe, et surtout par ce fait qu'on trouve à la base de leur fonction un mandat complètement différent de celui de l'officier ministériel. Ce n'est pas un particulier qui les charge d'agir au mieux de ses intérêts et qui les rétribue, l'article 31 s'y oppose ; ils tiennent leur mandat *de la loi* et ils n'ont à vrai dire d'autre mandat que de donner satisfaction à la justice, soit qu'il s'agisse de faire rendre le jugement, soit qu'il s'agisse de l'exécuter. Par exemple l'agent du secrétariat n'est pas choisi par le poursuivant, il ne reçoit pas lui des émoluments, il ne tire pas profit de l'exécution à poursuivre ; la provision faite par le poursuivant ne tombe pas dans sa caisse personnelle mais dans la caisse du fisc. Pas plus que le plaideur n'était le client du juge rapporteur, le poursuivant ne devient le client du secrétaire-greffier (cf. la situation créée dans le système du Dahir aux interprètes et aux experts, *supra*, art. 45, 46). C'est simplement un justiciable qui s'adresse à un fonctionnaire et qui lui demande de faire acte de sa fonction. Il est donc vrai de dire que le secrétaire-greffier, pris comme agent d'exécution, ne ressemble ni de près ni de loin à un huissier. Il faut une fois pour toutes se mettre en garde contre ces confusions. Elles ne peuvent être commises que par ceux qui ignorent le Dahir de procédure, qui ne veulent y voir qu'une modification sans autre portée de procédure ordinaire de France et qui restent dominés par l'esprit de cette procédure. Ils aboutissent ainsi à des erreurs. C'est un système nouveau qu'a organisé le Dahir ; il faut pour l'appliquer s'abstraire du Code de procédure, et par exemple on ne doit pas s'obstiner à voir des avoués ou des huissiers là où il n'en existe pas. Nous verrons que ces données théoriques produisent dans la matière de l'exécution des conséquences pratiques.

L'exécution est demandée à la juridiction qui a rendu le jugement. — L'exécution a lieu sur la réquisition de la partie bénéficiaire du jugement. Elle est demandée à la juridiction qui a rendu la décision (art. 294, 1re partie).

Remarquons d'abord que, s'il s'agit d'une décision rendue sur appel, la juridiction d'appel aura, le plus souvent, renvoyé pour l'exécution au tribunal dont est appel (V. *supra*, art. 235), en sorte que c'est presque toujours à la juridiction de première instance, qui est la plus rapprochée, qu'on devra adresser la demande d'exécution.

Elle consistera, semble-t-il, en une demande écrite adressée au président de la juridiction par le bénéficiaire du jugement. L'intervention du président sera de pure forme. Il s'assurera que le jugement à exécuter émane bien de son tribunal (art. 294), ou en tous cas que l'exécution lui appartient (art. 235), puis il transmettra au secrétariat en écrivant, par exemple, au bas de la requête : « *Vu et transmis au secrétariat compétent pour assurer l'exécution* ». Le secrétariat procède au vu de cette mention ; il est ainsi satisfait à l'article 26, aux termes duquel *le secrétariat est chargé..... de tous les actes d'exécution..... ordonnés par le juge.*

L'exécution est assurée par le secrétariat. — L'exécution est assurée par le secrétariat de la juridiction qui a, suivant ce qui précède, ordonné l'exécution — ou bien, s'il y échet, *sur délégation de ce secrétariat,* par celui de la circonscription judiciaire dans laquelle l'exécution est poursuivie (art. 294, 2e partie). On peut, en effet, avoir à poursuivre l'exécution dans une circonscription judiciaire différente, peut-être très éloi-

gnée et, dans des cas de ce genre, il sera fort utile de déléguer le secrétariat du lieu (cf. art. 554). Il sera délégué, cela ressort du texte, non par le
président qui donne l'ordre d'exécution, mais par le secrétariat du siège
du président.

Notification du jugement et mise en demeure. — L'agent d'exécution notifie à la partie condamnée, si cette notification n'a déjà eu lieu, la
décision qu'il est requis d'exécuter. Il la met en demeure de se libérer
dans le délai de vingt jours (art. 295, 1re partie). Le jugement a déjà fait
l'objet d'une notification d'office par le juge rapporteur (*supra*, art. 77, 192),
mais pour mettre en demeure — c'est-à-dire pour faire commandement —
il faut que le poursuivant se fasse délivrer et notifie *une expédition en forme
exécutoire* du jugement, car la notification du titre exécutoire est le préliminaire obligé de l'exécution. Cela revient à dire que la mise en demeure
doit être accompagnée d'une copie de l'expédition exécutoire, à moins,
comme le prévoit le texte, que cette notification n'ait déjà eu lieu. Il semble
que, pour éviter des frais et des procédures inutiles, le poursuivant attendra l'expiration des délais des voies de recours qu'a fait courir la notification d'office du juge rapporteur. C'est seulement après ces délais, et s'il
n'y a eu opposition ni appel, que le gagnant, qui entend poursuivre, fera
faire la mise en demeure. Elle donnera lieu à la **formule n° 60** qui comporte un original et une copie à notifier par les voies habituelles. La
formule suppose que l'acte est tout entier fait au secrétariat. C'est, en
effet, ce qui doit être. La mise en demeure est, comme le commandement du droit commun, le préliminaire de l'exécution, mais elle n'est pas
encore l'exécution qui ne peut se réaliser par de simples transmissions
administratives ou postales et qui exige l'intervention personnelle de
l'agent d'exécution. Sans doute, on peut concevoir une mise en demeure
faite par la voie d'une interpellation directe à la partie, comme les sommations à réponse (formule n° 53), ce qui nécessiterait le transport de
l'agent du secrétariat auprès du poursuivi ; cela ferait retomber dans le
cas des actes qui doivent être complétés en dehors du secrétariat et cela
amènerait une modification en conséquence dans le libellé de l'acte
(cf. pour les sommations, formules n°s 53, 54). Mais pour les raisons déjà
expliquées, et qui se renforcent ici de considérations nouvelles (V. *infra*),
nous pensons que c'est là une pratique à éviter.

La mise en demeure de l'article 295 remplace le commandement, mais
il y a des différences. Tout d'abord, suivant le droit commun (art. 584,
Pr. civ.), la partie poursuivante doit faire élection de domicile dans la
commune où se fait l'exécution et pratiquement elle élit domicile chez son
huissier. Au contraire dans le système de Dahir, le poursuivant, s'il est
domicilié en dehors du ressort, doit, à la vérité, se conformer, s'il ne l'a
déjà fait, aux articles 51, 152, mais il ne doit certainement pas élire domicile au secrétariat chargé de l'exécution. Cette solution s'induit de l'article 31 qui interdit aux secrétaires-greffiers instrumentant en cette qualité,
de se constituer les mandataires des parties. C'est ce qui aurait lieu si les
parties faisaient élection de domicile au secrétariat, car par là même elles
chargeraient le secrétaire-greffier, et celui-ci accepterait de recevoir tous
actes consécutifs à la mise en demeure, par exemple des offres, un appel,
et de donner à ces actes toutes suites utiles. Sans doute les textes disent
que si la partie domiciliée hors du ressort ne s'est pas conformée aux articles 51, 152, les notifications lui sont valablement faites au secrétariat,
mais ces notifications au secrétariat par application d'une disposition légale,
comme en France les significations au parquet, n'impliquent pas l'existence d'un mandat donné par la partie au secrétaire-greffier ; elles ne

créent, semble-t-il, à celui-ci d'autre obligation que de tenir les copies à la disposition des intéressés. Jamais d'ailleurs la disposition qui nous occupe ne trouve à s'appliquer quand il s'agit d'un demandeur à l'acte, par exemple d'un poursuivant, car il doit s'adresser au secrétariat pour faire faire l'acte, et le secrétariat l'oblige tout d'abord à se mettre en règle avec les articles 51, 152. On remarquera qu'il est très important d'indiquer dans la mise en demeure le domicile réel ou élu du poursuivant, car il faut que le poursuivi sache où il doit, par exemple, notifier ses offres en réponse à la mise en demeure. On remarquera encore que la défense faite au poursuivant d'élire domicile au secrétariat a une grande importance pratique : les secrétaires-greffiers seraient détournés de leur rôle et ils verraient s'accroître démesurément leurs responsabilités et leurs devoirs si, acceptant les élections de domicile à leur secrétariat, ils devaient recevoir les offres ou les appels des parties poursuivies, avec l'obligation corrélative de donner à ces actes la suite que l'intérêt des parties paraît comporter.

On peut signaler une autre différence avec le commandement du droit commun. Quand un huissier fait commandement, il se présente porteur des pièces, ayant pouvoir pour toucher et donner quittance. Il est le mandataire, l'homme d'affaires du poursuivant qui l'a choisi. Il va parler en son nom, tenter peut-être un arrangement, recevoir des acomptes, accorder des délais, quitte ensuite à revenir et à recommencer. On sait tous les abus auxquels cela donne lieu. L'huissier se laisse aller à multiplier les actes; sous prétexte de venir en aide au débiteur, il le ruine en frais sans profit pour le créancier. Tel ne sera pas le rôle du secrétaire-greffier. Sa mission, définie par l'article 295, consiste à mettre le poursuivi en demeure de se libérer dans les vingt jours; c'est tout. Il appartient au débiteur de s'éclairer sur ce qu'il doit faire, auprès de son conseil, de se mettre au besoin en rapport avec le poursuivant, de prendre tels arrangements qui conviennent pour arrêter les poursuites; mais le secrétaire-greffier n'a pas à entrer dans ces tractations et si l'on traite à l'amiable, si l'on s'arrange, ce n'est pas lui, en principe, qui doit recevoir les fonds. Son rôle est fini quand il a fait la mise en demeure de l'article 295. Il n'a plus à intervenir que s'il en est requis par le poursuivant après les vingt jours pour passer à l'exécution (art. 329 et suiv.), ou bien par le poursuivi pour faire des offres (art. 370 et suiv.), ou un appel (art. 226 et suiv.). Et voilà pourquoi, tel étant le rôle du secrétaire-greffier, il paraît complètement inutile qu'il se transporte auprès de la partie pour faire la mise en demeure; il suffit d'un acte établi au secrétariat.

Après avoir dit que l'agent d'exécution met la partie condamnée en demeure de se libérer dans le délai de vingt jours, l'article 295 ajoute qu'il se fait autoriser, par ordonnance du magistrat, à saisir conservatoirement les biens du débiteur, si cette mesure paraît nécessaire pour sauvegarder les droits du bénéficiaire du jugement. On comprend l'importance de cette disposition. L'expérience prouve que dans ces pays plus qu'ailleurs, les débiteurs excellent à faire, juste au moment voulu, disparaître leurs biens. La saisie-conservatoire permet de déjouer cette manœuvre. Elle fait l'objet du chapitre suivant. Observons seulement ici que, pour remplir son rôle, il faut qu'elle soit pratiquée avant ou au plus tard en même temps que la mise en demeure, sinon, le débiteur mis en éveil pourrait faire disparaître les biens qu'on veut atteindre. Nous tirons de là deux conséquences. S'il y a lieu, pour l'exécution, de déléguer un autre secrétariat (*supra*, art. 294), le secrétariat déléguant doit s'abstenir de notifier la mise en demeure, il laisse ce soin au secrétariat délégué pour l'exécution. Ce secrétariat, s'il juge la saisie-conservatoire nécessaire, se fait autoriser à ces fins avant toute mise en demeure. Une fois nanti de l'autorisation délivrée par le magistrat, l'agent d'exécution se rend auprès du poursuivi, il lui notifie la mise en demeure, et aussitôt il pratique la saisie conservatoire.

Cas où le bénéficiaire du jugement décède avant d'en avoir obtenu l'exécution. — Ce cas est réglé par l'article 296. Il semble que l'agent d'exécution doit d'abord vérifier si ceux qui requièrent l'exécution justifient suffisamment de leur qualité d'héritiers. Il les invite au besoin à compléter les justifications produites, puis il notifie la mise en demeure de l'article 295, en indiquant qu'il agit sur la demande des héritiers et que ceux-ci justifient leur qualité par telles pièces déposées au secrétariat. Il invite le poursuivi, s'il entend contester la qualité d'héritier, à le faire dans le délai de la mise en demeure. On peut se servir de la formule n° 60. L'agent d'exécution précise qu'il agit *à la demande de :.... tous agissant comme héritiers de feu ..... et justifiant de leur qualité par .....* A la fin de l'acte et après les mots ..... *il sera procédé par toutes voies de droit à l'exécution du jugement,* il ajoute : *Étant expliqué que le poursuivi, s'il entend contester les qualités des héritiers poursuivants, doit le faire, à ses risques et périls, par une déclaration en due forme, à déposer au secrétariat dans le délai de la présente mise en demeure.* Si la contestation se produit, l'agent d'exécution en dresse procès-verbal et renvoie les parties à se pourvoir. Pratiquement, il joint ce procès-verbal à l'original de la mise en demeure et il avise du tout les parties avec fixation d'un délai pour se pourvoir. Il appartient alors à la partie la plus diligente de faire trancher la difficulté soulevée, soit en référé, soit au principal suivant les cas. Il est entendu que les détails de la procédure susdécrite ne sont pas donnés par la loi et qu'ils peuvent varier suivant les espèces. On remarquera qu'ici, avant de passer à la saisie, il va falloir attendre peut-être beaucoup plus de vingt jours. En outre, on est en présence d'un débiteur qui soulève des contestations, peut-être à dessein et pour retarder l'exécution. C'est dire que l'utilité de la saisie conservatoire apparaîtra souvent. Aussi l'article 296 a-t-il soin d'ajouter que l'agent d'exécution peut procéder à une saisie-conservatoire pour sauvegarder les droits de la succession.

Cas où le poursuivi décède. — Si le poursuivi décède avant l'exécution totale ou partielle, le jugement est notifié aux héritiers. Ceux-ci jouissent, à partir de la notification, du délai de vingt jours visé par l'article 295 ; mais les biens de la succession peuvent être l'objet d'une saisie conservatoire (art. 297). S'il décède alors que l'exécution est *commencée,* l'exécution est continuée contre sa succession (art. 298).

L'exécution *commence* avec la saisie. Le système des articles 297, 298 serait alors le suivant : si au décès du poursuivi, il n'y a pas encore eu saisie, alors même que la mise en demeure de l'article 295 lui aurait déjà été notifiée, il faut à nouveau notifier cette mise en demeure aux héritiers avec délai de vingt jours, avant de passer à la saisie et quitte à faire saisie conservatoire. La mise en demeure, qui n'est qu'un acte préparatoire de l'exécution, peut être notifiée même pendant les délais pour faire inventaire et délibérer, mais l'exécution elle-même doit être suspendue (sous réserve de la saisie conservatoire), même après les vingt jours et jusqu'à l'expiration des délais en question, si les héritiers opposent l'exception dilatoire (cf. art. 229). La notification de l'article 297 doit être faite aux héritiers eux-mêmes, dans les conditions habituelles ; on ne se contente plus, comme dans le cas de l'article 229, d'une notification au domicile du défunt, au besoin collective et sans désignation des noms et qualités ; la notification à fin d'exécution comporte en effet des conséquences plus graves (cf. art. 229,

297, 298, § 3). On fera usage *mutatis mutandis* de la formule n° 60 ; on précisera notamment *que la notification est faite à M....... pris comme héritier de la partie condamnée et conformément à l'article 297 du Dahir de procédure.* Si, au décès du poursuivi, il y a eu saisie, alors il y a exécution commencée et conformément à l'article 298, § 1, l'exécution est continuée contre la succession sans qu'il y ait lieu à notification préalable du jugement aux héritiers.

Que fera l'agent d'exécution s'il se trouve en présence d'un héritier inconnu ou ayant une résidence inconnue, soit qu'il s'agisse de procéder à un acte d'exécution, soit qu'il s'agisse de notifier la mise en demeure? On sait que dans une telle situation on ne peut pas prendre jugement et que le remède se trouve dans la saisie conservatoire (V. *supra,* art. 54). Mais ici il s'agit d'exécuter non de prendre jugement. La réponse se trouve dans l'article 298, §§ 2, 3. L'agent d'exécution constate le fait dans son procès-verbal et il renvoie l'intéressé, c'est-à-dire le poursuivant, à provoquer la nomination d'un mandataire spécial pour représenter la succession ou l'héritier.

A l'expiration du délai de vingt jours, il est procédé à la saisie-exécution. Règles générales concernant les saisies. — Le poursuivant a fait, on le suppose, la mise en demeure de l'article 295. Vingt jours se sont passés et il n'a pas reçu satisfaction. Il fait alors (art. 301) procéder à la saisie-exécution. On remarquera que dans le langage du Dahir cette expression désigne les saisies mobilières et immobilières. Elles font l'objet des articles 329 à 356. Ici on pose les règles de la saisie en général, et l'on achève de réglementer le droit de saisir par les dispositions qui suivent.

Si l'exécution est subordonnée à la prestation d'un serment ou d'une sûreté par le créancier, elle ne peut commencer qu'autant qu'il en est justifié (art. 299). L'exécution ne commence qu'avec la saisie. Donc il semble que le texte ne s'oppose pas à ce que l'agent d'exécution fasse la mise en demeure de l'article 295. Ensuite, si l'on est dans le cas de l'article 299, il s'arrête. Si une difficulté est soulevée, il renvoie à se pourvoir, mais s'il y a lieu, il procède à la saisie conservatoire. C'est la règle habituelle.

Sauf le cas de dette hypothécaire ou privilégiée, l'exécution est assurée sur les biens mobiliers. En cas d'insuffisance ou d'inexistence de ces biens, elle est poursuivie sur les biens immobiliers (art. 300). Nous retrouverons cette règle avec l'article 338.

Les articles 301, 302 tendent à prévenir certains abus de la procédure d'exécution. Les secrétaires-greffiers ne perdront pas de vue les textes qui nous occupent. Ils ne saisiront pas au delà de ce qui est nécessaire pour désintéresser le créancier et couvrir les frais de l'exécution forcée (art. 301) Ils ne saisiront pas si l'on ne peut attendre de la vente des objets saisis un produit supérieur au montant des frais de l'exécution forcée (art. 502). Les exécutions frustratoires, dont le seul résultat est d'enrichir les officiers ministériels au détriment des débiteurs, resteront inconnues au Maroc. Les exécutions sont d'ailleurs confiées à des fonctionnaires à traitement fixe, qui n'ont aucune espèce d'émoluments ni de profit à attendre des procédures qu'ils font.

Si un tiers est en possession de la chose sur laquelle l'exécution est poursuivie, il ne peut point, à raison d'un droit de gage ou d'un privilège qu'il prétendrait avoir sur cette chose, s'opposer à la saisie, sauf à lui à faire valoir ses droits au moment de la distribution du prix (art. 306). L'agent d'exécution qui rencontre une situation de cette nature, rappelle au tiers la disposition de l'article 306. S'il y a difficulté, il le constate à son procès-verbal et renvoie à se pourvoir.

L'agent d'exécution est autorisé à faire ouvrir les portes des maisons et des chambres, ainsi que les meubles, pour la facilité des perquisitions, *dans la mesure où l'exige l'intérêt de l'exécution* (art. 307).

Sauf en cas de nécessité dûment reconnue par ordonnance du juge, une saisie ne peut être faite la nuit ni les jours fériés. La nuit comprend le temps qui s'écoule du 1er avril au 30 septembre, entre huit heures du soir et cinq heures du matin, et du 1er octobre au 31 mars, entre six heures du soir et sept heures du matin (art. 308). L'énumération des jours fériés est donnée par l'article 552.

Exécution forcée des condamnations qui n'ont pas pour objet une somme d'argent. — On sait que des condamnations de cette nature qui portent sur l'objet même du droit réclamé par le demandeur, ne donnent pas lieu à la saisie et à la vente des biens du débiteur, c'est-à-dire à ce qu'on appelle les voies d'exécution, mais à l'exécution directe, ainsi nommée parce qu'elle se poursuit sur l'objet même de la condamnation. Les articles 303, 304, 305 en fournissent des exemples.

Ces exécutions ont lieu comme les autres par l'entremise du secrétaire-greffier. Celui-ci commence par notifier la mise en demeure de l'article 295, puis à l'expiration des vingt jours, si le débiteur ne s'est pas exécuté volontairement, il procède à l'exécution directe *etiam manu militari* de la condamnation, en se conformant à l'article 303 s'il s'agit de la délivrance d'une chose mobilière, à l'article 304 s'il s'agit d'un immeuble, enfin à l'article 305 s'il s'agit d'une obligation de faire ou de ne pas faire. Ce dernier texte dit que si le poursuivi se refuse à accomplir une obligation de faire ou contrevient à une obligation de ne pas faire, l'agent d'exécution le constate dans un procès-verbal et renvoie le bénéficiaire à se pourvoir aux fins de dommages ou d'astreinte, à moins qu'une astreinte n'ait déjà été prononcée. Cela revient à dire, avec l'article 1142 du Code civil, que toute obligation de faire ou de ne pas faire se résout en dommages-intérêts en cas d'inexécution de la part du débiteur. Cette règle s'applique à la lettre s'il s'agit d'une obligation de faire qui ne peut être exécutée que par le débiteur. Mais, au lieu de dommages-intérêts, on peut concevoir l'exécution directe s'il s'agit d'une obligation de faire susceptible d'être exécutée par un tiers aux frais du débiteur, ou s'il s'agit de détruire ce qui a été entrepris en violation d'une obligation de ne pas faire.

Quoi qu'il en soit, dans ces divers cas, le secrétaire-greffier dresse procès-verbal de l'exécution directe à laquelle il a procédé. S'il se heurte à une difficulté et, par exemple, s'il se trouve en présence de contravention à une obligation de faire ou de ne pas faire, il le constate à son procès-verbal et renvoie à se pourvoir.

CHAPITRE IV

DES SAISIES CONSERVATOIRES

(Art. 309 à 315).

But et effets de la saisie conservatoire. Ses cas d'application. — La saisie conservatoire a pour effet exclusif de mettre sous main de justice les biens meubles ou immeubles sur lesquels elle porte et d'empêcher que le débiteur n'en dispose au préjudice de son créancier; en conséquence, toute aliénation consentie à titre gracieux ou à titre onéreux, alors qu'il

existe saisie conservatoire, est nulle et non avenue (art. 310). Le saisi conservatoirement reste en possession de ses biens jusqu'à la conversion de la saisie conservatoire en autre saisie, à moins qu'il n'en soit autrement ordonné et qu'il ne soit nommé un séquestre judiciaire. Il peut, en conséquence, en jouir en bon père de famille et faire les fruits siens; il lui reste interdit de consentir un bail sans l'autorisation de justice (art. 311).

La saisie conservatoire trouve, on l'a vu, de multiples applications dans la procédure d'exécution et c'est dans le titre consacré à l'exécution des jugements que le Dahir la réglemente. Mais il paraît évident qu'elle peut être employée même en dehors de là. L'article 219 dispose, dans les termes les plus généraux, qu'on peut s'adresser au juge des référés toutes les fois qu'il s'agit..... *d'ordonner une mise sous séquestre ou toute autre mesure conservatoire.* C'est une saisie de précaution et c'est le propre des saisies de cette nature d'être ouvertes à tout créancier non muni d'un titre exécutoire, et même sans titre, dès l'instant où il justifie d'un intérêt légitime et de la permission du juge. Par exemple, on sait que c'est la ressource offerte au créancier qui ne peut pas prendre jugement contre son débiteur, faute de savoir où il est (V. *supra,* art. 54). Il peut (art. 219) se faire autoriser à pratiquer une saisie conservatoire; ses droits sont ainsi sauvegardés. En outre, cette saisie fera très souvent reparaître le débiteur; cela permettra de l'assigner et de prendre jugement. Voilà un cas, et ce n'est pas le seul, où la saisie conservatoire a lieu en dehors de toute procédure d'exécution. On peut objecter qu'il n'est pas possible de la notifier au débiteur, comme le prescrit l'article 309, aussi longtemps que le lieu de sa retraite reste ignoré. Il semble facile de répondre que l'article 309 prévoit le cas le plus ordinaire et que, si l'on fait saisie conservatoire parce que le débiteur a disparu, il n'a pu entrer dans l'esprit du Dahir d'exiger la notification. Le juge qui ordonne la saisie prendra telles mesures que comportent les circonstances; par exemple, il nommera un séquestre (art. 219, 311), et cela répond à une autre objection, car s'il s'agit de choses périssables ou dispendieuses à conserver, le séquestre pourra en effectuer la vente et garder le prix au lieu de la chose (art. 822, 823, Dahir des obligations; analogie art. 304, Dahir de procédure).

Il faut une ordonnance autorisant à saisir conservatoirement. Juge compétent. — Pour saisir conservatoirement, il faut se faire autoriser par ordonnance du magistrat (art. 219, 295, 309). Quel magistrat est compétent? D'après l'article 219, §§ 1 et 3, ce serait le juge des référés, suivant les distinctions de l'article 19, ou bien le président de la juridiction saisie lorsqu'il y a un litige engagé. Il faut rapprocher l'article 13, § 2, aux termes duquel, pour toutes saisies qui ne peuvent avoir lieu qu'en vertu de la permission du juge, cette permission est accordée par le juge de paix du lieu où la saisie doit être faite, toutes les fois que les causes de la saisie rentrent dans sa compétence. Ces textes semblent conduire au système suivant : s'il y a litige engagé, on s'adresse au juge de paix ou au président de la juridiction qui est saisie du litige (art. 219, § 3); hormis ce cas, si les causes de la saisie rentrent dans la compétence du juge de paix, on s'adresse au juge de paix du lieu où la saisie doit être faite (art. 13, § 2); si les causes de la saisie excèdent sa compétence, on s'adresse au juge des référés (art. 219, § 4) qui est encore le juge de paix, *ou bien le président du tribunal, si l'on est au lieu où siège le tribunal ou dans le ressort des tribunaux de paix établis en ce lieu* (art. 19). Par où l'on voit que c'est toujours le magistrat le plus rapproché, juge de paix ou président du tribunal, qui est compétent pour autoriser la saisie conservatoire; il statue, le cas échéant, comme juge des référés, mais il n'importe, car on sait que, dans le système du Dahir, le juge des référés peut statuer par ordonnance sur requête (art. 221), exécutoire sur minute (art. 224).

Comment se réalise la saisie conservatoire. A quelles règles elle est soumise. — On vient de voir qu'il faut une ordonnance du juge. Elle est provoquée par la partie intéressée ou bien par l'agent d'exécution, s'il y a une procédure d'exécution en cours. L'ordonnance énonce au moins approximativement la somme pour laquelle la saisie est faite (art. 309). On comprend la nécessité de cette indication. D'abord elle résulte tout naturellement de l'examen auquel doit se livrer le magistrat avant de rendre son ordonnance. Ensuite elle va permettre à l'agent d'exécution de se conformer à l'article 301, c'est-à-dire de ne pas étendre la saisie au delà de ce qui est nécessaire pour désintéresser le créancier et pour couvrir les frais.

L'ordonnance s'exécute par les soins du secrétariat et par le moyen d'un procès-verbal de saisie conservatoire qui sera établi à la suite de l'ordonnance du juge. L'agent désigné peut *préparer* son procès-verbal au secrétariat; ensuite il faut qu'il se transporte au lieu où sont les biens à saisir, pour opérer cette saisie et pour la constater à son procès-verbal. Il s'agit, en effet d'un acte, et l'observation s'applique à toutes les saisies, qui nécessite des opérations à faire sur place (V. *supra*, art. 217). L'agent a soin de se conformer aux articles 312, 313, 314, 315. Le tout peut être libellé suivant la **formule nº 61**. La formule renvoie aux textes auxquels il faut se conformer, soit pour la saisie elle-même, soit pour la garde. Pour la garde, on remarquera que les objets ou les immeubles saisis doivent, en règle générale, rester entre les mains de celui poursuivi ou tiers saisi, sur qui ils sont trouvés (art. 311, 313). L'agent d'exécution évitera le plus souvent de recourir à la faculté qui lui est ouverte de faire nommer un séquestre ou de prendre lui-même possession. Il fera au saisi ou au tiers saisi toutes représentations convenables pour qu'ils gardent les choses saisies. Il leur fera comprendre que leur situation à cet égard ne se trouve modifiée que dans la mesure précisée aux textes rappelés dans la formule et dont il leur donnera connaissance. Il semble, en effet, désirable que la saisie conservatoire n'opère pas, en règle générale, un déplacement de possession. Il faut éviter qu'elle prenne le caractère d'une mainmise de la part de celui qui y procède. Les avertissements de l'agent d'exécution, la crainte des sanctions pénales fourniront d'ordinaire de suffisantes garanties contre le détournement des choses saisies, sans qu'on ait besoin de recourir à un tiers gardien, à un séquestre, ou à la prise de possession par l'agent du secrétariat. Si une difficulté se présente, l'agent du secrétariat s'applique à la résoudre. Il est à croire qu'il réussira le plus souvent. S'il n'en est pas ainsi, on ira en référé, mais, sauf exception, après saisie. Le but de la saisie conservatoire serait manqué si on la différait. D'ailleurs on a vu que dans le système du Dahir elle intervient notamment quand la saisie-exécution est arrêtée par un incident. C'est assez dire que, en principe, la saisie conservatoire ne doit pas être arrêtée elle-même.

L'article 309 dit que l'ordonnance de saisie conservatoire est notifiée sans délai au débiteur, et l'article 313 qu'elle est notifiée au tiers pouvant détenir les objets à saisir. Nous savons qu'elle est rapportée en tête du procès-verbal de saisie; elle sera donc notifiée en même temps que le procès-verbal, et cela paraît nécessaire, car la saisie conservatoire, pour atteindre son but, doit surprendre le débiteur. Pour cette notification, on se conforme à ce qui a été dit à propos des sommations (*supra*, art. 217), c'est-à-dire qu'après avoir achevé la saisie, l'agent remplit sur l'original et sur la copie de l'acte les formules habituelles de notification, il constitue les plis de notification, il remet ceux destinés aux personnes domiciliées sur les lieux en se conformant à l'article 56 pour *la remise*, à l'article 57 pour le certificat de remise; enfin il assure *la transmission,* conformément à l'article 55, de ceux destinés aux personnes domiciliées hors du lieu de la saisie.

CHAPITRE V

DES SAISIES-ARRÊTS

(Art. 316 à 328).

Des choses insaisissables en tout ou en partie. — Les articles 316 à 319 s'occupent des droits, sommes ou créances, insaisissables en tout ou en partie. Ils forment la suite naturelle de l'article 315 qui termine le chapitre précédent et qui vient, à propos de la saisie-conservatoire, de déclarer insaisissables certains biens mobiliers.

Salaires des ouvriers. Traitements qui ne dépassent pas 2.000 francs. — Les articles 316, 317 déterminent la quotité saisissable, cessible, compensable des salaires, quel qu'en soit le montant, des ouvriers et gens de service, puis des traitements lorsqu'ils ne dépassent pas 2.000 francs. Nous renvoyons à ces textes. Ils s'inspirent des règles posées par la loi du 12 janvier 1895 sur la saisie des salaires et petits traitements.

Droits incessibles et insaisissables. — L'article 315 a déclaré insaisissables certains biens mobiliers. L'article 318 donne une nouvelle énumération de droits incessibles et insaisissables. Les deux textes se complètent. Le premier s'appliquera surtout en matière de saisie conservatoire ou exécution, le second en matière de saisie-arrêt; on s'explique ainsi qu'ils aient trouvé place respectivement dans les chapitres concernant ces saisies.

Sommes dues aux entrepreneurs de travaux publics. — L'article 319 qui s'inspire des décrets des 26 pluviôse-28 ventôse an II et de la loi du 25 juillet 1891, frappe d'une certaine insaisissabilité les sommes dues aux entrepreneurs ou adjudicataires de travaux ayant le caractère de travaux publics. Cette insaisissabilité qui est établie non dans l'intérêt des entrepreneurs, mais dans un intérêt général pour que les travaux publics ne soient pas suspendus par des saisies, et sauf les droits des créanciers privilégiés ci-après, cesse une fois les travaux reçus et après paiement *des ouvriers et fournisseurs de matériaux.*

Juge compétent en matière de saisie-arrêt. — Quel est le juge compétent en matière de saisie-arrêt, d'abord pour rendre l'ordonnance portant permission de saisir à défaut de titre exécutoire, ensuite pour statuer sur la validité, la nullité, la mainlevée de la saisie-arrêt et sur la déclaration affirmative? La réponse se trouve dans l'article 13 (V. *supra)* et dans l'article 321. Ces textes sont empruntés, le premier à la loi du 12 juillet 1905 sur les justices de paix, le second à la loi du 12 janvier 1895 sur la saisie-arrêt des salaires et petits traitements. Ils rendent le juge de paix compétent dans deux cas : 1° lorsque les causes de la saisie-arrêt, c'est-à-dire lorsque la créance du saisissant rentre dans les limites de sa compétence, quelles que soient d'ailleurs les sommes sur lesquelles porte la saisie-arrêt; 2° lorsque la saisie-arrêt porte sur des salaires ou des traitements qui ne dépassent pas 2.000 francs, ou sur des sommes ou créances ne dépassant pas 1.000 francs, quelles que soient d'ailleurs les causes de la saisie. C'est seulement pour les saisies-arrêts, dont les causes excèdent la compétence du juge de paix, *et qui, en outre,* portent sur des choses ne rentrant pas dans le cadre de l'article 321, qu'il y a lieu de s'adresser au tribunal d'instance, et encore sera-t-il possible, au moins dans certains cas, par application de l'article 219, de demander l'autorisation de saisir au juge des référés qui pourra être (art. 19) le juge de paix du lieu. On rend ainsi plus faciles et moins onéreuses les procédures de saisie-arrêt, en permettant de s'adresser dans des cas nombreux au juge de paix.

Ratione loci, la compétence appartient (art. 13, § 3) au juge de paix du domicile du débiteur ou du domicile du tiers saisi.

Le juge de paix ne connaît qu'à charge d'appel des demandes en validité, nullité, mainlevée et en déclaration affirmative, dans le cas de l'article 13. Dans le cas de l'article 321, le taux du ressort est déterminé par la valeur saisie-arrêtée (art. 321 *in fine*).

Procédure de la saisie-arrêt. — En quoi maintenant consiste, d'après le Dahir, la procédure de saisie-arrêt ?

Il faut avoir un titre exécutoire ou une permission du juge. — L'article 320 pose cette règle que la saisie-arrêt peut avoir lieu *soit en vertu d'un titre exécutoire,* soit par permission du magistrat accordée sur requête écrite, à charge d'en référer en cas de difficulté. La requête sera présentée au juge de paix si l'on se trouve dans le cas de l'article 13, ou dans le cas de l'article 321, 1ʳᵉ partie. Il sera, en général, aisé de reconnaître si les causes de la saisie rentrent dans la compétence du juge de paix, ou encore si la saisie-arrêt porte sur des salaires ou sur des traitements ne dépassant pas 2.000 francs par an. Il pourra être plus malaisé de savoir *a priori* si elle porte sur des sommes ne dépassant pas ou dépassant 1.000 francs, car c'est un point qui pourra n'être tranché qu'après coup par la déclaration affirmative. Il semble que, s'il y a doute, le juge de paix devra s'abstenir. Il faut supposer d'ailleurs une saisie-arrêt dont les causes excèdent la compétence du juge de paix; sinon (art. 13) ce magistrat serait certainement compétent. S'il s'agit d'une saisie-arrêt qui ne rentre ni dans les prévisions de l'article 13 ni dans celles de l'article 321, 1ʳᵉ partie, alors on s'adressera au président du tribunal de première instance. Dans tous les cas la permission de saisir-arrêter est accordée *à charge d'en référer en cas de difficulté.* Il semble évident que le référé, s'il se produit, sera porté devant le juge qui a rendu l'ordonnance, encore qu'il ne soit pas le juge ordinaire des référés (art. 219, § 3). Il semble encore que le juge, qui peut refuser de faire droit à la requête, pourra *a fortiori* appeler préalablement les parties, s'il a besoin de leurs explications ou s'il croit possible une conciliation qui éviterait la saisie-arrêt. Cette faculté est expressément consacrée par la loi du 12 janvier 1895 (art. 6). Elle ne paraît pas faire difficulté dans un système qui, comme celui du Dahir, confie aux magistrats la direction des procédures. Il pourra se faire que le juge de paix originairement compétent, parce que les causes de la saisie rentraient dans sa compétence, devienne incompétent par suite de la survenance d'autres créanciers saisissants (art. 13, § 4; art. 324). Dans des cas de ce genre, les pièces de la procédure seront transmises au tribunal de première instance devenu compétent (analogie, art. 359).

Dans sa requête, le saisissant expose les causes de sa créance en principal, intérêts et frais, et sollicite l'autorisation de saisir-arrêter pour le chiffre total de la créance, telle qu'il plaira au juge de la liquider provisoirement. Il joint toutes les pièces de nature à en justifier. L'ordonnance évalue provisoirement la créance du saisissant (art. 322 *in fine*), désigne le tiers saisi entre les mains duquel la saisie-arrêt est autorisée, nomme (si elle émane d'un président de tribunal) un juge commissaire en vue de l'application de l'article 325; enfin elle commet un agent du secrétariat pour l'exécution. Si la requête tend à saisir-arrêter une chose ou un droit insaisissable dans les termes des articles 315, 318, 319, le juge refuse l'autorisation. S'il s'agit d'une créance saisissable pour partie seulement en vertu des articles 316, 317, il accorde l'autorisation à concurrence de cette partie; au besoin il rappelle que conformément à l'article 323, le saisi peut toucher le surplus non saisissable de ses salaires, gages ou appointements. Hormis ces cas il autorise, s'il y a lieu, la saisie-arrêt sans restriction, à charge d'en référer en cas de difficulté.

Procès-verbal de saisie-arrêt. Notification au saisi et au tiers saisi. — La saisie-arrêt se fait par un acte du secrétariat (**formule n° 62**). On donne en tête un extrait du titre exécutoire avec l'ordonnance de mise à exécution de l'article 294, ou bien l'ordonnance portant permission de saisir-arrêter. Vient ensuite le procès-verbal de saisie-arrêt dressé par l'agent du secrétariat. On rentre ici dans la catégorie des actes qui s'établissent au secrétariat sans que l'agent ait à se transporter au dehors. Le procès-verbal peut être libellé comme il est dit à la formule (2e acte). Il n'y a plus qu'à notifier au saisi et au tiers saisi (art. 322). On suit les règles habituelles, c'est-à-dire qu'après avoir constitué les plis de notification, on se conforme aux articles 55, 56, 57 pour la transmission, la remise et le certificat de remise. Il faut faire en sorte que le tiers saisi soit touché par la saisie-arrêt avant, ou tout au moins en même temps que le saisi, car si celui-ci était le premier averti, il pourrait retirer les fonds des mains du tiers saisi et rendre illusoire la saisie-arrêt. C'est au reçu des plis de notification qu'il appartient aux parties d'user, le cas échéant, de la faculté qui leur est réservée par l'ordonnance, d'en référer en cas de difficulté. Ce sera, par exemple, le saisi qui se pourvoira en référé, comme il est dit à l'article 328, pour obtenir le cantonnement de la saisie-arrêt.

Inscription de la saisie-arrêt au registre spécial. Survenance de nouvelles saisies. — Lorsque les certificats de remise rentrent, il faut faire application de l'article 324, c'est-à-dire qu'il faut inscrire la saisie-arrêt, à sa date, sur un registre spécial tenu au secrétariat. On mentionnera la date de la notification, c'est-à-dire la date de la remise au saisi et au tiers saisi du procès-verbal de saisie-arrêt. La suite de l'article explique le but de cette inscription. S'il survient un autre créancier, on ne fait pas une nouvelle saisie-arrêt, mais il est lié à la saisie déjà faite par le moyen indiqué au texte. Il a présenté, on le suppose, sa requête à fin de saisie-arrêt ou le titre exécutoire avec lequel il veut faire la saisie. Le secrétaire-greffier, averti par le registre, mentionne en marge de la requête *qu'il y a une précédente saisie-arrêt faite sur le même saisi entre les mains du même tiers saisi à la date du ..... ainsi qu'il résulte du registre,* puis il soumet la demande au juge, et celui-ci, s'il y a éléments suffisants, écrit, par exemple, à la suite de la requête : *Requête admise pour la somme de ..... à laquelle nous évaluons provisoirement la créance de l'exposant, et disons qu'il sera fait, par le secrétariat, application de l'article 324 du Dahir de procédure.* Le secrétariat fait sur le registre une inscription en conséquence, et, dans les quarante-huit heures, il en donne avis au saisi et au tiers saisi par lettre recommandée ou notification qui vaut opposition. L'avis peut être ainsi conçu : *pour faire suite à la saisie-arrêt qui leur a été notifiée le ..... ainsi qu'il résulte des certi-*

ficats de remise, le secrétaire-greffier donne avis à M. ......, débiteur saisi, et à M......, tiers saisi, à la date qui sera constatée par le certificat de remise des présentes (ou bien, par l'avis de réception de la poste si l'on procède par lettre recommandée) qu'un nouveau créancier, sieur ..... fait saisie-arrêt pour une somme de ..... ainsi évaluée par ordonnance du juge en date du ..... et il rappelle que conformément à l'article 324 du Dahir de procédure, le présent avis vaut opposition. Le secrétaire-greffier mentionne en marge de l'inscription les avis ainsi envoyés.

Convocation des parties. Tentative de distribution amiable. — Sur l'initiative de la partie la plus diligente, le magistrat convoque les parties à une audience par lui fixée, et qui est tenue, dans les tribunaux de première instance, par un juge commissaire désigné par le président (art. 325, 1er alinéa). Si aucune des parties ne se montre diligente, le magistrat, juge de paix ou juge commissaire, prendra l'initiative des convocations. Cela va de soi, puisque dans le système du Dahir, il appartient aux juges de diriger et de faire solutionner les procédures. Pour ces convocations on pourra faire usage, *mutatis mutandis,* de la formule nº 2, donnée sous l'article 53 pour la tentative de conciliation. Il sera prudent d'envoyer ces avis par lettre recommandée avec accusé de réception.

Si, au jour fixé, les parties s'accordent pour la distribution des sommes saisies-arrêtées, le juge en dresse procès-verbal et les bordereaux de distribution sont immédiatement délivrés (art. 325, 2e alinéa, 1re partie). Le tiers saisi n'a plus qu'à payer entre les mains du ou des saisissants qui donnent quittance sur les bordereaux qui leur ont été remis.

Renvoi à l'audience. Jugement sur la validité et sur la déclaration affirmative. — S'il y a désaccord ou si, parmi les parties, il s'en trouve de défaillantes, l'affaire est renvoyée à la plus prochaine audience (art. 325, 2e alinéa, 2e phrase). Il s'agit cette fois du renvoi à l'audience publique. Donc, on fera usage, *mutatis mutandis,* des convocations à l'audience (formule nº 3 ou formule nº 45, suivant qu'on est au tribunal de paix ou au tribunal d'instance) et on notifiera suivant les règles ordinaires. L'audience sera fixée de manière que les parties puissent être régulièrement touchées et que l'original des convocations se trouve régularisé par le retour des certificats de remise.

A cette audience, il est statué, *conformément aux règles sur la compétence de l'article 321,* tant sur la validité que sur la nullité ou la mainlevée de la saisie-arrêt et sur la déclaration affirmative que le tiers saisi doit faire séance tenante (même texte *in fine*). Il faut rapprocher l'article 13 qui vise le cas où il y a compétence du juge de paix parce que les causes de la saisie rentrent dans les limites de sa juridiction. Ces règles de compétence que nous avons précisées plus haut (V. *supra*), s'appliqueront sans difficulté quand il s'agira de statuer sur la procédure de saisie-arrêt proprement dite, par exemple quand il faudra dire si les conditions de fond et de forme de la saisie-arrêt ont été observées, s'il y a lieu, en conséquence, de valider ou d'annuler la saisie-arrêt ou d'en donner mainlevée, ou encore quand il s'agira d'apprécier la régularité de la déclaration affirmative. Mais si le saisissant n'a pas de titre exécutoire et s'il faut statuer sur la demande en condamnation du saisissant contre le saisi, ou encore si à propos de la déclaration affirmative, il s'élève une difficulté entre le saisi et le tiers saisi au sujet de la créance du premier contre le second, si, en outre, on est devant le juge de paix et que les créances ainsi mises en jeu excèdent la compétence de ce magistrat, il semble qu'il devra renvoyer devant les juges compétents et surseoir à statuer sur la procédure de saisie-arrêt. L'article 13, § 4 paraît formel en ce sens pour le cas où il s'agit de la créance des saisissants.

Cas où le tiers saisi ne comparaît pas ou ne fait pas sa déclaration. — Si le tiers saisi ne comparaît pas ou ne fait pas sa déclaration, il est déclaré débiteur pur et simple des retenues non opérées et condamné aux frais par lui occasionnés (art. 326). Ce texte s'appliquera à la lettre s'il s'agit de salaires ou de traitements qui ne sont saisissables que pour partie. Hormis ce cas, le tiers saisi devra, semble-t-il, encourir la sanction de l'article 577 du Code de procédure qui est implicitement contenue dans la formule de l'article 326.

Exécution du jugement de validité. — Ce point est réglé par l'article 327. S'il y a somme suffisante pour satisfaire à toutes les oppositions reconnues valables, le tiers saisi se libère valablement entre les mains des opposants, pour le montant de leurs créances en principal et accessoires arrêtés par justice. Si la somme est insuffisante, le tiers saisi se libère valablement en la déposant au secrétariat, où elle est l'objet d'une distribution par contribution (V. *infra*, art. 357 et suiv.).

Cantonnement des effets de la saisie-arrêt. — Pour prévenir une conséquence abusive de la saisie-arrêt, pour empêcher, par exemple, qu'un créancier d'une somme minime vienne paralyser une créance importante existant au profit de son débiteur, l'article 328 autorise la partie saisie-arrêtée, en tout état de cause, à aller en référé et à se faire autoriser à toucher du tiers saisi nonobstant opposition, à charge de consigner au secrétariat somme suffisante arbitrée par le juge des référés, pour répondre éventuellement des causes de la saisie-arrêt. On peut voir là une application du principe de l'article 301 suivant lequel la saisie ne doit pas être étendue au delà de ce qui est nécessaire pour désintéresser le créancier. L'article 328 implique, on peut le remarquer, que l'autorisation est donnée après saisie-arrêt, par ordonnance de référé rendue à la demande du saisi, et non pas par l'ordonnance portant permission de faire saisie-arrêt.

L'article 328, § 2 ajoute que mention de l'ordonnance rendue doit être faite sur le registre prévu par l'article 324. Il est tout naturel, en effet, que le registre où l'on a inscrit la saisie-arrêt mentionne le cantonnement dont elle est l'objet.

CHAPITRE VI

DES SAISIES-EXÉCUTIONS

Le Dahir traite maintenant des saisies-exécutions dans deux paragraphes consacrés, le premier aux saisies mobilières, le second aux saisies immobilières.

A. *Saisies mobilières.*

(Art. 329 à 337).

Le jugement est, on le suppose, notifié ainsi que la mise en demeure de l'article 295, et le délai de vingt jours expiré, sans que le poursuivi se soit libéré.

Cas où il y a eu saisie conservatoire. Conversion en saisie-exécution par un simple acte établi au secrétariat. — S'il y a eu saisie-

conservatoire, cette saisie est convertie en saisie-exécution. Comment
s'opère la conversion? L'article 329, § 1, répond : cette opération est, avec
l'indication de sa date, mentionnée au bas de l'inventaire des biens dressé
lors de la saisie conservatoire, et elle est notifiée au saisi. Pour se conformer à ce texte, on peut faire usage de la **formule n° 63** qui comporte un
original inscrit à la suite de l'original du procès-verbal de saisie conservatoire, et une copie qu'on notifie par les voies habituelles. L'acte est établi
au secrétariat, il ne nécessite aucun déplacement de l'agent instrumentaire.
Celui-ci, comme dit le texte, se contente de mentionner l'opération de
conversion à la suite de son précédent procès-verbal et de la notifier au
saisi.

**Conversion en saisie-exécution après nouveau transport sur
les lieux.** — Il semble que, dans certains cas, il faut un nouveau transport
de l'agent sur les lieux de la saisie, par exemple pour procéder au récolement des objets saisis, pour constituer un gardien, pour s'entendre avec
le poursuivi sur la fixation de la vente (art. 330, 331. Cela donne alors lieu
à un procès-verbal de conversion qui peut être libellé conformément à la
formule n° 64. La formule renvoie aux textes dont il faut faire application.
Pour la notification, on procède comme il a été dit pour le procès-verbal
de saisie conservatoire (*supra,* art. 309).

**Conversion en saisie-exécution d'une saisie conservatoire faite
sans titre exécutoire.** — Si la saisie conservatoire est intervenue en
dehors d'une procédure d'exécution, c'est-à-dire si le saisissant n'avait pas
de titre exécutoire (*supra, saisie conservatoire, cas d'application*), il faut
prendre un jugement de validité comme le prévoient les articles 389, 391,
393 pour les cas de saisie-gagerie, de saisie-foraine, de saisie-revendication.
Ce jugement statue sur la créance prétendue par le saisissant; s'il en
reconnaît l'existence, il condamne le saisi et dit par exemple que, faute
par lui de se libérer dans le délai de la mise en demeure de l'article 295,
la saisie conservatoire sera convertie en saisie-exécution. En vertu de ce
jugement, après notification et mise en demeure, l'agent du secrétariat
déclare la conversion en saisie-exécution, soit par un simple acte établi au
secrétariat (formule n° 63), soit par un procès-verbal après nouveau transport sur les lieux (formule n° 64). Dans l'acte ou dans le procès-verbal, il
a soin de viser le jugement de validité et la mise en demeure.

Cas où il n'y a pas eu de saisie conservatoire. — S'il n'y a pas eu
de saisie conservatoire, il est pratiqué, à l'expiration du délai de la mise
en demeure de l'article 295, une saisie des biens du poursuivi, pour laquelle
l'agent d'exécution se conforme aux prescriptions des articles 312 à 314
(art. 329, § 2).
Pour passer à la saisie-exécution ou à la conversion en saisie-exécution,
le secrétaire-greffier doit attendre d'en être requis par le poursuivant, tout
au moins il doit l'interpeller sur le point de savoir si le poursuivi s'est ou
ne s'est pas libéré; cela est évident et cela résulte de l'article 329, § 1. Tout
autre est la question de savoir si une fois la saisie-exécution pratiquée, le
secrétaire-greffier ne doit agir que sur les instructions du poursuivant
pour conduire la procédure jusqu'à la vente. Nous pensons qu'il faut
répondre négativement. De toutes les procédures de saisies organisées par
le Dahir, il paraît nettement ressortir que, une fois la saisie-exécution
pratiquée, l'agent du secrétariat doit conduire la procédure à son terme
qui est la vente, conformément à la loi et au mieux de l'intérêt légitime
des parties. L'agent du secrétariat, nous l'avons dit (V. *supra, Observations*

générales sur la procédure d'exécution et articles 294, 295), n'est pas, comme l'huissier, le mandataire du poursuivant, libre de diriger l'exécution à son gré, même contre l'intérêt bien entendu du débiteur. C'est un fonctionnaire dont le rôle consiste à exécuter le jugement par les voies légales, dont le mandat qu'il tient de la loi et non du poursuivant, se ramène à donner satisfaction à la justice. Cela exclut, en règle générale, toutes ces remises de vente, tous ces artifices de procédure qui ruinent le débiteur en frais et qui ne constituent que des abus. Il faut seulement, comme le montre l'article 331, excepter les cas où il y aurait entre le poursuivant et le poursuivi un accord exprès, conforme à leur intérêt légitime, plus généralement le cas où il apparaîtrait au secrétaire-greffier qu'il est de l'intérêt bien entendu des parties de surseoir à la procédure d'exécution. De même que la procédure d'instance n'est pas laissée à l'initiative des plaideurs, la procédure d'exécution n'est pas à la discrétion du poursuivant. C'est une conséquence nécessaire du Dahir qui a confié la direction de toutes ces procédures, non pas à des officiers ministériels mandataires des plaideurs, mais aux organes mêmes de la juridiction, et c'est un point que, soit l'agent d'exécution, soit le juge auquel on en *réfère*, ne doivent pas perdre de vue.

La saisie-exécution mobilière donne lieu à un procès-verbal **(formule nº 65)** qui comporte des observations analogues à celles faites pour le procès-verbal de saisie conservatoire. La formule fournit les indications nécessaires et renvoie aux textes qu'il y a lieu d'appliquer. Le procès-verbal est notifié ainsi qu'il a été dit pour la saisie conservatoire (V. *supra,* art. 309).

Publicité. Vente. — L'époque et le lieu des enchères (c'est-à-dire de la vente) sont notifiés au public par tous les moyens de publicité en rapport avec l'importance de la saisie (art. 332, 2ᵉ phrase).

Les biens saisis sont vendus aux enchères publiques, après récolement, en bloc ou en détail, suivant l'intérêt du débiteur. La vente aux enchères a lieu à l'expiration d'un délai de huit jours à compter du jour de la saisie, à moins que le créancier et le débiteur ne s'entendent pour fixer un autre délai, ou que la modification du délai ne soit nécessaire pour écarter les dangers d'une dépréciation notable ou pour éviter des frais de garde hors de proportion avec la valeur de la chose. Les enchères ont lieu au marché public le plus voisin, ou partout où elles sont jugées devoir produire le meilleur résultat (art. 331, §§ 1, 2; art. 332, 1ʳᵉ phrase).

On voit que, soit en ce qui concerne la publicité, soit en ce qui concerne la vente elle-même, spécialement la date et le lieu de la vente, les textes laissent une certaine latitude. Il appartient à l'agent d'exécution d'en user au mieux des intérêts des parties (*supra Observations à la suite de l'art. 329,* § 2), sans qu'il ait besoin, au moins en principe, de recourir à l'intervention du juge. Ce système, convenablement pratiqué par les agents des secrétariats, portera remède à beaucoup d'abus.

Adjudication. Paiement du prix. Revente sur folle enchère. — L'objet de la vente est adjugé au plus offrant et n'est délivré que contre paiement comptant. Si l'acquéreur n'en prend pas livraison dans le délai fixé par les conditions de la vente, ou à défaut d'une semblable fixation, avant la clôture des opérations, cet objet est remis aux enchères à ses frais et risques. Le fol enchéri est tenu de la différence entre son prix et celui de la revente sur folle enchère, sans pouvoir réclamer l'excédent, s'il y en a (art. 333, §§ 1, 2, 3).

Saisie-brandon. — L'article 334 est relatif à la saisie des récoltes et des fruits proches de la maturité et non encore détachés (saisie-brandon). Il précise quelques points relatifs à la rédaction du procès-verbal, à la garde, à la vente. Pour le surplus, ce sont les règles soit de la saisie conservatoire, soit de la saisie-exécution qui s'appliquent. De même, on suit *mutatis mutandis* les formules données à propos de ces saisies.

Cas où il existe une précédente saisie. — Les articles 335, 336 prévoient le cas d'une précédente saisie, et ils distinguent suivant qu'elle porte sur tous les meubles poursuivis, ou qu'au contraire la deuxième saisie est plus ample.

Dans le premier cas, les créanciers ayant droit d'exécution forcée ne peuvent qu'intervenir aux fins d'opposition entre les mains de l'agent d'exécution, de mainlevée de la saisie et de distribution de deniers. Ils ont le droit de surveiller la procédure et d'en requérir la continuation, en cas d'inertie du premier saisissant (art. 335).

Si la deuxième demande de saisie est plus ample, les deux saisies sont réunies, à moins que la vente des objets saisis antérieurement ne soit déjà annoncée. Cette deuxième demande vaut, tout au moins, opposition sur les deniers de la vente et donne lieu à distribution (art. 336).

Demande en distraction. — L'article 337 prévoit enfin le cas d'une demande en distraction. Cela entraîne la discontinuation des poursuites, mais sous les réserves suivantes : l'agent d'exécution *ne surscoit qu'après saisie;* il faut que la demande de distraction soit accompagnée de preuves suffisamment consistantes, ce qu'apprécie, en cas de contestation, le juge des référés; enfin il faut que la demande en distraction soit portée par le revendiquant devant le tribunal du lieu d'exécution, dans la quinzaine du jour où elle a été présentée à l'agent d'exécution, faute de quoi il est passé outre. Ici encore, on cherche à prévenir les nombreux abus auxquels donnent lieu les demandes en distraction.

B. Saisies immobilières.

(Art. 338 à 356.)

Sauf le cas de dette hypothécaire ou privilégiée, l'expropriation des immeubles ne peut être poursuivie qu'en cas d'insuffisance du mobilier. — L'article 338, § 1, rappelle la règle déjà posée par l'article 300 : sauf en ce qui concerne les créanciers hypothécaires, l'expropriation des immeubles ne peut être poursuivie qu'en cas d'insuffisance du mobilier.

Cas où il y a eu saisie conservatoire. Conversion en saisie immobilière. — L'immeuble peut avoir fait l'objet d'une saisie conservatoire (art. 309 et suiv.). En ce cas, l'agent d'exécution notifie, en la forme ordinaire, la conversion de cette saisie en saisie immobilière..... (art. 338, § 2). La saisie conservatoire avait eu pour effet de mettre l'immeuble sous main de justice, d'empêcher le débiteur d'en disposer au préjudice de son créancier, tout en le laissant en possession avec faculté d'en jouir et de faire les fruits siens, mais avec défense de consentir un bail sans l'autorisation de justice (art. 310, 311). Si l'immeuble est aux mains d'un tiers, elle avait eu pour effet de le constituer gardien (art. 313). Quel est l'effet de la conversion ? La réponse se trouve dans l'article 343 que nous rencontrerons plus loin. La conversion se fait comme il a été dit pour la saisie mobilière, par la voie d'un simple acte établi au secrétariat (**formule n° 66**, analogue à la formule n° 63). C'est ce que paraît exprimer le texte, quand il dit que la conversion est notifiée en la forme ordinaire. L'acte a soin de rappeler les dispositions de l'article 343.

Conversion en saisie immobilière après nouveau transport sur les lieux. — Ici encore il faut prévoir le cas où la conversion nécessite un retour de l'agent sur les lieux. La saisie immobilière marque un pas en avant vers l'expropriation. Souvent, un nouveau transport de l'agent d'exécution donnera plus de facilité pour obtenir les renseignements et les pièces qui vont être nécessaires pour la suite de la procédure. Il faut, en effet, déterminer, aussi exactement que possible, la situation juridique de l'immeuble qu'on va mettre en vente (art. 314, 339, §§ 2 et 4, 340, 342, 343).

Il faut savoir s'il y a des baux, s'il y a des charges (créanciers hypothécaires ou autres détenteurs de droits réels, copropriétaires), s'il y a des titres, où ils sont, qui les détient. La saisie conservatoire ne connaît pas, au moins au même degré, toutes ces exigences; c'est à propos de la saisie immobilière que la plupart sont formulées par les textes (cf. les textes ci-dessus). Donc l'agent s'efforcera de recueillir les renseignements en question; il les consignera à son procès-verbal et, sur le vu de toutes ces données, il entamera, le cas échéant, après conversion de la saisie conservatoire en saisie immobilière, les procédures que prévoient les articles 343, § 3, 340, §§ 1, 2, et enfin l'article 342, § 1 (V. ci-après). Le procès-verbal pourra être libellé suivant la **formule n° 67**. De toute façon, la conversion en saisie immobilière, qu'elle ait lieu par simple acte au secrétariat ou par nouveau transport sur les lieux, est soumise, quant à la notification, à une règle spéciale expliquée sous l'article 339.

Conversion en saisie immobilière d'une saisie conservatoire faite sans titre exécutoire. — Si la saisie conservatoire a été faite sans titre exécutoire, il faut d'abord prendre jugement contre le saisi conservatoirement. C'est en vertu de ce jugement, après notification et mise en demeure, que l'agent du secrétariat déclare la conversion, soit par un simple acte au secrétariat (formule n° 66), soit par procès-verbal après nouveau transport (formule n° 67). Dans l'acte ou dans le procès-verbal, il a soin de viser le jugement et la mise en demeure.

Cas où il n'y a pas eu de saisie conservatoire. Saisie immobilière. — Si les biens immobiliers n'ont pas été l'objet d'une saisie conservatoire, l'agent d'exécution en pratique la saisie immobilière par un acte qui opère la mise des biens sous main de justice. Cet acte mentionne la notification du jugement, *la présence ou l'absence du poursuivi aux opérations de saisie,* indique la situation, les limites aussi précises que possible de l'immeuble, *les charges dont il est grevé, les baux consentis, etc.* (art. 339, §§ 1, 2). En comparant ce texte à ceux qui règlent la saisie conservatoire des immeubles (art. 312, § 3, 314), on voit les exigences plus grandes de la loi quand il s'agit de la saisie immobilière proprement dite. L'agent doit se préoccuper d'une manière spéciale de la situation juridique de l'immeuble (cf. *infra*, art. 340, 342, 343). Il opère comme il est dit au modèle proposé ci-après. Cela donne lieu à un procès-verbal de saisie immobilière qui peut être libellé suivant la **formule n° 68**. Ce procès-verbal comporte des observations analogues à celles faites au sujet de la conversion en saisie immobilière. La formule fournit les indications nécessaires et renvoie aux textes qu'il y a lieu d'appliquer.

Comment on notifie la conversion en saisie immobilière ou la saisie immobilière. — Le procès-verbal soit de conversion, soit de saisie immobilière, est notifié suivant les formes ordinaires. Toutefois, il y a des règles spéciales pour la notification au poursuivi. Les articles 338, §§ 2, 3, et 339 veulent que la notification soit faite au poursuivi en personne, sinon à l'autorité locale la plus proche du lieu où se trouve l'immeuble. Il y a là une exigence spéciale car, en principe, on notifie valablement soit à personne, soit à domicile, entre les mains de parents ou amis, serviteurs, portiers ou concierges (art. 56), et, d'autre part, à défaut de domicile réel ou élu dans le ressort, c'est au secrétariat qu'il faut notifier (art. 51, 152). Le système des articles 338, 339 aura pour résultat de porter plus sûrement la saisie immobilière à la connaissance de l'intéressé et de l'autorité locale; or, on va voir que cela paraît essentiel dans des pays où la propriété est à l'état occulte; il faut donner toute la publicité possible à la saisie. L'article 339, § 2, se place dans le même ordre d'idées quand il exige que l'acte de saisie immobilière mentionne la présence ou l'absence du poursuivi aux opérations. C'est le certificat de remise qui prouvera la notification à la personne du poursuivi. Une note jointe au certificat rappellera l'intérêt qu'il y a à faire émarger le certificat par le poursuivi lui-même. S'il n'en est pas ainsi, c'est-à-dire si le certificat rentre émargé par une autre personne, — ou bien si la saisie a eu lieu en l'absence du poursuivi, — alors on notifie *à l'autorité la plus proche du lieu où se trouve l'immeuble*. On a soin de souligner sur la copie destinée à cette autorité la partie de la formule *De tout quoi, etc.*, qui vise cette hypothèse (V. les modèles 66, 67, 68). Au besoin on joint à la copie une note où l'on dira, par exemple : « *Ci-joint un procès-verbal de saisie immobilière pratiquée contre…… (nom du poursuivi). Cette saisie n'ayant pu être notifiée au poursuivi en personne, elle est notifiée à (désignation de l'autorité locale) pris comme autorité locale la plus proche du lieu où se trouve l'immeuble, par application des articles 338, 339 du Dahir de procédure civile* ». On place le tout sous l'enveloppe spéciale et on met comme suscription, non pas le nom du poursuivi, mais le nom de l'autorité en question. En effet, cette autorité, dans le cas des articles 338, 339, comme le secrétariat du tribunal dans le cas des articles 51, 152, est prise, non comme agent de transmission et de remise, mais *comme mandataire légal* de la partie, chargé de recevoir le pli. Donc, le pli sera ouvert par l'autorité dont il s'agit, elle prendra connaissance de son contenu, c'est ce que l'on veut, et enfin elle avisera l'intéressé.

Investigations relatives aux baux, aux charges pouvant grever l'immeuble, aux titres de propriété. Actes de procédure y relatifs. — On voit par les modèles proposés (formules nos 67, 68), que l'agent d'exécution, en pratiquant la saisie immobilière ou la conversion en saisie immobilière, doit se préoccuper des baux, des charges, des titres. Il faut maintenant entrer dans les détails avec les textes y relatifs.

La saisie mentionne les baux consentis (art. 339, § 2); en outre, comme elle immobilise les fruits (V. *infra*, art. 343), il faut un avis donné aux fermiers et locataires dans la forme des notifications par l'agent d'exécution. Il vaut saisie-arrêt entre leurs mains des sommes que ceux-ci auraient payées de bonne foi, avant la notification pour la période postérieure à celle-ci (art. 343, § 3). Il semble qu'on doit entendre cette disposition en ce sens que sans doute ces paiements seront libératoires pour les fermiers et locataires, mais que le poursuivi sera tenu de restituer les sommes ainsi payées, qu'il en sera, si l'on aime mieux, comptable comme séquestre judiciaire au regard du saisissant. Il va de soi que si les fermiers et locataires payaient après la notification de l'avis, ils feraient des paiements nuls, et il faut en dire autant de ceux qu'ils auraient faits dans les conditions prévues au texte, mais de mauvaise foi. L'agent d'exécution découvrira sans peine l'existence des baux. Ils se révèlent par la présence sur l'immeuble de ceux auxquels ils ont été consentis. L'avis à leur donner peut être libellé selon la **formule n° 69**. Elle comporte un original et des copies à notifier à chaque fermier ou locataire, par les voies habituelles. Il importe que ces avis soient notifiés immédiatement après la saisie et, le cas échéant, sans attendre la notification de la saisie au poursuivi.

Les charges pouvant grever l'immeuble sont, on va le voir, intimement liées à la question des titres. L'article 314, à propos de la saisie conservatoire, a déjà dit que le tiers saisi, s'il s'agit d'immeubles, remet les titres de propriété qu'il détient, à moins qu'il ne préfère, après inventaire, en être constitué détenteur. Les articles 339 et suivants, où il s'agit non plus de la saisie conservatoire mais de la saisie immobilière, sont beaucoup plus impératifs. L'article 339 pose cette règle que *l'agent d'exécution se fait remettre les titres de propriété par leur détenteur et en autorise la communication aux enchérisseurs (art. 339, § 4)*. C'est qu'en effet, dans un pays où la propriété immobilière est à l'état occulte, incertaine, souvent grevée de charges inconnues, la saisie immobilière est pleine de dangers ; l'expérience de la Tunisie l'a prouvé. En attendant l'immatriculation des terres, ce qui est une opération de longue haleine, le remède consiste à se procurer les titres, à ne vendre que quand on les a, ou quand on a, tout au moins, des garanties équivalentes. D'abord les titres renseignent sur la consistance matérielle de l'immeuble ; ils indiquent sa situation, ses limites, souvent aussi la nature des terres, des plantations ou constructions qu'il renferme. Ils renseignent de même sur l'état juridique. On voit si le titre est bien au nom du poursuivi, si du moins le poursuivi se rattache par une généalogie certaine au dernier titulaire du titre, en un mot s'il est bien propriétaire. Le titre apprend encore les charges réelles, rentes foncières ou autres qui peuvent grever l'immeuble. Il peut révéler la qualité *habous* du bien, qui serait ainsi inaliénable et insaisissable. Enfin il peut mettre sur la trace des créanciers hypothécaires ou autres détenteurs de droits réels, car, dans la pratique musulmane, ceux-ci détiennent très souvent le titre de l'immeuble en garantie de leur droit. A tous ces points de vue, on a pu dire très justement que, en fait de propriété non immatriculée, le titre est une dépendance étroite de l'immeuble. Il faut d'ailleurs s'assurer que les documents qu'on représente à l'agent d'exécution sont bien des titres, que ce sont ceux de l'immeuble et qu'ils représentent tout le droit saisi. Par exemple si l'on a saisi la totalité de l'immeuble et si le titre, ce qui est fréquent, représente seulement une part indivise, cela veut dire qu'il y en a d'autres correspondant aux autres parts et qu'il faut les exiger. De même si le titre révèle l'existence d'une rente dont le titulaire détient en cette qualité un titre spécial, ce que l'on appelle le titre du crédi-rentier, il faut le demander. On voit toute l'importance qui s'attache à la recherche des titres et les garanties obtenues quand ils sont produits. Il n'y a pas là, il s'en faut, une garantie absolue. Le titre peut être insuffisant, irrégulier, faux. Il peut aussi se trouver infirmé par un titre révélant, contrairement au premier, que l'immeuble est *habous,* par exemple encore par un acte de notoriété attribuant la propriété à une autre personne. Il va sans dire que les indigènes excellent à jouer de ces divers moyens pour faire échec à la saisie immobilière. Il faut ajouter que certaines dispositions de la loi musulmane, comme la contrariété des rites, le droit d'option entre ces rites, viennent grandement faciliter leurs combinaisons. C'est seulement par

l'immatriculation qu'on arrive à la certitude en fait de propriété foncière,
les titres ne donnent qu'une sécurité relative, mais il faut tout mettre en
œuvre pour les avoir, sinon l'on s'expose à vendre des droits inexistants,
c'est-à-dire à faire des procédures abusives, frustratoires et sans aucune
portée utile. C'est une tendance à laquelle ont parfois cédé les officiers
ministériels, parce que les saisies immobilières sont pour eux la source de
gros émoluments. Comme cela ne se produit pas avec la procédure du Dahir,
l'écueil, il faut l'espérer, pourra être évité. D'ailleurs on observera que
l'article 8 du Dahir sur l'immatriculation prévoit, pour les tribunaux, la
faculté d'ordonner l'immatriculation préalable des immeubles dont on
poursuit la vente; de même l'article 11 permet au créancier hypothécaire
qui entreprend la saisie immobilière de requérir l'immatriculation préalable. Aujourd'hui l'immatriculation fonctionne, ces remèdes peuvent être
employés; on peut penser que les tribunaux en feront largement usage,
qu'ils ne manqueront pas d'arrêter par l'immatriculation préalable toutes
les saisies immobilières que l'on poursuit sans titre et dans des conditions
notoirement insuffisantes.

Comment l'agent d'exécution procède-t-il pour avoir les titres? Il commence par les réclamer au poursuivant dès que celui-ci se présente au
secrétariat pour faire saisir. Si c'est un créancier hypothécaire, il doit
les avoir; il les remettra contre récépissé et ils seront fort utiles à l'agent
pour pratiquer la saisie. Si le poursuivant n'est pas *un créancier nanti,*
s'il est simple créancier chirographaire, l'agent d'exécution entreprend
ses recherches pour se procurer les titres. Il semble qu'il est bien placé
pour cela. Il fait partie du secrétariat de la juridiction du lieu, il inspirera
confiance, ceux qui les détiennent viendront volontiers à lui. En outre les
secrétariats, en raison même de leurs attributions, peuvent être renseignés
sur l'état de la propriété, savoir que l'immeuble a fait l'objet de telle ou
telle opération, savoir par suite où peut se trouver le titre. Quand il vient
saisir, s'il n'a pas encore le titre, l'agent le réclame au saisi; il interpelle les
voisins, les notables, les autorités locales, en un mot tous ceux en mesure
de le renseigner. Les débiteurs montrent parfois de la négligence, du
mauvais vouloir à cet égard; ils n'arrivent ainsi qu'à empirer leur situation. L'agent du secrétariat les éclairera de ses conseils, il agira de même
vis-à-vis des autres détenteurs présumés. Il leur fera comprendre que
l'intérêt de tous est de déposer les titres au secrétariat pour donner toutes
garanties aux droits qu'on met en vente, et pour obtenir ainsi le plus
haut prix possible.

Que si ces avis n'étaient pas entendus, il resterait la ressource indiquée
à l'article 340 : si le débiteur révèle l'existence d'un créancier hypothécaire détenteur du titre, le poursuivant se pourvoit devant le tribunal
compétent pour en obtenir le dépôt avec indication des charges qui le
grèvent (art. 340, § 1). C'est seulement après avoir épuisé tous les moyens
amiables qu'on aura recours aux voies judiciaires. Il semble d'ailleurs que
la voie tracée au texte doit être généralisée et employée vis-à-vis de tout
détenteur présumé qui se refuse à déposer les titres. On ira en référé ou
bien devant le tribunal. Tout cela viendra après la saisie, mais il sera, le
cas échéant, sursis à la suite de la procédure.

Il faut prévoir le cas, assez fréquent en pratique, où le débiteur déclare
avoir perdu son titre ou n'en point avoir. En droit musulman, le remède
consiste à faire dresser une notoriété, *une outika,* c'est-à-dire un acte où,
après publicité et autorisation de cadi, des témoins entendus selon les
formes légales viennent affirmer le droit du déclarant. L'article 340 institue un procédé analogue : si le débiteur déclare avoir perdu son titre ou
n'en avoir point, il est procédé à une publicité pendant un mois, sur les

marchés et dans les bureaux des autorités administratives de la région, pour annoncer la saisie et l'ouverture de la procédure de vente (art. 340, § 2). S'il y a un obstacle à la vente, on espère qu'il se révèlera. De même s'il y a un créancier nanti du titre. Si rien ne se produit, s'il n'y a aucune réclamation contre la vente, c'est vraisemblablement qu'elle procède bien. Il y a là une preuve, une garantie analogue à *l'outika*. Ici encore c'est après la saisie qu'on accomplira la formalité prescrite par l'article 340, § 2, et il sera sursis pendant le mois à la suite de la procédure; l'article 342, § 2, le dit expressément.

L'immeuble peut être indivis, le saisi peut avoir des copropriétaires; on sait par ce qui précède comment l'agent d'exécution les découvre et comment il doit exiger d'eux les titres. Il doit aussi *les lier à la procédure* par le moyen qu'indique l'article 342, § 1 : en cas d'indivision, et pour leur permettre de prendre part à l'adjudication, l'agent d'exécution avise, dans la mesure du possible, les copropriétaires du poursuivi des mesures d'exécution dont ce dernier est l'objet. L'avis leur sera donné par la voie d'une notification régulière ou par tel autre moyen que comportent les circonstances. Il pourra être libellé suivant la **formule n° 70**. La formule proposée implique que l'avis est donné non pas seulement aux copropriétaires, mais à tous les détenteurs de droits réels que l'on découvre. Il semble, en effet, qu'il faut ainsi généraliser la règle de l'article 342. La formule implique encore que l'avis est envoyé seulement après le dépôt du cahier des charges. En effet il tient lieu de la sommation de prendre connaissance du cahier des charges du droit commun, et pour qu'il produise tout son effet utile, il est préférable de différer l'envoi de cet avis comme il vient d'être dit.

On voit, en résumé, que la saisie immobilière peut donner ouverture à quelques procédures particulières : avis à donner aux fermiers et locataires (art. 343, § 3), instance pour obtenir le dépôt des titres (art. 340, § 1), publicité spéciale au cas où le débiteur déclare avoir perdu son titre ou n'en point avoir (art. 340, § 2), avis aux copropriétaires ou autres détenteurs de droits réels (art. 342, § 1). Elles ont lieu après la saisie, sauf la dernière qu'il faut, semble-t-il, reculer jusqu'après le cahier des charges; la rédaction du cahier des charges est elle-même retardée jusqu'après l'accomplissement de la troisième, et, le cas échéant, de la deuxième de ces procédures (V. *infra*).

Cas où il existe une précédente saisie immobilière. — L'article 341 prévoit le cas où il existe une précédente saisie immobilière. Les articles 335, 336 ont déjà réglé la situation pour la saisie mobilière, en distinguant selon que la deuxième saisie n'est pas ou est plus ample (V. *supra*). L'article 341 renvoie purement et simplement à ces articles.

De quelques conséquences de la saisie immobilière. — Si, lors de la saisie, les immeubles ne sont pas loués ou affermés, le poursuivi continue à les détenir en qualité de séquestre jusqu'à la vente, et ce, à moins qu'il n'en soit autrement ordonné (art. 343, § 1, 1re phrase). Les fruits et revenus dudit immeuble sont immobilisés pour la partie qui correspond à la période qui suit la notification de la saisie au poursuivi, et sont distribués au même rang que le prix de cet immeuble (même texte, § 2). Sur ces deux points, la saisie immobilière diffère de la saisie conservatoire, car aux termes de l'article 311, « le saisi conservatoirement *reste en possession de ses biens* (le texte prend soin d'ajouter : jusqu'à la conversion de la saisie conservatoire en autre saisie), à moins qu'il n'en soit autrement ordonné et qu'il ne soit nommé un séquestre judiciaire. *Il peut, en conséquence, en* *jouir en bon père de famille et faire les fruits siens.....* ». Le dernier paragraphe de l'article 343 que nous avons déjà rencontré prévoit et règle une conséquence de l'immobilisation des fruits (V. *supra*).

Les baux passés postérieurement à la convocation en justice peuvent être annulés par le tribunal, si les créanciers ou l'adjudicataire démontrent qu'ils ont été passés en fraude de leurs droits (art. 343, § 1, 2e phrase). L'article 311 a déjà décidé qu'il est interdit au saisi conservatoirement de consentir un bail sans l'autorisation de justice; et cet article s'applique, semble-t-il *a fortiori*, à la saisie immobilière quand elle n'a pas été précédée d'une saisie conservatoire. Il faudrait dire alors que le poursuivi, à partir de la notification d'une saisie, soit conservatoire, soit immobilière, ne peut pas consentir un bail sans autorisation de justice, et qu'en outre, tout bail passé par lui après qu'il a été convoqué en justice, c'est-à-dire, semble-t-il, à partir du moment où une requête introductive d'instance lui a été notifiée, peut être annulé si les créanciers ou l'adjudicataire démontrent qu'ils ont été passés en fraude de leurs droits. La jurisprudence fixera ces divers points; elle dira notamment quelle est la conséquence du défaut d'autorisation de justice pour un bail passé après saisie.

A partir de la saisie au poursuivi, toute aliénation de l'immeuble est interdite à peine de nullité (art. 343, § 2, 1re phrase). Le même effet est attaché à la saisie conservatoire (art. 310).

Rédaction et dépôt du cahier des charges. — L'article 342, § 2, que nous trouverons plus loin, s'occupe de la publicité. Il prévoit notamment un avis de mise aux enchères indiquant le dépôt dans les bureaux du secrétariat du procès-verbal de saisie et des titres de propriété *et énonçant les conditions de la vente*. Cela suppose l'établissement préalable du cahier des charges, c'est-à-dire de l'acte qui fixe les conditions de la vente. La rédaction d'un cahier des charges, précédant la publicité, est du reste expressément prévue par l'article 38 du Dahir sur les perceptions.

L'agent d'exécution doit faire sa publicité *et rédiger préalablement le cahier des charges*, dès que la saisie immobilière est pratiquée, voilà le principe (art. 342). En fait, cela ne sera pas toujours possible : le texte prévoit qu'il faut surseoir si l'on est dans le cas de l'article 340, § 2, c'est-à-dire s'il n'y a pas de titre. Il semble bien qu'il en sera de même dans le cas du § 1er du même article, c'est-à-dire si le titre existe et si l'agent d'exécution espère en obtenir le dépôt. Les titres lui sont particulièrement utiles pour établir le cahier des charges; s'il croit les avoir, on peut admettre qu'il retarde un peu la rédaction du cahier. Mais ce sursis sera exceptionnel et le moins long possible; l'agent ne perdra pas de vue qu'aux termes de l'article 342, la procédure de vente doit se suivre sans interruption. Il s'attachera à faire un cahier des charges clair, précis, substantiel; il l'expurgera de toutes les redondances, de tous les lieux communs qu'on y rencontre si souvent. Par contre, il y insérera tout ce que les parties et les enchérisseurs ont intérêt à connaître. Il résumera la procédure; il commencera par relater le procès-verbal de saisie et sa notification; il désignera clairement l'immeuble mis en vente; il en donnera la description; il énoncera les baux qui peuvent exister; il mentionnera les avis notifiés aux fermiers et locataires (art. 343, § 3); il dira qui détient, qui possède l'immeuble, quelles charges paraissent exister. S'il n'a pu se procurer les titres, il fera connaître les recherches auxquelles il s'est livré, les procédures suivies dans ce but (art. 340, §§ 1 et 2), les renseignements obtenus auprès du poursuivant, du poursuivi, des tiers. S'il a les titres, il en donnera un résumé; il précisera notamment les origines de propriété, les charges qu'ils révèlent. Il sera ainsi amené à dire si les titres *paraissent* établir en la personne du saisi le droit qu'on a saisi. Toutes ces indications ne seront données que *sous réserve, à titre de renseignement,* car il est bien entendu que le secrétariat n'a pas à garantir les droits mis en vente. Il fait une procédure conforme à la loi, il donne par là aux enchérisseurs les moyens de s'éclairer, mais son rôle ne va pas au delà. Ceux qui veulent se porter adjudicataires enchérissent à leurs risques et périls, l'adjudication ne leur transmet d'autres droits que ceux qui appartiennent au saisi (art. 349). C'est un point qu'il ne faut pas perdre de vue et qu'il sera bon de souligner. Le cahier des charges énoncera enfin les conditions de la vente et fixera la mise à prix. Il sera déposé au secrétariat et tenu à la disposition des enchérisseurs, avec les titres, dûment traduits s'il y échet, avec le procès-verbal de saisie, avec toutes les pièces justificatives (art. 314, 339, 342). Les intéressés, spécialement le poursuivant, le poursuivi, les créanciers parties à la poursuite, les détenteurs de droits réels, pourront, le cas échéant, en demander la modification. Nous rappelons qu'après l'établissement du cahier des charges, l'agent d'exécution envoie aux copropriétaires indivis, et généralement à tous détenteurs de droits réels que la procédure a fait découvrir, les avis prévus par l'article 342, § 1 (V. *supra).* Il a, en outre, à faire les procédures auxquelles nous arrivons.

Fixation de la vente. — L'article 344, § 1er dit que l'adjudication a lieu au secrétariat qui a exécuté la procédure et où le procès-verbal est déposé, *soixante-dix jours après la notification de la saisie prévue en l'article précédent.* C'est un délai minimum. Évidemment, cela ne veut pas dire que l'adjudication doive obligatoirement avoir lieu le soixante-dixième jour après la notification de la saisie. C'est à l'agent d'exécution qu'il appartient de fixer la vente ; elle n'est pas fixée automatiquement au soixante-dixième jour. La preuve s'en trouve dans l'article 346 aux termes duquel *la date fixée pour une adjudication* ne peut être modifiée que par ordonnance, etc... On peut d'ailleurs observer que le délai de soixante-dix jours *ne court utilement* qu'après le cahier des charges et la publicité. Cela paraît évident, puisque, dans les dix premiers jours du délai, il faut (art. 344, § 2) envoyer au poursuivi un avis *relatant la publicité.* Sans doute, l'article 342 dit que la publicité est faite dès que la saisie est pratiquée ; mais il faut un certain temps pour dresser le cahier des charges, pour faire la publicité, et, quelque diligence qu'on y apporte, cela retarde le point de départ du délai. Donc, l'agent fixe la vente en tenant compte de ce qui précède et en choisissant le jour le plus convenable, celui où les enchérisseurs pourront être en plus grand nombre, par exemple un jour de marché. Il faut aussi fixer de manière que les certificats des convocations à adresser dans les dix derniers jours de la période de soixante-dix jours (art. 344, § 3, V. *infra)* puissent être rentrés.

Le juge n'a à intervenir que lorsqu'il y a lieu de modifier la date primitivement fixée. C'est ce qui ressort de l'article 346 ainsi conçu : La date fixée pour une adjudication ne peut être modifiée que par ordonnance du magistrat et seulement pour causes graves et dûment justifiées. On n'usera de cette faculté, comme cela ressort du texte, qu'avec une grande réserve. Les avoués ont une tendance à abuser des remises de vente ; ces abus devront être évités ; les secrétariats s'appliqueront à faire des fixations susceptibles de parer à toutes les éventualités.

Publicité légale. Avis au poursuivi. — Après qu'il a rédigé le cahier des charges et fixé la vente, l'agent d'exécution procède, aux frais avancés du créancier, à la publicité légale. Elle est réglée par l'article 342. Le texte prévoit *un avis de mise aux enchères.* L'avis indique la date initiale et la durée des enchères, le dépôt, dans les bureaux du secrétariat, du procès-verbal de saisie et des titres de propriété et énonce les conditions de la vente. Il est porté à la connaissance du public dans les marchés voisins de l'immeuble saisi. Avis des enchères et de la vente est placardé : 1° à la porte de l'habitation du saisi et sur chacun des immeubles saisis, s'il y a lieu ; 2° dans un cadre spécial, réservé aux affiches, placé dans les locaux du tribunal (art. 342, §§ 2 et 3). L'avis sera libellé à la manière des affiches de vente ; il désignera clairement l'immeuble ; il indiquera les conditions générales de la vente ; il renverra pour le surplus au cahier des charges et aux pièces déposées au secrétariat ; il précisera *que les enchères seront reçues conformément à la loi, dans les bureaux du secrétariat, jusqu'au jour de l'adjudication définitive qui aura lieu dans les mêmes bureaux, le ..... (indication du jour et de l'heure), et qui sera prononcée au profit du plus fort et dernier enchérisseur.* Le texte dit que l'avis est publié sur les marchés et placardé à la porte du saisi, sur les immeubles saisis, au tribunal dans un cadre réservé aux affiches. Mais il semble bien que la règle tout à fait générale, posée par l'article 332 à propos de la saisie mobilière, trouve son application ici. Par suite, il faudrait dire que « l'époque et le lieu des enchères doivent être notifiés au public par tous les moyens de publicité en rapport avec l'importance de la saisie ». L'article 342 dispose que l'agent d'exécution procède aux frais du créancier *à la publicité légale ;* on peut voir là une référence aux règles déjà posées pour la publicité en matière de vente. La conséquence est que, en dehors de la publicité expressément prévue à l'article 342, il y aura lieu, suivant les cas, de publier la vente dans les journaux, de l'annoncer, de l'afficher partout où besoin sera.

Dans les dix jours qui suivent le dernier acte de publicité (le texte dit : dans les dix premiers jours du délai de soixante dix jours, mais cela revient au même, V. *supra*), l'agent d'exécution notifie au poursuivi, ou à qui pour lui, dans les conditions prévues à l'article 338, l'accomplissement des formalités de publicité et lui donne avis d'avoir à comparaître au jour fixé pour l'adjudication (art. 344, § 2). L'avis peut être libellé suivant la **formule n° 71.** De même que la saisie immobilière et la conversion en saisie immobilière, cet avis sera notifié conformément à l'article 338, c'est-à-dire au poursuivi en personne, sinon à l'autorité locale la plus proche du lieu où se trouve l'immeuble. On a vu plus haut comment se réalise pratiquement cette notification ; il faut qu'elle ait lieu dans le délai ci-dessus, c'est-à-dire dans les dix jours du dernier acte de publicité.

Enchères. Convocation du poursuivi et des enchérisseurs. Adjudication. — Conformément à l'avis de mise aux enchères, quiconque peut se présenter au secrétariat, prendre connaissance des pièces et faire une offre, c'est-à-dire une enchère, qui est reçue par l'agent d'exécution et consignée par ordre de date au bas du procès-verbal de saisie (art. 342, dernier paragraphe). Il semble qu'il convient de faire faire, aux enchérisseurs qui n'habitent pas sur place, une élection de domicile au lieu où se poursuit la vente. C'est une application des règles posées par les articles 51, 152, et cela sera fort utile pour faciliter les notifications à faire aux enchérisseurs conformément à l'article 344, § 3.

Aux termes de cet article, l'agent d'exécution, dans les dix derniers jours du délai de soixante-dix jours (sur ce délai, V. *supra*), convoque, pour le jour de l'adjudication, le poursuivi et les enchérisseurs qui se sont manifestés. Pour l'application de ce texte, l'agent attend soixante jours à partir du dernier acte de publicité. Il notifie alors, dans les dix jours qui suivent, au poursuivi et aux enchérisseurs, une convocation à comparaître à l'adjudication. Cette convocation peut être libellée suivant la **formule** n° **72.** La notification se poursuit par les voies ordinaires, même à l'égard du poursuivi ; le texte ne renvoie plus ici à l'article 338. Il faut qu'elle ait lieu dans le délai ci-dessus, c'est-à-dire entre le soixantième et le soixante-dixième jour à partir du dernier acte de publicité.

Au jour et à l'heure fixés pour l'adjudication, si le poursuivi ne s'est pas libéré, l'agent d'exécution rappelle quel est l'immeuble à adjuger, les charges qui le grèvent, les offres existantes et le dernier délai pour recevoir les offres nouvelles (art. 345, § 1, 1re phrase). Il ne s'agit pas de fixer une nouvelle date pour l'adjudication, mais simplement de donner aux offres nouvelles le temps de se manifester. Ce délai remplace les feux de la procédure ordinaire. Par exemple l'adjudication étant fixée à neuf heures, l'agent d'exécution, après l'annonce prescrite par le texte, dit que l'immeuble va être adjugé à neuf heures dix minutes. A l'heure dite, il adjuge au plus fort enchérisseur solvable, ou fournissant une caution solvable, et il dresse procès-verbal de l'adjudication (art. 345, § 1, 2e phrase).

Paiement du prix. — Le prix de l'adjudication est payable au secrétariat dans un délai de vingt jours après l'adjudication. L'adjudicataire doit, en outre, solder les frais de la procédure d'exécution qui, dûment taxés par le magistrat, ont été annoncés avant l'adjudication (art. 345, § 2). On ne manquera pas d'insérer dans le cahier des charges cette clause relative au paiement du prix et des frais.

Procès-verbal d'adjudication. — Il est dressé par l'agent d'exécution (art. 345) ; il rappelle les causes de la saisie immobilière, la procédure suivie et l'adjudication intervenue (art. 348, § 2). Ici encore l'agent s'attachera à rédiger un procès-verbal expurgé de toutes les longueurs inutiles qui viennent démesurément enfler les grosses d'adjudication. Pour se conformer au texte, il donnera un résumé du cahier des charges et de la procédure qui a suivi (avis aux copropriétaires et détenteurs de droits réels ; fixation de la vente, publicité légale, avis au poursuivi, convocation du même et des enchérisseurs) ; il relatera enfin l'adjudication. On peut remarquer que dans la procédure ordinaire, c'est après coup et dans la grosse qu'on insère le cahier des charges et la procédure à la suite, le tout *tenant lieu de qualités* au jugement d'adjudication. Au contraire, l'article 348 du Dahir implique que tout cela trouve place, en résumé, dans la minute du procès-verbal d'adjudication. C'est la même situation que pour les jugements et cela appelle les mêmes observations.

Le procès-verbal d'adjudication constitue : 1° en faveur du saisi et de ses ayants droit un titre pour le paiement du prix ; 2° en faveur de l'adjudicataire, un titre de propriété (art. 348, § 1). Ne faut-il pas conclure de là que les intéressés peuvent obtenir une expédition en forme exécutoire du procès-verbal d'adjudication dressé par l'agent du secrétariat ? Dans quelles conditions peuvent-ils l'obtenir ? La jurisprudence fixera ces divers points. Il n'est remis avec les titres du saisi, que sur la justification de l'accomplissement des conditions de l'adjudication (art. 348, § 5).

L'adjudication ne transmet à l'adjudicataire que les droits qu'avait le saisi. — Ce principe très important du droit français (art. 717 C. pr. civ.) est consacré par l'article 349. Il sera bon de le rappeler aux enchérisseurs en l'insérant dans les cahiers des charges. Les acheteurs d'immeubles sur saisie sont trop enclins à croire qu'ils sont propriétaires incommutables parce que la vente a eu lieu dans les formes judiciaires. Ils affectent surtout de le croire quand ils ont acquis un bien non immatriculé, de propriété incertaine, et qu'ils ont eu, pour cette raison, à un prix dérisoire. On ne saurait trop recommander de placer sous leurs yeux le texte de l'article 349.

Revendication par un tiers de l'immeuble saisi. Moyens de nullité contre la procédure de saisie. — Lorsqu'un tiers prétend que la saisie a été pratiquée sur des immeubles lui appartenant, il a pour faire annuler la saisie une action en revendication (art. 350, § 1). Dans l'état actuel de la propriété, ces actions pourront être assez fréquentes ; mais il fallait prévenir les abus. De là les règles posées par la suite de l'article 350 et par l'article 351. L'action peut être intentée dans le cours de la procédure d'expropriation jusqu'à l'adjudication (art. 350, § 2, 1re phrase). C'est une faculté, non une obligation. En d'autres termes, il est évident que le tiers qui n'a pas revendiqué avant l'adjudication, ne perd pas pour cela son droit de propriété (arg. art. 349) et peut revendiquer après. Mais ce n'est plus un incident de la saisie immobilière, donc l'article n'a pas à s'en occuper ; il s'occupe seulement de l'action que l'on peut intenter dans le cours de la procédure de saisie. Cette action a pour conséquence la suspension de la procédure, en ce qui concerne les biens revendiqués, *à la condition* qu'elle soit accompagnée de documents lui donnant une apparence de bien fondé, que le revendiquant l'introduise devant le tribunal compétent et qu'il dépose sans délai ses documents (art. 350 *in fine*, art. 351 *in principio*). En droit commun, la compétence appartient au tribunal qui connaît de la saisie, mais ici la saisie se poursuit au secrétariat, en outre elle peut se poursuivre au secrétariat d'un tribunal de paix, c'est-à-dire d'un tribunal incompétent pour connaître d'une revendication d'immeuble. Aussi le texte prend-il soin de dire que le revendiquant introduit son action *devant le tribunal compétent*. Le revendiquant prouvera qu'il a formulé sa demande en produisant le récépissé constatant le dépôt de la requête introductive d'instance (art. 147, § 2). C'est sur le vu de cette pièce que l'agent d'exécution s'arrêtera. La suspension de la procédure ne sera pas de longue durée, car le saisi et le créancier poursuivant sont appelés à la plus prochaine audience utile pour contredire (ce soin regarde le juge rapporteur chargé de suivre sur la requête), et si le tribunal estime qu'il n'y a lieu de surseoir à la procédure de saisie immobilière, son jugement est exécutoire par provision, nonobstant opposition ou appel (art. 351, 2e phrase). Ainsi le tribunal devra entendre tout de suite le saisi et le poursuivant, voir si les documents du revendiquant ont une apparence de bien fondé et dire par un jugement incident, exécutoire par provision, s'il sera ou non sursis à la procédure de vente pendant l'instance en revendication. Ce système des articles 350, 351, déjouera les manœuvres tendant à entraver, sans raison suffisante, les saisies immobilières.

Les moyens de nullité contre la procédure de saisie immobilière *doivent* être présentés par requête écrite avant l'adjudication (art. 352, 1re phrase). Ici ce n'est plus une faculté, mais une obligation, pour le demandeur en nullité d'intenter son action avant l'adjudication, et il semble bien que cette obligation lui est imposée à peine de déchéance (cf. art. 547). Il est procédé en cette matière comme il est dit à l'article précédent pour l'action en revendication (art. 352, 2e phrase). Cela veut dire qu'il faut une requête écrite portée *devant le tribunal compétent,* au vu de laquelle l'agent d'exécution doit s'arrêter ; mais, d'autre part, le tribunal saisi de la requête en nullité doit tout de suite dire, le saisi et le créancier poursuivant dûment appelés, et par jugement exécutoire par provision, s'il y a, ou non, lieu de surseoir à la procédure de saisie immobilière.

. Le demandeur qui succombe est condamné, dans l'un ou l'autre cas (c'est-à-dire dans le cas de revendication et dans le cas de demande en nullité de la saisie), *aux frais causés par la reprise des opérations, sans préjudice des dommages-intérêts* (art. 352, § 2). Cette disposition s'ajoute aux précédentes pour porter remède aux abus.

Surenchère. — Toute personne peut, dans un délai de dix jours à partir de l'adjudication, faire une surenchère, pourvu qu'elle soit supérieure au moins d'un sixième au prix de vente en principal et frais (art. 347, § 1).

Le surenchérisseur prend l'engagement écrit de demeurer adjudicataire moyennant le montant du prix de la première adjudication, augmenté de sa surenchère (art. 347, § 2).

Il est procédé, à l'expiration d'un délai de trente jours, à une adjudication définitive. Elle est annoncée, publiée et suivie comme il a été prescrit pour la première adjudication (art. 347, § 3). Le délai de trente jours courra à partir de l'expiration des dix jours constituant le délai de la surenchère, mais il semble qu'il faut faire une remarque analogue à celle précédemment faite pour le délai de soixante-dix jours, et dire qu'il ne courra utilement qu'après la publicité. Donc l'agent d'exécution commencera par fixer le jour de la nouvelle adjudication en tenant compte de ce qui a été dit plus haut ; il fera la publicité ; dans les dix jours du dernier acte de publicité, il notifiera au poursuivi l'avis de l'article 344, § 2 (formule n° 71, *mutatis mutandis*) ; les nouvelles enchères seront reçues au secrétariat et consignées par ordre de date au bas du procès-verbal de surenchère ; l'agent attendra vingt jours à partir du dernier acte de publicité, et, entre le vingtième et le trentième jour, il notifiera au poursuivi et aux enchérisseurs une convocation à comparaître à la nouvelle adjudication (formule n° 72, *mutatis mutandis*). Enfin, au jour fixé, on procédera, comme il a été dit plus haut, à une nouvelle adjudication qui sera *définitive*. Cela veut dire qu'il ne pourra pas y avoir une nouvelle surenchère.

Folle enchère. — Faute par l'adjudicataire d'exécuter les clauses de l'adjudication, l'immeuble est revendu, à sa folle enchère, après sommation, non suivie d'effet, de tenir ses engagements dans un délai de dix jours (art. 353). La sommation sera faite à la requête du poursuivant ou des autres intéressés, selon les formes de l'article 217 et, par exemple, en s'inspirant de la formule n° 54.

L'article 354 règle la procédure de folle enchère qui est très simple : elle consiste *exclusivement* en une nouvelle publicité suivie d'une nouvelle adjudication. Les indications à publier sont, outre les énonciations ordinaires relatives à l'immeuble, le montant de l'adjudication prononcée au profit du fol enchéri, et la date de la nouvelle adjudication. Le délai entre l'annonce de la vente et la nouvelle adjudication est de trente jours (art. 354, §§ 1, 2, 3). Ainsi l'agent d'exécution commencera par fixer le jour de l'adjudication ; il fixera de manière que le délai imposé par l'article 354 se trouve observé ; il fera la publicité en tenant compte des prescriptions du texte ; les enchères seront reçues au secrétariat et consignées, semble-t-il, par ordre de date au bas de l'original de la sommation à l'adjudicataire fol enchéri ; puis, au jour fixé, on procédera à l'adjudication. Ici l'on n'a pas à envoyer les avis de l'article 344, §§ 2 et 3, puisque la procédure consiste *exclusivement* en une nouvelle publicité suivie d'une nouvelle adjudication.

L'article 355 consacre le droit, pour le fol enchéri, d'arrêter la procédure de folle enchère, en justifiant de l'acquit des conditions de l'adjudication précédente et du paiement des frais exposés par sa faute.

L'article 356 consacre les deux grands principes en matière de folle enchère : d'une part, la propriété du fol enchéri est résolue, donc il n'a aucune qualité pour prétendre à l'excédent du prix, si le prix de revente est supérieur à celui de l'adjudication primitive ; d'autre part, et malgré cette résolution, il reste tenu de ses obligations à titre de peine et, par conséquent, si le prix de la revente est inférieur à celui de la première adjudication, il est tenu de la différence.

CHAPITRE VII

DES DISTRIBUTIONS DE DENIERS

(Art. 357 à 363).

Il s'agit d'une procédure de distribution par contribution. — Les articles 357 à 363 relatifs aux distributions de deniers organisent une procédure de distribution par contribution. Alors même qu'il s'agit de deniers provenant d'une vente d'immeubles, l'état de la propriété au Maroc ne comporte pas une procédure d'ordre proprement dite. Cette procédure, qui n'est pas réglée par le Dahir de procédure, n'a à intervenir que pour les biens immatriculés. D'ailleurs la distribution par contribution, telle qu'elle est organisée ici, permet à tout créancier de proposer utilement les causes de préférence auxquelles il peut prétendre.

Tribunal compétent. — L'article 359 fixe la compétence par deux règles très simples : 1° la procédure est ouverte au secrétariat où la somme à distribuer se trouve en dépôt. On sait que le tiers saisi dépose au secrétariat (art. 327) ; le prix des ventes mobilières est payé comptant aux mains de l'agent du secrétariat qui procède à la vente (art. 333) ; le prix des ventes immobilières est payable au secrétariat dans un délai de vingt jours (art. 345).

2° Toutefois, au cas où ce secrétariat est celui d'un tribunal de paix et où le montant de la somme à distribuer dépasse 1.000 francs, la procédure doit être transmise au tribunal de première instance dans la circonscription duquel se trouve ce tribunal de paix. En matière de saisie-arrêt, le secrétariat dépositaire sera celui de la juridiction où s'est effectuée la procédure, et ce sera le tribunal de paix ou le tribunal d'instance suivant les distinctions des articles 13, 321. En matière de saisie-exécution mobilière ou immobilière, ce sera le secrétariat qui assure l'exécution, et là encore, ce sera tantôt un secrétariat d'instance, tantôt un secrétariat de paix, alors même que la décision exécutée émanerait d'un tribunal d'instance ou de la Cour, car l'exécution d'une décision d'appel appartient le plus souvent au tribunal dont est appel (art. 235) et, d'autre part, le secrétariat de la juridiction qui a rendu la décision et auquel appartient en principe l'exécution, peut déléguer le secrétariat de la circonscription judiciaire où doit se poursuivre l'exécution (art. 294). On voit que, dans des cas nombreux, le secrétariat dépositaire des fonds sera celui d'un tribunal de paix. Alors s'appliquera la seconde règle, si la somme à distribuer dépasse 1.000 francs.

L'article 14, § 1 (V. *supra*) dispose, on le sait, que lorsque les sommes à distribuer n'excèdent pas 1.000 francs de principal, les tribunaux de paix connaissent, à charge d'appel, des demandes tendant à faire procéder, à défaut d'entente amiable entre les créanciers opposants et le saisi, à la distribution par contribution des deniers saisis. Comment concilier ce texte avec l'article 359 ? Ne faut-il pas dire que le principe, d'après lequel la procédure est ouverte au secrétariat dépositaire, souffre une double exception en ce sens : 1° qu'il faut transmettre au tribunal d'instance si la sommé dépassant 1.000 francs se trouve déposée à un secrétariat de paix (art. 359, 2° phrase); 2° et que, réciproquement, il faut transmettre au tribunal de paix si la somme n'excédant pas 1.000 francs se trouve déposée à un secrétariat d'instance ? La jurisprudence décidera.

On va voir que la procédure de distribution ne s'ouvre que si la somme déposée est insuffisante pour payer les créanciers et si, d'autre part, ceux-ci ne s'entendent pas pour une distribution amiable. Ces préliminaires se déroulent au secrétariat dépositaire; c'est au cas seulement où ils n'aboutissent pas qu'il y a lieu, si la somme dépasse 1.000 francs, à transmission des pièces au secrétariat compétent (V. *infra,* art. 358, 359).

Il n'y a pas lieu à distribution si la somme à distribuer est supérieure aux créances dés opposants. — Si le montant des deniers arrêtés, ou le prix de vente des objets saisis, suffit pour payer intégralement les créanciers, il n'y a pas lieu d'ouvrir une procédure de distribution. C'est ce qui résulte de l'article 357. S'agit-il de deniers arrêtés, le tiers saisi se libère valablement, dit l'article 327, entre les mains des opposants. S'agit-il d'un prix de vente mobilière ou immobilière, le secrétariat qui a fait la vente et qui détient les fonds paiera lui-même les créanciers. La pratique dira si, même en ce cas, le secrétariat n'agira pas prudemment en s'assurant du concours du débiteur saisi et en se faisant, au besoin, couvrir par des décisions judiciaires.

Tentative de contribution amiable. — Si les fonds sont insuffisants, il faut d'abord faire une tentative de contribution amiable qui est réglée par l'article 357. Les créanciers qui se sont révélés sont tenus de convenir avec le saisi, dans un délai de trente jours à partir de la notification qui leur est faite à la requête de la partie la plus diligente, de la distribution par contribution. L'article 14 a déjà dit, dans le même sens, que les tribunaux de paix connaissent de certaines distributions par contribution, *à défaut d'entente amiable entre les créanciers opposants et le saisi.* A cet effet, le secrétaire-greffier peut, par lettre recommandée, *sur la demande conforme de M. ..... (nom de la partie qui vient pour faire ouvrir la contribution), inviter M. ..... (ici, le nom de celui auquel on adresse la lettre ; il faut une lettre à chaque créancier et au saisi) à se réunir au secrétariat le ....., avec les autres parties intéressées, pour convenir à l'amiable, dans un délai de trente jours à partir de la présente notification conformément à l'article 357, de la distribution des fonds provenant de la vente de ..... (désignation des meubles ou de l'immeuble vendus) saisis sur ..... et qui sont déposés au secrétariat.* Cette façon de procéder, qui ne s'impose évidemment pas, rendra peut-être plus efficace la tentative de contribution amiable. Le secrétaire-greffier, au jour de la réunion, pourra, le cas échéant, éclairer les parties de ses conseils, dans le but d'amener un accord toujours désirable. Il reste bien entendu qu'il n'interviendra qu'à titre officieux et que tout se passera entre les créanciers et le saisi. Si une première réunion n'aboutit pas, on peut en tenter une nouvelle, mais dans le délai de l'article 357, c'est-à-dire dans les trente jours des notifications initiales.

Ouverture de la contribution. Publicité. — Si la tentative de contribution amiable ne réussit pas, il est ouvert une procédure de distribution par contribution, sur la requête qui en est faite par la partie la plus diligente, au secrétariat dépositaire de la somme à distribuer (art. 358). C'est une instance qui s'ouvre; la requête visée au texte en est le premier acte. On lui applique l'article 48 si l'on est au tribunal de paix, l'article 145 si l'on est au tribunal d'instance. Elle est, dans ce dernier cas, suivie de la désignation par le président d'un juge commissaire (art. 359 *in fine,* cf. art. 150). Si l'on est au tribunal de paix et que la somme à distribuer dépasse 1.000 francs, la requête avec les pièces, notamment celles constatant la tentative de contribution amiable, est transmise au tribunal d'instance. C'est à ce moment seulement que doit s'effectuer la transmission; les textes disent, en effet, que la requête est faite au secrétariat dépositaire (art. 358), puis que la procédure est transmise si la somme dépasse 1.000 francs (art. 359). Dans ce dernier cas, le juge de paix écrira, par exemple, en marge de la requête : « *Vu et soit transmis au tribunal de première instance compétent en conformité de l'article 359* ».

Le juge de paix, ou le juge commissaire, par ordonnance au bas de la requête, *déclare ouverte la procédure de distribution et dit qu'elle sera portée à la connaissance du public conformément à l'article 360.* Sur le vu de l'ordonnance, le secrétariat fait la publicité ainsi réglementée par le texte : l'ouverture de la procédure de distribution est portée à la connaissance du public par deux publications, faites à dix jours d'intervalle, dans un journal désigné pour l'insertion des annonces légales. Elle est, en outre, affichée, pendant dix jours, dans un cadre spécial placé dans les locaux du tribunal.

Délai fixé pour produire. Acte de production. — Tout créancier doit produire ses titres, à peine de déchéance, dans le délai de trente jours après cette publication (art. 360, § 3). Il semble qu'il faut compter le délai à partir du dernier acte de publicité. La jurisprudence fixera ce point; il a son importance, car le délai emporte déchéance.

Le produisant dépose ses titres avec conclusions à l'appui. Il explique clairement les causes et les chiffres, en principal, intérêts et frais, de sa production. Ses pièces sont classées et accompagnées de tout commentaire utile. D'une manière générale, tout ce qui a été dit pour les productions à faire par les parties dans les instances s'applique ici.

Déchéance à défaut de production dans le délai légal. — Le défaut de production dans le délai légal emporte déchéance, c'est-à-dire que le créancier déchu ne peut venir à la contribution avec les créanciers qui ont produit.

Les créanciers ont pu se révéler au secrétariat avant l'ouverture de la distribution, par exemple en faisant opposition aux deniers de la vente entre les mains de l'agent d'exécution, ou encore s'il s'agit d'une saisie immobilière, en remettant le titre de l'immeuble qu'ils détenaient en gage. S'ils ont fait en même temps une production en règle, et il sera toujours prudent de faire ainsi, ils viendront, semble-t-il, à la contribution sans nouvelle diligence de leur part. Mais s'ils se sont simplement révélés sans faire une production proprement dite, alors ils devront être très attentifs à la publicité annonçant l'ouverture de la distribution; sinon ils s'exposeraient à la déchéance, car il faut bien remarquer qu'on fait une publicité, mais qu'on n'a pas à faire de sommation aux créanciers même connus; cette formalité a lieu seulement pour inviter à contredire. La pratique dira s'il ne convient pas que les secrétariats fassent, à cet égard, toutes recommandations utiles aux créanciers qui se révèlent au cours d'une procédure d'exécution, et s'ils ne doivent pas aviser au besoin, au moment où ils font la publicité, ceux qui n'auraient pas encore régularisé leurs productions.

Règlement provisoire. — A l'expiration du délai de production, le juge de paix, ou le juge commissaire, dresse, au vu des pièces produites, un projet de règlement (art. 361, 1re phrase). C'est le règlement provisoire. Une première partie résume la procédure suivie. Une deuxième partie fixe la somme à répartir. Enfin vient le classement des créanciers. Les frais de distribution sont prélevés en première ligne (art. 363, § 3); ce sont, en effet, des frais de justice profitant à tous (art. 1248, § 3, Dahir des obligations). On passe ensuite aux créanciers privilégiés. Le juge applique les articles 1241 et suivants du Dahir des obligations; il recherche si les créances des produisants sont assorties d'un privilège, d'un nantissement, d'un droit de rétention; en cas de saisie immobilière, il voit si le créancier nanti du titre le détenait dans les conditions voulues pour lui assurer un droit de gage. Après les privilèges viennent les créanciers chirographaires au marc le franc.

Avis aux créanciers et au saisi. Délai pour contredire. — Les créanciers et le saisi sont invités, par lettre recommandée ou par un avis en la forme ordinaire des notifications, à examiner et à contredire, s'il y a lieu, le projet de règlement dans le délai de trente jours à partir de la réception de la lettre ou de l'avis (art. 361, 2e phrase). Il faut, ceci résulte du texte, une lettre recommandée *avec avis de réception*. Si l'on a recours à l'autre moyen, l'avis peut être libellé suivant la **formule n° 73**. On fait un original, autant de copies qu'il y a de parties, puis la notification se poursuit suivant les règles habituelles.

Faute par les créanciers et par le saisi de prendre communication et de contredire dans le délai ci-dessus imparti, ils sont considérés comme forclos (art. 361, § 2). Donc, tout intéressé est déchu du droit de contredire trente jours après la date de l'avis de réception ou du certificat de remise le concernant.

Contredits. — Les parties qui veulent contredire au règlement déposent leurs conclusions au secrétariat avec pièces à l'appui. Si l'on est au tribunal de paix, elles se conforment à l'article 48 qu'on applique par analogie. Si l'on est au tribunal d'instance, on applique l'article 154.

Renvoi à l'audience. Jugement des contredits. Voies de recours. — Les contredits, s'il en surgit, sont portés à l'audience. Ils sont jugés en premier ou en dernier ressort, conformément aux règles ordinaires de la compétence respective des diverses juridictions (art. 362). Si l'on est au tribunal de paix, on applique l'article 14. Donc, le juge de paix tranche les contredits à charge d'appel (art. 14, § 1); toutefois, si les causes de la contestation, c'est-à-dire si les créances contestées excèdent les limites de sa compétence, il doit surseoir à la distribution par contribution jusqu'à ce que les tribunaux se soient prononcés par jugement passé en force de chose jugée (même texte, § 2). Si l'on est au tribunal d'instance, il semble qu'on s'attachera encore au montant de la créance contestée pour savoir si l'appel est ouvert.

Les parties sont appelées à l'audience à l'expiration des délais pour contredire, c'est-à-dire trente jours après l'avis de réception ou le certificat de remise, dernier en date, des mises en demeure adressées aux créanciers. Ici, le texte n'autorise plus la lettre recommandée. Il faut une notification proprement dite. On pourra faire usage de la **formule n° 74**.

Règlement définitif. Voies de recours. — Quand le règlement définitif est passé en force de chose jugée, des bordereaux de distribution sont délivrés aux intéressés (art. 363, § 1). De là, semble-t-il, les conséquences suivantes :

1° Le juge doit faire un règlement définitif après les délais de l'article 361 s'il n'y a pas eu de contredits, et, s'il y en a eu, après que les décisions rendues sur les contredits sont devenues définitives. Ce règlement reproduit le règlement provisoire dans le premier cas; dans le second cas, il le met en harmonie avec les jugements intervenus. Il fait le compte des intérêts et des frais; il prescrit la délivrance des bordereaux de collocation ;

2° Ce règlement doit être notifié, ou tout au moins dénoncé, aux intéressés et il peut faire l'objet d'un recours. Le texte ne s'explique pas sur ce recours. Il semble qu'il faut admettre que les intéressés pourront, par voie d'opposition, déférer le règlement au tribunal (de paix ou d'instance), puis au besoin, par voie d'appel, à la juridiction d'appel. A cet effet, ils présenteront requête dans le délai des voies de recours, et, au vu de la requête, le juge convoquera à l'audience (formule n° 74, *mutatis mutandis*). Bien évidemment, aucune contestation ne sera plus possible ni sur l'existence, ni sur le chiffre, ni sur le rang des créances; il n'y aura place pour le recours que si le règlement définitif ne se trouvait pas en harmonie avec les éléments d'ores et déjà acquis et irrévocablement fixés.

Délivrance des bordereaux de collocation. — Les bordereaux de distribution sont délivrés en conformité du règlement définitif *passé en force de chose jugée* (texte ci-dessus). Ils sont visés par le magistrat et payables à la caisse du secrétariat *qui a procédé* (art. 363, § 2). Cela paraît impliquer que, dans le cas de l'article 359, le secrétariat de paix doit transmettre au secrétariat d'instance non seulement la procédure, mais les fonds. Il en serait de même au cas où, par application de l'article 14 (V. *supra*), la procédure est transmise d'un secrétariat d'instance à un secrétariat de paix.

TITRE SEPTIÈME

Procédures diverses relatives à des matières spéciales. Dispositions générales.

CHAPITRE PREMIER

DES ACTIONS POSSESSOIRES

(Art. 364 à 369).

Les articles 364 à 369, auxquels il faut ajouter l'article 7, § 2, traitent des actions possessoires.

Ce dernier texte énumère les actions possessoires, en attribue la connaissance aux tribunaux de paix à charge d'appel, énonce cette règle que l'action possessoire doit être intentée dans l'année du fait qui la motive. L'article 364 énumère les caractères de la possession susceptible de fonder les actions possessoires autres que la réintégrande, et l'article 365 les conditions requises pour la réintégrande. Les articles 366, 367, 368 font défense de cumuler le possessoire et le pétitoire; ils formulent plusieurs conséquences du principe. L'article 369 prévoit enfin le cas de conflit entre possessions successives ou simultanées et il donne au juge divers moyens de le régler.

Les textes ne disent rien de la procédure; donc elle sera suivie au tribunal de paix, et en appel au tribunal d'instance, selon les règles ordinaires.

CHAPITRE II

DES OFFRES DE PAYEMENT ET DE LA CONSIGNATION

(Art. 370 à 378).

Offres réelles. Comment on y procède. Procès-verbal d'offres. — Il est procédé pour les offres de payement suivant les règles établies pour les sommations (art. 370). Donc les offres sont faites conformément à l'article 217 par un agent du secrétariat, à ce désigné par le juge, sur la demande écrite ou verbale de la partie intéressée.

On sait que la sommation est toujours faite par le secrétariat du tribunal de paix. Pour les offres (art. 371) on distingue : s'il y a une demande principale pendante, les offres sont faites par l'un des agents du secrétariat de la juridiction saisie; c'est l'application de l'article 25. L'agent sera désigné par le juge de paix, si l'on est au tribunal de paix, par le juge rapporteur qui suit la demande principale, si l'on est au tribunal d'instance. S'il n'y a pas de demande principale, les offres sont faites par l'agent du secrétariat de la juridiction compétente en raison du chiffre ou de la valeur des offres, du domicile ou de la résidence de celui à qui elles sont faites, ou du lieu de paiement. En d'autres termes, on applique les règles générales de compétence (art. 1 et suiv., art. 23 et suiv., cf. art. 12).

Les articles 372, 373, 374, 375 indiquent comment doit être établi le procès-verbal d'offre et ce qu'il contient. La **formule** proposée sous le n° 75 fournit les indications nécessaires avec renvoi aux textes dont il est fait application. Les offres impliquent le transport de l'agent auprès de la partie. La notification a lieu comme il a été dit pour les sommations à réponse (art. 217, formule 53).

Consignation au secrétariat après refus des offres. Procès-verbal de consignation. — Si le créancier refuse les offres, le débiteur peut, pour se libérer, consigner la somme ou la chose offerte, sans qu'il soit nécessaire, pour la validité de la consignation, qu'elle ait été autorisée par le juge (art. 374). La consignation effectuée par le débiteur qui veut se libérer en cas de refus des offres par le créancier, est faite au secrétariat dont dépend l'agent qui a fait les offres. S'il y a difficulté matérielle à consigner au secrétariat la chose offerte, la juridiction des référés désigne, à la requête du débiteur, la personne qui en est constituée dépositaire ou gardien (art. 375).

La consignation est constatée par un procès-verbal; il peut être établi suivant la **formule n° 76**; il est notifié comme il a été dit pour le procès-verbal d'offres.

Instance en validité ou en nullité des offres. — On applique les règles ordinaires. La demande qui peut être intentée, soit en validité, soit en nullité des offres ou de la consignation, est formée d'après les règles établies pour les demandes principales (art. 376, 1re phrase). Donc suivant que l'on est au tribunal de paix ou au tribunal d'instance, on applique les articles 48 et suivants ou les articles 145 et suivants. S'agit-il d'une demande en validité d'offres formée par le débiteur, elle est portée devant le tribunal dont le secrétariat a fait les offres (arg. art. 371). S'agit-il d'une demande en nullité d'offres introduites par le créancier, il semble qu'elle sera portée au tribunal du débiteur qui joue le rôle de défendeur. L'article 376 dit, en effet, que la demande soit en validité, *soit en nullité* est formée *d'après les règles établies pour les demandes principales*. Si la demande est incidente, elle est jointe au fond (art. 376, 2e phrase). C'est une nouvelle application de l'article 25 et une conséquence des règles posées par l'article 371. Si la demande en validité d'offres était faite pour arriver à l'exécution d'un jugement ou d'un arrêt confirmatif, il semble qu'elle serait portée au tribunal qui a rendu le jugement (arg. art. 22 et art. 294, 235, § 1, cbn.), et s'il s'agit d'un arrêt infirmatif, au tribunal auquel appartient l'exécution. La jurisprudence fixera ces divers points.

On a vu qu'aux termes de l'article 12, les tribunaux de paix connaissent, *à charge d'appel*, des actions en validité et en nullité d'offres réelles, *lorsque l'objet du litige* (c'est-à-dire le chiffre ou la valeur des offres, art. 371) *n'excède pas les limites de leur compétence*. Il semble que si l'on est au tribunal d'instance la même règle s'appliquera, et qu'on s'attachera, là aussi, à l'objet du litige pour savoir si l'appel est ouvert.

L'article 377 prévoit le cas où le débiteur a agi en validité d'offres avant d'avoir opéré la consignation. Le jugement ordonne la consignation et prononce la cessation des intérêts du jour de la réalisation, c'est-à-dire du dépôt. Telle est, en effet, la conséquence de la consignation.

L'article 378 prévoit enfin le cas où la consignation est faite par un débiteur qui joue le rôle de tiers saisi ; la consignation volontaire ou ordonnée, dit le texte, est toujours à la charge des oppositions, s'il en existe, et en les dénonçant au créancier. La formule n° 76 donne satisfaction à cette règle.

CHAPITRE III

DU SERMENT

(Art. 379 à 386).

Il suffit de renvoyer aux textes. Ils réglementent le serment des magistrats (art. 379), des secrétaires-greffiers (art. 380), des avocats (art. 381), des experts et des interprètes (art. 382, 383), la rédaction dans ces divers cas d'un procès-verbal (art. 384) et enfin le serment des parties litigantes (art. 385, 386).

CHAPITRE IV

DE LA SAISIE-GAGERIE ET DE LA SAISIE FORAINE

(Art. 387-391).

Saisie-Gagerie. Ses cas d'application. — Les articles 387, 388 déterminent les personnes qui peuvent pratiquer la saisie-gagerie, les meubles sur lesquels elle porte, les créances qu'elle garantit. Les propriétaires et principaux locataires de maisons ou de biens ruraux, soit qu'il y ait bail, soit qu'il n'y en ait pas, peuvent, avec la permission du juge, faire saisir-gager, pour loyers et fermages échus, les effets, meubles et fruits étant dans les dites maisons et bâtiments ruraux et sur les terres (art. 387, § 1).

On prévoit le cas où les meubles garnissants ont été déplacés. Ils peuvent aussi faire saisir-gager, avec la même permission, les meubles qui garnissaient la maison ou la ferme, lorsqu'ils ont été déplacés sans leur consentement, et ils conservent sur eux leur privilège tel qu'il résulte de la loi applicable (art. 387, § 2).

On prévoit encore le cas où les meubles appartiennent à des sous-fermiers ou des sous-locataires. Peuvent les effets des sous-fermiers et sous-locataires, garnissant les lieux occupés, et les fruits des terres qu'ils sous-louent, être saisis-gagés avec la permission du juge pour les loyers et fermages dus par le locataire ou fermier de qui ils tiennent ; mais ils obtiendront mainlevée en justifiant qu'ils ont payé sans fraude, et sans qu'ils puissent opposer des paiements faits par anticipation (art. 388).

Il faut la permission du juge. Juge compétent. — Aux termes de ces mêmes articles, la saisie-gagerie a lieu *avec la permission du juge*. Quel est le juge compétent? On sait qu'aux termes de l'article 13, § 2, pour toutes saisies qui ne peuvent avoir lieu qu'en vertu de la permission du juge, cette permission est accordée par le juge de paix du lieu où la saisie doit être faite, toutes les fois que les causes de la saisie rentrent dans sa compétence. Or, les causes de la saisie-gagerie consistent en une créance de loyers ou de fermages, et aux termes de l'article 3, en matière de bail, quel que soit le montant de la location verbale ou écrite, les tribunaux de paix connaissent sans appel jusqu'à la valeur de 500 francs,

et à charge d'appel, à quelque valeur que la demande puisse s'élever, des
actions en paiement de loyers ou fermages. Il suit de là que les causes de
la saisie-gagerie rentrent toujours dans la compétence du juge de paix, et
par conséquent, c'est le juge de paix du lieu où se trouvent les meubles à
saisir qui autorise la saisie.

Procès-verbal de saisie-gagerie. — Une fois qu'on a obtenu la
permission du juge, on procède à la saisie-gagerie dans la même forme
que pour la saisie-exécution ; le saisi peut être constitué gardien (art. 389,
§ 1). Le procès-verbal peut être libellé suivant la **formule n° 77**. On le
notifie en se conformant aux règles habituelles et spécialement à ce qui a
été dit pour la saisie conservatoire (*supra,* art. 309).

Demande en validité. Juge compétent. — Une fois la saisie-gagerie
pratiquée, il faut, pour arriver à la vente, la faire convertir en saisie-
exécution par un jugement qui statue sur la créance du saisissant et qui
prescrit la vente des meubles saisis. C'est ce qui résulte de l'article 389,
§ 2 ainsi conçu : les objets saisis ne peuvent être vendus qu'après que la
saisie-gagerie a été déclarée valable par justice, le débiteur dûment
appelé.

C'est le juge de paix qui est compétent, sans appel jusqu'à 500 francs et
à charge d'appel à quelque valeur que la demande puisse s'élever. Nous
avons dit (*supra,* art. 13) que la somme dont dépend le ressort doit
s'entendre de la valeur des causes de la saisie, c'est-à-dire de la valeur du
loyer réclamé. Le juge de paix statue en dernier ressort si le loyer dû ne
dépasse pas 500 francs. Il semble d'ailleurs que la compétence appartient
au juge de paix *du lieu de la saisie* (arg. art. 13, § 2).

Saisie foraine. Ses cas d'application. — La saisie foraine suppose
un créancier qui habite la localité où se trouvent les objets à saisir et un
débiteur *forain,* c'est-à-dire un débiteur qui n'a ni domicile ni résidence
dans cette localité. Tout créancier, même sans titre, porte l'article 390, § 1,
peut, avec la permission du juge, faire saisir les effets trouvés en la localité
qu'il habite et appartenant à son débiteur forain.

Permission du juge. Juge compétent. — Il faut la permission du
juge. Quel juge est compétent ? Si les causes de la saisie, c'est-à-dire si la
créance du saisissant rentre dans la compétence du juge de paix, on
s'adresse au juge de paix du lieu où la saisie doit être faite (art. 13, § 2).
Si les causes de la saisie excèdent sa compétence, on est conduit, étant
donné le caractère d'urgence de la saisie foraine, à s'adresser au juge des
référés (art. 219, § 1), qui est le juge de paix, ou bien le président du tribunal si l'on est au lieu où siège le tribunal (art. 19). S'il y a litige engagé,
la compétence peut encore appartenir au président de la juridiction saisie
(art. 219, § 3). Ainsi, en règle générale, c'est le magistrat qui est sur place,
juge de paix ou président de tribunal, qui est compétent pour autoriser la
saisie foraine ; il statue, le cas échéant, comme juge des référés, mais il
n'importe, puisque le juge des référés peut statuer par ordonnance sur
requête (art. 221).

Procès-verbal de saisie foraine. — Une fois la permission accordée,
la saisie est pratiquée par un agent du secrétariat qui procède comme pour
la saisie-exécution. En ce qui concerne la garde, on applique l'article 390,
§ 2, c'est-à-dire que le saisissant est gardien des effets, s'ils sont entre ses
mains. Hormis ce cas, on constitue gardien conformément au droit com-

mun, donc on peut constituer le saisi avec le consentement du saisissant, ou bien un tiers gardien (art. 330, 313). Le procès-verbal peut être libellé suivant la **formule n° 78**. Il est notifié suivant les règles habituelles.

Demande en validité. Juge compétent. — Il faut ensuite prendre jugement : la saisie foraine est convertie en saisie-exécution, s'il y a lieu, par le jugement qui, le saisi dûment appelé, statue sur la créance prétendue par le saisissant (art. 391). Le tribunal compétent sera, semble-t-il, celui du lieu de la saisie. Ce sera le tribunal de paix ou le tribunal d'instance suivant que les causes de la saisie (c'est-à-dire la créance du saisissant) rentrent ou ne rentrent pas dans la compétence du juge de paix. Le juge de paix ne connaîtra de la demande en validité qu'à charge d'appel (Sur tous ces points, art. 13). Au tribunal d'instance, il semble qu'on s'attachera aussi à la créance du saisissant pour savoir si l'appel est ouvert.

CHAPITRE V

DE LA SAISIE-REVENDICATION

(Art. 392 à 393).

Saisie-revendication. Ses cas d'application. — La saisie-revendication a pour objet de garantir la propriété mobilière et le droit réel de gage. Elle ne tend pas, comme les autres saisies, à la vente, mais à la restitution du bien mobilier ou du gage. Elle suppose un saisissant ayant sur un meuble un droit réel armé du droit de suite. C'est la loi de fond applicable au saisissant qui dira si cette condition se trouve remplie.

La saisie-revendication peut appartenir à un bailleur d'immeuble en raison de son droit de gage sur les meubles garnissants que le locataire a, on le suppose, déplacés sans son consentement. Ici elle tend comme la saisie-gagerie à assurer le paiement des loyers, et il semble bien que les textes du Dahir assimilent ces deux saisies, soit quant à la compétence (art. 3, § 6), soit quant à leurs conditions d'exercice (art. 387, § 2), alors du moins que le bailleur et le locataire se trouvent seuls en présence. Au contraire, s'il y a contestation de la part d'un tiers (art. 3, § 6, *in fine*), ou si la saisie-revendication est exercée par un autre que le bailleur, elle reprend son caractère propre ; c'est le meuble revendiqué qui est en jeu, ce n'est plus une créance de loyer, et il va s'en suivre des conséquences un peu différentes, notamment quant à la compétence (*infra*, art. 392, 393).

Permission du juge. Juge compétent. — Il ne peut être procédé à aucune saisie-revendication sans la permission du juge (art. 392, § 1, 1re phrase). La permission sera demandée au juge de paix du lieu si la valeur des effets revendiqués — qui constitue la cause de la saisie — rentre dans les limites de sa compétence (art. 13, § 2), et encore s'il s'agit d'une revendication faite par un bailleur sans contestation de la part d'un tiers (art. 3, 387 et arg. de ces textes). Dans les autres cas on est conduit, étant donné le caractère d'urgence de la saisie-revendication, à s'adresser au juge des référés (art. 219, § 1), qui sera le juge de paix, ou bien le président du tribunal si l'on est au lieu où siège le tribunal (art. 19). S'il y a litige engagé, la compétence pourra encore appartenir au président de la juridiction saisie (art. 219, § 3).

Les effets revendiqués sont désignés sommairement dans la requête présentée au juge, et l'ordonnance est rendue à charge d'en référer en cas de difficulté (art. 392, § 1, 2e phrase). La suite de l'article prévoit un cas de ce genre : si celui chez lequel sont les effets qu'on veut revendiquer s'oppose à la saisie, il est sursis à celle-ci, et la difficulté est portée devant le juge des référés, sauf le droit pour l'agent d'exécution de placer gardien aux portes jusqu'à ce que le juge des référés ait statué (art. 392, § 2).

Procès-verbal de saisie-revendication. — La saisie-revendication est faite en la même forme que la saisie-exécution (art. 393, § 1). Le texte ajoute que le saisi peut être constitué gardien. Cette règle se combinera avec celles des articles 330, 313, applicables à la saisie-exécution.

Le procès-verbal pourra être libellé suivant la **formule n° 79.**

Demande en validité. Juge compétent. — La demande en validité est portée devant le juge du domicile de celui sur qui la saisie est faite (art. 393, § 2, 1re phrase). Ce sera le juge du lieu de la saisie, comme en matière de saisie-gagerie et de saisie foraine (V. *supra*), toutes les fois que celui entre les mains duquel on revendique le meuble s'en attribue la propriété. Mais s'il le détient pour compte d'un tiers, par exemple pour le compte d'un déposant, d'un prêteur, c'est celui-ci qui joue le rôle de saisi, et, par conséquent, il pourra arriver que le juge compétent pour la validité ne soit plus le juge du lieu. L'article 393, § 2, ajoute : toutefois si cette saisie est connexe à une instance déjà pendante, la demande en validité doit être jointe à celle-ci. C'est une application de l'article 25.

A un autre point de vue, faut-il s'adresser au tribunal de paix ou au tribunal d'instance? Les observations qui précèdent fournissent la réponse. S'il s'agit d'une saisie-revendication de bailleur, sans contestation de la part d'un tiers, le juge de paix en connaît conformément à l'article 3, c'est-à-dire, sans appel, si le loyer dû ne dépasse pas 500 francs, à charge d'appel s'il dépasse ce chiffre. S'il y a contestation de la part d'un tiers, ou si la saisie-revendication est exercée par un autre que le bailleur, on est en dehors de l'article 3, et l'on s'attache à la valeur du meuble revendiqué pour déterminer soit la compétence, soit le ressort.

CHAPITRE VI

DES DIVERSES PROCÉDURES CONCERNANT L'ÉTAT DES PERSONNES

A. *Dispositions générales.*

(Art. 394).

Aux termes de l'article 394, les articles du présent chapitre sont applicables : 1° à toutes les personnes de nationalité française; 2° à toutes les personnes de nationalité étrangère, en tant que les dispositions desdits articles sont conciliables avec leur statut personnel et sauf stipulation contraire dans les conventions diplomatiques.

Le rapport servant d'introduction aux Dahirs souligne en ces termes l'importance du principe ainsi posé : « Il faut noter l'idée directrice dont s'est inspirée la Commission pour les procédures concernant les matières qui touchent à l'état des personnes (chap. vi, art. 394 à 473)..... Il n'était pas suffisant de garantir formellement aux ressortissants des divers États l'application, quant aux règles de fond, de leur statut personnel : principe fondamental que rappelle en termes exprès l'article 3 du Dahir sur la condition civile des Français et des étrangers. Il fallait aussi, en édictant, en vertu de l'axiome classique « *locus regit actum* », la loi locale de la procédure à suivre dans les difficultés concernant le statut personnel, poser ces règles de procédure de telle manière qu'elles fussent assez souples pour s'accorder toujours avec le fond du droit international applicable à chacune des parties, et les libeller assez prudemment pour que tout empiétement sur le fond du droit fût évité. C'est à quoi s'est efforcée la Commission dans ce chapitre vi : elle a, en réalité, établi ainsi presque l'équivalent d'une loi de procédure internationale propre à s'adapter aux litiges concernant les lois nationales les plus diverses ». On voit tout l'intérêt qui s'attache aux procédures tracées par les articles 394 à 473 ; il est essentiel de suivre exactement les textes et de se mettre, ici plus que jamais, en garde contre la tendance qui consiste à laisser plus ou moins de côté la procédure spéciale au Maroc, pour reprendre les errements de France.

B. Rectification des actes de l'état civil.

(Art. 395-396).

Procédure de la demande en rectification. Jugement. — La demande en rectification d'un acte de l'état civil est présentée devant le tribunal de première instance dans les formes ordinaires. La communication aux parties intéressées est faite, s'il y a lieu, dans les formes ordinaires. Le tribunal ordonne, s'il l'estime utile, que le conseil de famille soit préalablement convoqué (art. 395). Ce texte conduit aux conséquences qui suivent :

1° Pour demander la rectification d'un acte de l'état civil, on dépose au secrétariat du tribunal de première instance une requête pour laquelle sont applicables les articles 145 à 149 (V. *supra*) ;

2° Le président du tribunal désigne un rapporteur conformément à l'article 150 ;

3° Le juge rapporteur ordonne la communication de la requête aux parties intéressées, c'est-à-dire qu'il suit sur cette requête conformément aux articles 150 à 154. Le texte dit que la communication est faite *s'il y a lieu.* Cela dépend, en effet, du point de savoir s'il y a en fait — ou bien en droit d'après la loi nationale applicable — un adversaire avec lequel il faut lier l'instance. La question peut être délicate. Le juge rapporteur a la faculté de la porter devant la chambre du conseil qui réglera cette question de notification (art. 150, § 2) ;

4° En tous les cas, le juge rapporteur met, conformément à l'article 155, la demande en état d'être jugée ;

5° Il pose, le cas échéant, à la chambre du conseil le point de savoir si elle estime utile — en fait et peut-être en droit d'après la loi applicable — que le conseil de famille soit préalablement convoqué ;

6° L'instruction une fois terminée, le dossier est transmis par le juge rapporteur au procureur commissaire du Gouvernement conformément à l'article 156 ;

7° Enfin le juge rapporteur porte l'affaire devant le tribunal pour recevoir jugement. En l'absence d'un texte spécial, il semble qu'il faut dire, conformément au droit commun, qu'elle sera examinée en chambre du conseil si le demandeur à la rectification n'a pas d'adversaire, à l'audience s'il a un adversaire, et qu'en tous cas le jugement sera rendu en audience publique.

Comment s'exécute le jugement de rectification. — Si le tribunal ordonne la rectification d'un acte de l'état civil, celui-ci n'est pas modifié matériellement ; mais le jugement de rectification est inscrit sur le registre par l'officier de l'état civil aussitôt qu'il lui a été remis ; mention en est faite en marge de l'acte réformé et l'acte n'est plus délivré qu'avec les rectifications prescrites (art. 396).

C. *Administration et envoi en possession des biens d'un absent.*

(Art. 397 à 399).

Procédure en matière d'absence. — S'il y a nécessité de pourvoir à l'administration provisoire de tout ou partie des biens laissés par une personne disparue et qui n'a point — ou qui n'a plus — de mandataire, s'il y a lieu, d'après le statut personnel d'une personne disparue, à déclaration d'absence, à envoi en possession provisoire des biens ou à toute autre mesure analogue, les textes (art. 397, 399) disent qu'il y est statué par le tribunal de première instance du lieu du dernier domicile, ou à défaut, de la dernière résidence, sur la demande des parties intéressées. L'article 398 ajoute que le ministère public est spécialement chargé de veiller aux intérêts des personnes présumées absentes.

Au point de vue de la procédure, on applique les formes ordinaires. Donc la demande est introduite, au besoin par le ministère public (arg. art. 398), par une requête déposée au secrétariat. Le président désigne un rapporteur ; celui-ci instruit la demande, la met en état, la communique au ministère public, puis enfin la porte devant le tribunal pour recevoir jugement. Il n'y a pas d'adversaire ; il semble donc que l'affaire sera examinée en chambre du conseil, mais le jugement sera rendu en audience publique.

D. *Autorisation de femme mariée.*

(Art. 400, 401).

L'article 544, que nous trouverons plus loin, décide que peuvent seuls ester en justice ceux qui ont qualité et capacité pour faire valoir leurs droits et que le juge relève d'office le défaut de qualité ou de capacité ou le défaut d'autorisation, lorsque celle-ci est exigée. Le point de savoir si la femme a besoin de l'autorisation maritale dépend de son statut personnel. Les textes auxquels nous arrivons s'occupent du cas où cette autorisation est nécessaire et n'a pas été obtenue.

L'autorisation n'est pas obtenue, soit parce que le mari la refuse, soit parce qu'il est dans l'impossibilité de la donner.

Refus par le mari de l'autorisation d'ester en justice. — Le cas est réglé par l'article 400. Il semble conduire à la procédure qui suit :

1º La femme adresse une sommation au mari pour faire constater le refus (on applique l'art. 217, V. *supra*) ;

2º Elle dépose une requête au secrétariat du tribunal de première instance du domicile du mari. La femme demande que son mari soit cité en chambre du conseil pour qu'il fasse connaître les causes de son refus et que le tribunal lui confère l'autorisation nécessaire, si le mari ne se présente pas ou ne justifie pas sa résistance.

3º Cette requête est suivie de la désignation d'un rapporteur qui met l'affaire en état, et finalement la communique au ministère public (art. 150, 155, 156).

4º Le rapporteur porte ensuite l'affaire devant le tribunal, chambre du conseil. La procédure est contentieuse mais ici il y a un texte (art. 400, § 1) qui attribue compétence à la chambre du conseil. Le rapporteur convoque les parties devant cette chambre (formules n⁰ˢ 45 et 43 *mutatis mutandis*). Le mari est spécialement *invité à comparaître en personne pour déduire les causes de son refus.*

5° Le mari entendu, ou faute par lui de se présenter, il est rendu *en audience publique* un jugement qui statue sur la demande de la femme et qui n'est pas susceptible d'opposition (art. 400, § 2), mais il reste susceptible d'appel (arg. art. 18).

L'article 400 suppose que la femme est demanderesse (arg. de ces mots : *pour la poursuite de ses droits*). Si elle est défenderesse, il semble que le demandeur doit provoquer l'autorisation du mari ou de justice et que, si le mari ne donne pas l'autorisation, il appartient au juge saisi de la contestation de conférer incidemment l'autorisation (arg. art. 25).

S'il s'agit d'une affaire du tribunal de paix, c'est le juge de paix qui statue à l'effet d'autoriser la femme au refus du mari. Il l'autorise soit comme demanderesse, soit comme défenderesse, par le jugement même qui tranche le litige. Il statue, quant à ce, par une disposition spéciale et toujours susceptible d'appel (art. 15, §§ 1, 3).

Cas d'incapacité ou d'absence du mari. — Ici la loi donne compétence au tribunal de paix du domicile ou de la résidence de la femme (art. 401). La femme présente requête au juge de paix. Celui-ci, après examen, statue en audience publique, et à charge d'appel (arg. art. 15), sur la demande d'autorisation.

Si la femme est défenderesse il semble que, comme dans le cas précédent, c'est le tribunal saisi de la demande principale qui conférera l'autorisation. Cette solution s'appuie sur l'article 25; l'article 401 n'y fait pas obstacle, car, comme l'article 400, il envisage seulement le cas d'une femme qui agit « pour la poursuite de ses droits », c'est-à-dire d'une femme demanderesse.

S'il s'agit d'une affaire du tribunal de paix, on se conformera à l'article 15 (V. *Supra*). La rédaction de ce texte permet de l'appliquer au cas où il y a impossibilité d'autoriser comme au cas où il y a refus.

E. Séparation de biens.

(Art. 402 à 410).

Demande en séparation de biens. — Aucune demande en séparation de biens ne peut être formée sans une autorisation préalable, donnée par le président du tribunal de première instance sur la requête qui lui est présentée à cet effet; peut néanmoins le président, avant de donner l'autorisation, faire les observations qui lui paraîtront convenables (art. 402). Ainsi la procédure de séparation de biens débute par une requête afin d'autorisation, adressée au président, que la femme dépose au secrétariat du tribunal de première instance du domicile du mari. Le président accorde ou refuse l'autorisation par ordonnance au bas de la requête. Il peut aussi surseoir et faire toutes observations convenables.

La demande en séparation de biens est ensuite présentée dans les formes ordinaires, c'est-à-dire conformément aux articles 145 à 149 (art. 403 et arg. de ce texte). Elle est accompagnée des pièces justificatives (même texte). C'est la règle ordinaire (art. 148). On y joint notamment l'autorisation délivrée par le président en conformité de l'article 402.

Publicité. — La demande en séparation de biens est entourée d'une certaine publicité qui est ainsi réglée : le secrétaire-greffier inscrit, sans délai, sur un tableau placé à cet effet dans les locaux du tribunal, un extrait de la demande en séparation, lequel comprend : 1° la date de la demande ; 2° les noms, prénoms, profession, nationalité prétendue et demeure des époux. Pareil extrait est inséré dans l'un des journaux désignés pour les annonces légales (art. 403). Ces formalités ne présentent aucune difficulté d'exécution. Observons seulement qu'il semble bien qu'elles sont d'ordre public ; qu'à ce titre, elles sont prescrites à peine de nullité, sans qu'on puisse songer à appliquer l'article 549 (V. art. 404).

Instance. — La demande s'instruit conformément aux articles 150 et suivants. C'est le droit commun ; il faut l'appliquer toutes les fois qu'il n'y est pas dérogé par des règles spéciales. Nous rencontrons ici deux de ces règles :

1° L'aveu du mari ne fait pas preuve, lors même qu'il n'y aurait pas de créanciers (art. 405) ;

2° Il ne peut être, sauf les actes conservatoires, prononcé sur la demande en séparation aucun jugement (soit sur le fond, soit sur un incident) qu'un mois après l'exécution des deux formalités prescrites en l'article 403, à peine de nullité qui peut être opposée par le mari ou par ses créanciers (art. 404). On veut que les créanciers du mari aient le temps d'intervenir à l'instance. L'article 406 précise ainsi leurs droits : les créanciers du mari peuvent, jusqu'au jugement définitif, prendre communication, au secrétariat du tribunal, de la demande en séparation et des pièces justificatives ; ils peuvent aussi intervenir pour la conservation de leurs droits. Pour la communication des pièces, on appliquera l'article 153 ; pour l'intervention, l'article 193 (V. *supra*).

Jugement. Publicité. — Il y a relativement au jugement trois règles spéciales :

1° Il est soumis, de même que la demande, à une certaine publicité. Cette publicité est plus large que la première ; le jugement de séparation est, après qu'il a été prononcé en audience publique, inséré par extrait sur un tableau à ce destiné, et exposé pendant un an, tant dans les locaux du tribunal de première instance que dans ceux du tribunal de paix du domicile du mari, et dans la salle principale de la chambre de commerce la plus voisine de ce domicile, s'il en existe dans la circonscription du tribunal qui a statué (art. 407) ;

2° Le jugement qui prononce la séparation de biens remonte, quant à ses effets, au jour de la demande (art. 408, § 1). Cette rétroactivité, exceptionnelle, puisqu'il s'agit d'un jugement constitutif d'un droit nouveau, est rendue possible par le fait que la demande a été soumise à la publicité ;

3° La femme ne peut commencer l'exécution du jugement que du jour où les formalités de publicité prescrites par l'article 407 ont été remplies, sans que néanmoins il soit nécessaire d'attendre l'expiration du délai d'un an prévu à cet article (art. 408, § 2). Ce texte montre que ici encore les formalités de publicité sont prescrites à peine de nullité de l'exécution.

Droit des créanciers du mari. — Les créanciers du mari, s'ils sont restés étrangers à l'instance, peuvent se pourvoir par tierce opposition contre le jugement de séparation. C'est une application de l'article 238. Ce droit devrait leur appartenir pendant trente ans (arg. art. 238, 284). Il est limité à un délai beaucoup plus court par l'article 409 ainsi conçu : si les formalités prescrites par les articles 407 et 408 ont été observées (ne faut-il pas lire le texte comme s'il disait : « ..... prescrites par les articles précédents »); les créanciers du mari ne sont pas reçus, après l'expiration du délai d'un an établi en l'article 407, à se pourvoir par tierce opposition contre le jugement de séparation.

Telles sont les règles spéciales à la procédure de séparation de biens. Elles constituent des formes substantielles auxquelles ne s'applique pas l'article 549 (arg. art. 402, 404, 408). Il appartient aux magistrats, qui ont la direction des procédures, de tenir la main à leur stricte observation. Par exemple le juge rapporteur n'ordonnera la notification d'une demande en séparation de biens qu'autant qu'il lui sera justifié de l'autorisation préalable prescrite par l'article 402, de la publicité prescrite par l'article 403 (cf. *supra,* observations sur l'article 150); il ne fera rendre aucun jugement avant l'échéance du délai d'un mois prescrit par l'article 404; son rapport à l'audience ainsi que le jugement contiendront le résumé de la procédure suivie conformément aux articles 402 et suivants (cf. *supra*, art. 185, 73, 289 et observations sur ces articles); il veillera, relativement aux créanciers du mari, à l'application des articles 406, 409; il veillera, après le prononcé du jugement de séparation, à l'accomplissement des formalités de publicité de l'article 407. De même le président de la juridiction, auquel on demande la mise à exécution d'un jugement de séparation (art. 294), s'assurera qu'il est satisfait à l'article 408, c'est-à-dire que la publicité du jugement a été faite; tout au moins il n'ordonnera la mise à exécution qu'à charge de faire la publicité.

Renonciation à la communauté. — La renonciation de la femme à la communauté de biens entre époux est faite au secrétariat du tribunal saisi de la demande en séparation (art. 410; cf. art. 523).

F. *Divorce.*

(Art. 411 à 433).

I. *Mesures préliminaires.*

La procédure du divorce débute par les mesures dites préliminaires. Elles comprennent deux phases, la présentation de la requête et l'essai de conciliation, chacune d'elles aboutissant à une ordonnance.

Présentation de la requête. — L'époux *dont le statut personnel autorise le divorce* présente, en personne, sa requête au président du tribunal de première instance (art. 411, § 1). Le tribunal compétent est celui du domicile ou de la résidence du défendeur, conformément à l'article 23.

En cas d'empêchement dûment constaté de l'époux demandeur, le président du tribunal se transporte, assisté du secrétaire-greffier à son domicile (art. 411, § 3). Si l'époux demandeur empêché réside hors du ressort du président, on sait que certains arrêts (V. notamment Alger, 30 mars 1909, S., 09. 2. 285) autorisent le président à donner commission rogatoire au président du tribunal de la résidence de ce demandeur pour accomplir toute la procédure préalable de conciliation, jusques et y compris l'ordonnance qui permet d'introduire la demande devant le tribunal. Ici, on peut trouver un point d'appui en ce sens dans l'article 554 du Dahir de procédure.

En cas d'interdiction légale résultant d'une condamnation, la requête à fin de divorce ne peut être présentée par le tuteur que sur la réquisition ou avec l'autorisation de l'interdit. En cas d'interdiction judiciaire, le tuteur de l'interdit peut, avec l'autorisation du conseil de famille, présenter la requête et défendre à l'instance à fin de divorce (art. 411, §§ 4, 5; cf. art. 469 et suiv.).

Aux termes de l'art. 411, § 2, le président peut être remplacé par un juge faisant fonctions de président; mais les attributions qui lui sont conférées par le présent article et les articles suivants, relatifs à la procédure de divorce, ne peuvent être exercées par les juges de paix statuant comme juge des référés. C'était utile à dire car, dans certaines matières (Ex. : saisie conservatoire, saisie-arrêt, saisie-foraine, saisie-revendication) cette situation se rencontre par suite des règles posées par les articles 19, 219. Dès lors que le président ne peut pas être remplacé par le juge de paix, il semble que, *a fortiori*, il ne pourra pas être remplacé suivant le mode prévu par le Dahir du 12 mars 1914.

Le président du tribunal, après avoir entendu le demandeur et lui avoir fait les observations qu'il croit convenables, invite par une ordonnance rendue sur le vu de la requête, les parties à comparaître devant lui à l'heure et au jour qu'il indique, et désigne l'agent chargé de notifier cette ordonnance (art. 412). Il peut, par cette même ordonnance, autoriser l'époux demandeur à résider séparément, en indiquant, s'il s'agit de la femme, le lieu de la résidence provisoire (art. 413). L'ordonnance pourra être libellée selon la **formule n° 80**.

Essai de conciliation. — Nous arrivons à la deuxième phase de la procédure préliminaire. Elle débute par la notification de l'ordonnance de l'article 412. Cette notification se fait conformément aux articles 55, 56, 57, mais on doit tenir compte de trois règles posées par les articles 412 *in fine*, 414, 425 : 1° il faut que le président désigne l'agent chargé de notifier l'ordonnance (art. 412 *in fine*). Cet agent sera (art. 55) ou un agent du secrétariat, ou la poste, ou bien une autorité administrative, diplomatique ou consulaire. Le président dira par exemple (V. formule *in fine*) *que le secrétaire-greffier en chef de tel secrétariat (ou son délégué), que le préposé de tel bureau de poste, que l'agent désigné par telle autorité administrative, diplomatique ou consulaire, est chargé de la notification.* Une note jointe au certificat de remise (V. *infra*) rappellera cette disposition de l'ordonnance; 2° il faut que la notification soit faite à l'époux défendeur trois jours au moins avant le jour fixé pour la comparution, outre les délais de distance prévus aux articles 59 et 60, le tout à peine de nullité (art. 414); 3° il faut enfin que la notification soit faite *à personne*. L'article 425 trace la marche à suivre. Pour l'application de ce texte, on joint au certificat de remise une note qui dira en substance : « *L'agent chargé de la remise doit, conformément à l'article 425 du Dahir de procédure, remettre le pli de notification au destinataire en personne. En cas d'impossibilité, il remettra le pli à domicile entre les mains de parents ou amis du destinataire, serviteurs, portiers ou concierges, en ayant soin de joindre au certificat de remise tous renseignements de nature à permettre de tenter, conformément à la loi, une nouvelle notification à la personne* «. Sur le vu de cette note et de tous autres renseignements qui auront pu être recueillis sur la résidence de la partie défenderesse, le président « *en conformité de l'article 425 et attendu que la notification de l'ordonnance prévue à l'article 412 n'a pu avoir lieu à personne* » ordonne une seconde notification par la voie appropriée, en faisant joindre au certificat une note comme il a été dit. Si cette deuxième notification n'aboutit pas non plus à une remise à personne, le président, sur le vu des nouveaux renseignements fournis, ordonne, *s'il y a lieu*, une troisième notification.

Il faut fixer le jour de la comparution des époux à une date assez éloignée pour qu'on puisse, le cas échéant, procéder à cette double, ou même à cette triple notification et, en outre, pour que les délais de l'article 414 se trouvent observés.

C'est seulement à l'époux défendeur que l'ordonnance est notifiée.

L'époux demandeur, qui est venu en personne présenter sa requête, est invité de vive voix à comparaître au jour fixé pour la conciliation. Le secrétariat constate l'avis donné par une mention écrite en marge de l'ordonnance et qu'il fait, au besoin, signer par la partie.

Au jour indiqué, le président du tribunal entend les parties en personne. Si l'une d'elles se trouve dans l'impossibilité de se rendre auprès du magistrat, celui-ci détermine le lieu où sera tentée la conciliation, ou donne commission pour entendre le défendeur..... L'article 415 prévoit ainsi l'impossibilité pour une partie de se rendre à la conciliation; nous avons vu qu'on règle, par analogie, le cas d'impossibilité pour le demandeur de venir présenter sa requête. Le texte continue : en cas de non-conciliation ou de défaut, le président rend une ordonnance qui constate la non-conciliation ou le défaut, et autorise le demandeur à introduire sa demande devant le tribunal. Il statue à nouveau, s'il y a lieu, sur la résidence de l'époux demandeur, sur la garde provisoire des enfants, sur la remise des effets personnels, et il a la faculté de statuer également, s'il y a lieu, sur la demande d'aliments. Cette ordonnance est exécutoire par provision; elle est susceptible d'appel dans le délai de huitaine à partir de la notification (art. 415, §§ 1, 2, 3). Le président, suivant les circonstances, avant d'autoriser le demandeur à saisir le tribunal, peut ajourner les parties à un délai qui n'excède pas vingt jours, sauf à ordonner les mesures provisoires nécessaires (art. 416, § 2).

Les textes que nous venons de transcrire marquent l'objet et les résultats possibles de la tentative de conciliation. L'ordonnance autorisant le demandeur à saisir le tribunal rappelle le permis de citer du droit commun. Cette ordonnance de l'article 415 succède à l'ordonnance de l'article 412; elle marque le terme de la procédure préliminaire. Elle peut être libellée suivant la formule n° 81. Elle est notifiée dans les formes ordinaires des articles 55, 56, 57; ici ne s'appliquent pas les règles spéciales de l'article 425. C'est une décision contentieuse clôturant l'incident de conciliation. A ce titre, nous pensons qu'il faut lui appliquer la règle précédemment déduite sous les articles 77, 192, et dire qu'elle sera notifiée d'office aux deux époux. Comme ils sont venus pour l'essai de conciliation, le secrétariat pourra notifier séance tenante, en remettant à chaque époux contre certificat de remise, le pli de notification préparé selon l'usage. Cette notification fera courir le délai de huitaine pendant lequel l'ordonnance est susceptible d'appel devant la Cour.

Le demandeur peut, nonobstant l'appel, saisir le tribunal, car l'ordonnance est exécutoire par provision. On sait que cette situation crée une difficulté. Il semble qu'elle pourra, au moins dans une certaine mesure, être évitée, puisqu'il dépendra du rapporteur de diriger sa procédure de manière à prévenir un conflit entre l'arrêt de la Cour et les décisions que pourrait prendre le tribunal saisi, on le suppose, de la demande de divorce. Par exemple le rapporteur attendra, le cas échéant, huitaine à partir de la notification de l'ordonnance pour prescrire la communication à la partie adverse de la requête introductive.

Aux termes de la disposition finale de l'article 415 : par le fait de cette ordonnance, la femme est autorisée à faire toutes procédures pour la conservation de ses droits et à ester en justice jusqu'à la fin de l'instance et des opérations qui en sont les suites (art. 415, § 4).

II. *Procédure sur le fond. Jugement définitif.*

La cause est instruite et jugée dans les formes ordinaires (art. 416, § 5). Donc, après l'ordonnance de l'article 415, on procède conformément aux articles 145 et suivants. Il y a seulement quelques points à noter :

1° L'époux demandeur doit user de l'autorisation de saisir le tribunal dans un délai de vingt jours à partir de l'ordonnance. Faute de ce faire, les mesures provisoires ordonnées à son profit cessent de plein droit (art. 416, §§ 3, 4). Cela veut dire qu'il doit *déposer sa requête au secrétariat* dans les vingt jours. En effet, dans le système du Dahir, c'est le dépôt au secrétariat qui marque la date de la demande en justice (art. 145 et suiv. et arg. de ces textes); c'est à cette date que la demande est introduite et que le tribunal est saisi; ce n'est pas à la date où la requête est notifiée à l'adversaire; cette notification n'est qu'un acte d'instruction. On relève là une différence avec la procédure du droit commun;

2° L'époux demandeur joint à sa requête les pièces justificatives conformément à l'article 148. Au nombre de ces pièces sont celles qui constatent la procédure préliminaire, spécialement la requête initiale de l'article 411, et les ordonnances des articles 412 et 415;

3° Le juge rapporteur commis prescrit la communication de la requête introductive à l'époux défendeur (art. 150). Nous avons dit que, le cas échéant, il attendra l'expiration du délai de huitaine à partir de la notification de l'ordonnance de l'article 415; il attendra aussi la solution de l'appel, s'il y a eu appel dans ce délai. Le demandeur doit de toute façon déposer sa requête dans les vingt jours, car l'ordonnance est exécutoire par provision. Il s'agit de surseoir, non pas à l'introduction de la demande mais à son instruction, pour permettre au rapporteur d'instruire en connaissance de cause et sans se mettre en contradiction avec l'arrêt de la Cour. La notification de la requête est assujettie (art. 425) aux mêmes formalités que la notification de l'ordonnance de l'article 412. On suit la marche indiquée ci-dessus (V. *Supra, Essai de conciliation*). L'article 425 ajoute : si après ces tentatives (il s'agit des tentatives de notification à personnes réglées par les §§ 1 et 2), la notification à personne n'a pas été possible, le tribunal, avant de prononcer le jugement sur le fond, prescrit l'insertion dans les journaux d'un avis destiné à faire connaître à la partie défenderesse la demande dont elle a été l'objet (art. 425, § 3). Pour l'application de ce texte, il semble que le juge rapporteur doit porter l'affaire à la chambre du conseil (analogie, art. 150) qui ordonnera, par exemple, l'insertion dans tels journaux qu'elle indique, d'un avis *invitant le défendeur à se rendre au secrétariat du tribunal de première instance de..... dans un délai de..... à partir de l'insertion du présent avis, pour y prendre connaissance d'une demande formée contre lui.* C'est seulement après l'expiration du délai, si le défendeur ne s'est pas présenté ou n'a pas fourni de mémoire en défense, et lorsque la procédure est d'ailleurs en état, que le juge rapporteur, après communication au ministère public, renvoie l'affaire à l'audience publique pour faire rendre le jugement sur le fond qui sera nécessairement par défaut (art. 188). La formalité de l'insertion dans les journaux suppose que toutes les tentatives faites pour notifier à personne, d'abord l'ordonnance de l'article 412, ensuite la requête introductive, n'ont pas abouti; cela résulte du texte. Mais faut-il y recourir si l'ordonnance de l'article 412 ayant été notifiée à personne, la requête introductive ne l'est pas? Il semble qu'il faut répondre affirmativement; la jurisprudence fixera ce point;

4° Le demandeur peut, en tout état de cause, transformer sa demande en divorce en demande en séparation de corps (c'est le droit commun), si son statut personnel prévoit cette séparation (art. 417, § 1). Faut-il dire que réciproquement, et sous la même réserve, la demande de séparation de corps peut être transformée en demande de divorce? En droit commun, on répond négativement, parce que, remarque-t-on, ce serait un moyen de soustraire la demande en divorce à l'essai de conciliation qui lui est propre. Mais, dans la procédure du Dahir, la séparation de corps est soumise à la même procédure préliminaire que le divorce (art. 434); donc l'objection disparaît et il ne semble pas qu'il y ait d'autre objection à tirer des textes (art. 417, § 1, 424, 426, 427, 428, 429) que le même article 434 déclare non applicables à la séparation de corps. La jurisprudence élucidera ce point;

5° Lorsqu'il y a lieu à enquête, elle est faite conformément aux dispositions des articles 166 à 169 (art. 423, § 1), c'est-à-dire suivant le droit commun. Toutefois, les parents, à l'exception des descendants, et les domestiques des époux peuvent être entendus comme témoins (art. 423, § 2; cf. art. 101, 102);

6° Les demandes reconventionnelles en divorce peuvent être introduites dans les formes ordinaires (art. 417, § 2; cf. art. 193). Donc elles ne sont pas soumises à la procédure préliminaire qui a déjà eu lieu sur la demande principale. Il semble que l'époux défendeur à une demande en divorce pourra former dans les mêmes conditions une demande reconventionnelle en séparation de corps et que, réciproquement, l'époux défendeur à une séparation de corps pourra former reconventionnellement une demande en divorce (arg. art. 434. V. *supra*). Les demandes reconventionnelles peuvent se produire en appel sans être considérées comme demandes nouvelles (art. 427, § 2; cf. art. 233);

7° Le huis clos peut toujours être ordonné. La reproduction des débats par la voie de la presse, dans les instances en divorce, est interdite sous peine d'une amende de 100 à 2.000 francs (art. 417, §§ 3, 4; cf. art. 182). Mais, bien entendu, le jugement est toujours rendu en audience publique (art. 189);

8° Lorsque la demande en divorce a été formée par l'un des époux pour une cause autre que celles qui, d'après le statut personnel des époux, entraînent de plein droit le divorce, le tribunal, encore que cette demande soit bien établie, peut ne pas prononcer immédiatement le divorce. Dans ce cas, il maintient ou prescrit l'habitation séparée et les mesures provisoires pendant un délai qui ne peut excéder six mois. Après le délai fixé, si les époux ne se sont pas réconciliés, chacun d'eux peut demander au tribunal d'appeler l'une et l'autre parties devant lui en audience publique pour entendre prononcer le jugement de divorce (art. 424, §§ 1, 2, 3). Le jugement qui prononce le sursis par application des deux premiers paragraphes de l'article 424 est notifié aux parties par ordonnance du juge rapporteur, conformément à l'article 192. On sait que, d'après la jurisprudence française, le jugement de sursis n'est pas susceptible d'appel. S'il n'y a pas réconciliation, l'époux le plus diligent dépose une requête aux fins précisées par l'article 424, § 3. Elle aboutit à un nouveau renvoi à l'audience publique *pour entendre prononcer le jugement de divorce;*

9° Aux termes de l'article 429, le jugement ou l'arrêt qui prononce le divorce n'est pas susceptible d'acquiescement.

Suivant une remarque déjà faite (*supra*, art. 409), il appartient aux magistrats qui ont la direction de procédures, de tenir la main à l'observation des règles spéciales à la matière du divorce. Ici encore (Ex. : art. 414), il s'agit de formes substantielles auxquelles ne s'applique pas l'article 549. Le rapport du rapporteur à l'audience, ainsi que le jugement contiendront la preuve que la procédure de divorce, avec les particularités qui lui sont propres, a bien été suivie.

III. *Voies de recours.*

Les jugements ou arrêts qui prononcent le divorce sont notifiés d'office à toutes les parties par ordonnance du juge rapporteur (art. 192, formules n°s 46 et 52); mais s'il s'agit d'un jugement ou d'un arrêt de défaut, il y a des règles spéciales.

Le jugement ou l'arrêt qui prononce le divorce par défaut est notifié par l'agent désigné spécialement à cet effet par le président du tribunal. Si une première notification n'a pu être faite à personne, il est procédé conformément au § 2 de l'article 325 (V. *supra*). Si après les trois tentatives, la notification à personne n'a pas été possible, le président ordonne, sur la requête de la partie demanderesse, la publication du jugement par extrait dans les journaux qu'il désigne. L'opposition est recevable dans le mois de la notification, si elle a été faite à personne, et dans le cas contraire, dans les huit mois qui suivent le dernier acte de publicité (art. 426). Pour donner satisfaction à ce texte, le juge rapporteur signe l'ordonnance de notification habituelle (formule n° 52), mais il vise les articles 192, 426 et il précise que l'opposition est recevable dans les délais indiqués au texte. En marge, le président écrit : « *Nous désignons le secrétaire greffier en chef de tel secrétariat, ou son délégué — ou bien le préposé de tel bureau de poste — ou bien le délégué de telle autorité administrative diplomatique ou consulaire — pour notifier l'ordonnance conformément à l'article 426* ». Enfin le secrétariat joint au certificat de remise une note libellée comme il a été dit ci-dessus (*supra, Essai de conciliation*). On fait les trois tentatives de notification à personne. Si elles n'aboutissent pas, le juge rapporteur, au vu des certificats, invite par un soit transmis (formule n°ˢ 32 ou 33) la partie demanderesse à adresser requête au président du tribunal pour la publication du jugement. Au vu de la requête, le président « *Attendu que malgré les trois tentatives, la notification à personne n'a pas été possible, ordonne que le jugement du ..... prononçant le divorce entre les époux ..... par défaut contre (le mari ou la femme) sera, en conformité de l'article 426 du Dahir de procédure, publié par extrait dans (tels journaux qu'il désigne)* ». On a vu que l'article 426, § 3, fixe, dans tous les cas, pour l'opposition un délai qui déroge au droit commun de l'article 215.

L'appel des jugements de divorce a lieu suivant les formes et dans les délais ordinaires (art. 427, § 1). Donc il doit être formé (art. 226) dans les deux mois de la notification si le jugement est contradictoire et dans les deux mois qui suivent l'expiration des délais d'opposition (V. *supra*), si le jugement est par défaut.

Le délai pour se pourvoir en cassation court du jour de la notification à partie, pour les arrêts contradictoires, et, pour les arrêts par défaut, du jour où l'opposition n'est plus recevable (art. 428, § 1). C'est le droit commun. L'article 14 du Dahir sur l'organisation judiciaire dispose, d'ailleurs, que le pourvoi en cassation est formé dans les conditions prévues par la législation française. Donc le délai du pourvoi sera de deux mois. L'article 428, § 2, ajoute que le pourvoi est suspensif en matière de divorce.

IV. *Exécution du jugement qui prononce le divorce.*

L'exécution d'un jugement a lieu sur la réquisition de la partie bénéficiaire (art. 294). C'est bien ce qui se produit ici (art. 432). Mais il faut que le secrétariat prenne d'office certaines mesures préliminaires, et cela tient à une double particularité des jugements de divorce ; ils ne peuvent s'exécuter que quand ils sont définitifs ; d'autre part, l'exécution doit avoir lieu dans un délai très bref à peine de déchéance.

Dès que la décision est devenue définitive, ce que l'on sait par l'application des règles ci-dessus, il faut que le secrétariat réunisse d'urgence les certificats de non-opposition, de non-appel, ou de non-pourvoi propres à en justifier, et en même temps qu'il fasse la publicité prescrite par l'article 430. Les certificats sont délivrés, savoir : le certificat de non-opposition ni appel contre un jugement par le secrétariat de première instance

(V. *supra*, art. 291), le certificat de non-opposition contre un arrêt de défaut par le secrétariat de la Cour, et enfin le certificat de non-pourvoi par le greffier de la Cour de cassation. La publicité de l'article 430 consiste à afficher, conformément à l'article 407, un extrait du jugement ou de l'arrêt qui prononce le divorce et, en outre, à insérer cet extrait dans l'un des journaux désignés au dit article 430. On remarquera que cette publicité, qui se rattache à l'exécution et qui suppose la décision définitive, ne se confond ni avec celle de l'article 425 complétant la notification, non faite à personne, de l'ordonnance de l'article 412 ou de la requête introductive, ni avec celle de l'article 426 complétant la notification, non faite à personne, du jugement de divorce par défaut.

L'exécution du jugement de divorce consiste essentiellement dans la transcription de la décision sur les registres de l'état civil. Il y a aussi les opérations tendant au règlement des intérêts pécuniaires des époux; il y est fait allusion dans le § final de l'article 415. Les articles 431, 432, 433 règlent la formalité de la transcription. Ne faut-il pas tout d'abord lire le premier de ces textes comme s'il disait : « le dispositif du jugement ou de l'arrêt est transcrit sur les registres de l'état civil du lieu où le mariage a été célébré. Mention est faite de ce jugement ou arrêt en marge de l'acte de mariage. Si le statut personnel des époux ne prévoit pas cette transcription, elle est faite sur les registres de l'état civil du lieu où les époux avaient leur dernier domicile dans le Protectorat français du Maroc » (art. 431)? La transcription est faite à la diligence de la partie qui a obtenu le divorce. A cet effet, la décision est notifiée, dans un délai de deux mois à partir du jour où elle est devenue définitive, à l'officier de l'état civil compétent (suivant les distinctions de l'article 431), pour être transcrite sur les registres. A cette notification doivent être joints le certificat énoncé en l'article 291 (c'est-à-dire le certificat de non opposition ni appel), et, en outre, s'il y a un arrêt, un certificat de non-pourvoi. Cette transcription est faite par les soins de l'officier de l'état civil, le cinquième jour de la réquisition, non compris les jours fériés (art. 432). A défaut par la partie qui a obtenu le divorce de faire la notification dans le premier mois, l'autre partie a le droit, concurremment avec elle, de faire cette notification dans le mois suivant. A défaut par les parties d'avoir requis la transcription dans le délai de trois mois (ne faut-il pas lire : dans le délai de deux mois?) le divorce est considéré comme nul et non avenu (art. 433, §§ 1, 2).

Pour l'application de ces textes, la partie qui a qualité adresse en temps opportun au président de la juridiction une demande écrite tendant à la mise à exécution du jugement de divorce, plus précisément, à la transcription de ce jugement sur les registres de l'état civil de tel ou tel lieu. Le président écrit au bas : *Vu et transmis au secrétariat pour assurer l'exécution conformément aux articles 431 et suivants du Dahir de procédure.* S'il s'agit de transcrire dans un lieu hors du ressort des juridictions françaises, il semble que le secrétariat n'a qu'à faire remise des pièces à la partie, après s'être conformé, le cas échéant, à l'article 25 du Dahir sur l'organisation judiciaire. Il appartient à celle-ci de requérir la transcription suivant la loi de procédure du lieu. Mais, du moins, il faut que le secrétariat puisse faire, en raison des délais impartis par les articles 432, 433, la remise des pièces *sans aucun retard;* voilà pourquoi il doit d'urgence, dès que le jugement est devenu définitif, faire la publicité de l'article 430 et réunir les certificats.

S'il s'agit de transcrire dans un lieu situé dans le ressort des juridictions françaises, alors le secrétariat assure la mise à exécution conformément à l'article 294, c'est-à-dire qu'il fait notifier la décision à l'officier de l'état civil. Ici encore il faut que le secrétariat procède sans aucun retard, car les délais des articles 432, 433 menacent d'une déchéance. La notification peut être faite suivant la **formule n° 82**. A la copie de l'ordonnance on joint une expédition en forme exécutoire du jugement et les certificats constatant qu'il est devenu définitif. Il faut que la notification à l'officier de l'état civil, c'est-à-dire la réquisition de transcription, intervienne dans les trois mois (ne faut-il pas dire : dans les deux mois, V. *supra*), du jour où la décision est devenue définitive, sinon le divorce est nul et non avenu. Dans le premier mois, c'est à la partie qui a obtenu le divorce qu'il appartient de faire la notification. Ensuite l'autre partie a ce droit concurremment avec elle. Le délai court du jour où la décision est devenue définitive, c'est-à-dire après l'expiration du délai d'appel s'il s'agit d'un jugement, et après l'expiration du délai du pourvoi s'il s'agit d'un arrêt. S'il y a eu pourvoi, le délai court du jour de l'arrêt de rejet, ou en cas de cassation, du jour où l'arrêt de renvoi est devenu définitif. Il faut compter le délai conformément à l'article 551. La date de la notification est fournie, suivant la règle ordinaire, par le certificat de remise du pli de notification à l'officier de l'état civil. Il est d'ailleurs bien entendu que la déchéance édictée par l'article 433, § 2 est attachée au défaut de notification dans le délai, et non pas à la négligence de l'officier de l'état civil qui laisserait passer le cinquième jour sans opérer la transcription. Le texte dit qu'il doit transcrire le cinquième jour de la réquisition, non compris les jours fériés. On ne compte pas non plus le jour de la signification, c'est-à-dire le *dies a quo* (arg. art. 551). Donc pour reprendre l'exemple classique, la réquisition ayant été notifiée à l'officier de l'état civil un mardi, et la semaine considérée ne comprenant, on le suppose, pas d'autre jour férié que le dimanche (sur ce point, art. 552), la transcription devra être effectuée le lundi, ni plus tôt, ni plus tard.

La notification à l'officier de l'état civil est un acte d'exécution qui s'accomplit, on l'a vu, en conformité de l'article 294, mais, comme au regard des secrétariats, il consiste uniquement dans la transmission et dans la remise d'un pli de notification, il peut toujours être accompli par le secrétariat même de la juridiction qui a statué, sans qu'il y ait lieu à délégation d'un autre secrétariat. L'observation a son intérêt, car il s'agit d'une notification à effectuer avant l'expiration du délai, donc, sans aucune perte de temps. Il sera, en tous cas, nécessaire que la partie requière la mise à exécution assez tôt pour laisser au secrétariat le temps matériel de réaliser la notification dans le délai. L'expérience ne manquera pas de suggérer aux secrétariats les moyens pratiques pour prévenir toute surprise à cet égard.

V. Mesures provisoires et conservatoires.

Elles peuvent se ranger sous cinq chefs :

1° Mesures provisoires de l'ordonnance de l'article 412. — Le président du tribunal peut, aux termes de l'article 413, par l'ordonnance prévue à l'article 412, autoriser l'époux demandeur à résider séparément, en indiquant, s'il s'agit de la femme, le lieu de la résidence provisoire.

2° Mesures provisoires de l'ordonnance de l'article 415. — Le président du tribunal statue à nouveau, s'il y a lieu, sur la résidence de l'époux demandeur, sur la garde provisoire des enfants, sur la remise des effets personnels, et il a la faculté de statuer également sur la demande d'aliments. On reconnaît assez généralement que le président peut, même par la première ordonnance, statuer sur la garde des enfants et sur la remise des effets, mais que c'est seulement par la deuxième ordonnance qu'il lui appartient de statuer sur la demande d'aliments.

3° Mesures provisoires que le tribunal une fois saisi peut prendre, non pas pour réformer les décisions du président, mais pour les modifier ou les compléter à raison de faits nouveaux. — Lorsque le tribunal est saisi, les mesures provisoires prescrites par le président peuvent être modifiées ou complétées au cours de l'instance par jugement du tribunal.,... (art. 416, § 1, 1re partie). Le tribunal peut, soit sur la demande de l'une des parties intéressées, soit sur celle de l'un des membres de la famille, soit sur les réquisitions du ministère public, soit même d'office, ordonner toutes les mesures provisoires qui lui paraissent nécessaires dans l'intérêt des enfants. Il statue aussi sur la demande relative aux aliments pour la durée de l'instance, sur les provisions et sur toutes les autres mesures urgentes (art. 418). Les ordonnances de l'article 412 et de l'article 415 statuent limitativement sur les objets énumérés aux articles qui les concernent. Au contraire, le tribunal une fois saisi a un pouvoir général pour statuer sur toutes les mesures urgentes, sur les provisions, et notamment sur la provision *ad litem* qui ne rentre pas dans le cadre des ordonnances.

4° Mesures provisoires présentant un caractère d'urgence en cours d'instance que le président peut prendre en référé. — L'article 416, § 1, après avoir parlé des pouvoirs du tribunal, ajoute : sans préjudice du droit qu'a toujours le président de statuer, en tout état de cause, à titre provisoire, sur la résidence de la femme. Ce sera le cas le plus usuel, mais ce ne sera pas le seul, car on trouve là une application du principe général posé par l'article 219, §§ 1 et 3.

L'article 419, reproduit du droit commun, sanctionne d'une manière particulièrement rigoureuse l'obligation pour la femme de conserver la résidence qui lui est assignée. Aux termes de ce texte, la femme est tenue de justifier de sa résidence dans la maison indiquée, toutes les fois qu'elle en est requise; à défaut de cette justification, le mari peut refuser la provision alimentaire et, si la femme est demanderesse, la faire déclarer non recevable à continuer ses poursuites.

Les mesures provisoires de l'ordonnance de l'article 412 ne paraissent susceptibles d'aucun recours, mais leur effet ne se prolonge que très peu de temps. L'ordonnance de l'article 415 est, aux termes de cet article, exécutoire par provision et susceptible d'appel (devant la Cour) dans la huitaine de la notification. C'est le délai ordinaire d'appel pour les ordonnances (art. 224, § 3). Quant aux mesures provisoires ordonnées par le tribunal ou par le président en référé, on appliquera le droit commun (art. 215, 230, § 2, 224) pour les voies de recours dont elles sont susceptibles.

5° Mesures conservatoires que peuvent prendre soit l'un soit l'autre des époux. — L'un ou l'autre des époux peut, dès la première ordonnance et sur l'autorisation du président donnée à la charge d'en référer à ce magistrat, prendre pour la garantie de ses droits des mesures conservatoires, notamment requérir l'apposition des scellés sur les biens de la communauté. Le même droit appartient à la femme, même non commune, pour la conservation de ceux de ses biens dont le mari a l'administration ou la jouissance. Les scellés sont levés à la requête de la partie la plus diligente; les objets et valeurs sont inventoriés et prisés; l'époux qui est en possession en est constitué gardien judiciaire, à moins qu'il n'en soit décidé autrement (art. 420; cf. *infra*, art. 474 et suiv.).

On peut rapprocher l'article 421 aux termes duquel : toute obligation contractée par le mari à la charge de la communauté, toute aliénation par lui faite des immeubles qui en dépendent, postérieurement à la date de l'ordonnance dont il est fait mention à l'article 412, doit être déclarée nulle, s'il est prouvé d'ailleurs qu'elle a été faite ou contractée en fraude de la femme. L'ordonnance de l'article 412 produit ainsi au regard de la femme un effet spécial, précisé par l'article 421, qui lui attribue un caractère conservatoire des droits de la femme. L'ordonnance de l'article 415 produit de même au regard de la femme un effet important indiqué par le dernier paragraphe de cet article (V. *supra*).

VI. *Fins de non recevoir contre l'action en divorce.*

Elles sont au nombre de deux :

1° L'action en divorce s'éteint par la réconciliation des époux survenue soit depuis les faits allégués dans la demande, soit depuis cette demande. Dans l'un et l'autre cas, le demandeur est déclaré non recevable dans son action ; il peut néanmoins en intenter une nouvelle pour cause survenue ou découverte depuis la réconciliation et se prévaloir des anciennes causes à l'appui de sa nouvelle demande (art. 422, §§ 1 et 2) ;

2° L'action en divorce s'éteint également par le décès de l'un des époux survenu avant que le jugement soit devenu irrévocable par la transcription sur les registres de l'état civil (art. 422, § 3).

VII. *Effets du divorce.*

Le jugement dûment transcrit remonte, quant à ses effets entre époux, au jour de la demande (art. 433, § 3). C'est une dérogation aux principes, car il s'agit d'un jugement constitutif de droit nouveau qui, à ce titre, ne devrait pas avoir d'effet rétroactif. Il faut d'ailleurs s'entendre sur l'effet rétroactif : le texte précise que le jugement rétroagit seulement entre époux ; donc la rétroactivité n'a pas lieu à l'égard des tiers, ce qui est très juste puisque la demande en divorce (à la différence de la demande en séparation de biens, art. 403) n'est pas publiée. Il faut, semble-t-il, ajouter que le texte n'a en vue que les effets du divorce quant aux biens. A tous autres égards il n'y aura pas d'effet rétroactif et le divorce n'opérera qu'à compter de la transcription.

G. *Séparation de corps.*

(Art. 434, 435).

Procédure de la séparation de corps. — Sont applicables aux demandes en séparation de corps les dispositions des articles 411 à 416, 417, §§ 2, 3 et 4, 418 à 423, 425, 430. Pour le surplus, ces demandes sont instruites et jugées dans les formes ordinaires (art. 434, §§ 1, 2). Nous tirons de là les conséquences qui suivent :

1° Il y a présentation de la requête conformément à l'article 411 ; première ordonnance du président conformément aux articles 412, 413 et notification de cette ordonnance en tenant compte des articles 412 *in fine*, 414, 425 ; essai de conciliation et en cas de non conciliation ou de défaut, deuxième ordonnance du président conformément à l'article 415, avec notification d'office suivant les règles ordinaires. Tout ce qui a été dit sur ces divers points au paragraphe du divorce s'applique. Notamment on fait usage pour les ordonnances des formules nᵒˢ 80, 81, *mutatis mutandis* ;

2° Ensuite l'époux demandeur dépose sa requête introductive dans les vingt jours de la deuxième ordonnance, en joignant les pièces justificatives notamment celles constatant la procédure préliminaire. Le rapporteur prescrit la communication de la requête, en attendant, semble-t-il, huitaine à partir de la notification de l'ordonnance, et aussi la solution de l'appel, s'il y a eu appel dans ce délai. La requête est notifiée avec les mêmes formalités que l'ordonnance de l'article 412 et en faisant suivre, s'il y a lieu, la notification de la publicité prescrite par l'article 425. Il semble que le demandeur doit être admis à transformer sa demande de séparation de corps en demande de divorce, si son statut personnel prévoit le divorce (V. *supra*). Lorsqu'il y a lieu à enquête, elle est suivie conformément au droit commun des articles 166 à 169, mais étant précisé (art. 423) que les parents, à l'exception des descendants, et les domestiques des époux peuvent être entendus comme témoins. Les demandes reconventionnelles en séparation de corps s'introduisent dans les formes ordinaires (art. 417, § 2), sans être soumises à la procédure préliminaire. Il semble que l'époux défendeur à une séparation de corps doit être admis à demander reconventionnellement le divorce, toujours à la condition que son statut prévoie le divorce (V. *supra*). Il semble encore que les demandes reconventionnelles en séparation de corps, de même que les demandes reconventionnelles en divorce, peuvent se produire en appel sans être considérées comme demandes nouvelles. Mais sur ce point, il y a doute, car l'article 427, § 2, qui pose cette règle pour le divorce, n'est pas déclaré applicable à la séparation de corps (V. art. 434). Les règles sur le huis clos, sur l'interdiction de la reproduction des débats par la voie de la presse s'appliquent (art. 417, §§ 3 et 4). Au contraire, la règle de l'article 424 (faculté pour le tribunal de surseoir pendant six mois à la prononciation de son jugement), de l'article 429 (défense d'acquiescer au jugement) ne s'appliquent pas (V. toutefois sur ce dernier point art. 527). Ici d'ailleurs, comme en toute matière (art. 185, 189), le rapport du rapporteur et le jugement contiendront la preuve que la procédure a été régulièrement suivie, spécialement que les particularités de la procédure de séparation de corps ont été observées (cf. *supra*, observations à la suite des articles 409, 429);

3° Les jugements de séparation de corps sont notifiés et sont susceptibles de recours conformément au droit commun. Ici ne s'appliquent pas les règles dérogatoires des articles 426, 427, 428 qui restent propres au divorce (art. 434, §§ 1 et 2 cbn.);

4° Le jugement de séparation de corps, comme le jugement de divorce, doit être publié par les soins du secrétariat conformément à l'article 430. Les autres règles concernant l'exécution du jugement de divorce, prévues par les articles 431, 432, 433, notamment la transcription sur les registres de l'état civil, ne s'appliquent pas (art. 434, §§ 1, 2);

5° Les textes concernant les mesures provisoires et conservatoires (art. 413, 415, 416, 418, 419, 420, 421. V. *supra*) s'appliquent à la séparation de corps comme au divorce (art. 434, § 1);

6° Sont également applicables les fins de non-recevoir de l'article 422 (V. *supra*);

7° Faut-il dire que le jugement de séparation de corps, quant à ses effets pécuniaires entre époux, rétroagit comme le jugement de divorce, au jour de la demande? En France, on l'admet. Mais ici l'article 434, § 1, en ne déclarant pas applicable à la séparation de corps l'article 433, § 3, qui pose la règle, n'entraîne-t-il pas la négative? La jurisprudence décidera.

Conversion de la séparation de corps en divorce. — Les demandes de conversion de la séparation de corps en divorce sont également instruites et jugées dans les formes ordinaires (art. 434, § 3). Il s'agit ici non pas de

la *transformation d'une demande* de séparation de corps en demande de
divorce (V. *supra*, art. 417), mais de la *conversion d'un jugement* de séparation de corps en jugement de divorce. Le texte s'occupe uniquement de la
question de procédure; la question de fond dépend du statut personnel des
intéressés. Il décide que la demande de conversion est *instruite et jugée*
dans les formes ordinaires. Donc on applique les articles 145 et suivants.
Il va de soi que le jugement qui prononce le divorce par conversion,
entraîne l'application des règles propres au jugement de divorce (V. *supra*).

**Cessation de la séparation de corps par la réconciliation des
époux.** — La séparation de corps peut cesser par la réconciliation, et la
capacité de la femme peut, de ce fait, se trouver modifiée pour l'avenir. Il
ne faut pas que les tiers qui ignoreraient ce nouvel état de choses soient
victimes de surprises. De là l'article 435; il dispose : « Dans le cas où la
capacité de la femme mariée vient à être modifiée pour l'avenir par suite
de la cessation de la séparation de corps résultant de la réconciliation des
époux, et à l'effet de rendre cette modification opposable aux tiers, la
reprise de la vie commune est constatée par un acte authentique, dont un
extrait est affiché conformément à l'article 407, mentionné en marge de
l'acte de mariage et du jugement ou de l'arrêt qui a prononcé la séparation
de corps; et enfin inséré dans un journal destiné à recevoir les annonces
légales. Après l'accomplissement de ces formalités, la modification est
opposable aux tiers ».

H. *Reconnaissance judiciaire de la paternité naturelle.*

(Art. 436).

La reconnaissance judiciaire de la paternité naturelle a fait en France
l'objet d'une loi du 16 novembre 1912.
Le Dahir n'envisage que la question de procédure. Son article 436 dispose : les demandes en reconnaissance judiciaire de la paternité naturelle
sont instruites et jugées dans les formes ordinaires (§ 1). La reproduction
par la voie de la presse des débats y relatifs est interdite, sous peine d'une
amende de 100 à 2.000 francs (§ 2). La même peine peut être appliquée par
le tribunal saisi d'une demande en déclaration de paternité, au demandeur
convaincu de mauvaise foi (§ 3).

I. *Adoption et tutelle officieuse.*

(Art. 437 à 443).

Il s'agit uniquement ici des formes soit de l'adoption, soit de la tutelle
officieuse.

Réception par le juge de paix du contrat d'adoption. — La personne qui se propose d'adopter et celle qui veut être adoptée se présentent
devant le juge de paix du domicile de l'adoptant pour y passer acte de
leurs consentements respectifs (art. 437).

Homologation par la justice du contrat d'adoption. — Une expédition de cet acte est remise, dans les dix jours suivants, par la partie la
plus diligente au procureur commissaire du gouvernement près le tribunal
de première instance dans le ressort duquel se trouve le domicile de
l'adoptant, pour être soumis à l'homologation du tribunal (art. 438). Il

semble qu'il faut joindre une requête qui motivera la désignation d'un
rapporteur, chargé de réunir les renseignements convenables et de porter
l'affaire, une fois mise en état, devant la chambre du conseil, ainsi qu'il va
être dit à l'article 439. La mission du rapporteur consistera uniquement
dans ce double objet sans qu'il y ait lieu à aucune autre forme de procédure (arg. art. 440).

Le tribunal, réuni en chambre du conseil, et après s'être procuré les
renseignements convenables, vérifie : 1° si toutes les conditions exigées
par le statut personnel de l'une et l'autre partie sont remplies; 2° si la
personne qui se propose d'adopter jouit d'une bonne réputation (art. 439).
Après avoir entendu le ministère public, et sans aucune forme de procédure, le tribunal prononce sans énoncer de motifs, en ces termes : *Il y a
lieu* ou *il n'y a pas lieu à l'adoption* (art. 440).

La Cour est, à son tour, appelée à statuer à la suite de cette décision,
qu'elle soit favorable ou défavorable à l'adoption. C'est ce qui résulte de
l'article 441, ainsi conçu : « Dans le mois qui suit le jugement du tribunal
de première instance, ce jugement est, sur les poursuites de la partie la
plus diligente, soumis à la Cour d'appel qui instruit dans les mêmes formes
que le tribunal de première instance et prononce sans énoncer de motifs;
le jugement est confirmé, ou *le jugement est infirmé; en conséquence, il y a
lieu* ou *il n'y a pas lieu à l'adoption* ». Il s'agit là d'actes de juridiction gracieuse. On s'explique ainsi que le tribunal et la Cour examinent l'affaire
en chambre du conseil et que l'affaire soit jugée sans énoncer de motifs.
Mais, en l'absence d'un texte contraire, il semble que le jugement et l'arrêt
doivent être rendus à l'audience publique (*junge* : art. 442).

L'arrêt de la Cour qui admet une adoption est affiché en tels lieux et en
tel nombre d'exemplaires que la Cour juge convenable (art. 442). Le Dahir
ne reproduit pas, comme il l'a fait pour le divorce, la formalité de l'inscription de l'adoption à l'état civil.

Tutelle officieuse. — Il suffit de transcrire l'article 443, aux termes
duquel « l'acte constatant les demandes et consentements relatifs à la
tutelle officieuse est dressé conformément aux dispositions de l'article 437 ».

J. *Déchéance de la puissance paternelle.*

(Art. 444 à 452).

Cas de déchéance. Tribunal compétent. — 1° La déchéance de la
puissance paternelle et des droits qui s'y rattachent doit ou peut être prononcée comme conséquence d'une condamnation pénale (art. 444 *in principio*). La compétence appartient alors à la juridiction répressive saisie de
la poursuite (art. 448). Quels sont maintenant les cas où la déchéance doit
ou peut être prononcée? La réponse se trouve, non pas évidemment dans
le Dahir de procédure, mais dans la loi de fond applicable aux intéressés;
2° L'action en déchéance peut aussi être intentée contre les père et mère
ou autres ascendants qui, par leur ivrognerie habituelle, leur inconduite
notoire et scandaleuse ou par de mauvais traitements, compromettent soit
la santé, soit la sécurité, soit la moralité de leurs enfants et descendants
mineurs (art. 444, § 1er, 2e partie). Ici, la compétence appartient au tribunal de 1re instance (art. 445 et suiv.) du domicile réel ou élu ou de la résidence de celui contre lequel la déchéance est poursuivie (art. 23).

**Procédure de l'action en déchéance. Introduction et instruc-
tion de la demande.** — La demande peut être formée soit par le minis-

tère public, soit par ceux à qui le statut personnel du mineur donne qualité à cet effet (art. 444, § 2). L'instruction de la demande a lieu dans les
formes ordinaires, donc avec dépôt d'une requête et désignation d'un
rapporteur chargé de mettre la procédure en état. Elle est complétée par
une enquête sommaire faite par le ministère public sur la situation de la
famille du mineur et la moralité de ses parents connus. On sait que le
dossier de chaque affaire est transmis par le rapporteur au ministère
public (art. 150); il est ainsi mis à même de prendre les mesures prévues
au texte. Le tribunal prescrit, s'il le juge utile, par décision en chambre
du conseil (analogie, art. 157 et suiv.) la convocation du conseil de famille,
dont l'avis est notifié aux défendeurs dans les formes ordinaires (Sur tous
ces points, art. 445, § 1). La notification de l'avis exprimé par le conseil de
famille se fera par ordonnance (*formule n° 84, mutatis mutandis*), plus simplement par un soit transmis où le rapporteur écrira : *la délibération du
conseil de famille, dont une expédition est ci-jointe, est notifiée à M. ....., défendeur à la demande en déchéance, par application de l'article 445 du Dahir de
procédure.* L'avis du conseil de famille est facultatif, mais il faut obligatoirement l'avis du juge de paix (*Infra,* art. 445, § 2). Il pourra être provoqué
par la chambre du conseil qui, en même temps, dira si elle ordonne la
réunion du conseil de famille.

Toute cette première partie de la procédure suppose une demande formée
à titre principal devant le tribunal de première instance. Elle est étrangère
au cas de déchéance prononcée par une juridiction répressive comme conséquence d'une condamnation pénale. Mais si la juridiction répressive veut,
en outre, organiser la tutelle, il paraît résulter de l'article 448, § 1 qu'elle
doit, comme le tribunal de première instance, se conformer aux règles qui
vont suivre. Pratiquement, il semble que la juridiction de répression se
bornera à statuer sur la déchéance et que si la déchéance est prononcée,
on se pourvoira pour le surplus devant le tribunal de première instance.
La requête à présenter, en ce cas, au tribunal tendra non pas à la déchéance,
mais à l'organisation de la tutelle, comme conséquence de la déchéance
d'ores et déjà prononcée. Sous cette réserve il sera procédé exactement
dans les mêmes formes.

Examen en chambre du conseil. — L'affaire est examinée en chambre
du conseil sur le vu de la délibération du conseil de famille, lorsqu'il a
été convoqué, et de l'avis du juge de paix. Les parents ou autres personnes
(notamment les défendeurs) sont appelés à comparaître en personne. Le
ministère public est entendu en ses conclusions (art. 445, § 2). Nous rencontrerons ici un nouveau cas (cf. art. 400) où la chambre du conseil est
appelée à exercer une juridiction contentieuse.

Si l'examen aboutit au rejet de la demande en déchéance, il n'y a plus
qu'à rendre le jugement comme il sera dit ci-après et tout est fini. Mais si
la demande est reconnue fondée, il faut, en même temps que l'on prononce
la déchéance, régler la dévolution de la puissance paternelle ou organiser
une tutelle.

Mesures provisoires. — Tout d'abord le tribunal, en chambre du
conseil, peut ordonner relativement à la garde et à l'éducation des enfants,
telles mesures provisoires qu'il juge utiles. Les jugements sur cet objet
sont exécutoires par provision (art. 446). Le texte implique, on peut le
remarquer, que ces jugements sont rendus en chambre du conseil; il dit,
en effet, que *le tribunal en chambre du conseil peut ordonner*.....

Dévolution de la puissance paternelle. — Lorsque la déchéance est
prononcée contre le père, le tribunal décide si, dans l'intérêt de l'enfant,

la mère doit exercer, à l'égard des enfants nés ou à naître, les droits de la puissance paternelle (art. 448, § 1). Il ressort du texte que le tribunal doit prendre sur ce point, comme sur la question de déchéance, l'avis du conseil de famille s'il a été convoqué, et de toute façon, l'avis du juge de paix.

Organisation de la tutelle. — Si la mère est prédécédée, si elle a été déclarée déchue, ou si la puissance paternelle ne lui est pas attribuée, il y a alors lieu d'organiser la tutelle. Trois cas sont prévus.

Tutelle déférée dans les termes du droit commun. — Le tribunal peut décider que la tutelle sera constituée conformément au statut personnel du mineur, sans qu'il y ait toutefois obligation pour la personne désignée d'accepter cette charge. Au cas où le mineur possède ou est appelé à recueillir des biens, le tribunal peut ordonner qu'une hypothèque générale ou spéciale soit constituée, jusqu'à concurrence d'une somme déterminée, sur les biens du tuteur (art. 448, § 2). Il semble qu'ici le tribunal n'a pas à prendre l'avis du conseil de famille et du juge de paix, mais bien évidemment, il pourra y avoir lieu de réunir le conseil de famille pour constituer la tutelle conformément au statut personnel du mineur.

Tutelle organisée par le tribunal. — Si la tutelle n'a pas été constituée conformément à l'article précédent, elle est exercée dans les conditions fixées par le tribunal (art. 449).

Le tribunal, en prononçant sur la tutelle (c'est-à-dire soit qu'il la défère dans les termes du droit commun, soit qu'il l'organise lui-même) fixe le montant de la pension qui devra être payée par les parents auxquels des aliments peuvent être réclamés, ou déclare qu'en raison de l'indigence des parents, il ne peut être exigé aucune pension (art. 450).

Tutelle officieuse. — Elle n'intervient, semble-t-il, que tout autant que le tribunal ne s'est arrêté à aucun des partis qui précèdent. Elle est prévue par l'article 451. Pendant l'instance, toute personne peut s'adresser au tribunal par voie de requête, afin d'obtenir que l'enfant lui soit confié. Elle doit déclarer qu'elle prend l'engagement de nourrir et d'élever l'enfant et de le mettre en état de gagner sa vie. Si le tribunal, après avoir recueilli tous les renseignements nécessaires et pris, s'il y a lieu, l'avis du conseil de famille, accueille la demande, la personne à qui l'enfant est confié a l'administration de la personne et des biens de l'enfant, sans pouvoir néanmoins imputer les dépenses de l'éducation sur les revenus de ces biens. Elle doit rendre compte de l'administration des dits biens (art. 451, §§ 1, 2). Ici le tribunal prend, *s'il y a lieu*, l'avis du conseil de famille. On voit que l'enfant est à la charge du tuteur officieux et que, par conséquent, l'article 450 est hors de cause.

Au cas où le tuteur officieux décède, le tribunal est appelé à statuer à nouveau conformément aux articles 448 et 449 (art. 451, § 3). Cela veut dire que le tribunal aura à choisir entre les divers partis qui s'offrent à lui et qui viennent d'être passés en revue.

L'article 451, § 4 prévoit un dernier cas, celui où le tribunal a fait placer l'enfant chez un particulier qui le garde depuis trois ans. Cela semble impliquer que le tribunal a usé des pouvoirs qu'il tient de l'article 446, et s'en est tenu à cette mesure provisoire sans organiser de tutelle. Après trois ans, dit le texte, la personne choisie peut demander que l'enfant lui demeure confié dans les conditions prévues au présent article. En d'autres termes, le tribunal peut lui attribuer la tutelle officieuse.

Jugement. Voies de recours. — Le jugement est prononcé en audience publique. Il peut être déclaré exécutoire nonobstant opposition ou appel (art. 445, § 3). C'est le droit commun (art. 189, 191). Il s'agit d'ailleurs du jugement qui clôture l'instance en statuant sur la déchéance et sur la dévolution de la puissance paternelle ou sur la tutelle. On a vu, au contraire, que les jugements rendus par application de l'article 446 sont rendus en chambre du conseil et sont, de plein droit, exécutoires par provision, ce qui est contraire au droit commun.

Les jugements sont susceptibles d'opposition suivant les règles ordinaires, c'est-à-dire, article 215, dans la quinzaine de la notification (art. 447 et arg. de ce texte).

Ils sont aussi susceptibles d'appel, mais ici il est dérogé au droit commun de l'article 226 dans la mesure ainsi précisée par l'article 447 : l'appel des jugements appartient aux parties et au ministère public. Il döit être interjeté, à peine de déchéance, par le ministère public dans les dix jours à compter du jugement, et par les parties dans le délai de dix jours à compter de la notification s'il a été contradictoire, et du jour où l'opposition n'est plus recevable, s'il a été rendu par défaut. On remarquera que le jugement est toujours contradictoire au regard du ministère public et qu'il est prononcé en sa présence. Voilà pourquoi le texte lui donne dix jours pour appeler *à compter du jugement*. Mais, bien évidemment, il sera sursis sur son appel pendant les délais d'opposition de la partie défaillante, et cet appel se trouvera même anéanti s'il y a opposition.

Les jugements contradictoires ou par défaut seront notifiés d'office suivant les règles et suivant les formules ordinaires. L'ordonnance de notification pourra toutefois rappeler le délai spécial d'appel fixé par l'article 447.

Action en restitution de la puissance paternelle. — La demande en restitution de la puissance paternelle, dans le cas où la déchéance a été prononcée par application de l'article 444, ne peut être introduite que trois ans après le jour où le jugement qui a prononcé la déchéance est devenu irrévocable (art. 452, § 1). Cette règle vise seulement le cas où la déchéance a été encourue pour l'un des cas déterminés par l'article 444 : ivrognerie habituelle, inconduite notoire et scandaleuse, mauvais traitements. Le Dahir qui a évité de dire quelles condamnations pénales entraînent la déchéance, ne dit pas davantage les conditions auxquelles sont assujetties les demandes de restitution après condamnation pénale. Sur l'un et sur l'autre point, il faut chercher ailleurs la solution.

La suite de l'article 452 fixe la procédure applicable à la demande en restitution. Elle est instruite et jugée conformément aux dispositions de l'article 445 (V. *suprà*); toutefois l'avis du conseil de famille est obligatoire. La demande qui a été rejetée ne peut plus être introduite à nouveau, si ce n'est par la mère après la dissolution du mariage (art. 452, §§ 2 et 3).

K. Minorité et tutelle. Conseil de famille.

(Art. 453 à 467).

Attributions du conseil de famille. — Les attributions du conseil de famille dépendent de la loi du statut personnel de l'intéressé; le Dahir de procédure n'avait pas à régler ce point. Il dit seulement (art. 453) que la réunion du conseil de famille a lieu soit pour la nomination d'un tuteur, soit pour une autre cause.

Où il est formé. — Le conseil de famille est formé au tribunal de paix du domicile de celui dans l'intérêt de qui le conseil doit être réuni (art. 453).

Comment il est composé. — Le conseil de famille est composé *conformément au statut personnel de celui dans l'intérêt de qui il est réuni.* Toutefois, le juge de paix peut, si les parents ou alliés de l'une ou l'autre ligne sont en nombre insuffisant sur les lieux et dans la distance de deux myriamètres, appeler à faire partie du conseil d'autres personnes connues pour avoir eu des relations d'amitié avec celui dans l'intérêt de qui le conseil est réuni, ou avec ses parents ou ascendants (art. 454).

Convocation du conseil de famille. — Le juge de paix convoque le conseil de famille, soit sur la réquisition des parents, créanciers, ou autres parties intéressées, soit d'office (art. 453, § 2). Les membres du conseil de famille sont convoqués à jour fixe, dans les formes prévues aux articles 55, 56, 57, et trois jours au moins à l'avance, sans préjudice du délai spécial prévu au § 2 de l'article 59 (art. 455, § 1). Pour donner satisfaction à ces textes, le juge de paix adresse des convocations qui peuvent être libellées suivant la **formule n° 83.** Il détermine la composition du conseil en tenant compte à la fois du statut personnel de l'intéressé et des dispositions de l'article 454, § 2. Il fixe le jour de la réunion de manière que les délais de l'article 455 soient observés. La convocation a soin de rappeler les articles 455, §§ 2 et 3 et 456 (V. ci-après). Le secrétariat fait autant de copies qu'il y a de parties. La notification se poursuit par les voies habituelles.

A la convocation du conseil, se rattachent les règles qui suivent : les parents, alliés ou amis sont tenus de se rendre à la réunion ou de se faire représenter par un mandataire spécial. Le mandataire ne peut représenter plus d'une seule personne (art. 455, §§ 2 et 3). Tout parent, allié ou ami convoqué, et qui, sans excuse légitime, ne comparaît point, encourt une amende qui ne peut excéder cinquante francs, et qui est prononcée sans appel par le juge de paix (art. 456). S'il y a excuse suffisante et qu'il convienne, soit d'attendre le membre absent, soit de le remplacer, le juge de paix peut ajourner l'assemblée ou la proroger; il le peut également en toute autre circonstance où cet ajournement ou prorogation est utile à celui dans l'intérêt de qui le conseil est réuni (art. 457). S'il y a *ajournement,* c'est-à-dire renvoi à une époque indéterminée, il faut de nouvelles convocations (formule n° 83, *mutatis mutandis,* et par exemple en rappelant l'ajournement prononcé lors de la première réunion). Au contraire s'il y a *prorogation,* c'est-à-dire renvoi à une époque déterminée, on peut éviter les nouvelles convocations en donnant séance tenante et de vive voix tels avis qui seront nécessaires.

Lieu de réunion du conseil de famille. Comment se prennent les délibérations. — L'assemblée se tient de plein droit au tribunal de paix, à moins que le juge ne désigne lui-même un autre local; la présence des trois quarts au moins des membres convoqués est nécessaire (art. 458). Le conseil de famille est présidé par le juge de paix qui a voix délibérative, et prépondérante en cas de partage (art. 459). Quand les délibérations du conseil de famille ne sont pas unanimes, l'avis de chacun des membres qui le composent est mentionné au procès-verbal (art. 462). Les délibérations du conseil de famille doivent être motivées dans tous les cas où la majorité de l'assemblée le juge utile, et quand cette obligation est imposée par le statut personnel de celui dans l'intérêt de qui le conseil est réuni (art. 463).

Nomination de tuteur hors la présence de celui-ci. Procédure à suivre. — Lorsque la nomination d'un tuteur par un conseil de famille n'a pas été faite en sa présence, elle lui est notifiée par les soins du secrétaire-greffier du tribunal de paix, dans les trois jours de la délibération, sans préjudice des délais spéciaux prévus aux articles 59 et 60 (art. 460). On peut remarquer que ce texte organise une notification *d'office* à faire au tuteur (*secus* en droit commun, art. 882 C. pr. civ.), pour le mettre en demeure d'agir dans un certain délai, à l'encontre de la décision prise. C'est l'application à ce cas particulier de ce que nous croyons être le système général du Dahir, système que nous appliquons notamment aux jugements (*Supra*, art. 77, 192). L'article 460 dit que la notification est faite par les soins du secrétaire-greffier du tribunal de paix. Le secrétariat est en effet chargé « des actes...... de notification ordonnés par le juge » (art. 26). Donc il faut que le juge de paix ordonne la notification. Cela ramène à une formule analogue à celle proposée pour les notifications de jugement, et qui sera par exemple la **formule n° 84**. Le texte exige que la notification ait lieu dans un bref délai, soit dans les trois jours de la délibération, plus le délai de distance des articles 59, 60, entre le lieu où s'est réuni le conseil et le domicile du tuteur. Le juge de paix signe l'ordonnance le jour même de la délibération et le secrétariat exécute la notification sans aucun retard. Il la poursuit par les voies habituelles; notamment, il place sous l'enveloppe spéciale une copie de l'ordonnance accompagnée d'une expédition de la délibération (analogie art. 77). Au besoin, il joint au certificat une note spécifiant que la remise doit être faite au plus tard le jour où expire le délai imparti par l'article 460.

Le tuteur qui veut se faire dispenser de la tutelle doit, dans le délai de trois jours à dater de la notification, sans préjudice des délais spéciaux prévus aux articles 59 et 60, demander au juge de paix de convoquer le conseil de famille pour délibérer sur ses excuses. Si ses excuses sont rejetées, il peut se pourvoir devant le tribunal de première instance (art. 461). Le juge de paix convoque le conseil de famille sur la réquisition du tuteur; c'est une application de l'article 453. Qu'arrive-t-il si la réquisition du tuteur arrive après le délai de l'article 461? Faut-il appliquer l'article 547 et dire que ce délai est fatal? La jurisprudence décidera. Il semble qu'il n'y a pas là seulement une question de procédure et qu'il faudra aussi consulter la loi de fond avant de déclarer le tuteur déchu du droit de se faire dispenser de la tutelle. Quelles excuses le tuteur peut-il présenter? Ici, et sans contestation possible, la réponse se trouvera dans la loi de fond applicable. L'article 461 *in fine* ouvre au tuteur un recours contre la délibération du conseil qui rejette ses excuses (V. ci-après, art. 466).

Homologation des délibérations du conseil de famille. Recours contre les délibérations. — Quand y a-t-il lieu à homologation? Quels sont ceux qui peuvent poursuivre l'homologation, s'y opposer, recourir contre les délibérations du conseil de famille? Ce sont encore autant de questions qui, le plus souvent, ne trouveront leur réponse complète que dans la loi de statut personnel des intéressés. Les textes (art. 464, 465, 466) s'occupent de la question de procédure. Il faut distinguer suivant qu'il n'y a pas ou qu'il y a contestation, c'est-à-dire suivant qu'on est en matière gracieuse ou en matière contentieuse, et aussi, en cas de contestation, suivant que le recours contre la délibération a lieu ou non par voie d'opposition à l'homologation :

1° Le cas le plus simple est celui où l'homologation, tout en étant nécessaire, ne donne lieu à aucune contestation. Toute délibération du conseil de famille sujette à l'homologation, est soumise au tribunal de première instance qui statue en chambre du conseil, le ministère public entendu en ses conclusions. Le jugement d'homologation est transcrit sur la délibération homologuée. Si le tuteur ou une autre personne chargée de poursuivre l'homologation ne le fait pas dans le délai fixé par la délibération ou, à défaut de fixation, dans le délai de quinzaine, tout membre de l'assemblée peut poursuivre l'homologation, aux frais de celui qui était chargé de la demander (art. 464). Pour l'application de ce texte, la délibération indique la personne chargée de poursuivre l'homologation et lui fixe un délai, le tout en tenant compte au besoin des règles que peut poser la loi de fond applicable. La personne désignée dépose au secrétariat dans le délai fixé, ou à défaut de fixation dans le délai de quinzaine, une requête à fin d'homologation en y joignant une expédition de la délibération (art. 145 à 148). Le président nomme un rapporteur qui examine l'affaire, la met en état, la communique au ministère public (art. 150, 155, 156), puis fait rapport à la chambre du conseil qui statue, après audition du ministère public.

Il reste le cas où il y a contestation, soit qu'il y ait opposition à l'homologation, soit qu'il y ait recours contre une délibération même non sujette à l'homologation.

2° Ceux des membres de l'assemblée qui croient devoir s'opposer à l'homologation, le déclarent à celui qui est chargé de la poursuivre, par un acte notifié dans la forme des sommations. Ils doivent être appelés, par une communication faite dans les formes ordinaires, à présenter leurs observations (art. 465). L'opposant s'adresse au juge de paix du domicile de celui qui est chargé de poursuivre l'homologation (art. 217, 465); il déclare par écrit ou verbalement qu'il s'oppose à l'homologation de telle délibération qu'il précise; il demande que son opposition soit notifiée à celui qui est chargé de poursuivre l'homologation. Le juge de paix désigne un agent du secrétariat; celui-ci dresse l'acte d'opposition à l'homologation. Le tout est libellé selon la **formule n° 85**. L'acte peut être établi tout entier au secrétariat sans aucune opération complémentaire à accomplir au dehors. Donc le pli de notification est constitué au secrétariat même, il est transmis et remis conformément aux règles habituelles de notification, sans imposer le déplacement de l'agent du secrétariat (sur tous ces points, *supra*, art. 217). Le demandeur à l'homologation dépose sa requête au secrétariat du tribunal d'instance comme il a été dit plus haut; il joint l'expédition de la délibération et l'opposition qu'il a reçues; il y fait telle réponse qu'il croit convenable dans sa requête. Le juge rapporteur désigné procède comme il a été dit, mais ici il y a un adversaire, l'opposant, donc il y a *communication de la requête* à l'opposant et au besoin mémoire en défense de celui-ci (art. 150, 151, 154). Il est ainsi donné satisfaction à l'article 465, § 2. Le demandeur à l'homologation pourrait négliger de joindre à sa requête l'acte d'opposition. Aussi il semble que le secrétariat de paix, chargé de notifier l'opposition à l'homologation, doit transmettre l'original de la notification — tout au moins une copie certifiée conforme de cet original — au secrétariat de la juridiction appelée à statuer sur l'homologation (analogie art. 231), c'est-à-dire au secrétariat du tribunal d'instance dans le ressort duquel s'est tenu le conseil.

3° Nous arrivons au dernier cas prévu, celui d'un recours contre une délibération autrement que par voie d'opposition à l'homologation. Dans le cas où un tuteur nommé, et qui refuse d'accepter la tutelle, se pourvoit devant le tribunal de première instance (cette hypothèse est prévue par l'article 461 *in fine*) et dans tous les autres cas où des demandes sont formées devant ce tribunal, par ceux qui ont qualité, contre des délibérations du conseil de famille, le tribunal examine l'affaire en chambre du conseil;

le jugement est prononcé en audience publique (art. 466). Il semble tout d'abord que la demande sera formée et instruite comme dans les cas précédents, qu'il y aura donc dépôt d'une requête, désignation d'un rapporteur, communication de la requête aux parties adverses, c'est-à-dire aux membres du conseil de famille qui ont été favorables à la délibération attaquée (sur ce point, art. 462) et, après mise en état et communication du dossier au parquet, rapport de l'affaire par le rapporteur à la chambre du conseil. Le texte dit que le tribunal examine l'affaire en chambre du conseil et que le jugement est prononcé en audience publique. Cela s'applique au cas prévu par l'article 466, mais évidemment aussi au cas de l'article 465 examiné plus haut. On a ici un nouvel exemple d'un débat contentieux porté devant la chambre du conseil. De même que dans les cas prévus par les articles 400, 445 (V. ces articles), il y aura débat contradictoire devant cette chambre; les parties y seront convoquées, le ministère public y sera entendu, puis le jugement sera rendu à l'audience publique.

Aux termes de l'article 467, « les jugements rendus sur délibération du conseil de famille sont sujets à appel ». Cela montre que le tribunal d'instance qui connaît de la délibération, joue le rôle de juridiction du premier degré et qu'il n'est pas un juge d'appel du conseil de famille.

L. *Émancipation.*

(Art. 468).

Il n'est ici question, et il ne peut être question, que de *la forme* de l'émancipation. On prévoit le cas où le droit d'émancipation appartient, par exemple, au père ou à la mère, puis le cas où ce droit appartient au conseil de famille. Aux termes de l'article 468, l'émancipation du mineur s'opère par la déclaration faite devant le juge de paix assisté du greffier, ou par délibération du conseil de famille et par déclaration faite par le juge de paix, comme président du conseil de famille, que le mineur est émancipé.

M. *Interdiction. Dation de conseil judiciaire.*

(Art. 469 à 473).

Procédure à suivre en matière d'interdiction et de dation de conseil judiciaire. — Ici encore le Dahir s'occupe seulement de la procédure, tout ce qui touche au fond relevant de la loi de statut personnel applicable. Les articles 469, 470, 471 posent quelques règles particulières que nous allons trouver plus loin, puis ils ajoutent (art. 471, § 2) : l'affaire est pour le surplus instruite et jugée dans les formes ordinaires. Donc ce sont, en principe, les règles fondamentales des articles 145 et suivants qu'on applique pour l'introduction, l'instruction, le jugement de la demande. Cela veut dire qu'il y a dépôt d'une requête au secrétariat, désignation d'un rapporteur avec la mission habituelle de mettre l'affaire en état, de la communiquer au ministère public et enfin de la faire juger sur son rapport en audience publique.

Nous allons voir maintenant les règles propres à la matière. Elles s'appliquent à l'interdiction et aussi à la dation de conseil judiciaire (argument tiré de la rubrique du paragraphe et des articles 472, 473).

Tribunal compétent. — La demande est portée devant le tribunal du domicile, ou à défaut, de la résidence du défendeur, c'est-à-dire de la personne à interdire ou à pourvoir d'un conseil judiciaire (art. 469, § 1 *in fine*). C'est le droit commun (art. 23).

Formation de la demande. — La demande est formée soit par le ministère public, si le majeur contre qui elle est intentée est dans un état habituel de fureur, soit par les autres parties intéressées, dans le cas où le statut personnel du défendeur les autorise à la former (art. 469, § 1 *in principio*). Elle est accompagnée des pièces justificatives et de l'indication des témoins (art. 469, § 2; cf. art. 148).

Avis de la famille. — Le conseil de famille est appelé à donner son avis qui est communiqué au défendeur (art. 469, § 3). Le juge rapporteur doit tout d'abord examiner la demande et les pièces qui l'accompagnent; il provoque au besoin les justifications complémentaires qui paraissent nécessaires. Si la demande reste dénuée de toute apparence de fondement, il semble qu'il la déférera à la chambre du conseil et que cette chambre pourra déclarer la demande non avenue. Il paraît évident qu'on ne peut pas obliger le juge rapporteur et le tribunal à suivre contre un particulier une procédure d'interdiction ou de dation de conseil judiciaire, si le demandeur n'apporte aucun élément susceptible d'être pris en considération. Cela, du reste, nous paraît être le droit commun (*supra*, art. 145 et suiv., et observations sur ces articles). Ce cas excepté, pour l'application du texte ci-dessus, le juge rapporteur avise le juge de paix et celui-ci (art. 453) convoque le conseil de famille. Il transmet ensuite au juge rapporteur une expédition de la délibération.

Interrogatoire du défendeur. — Après avoir reçu l'avis du conseil de famille, le tribunal interroge le défendeur en chambre du conseil; s'il ne peut s'y présenter, le défendeur est interrogé dans sa demeure par l'un des juges, à ce commis, assisté du greffier; le procureur commissaire du Gouvernement est, dans tous les cas, présent à l'interrogatoire (art. 470 § 1). Il faut que le juge rapporteur communique au défendeur la demande dont il est l'objet, c'est-à-dire la requête introductive, l'avis du conseil de famille et qu'il le convoque à l'interrogatoire prescrit par l'article 470. Tout cela peut être fait au moyen d'une ordonnance selon la **formule n° 86**. Le pli de notification contient, outre la copie de l'ordonnance, une copie de la requête et une expédition de la délibération du conseil de famille. Si le défendeur ne peut se présenter devant la chambre du conseil, l'ordonnance est modifiée (*V. la formule*) de manière que l'interrogatoire ait lieu ainsi qu'il est prescrit à l'article 470.

Enquête. — Si les pièces produites, l'avis du conseil de famille, l'interrogatoire, ne suffisent pas à éclairer le tribunal, il peut ordonner l'enquête. On se souvient que la demande (art. 469) est accompagnée de l'indication des témoins. L'enquête a lieu dans les formes ordinaires, donc conformément aux articles 166 à 169. Toutefois le tribunal peut, si les circonstances l'exigent, décider qu'elle sera faite hors de la présence du défendeur; celui-ci est, en ce cas, représenté par son mandataire ou son conseil (art. 471, § 1).

Administration provisoire. — Après le premier interrogatoire (ceci implique que si le premier interrogatoire ne donne pas de résultat, le tribunal a la faculté d'en ordonner un ou plusieurs autres), le tribunal peut, *par décision rendue en chambre du conseil*, commettre un administrateur provisoire pour prendre soin de la personne et des biens du défendeur (art. 470, § 2; cf. art. 397).

Jugement. Publicité. — Lorsque par les divers moyens qui viennent d'être indiqués, l'instruction a été menée à fin et la procédure mise en état par le juge rapporteur le dossier est communiqué au parquet, puis l'affaire portée à l'audience publique pour recevoir jugement. Cette solution s'induit de l'article 471, § 2, qui, terminant l'énoncé des règles particulières qu'on vient de passer en revue, ajoute : « l'affaire est, pour le surplus, instruite et jugée dans les formes ordinaires ». Elle résulte aussi de l'article 472 qui prescrit la publicité du jugement. Par où l'on voit que dans cette matière, de même que pour la déchéance de la puissance paternelle, si une partie des débats, et certaines décisions prises en cours d'instance (Ex. : art. 470, 471), échappent à la règle de la publicité, cette règle recouvre son empire en ce qui concerne le jugement définitif (cf. art. 445, 446).

Le jugement est non seulement rendu en audience publique, mais il doit être publié. C'est la règle pour les jugements qui influent sur l'état ou sur la capacité des personnes (Ex. : art. 407, 430, 434, 442). La publicité est réglée par l'article 472 ainsi conçu : un extrait de tout arrêt ou jugement portant interdiction ou dation de conseil judiciaire, et comportant, en conséquence, défense de plaider, transiger, emprunter, recevoir un capital mobilier ou en donner décharge, aliéner ou hypothéquer sans assistance de conseil, est affiché par les soins du secrétaire-greffier de la juridiction qui a rendu la décision, dans les conditions prévues à l'article 407. Donc on fait la même publicité que pour le jugement de séparation de biens. On remarquera que l'article 472 détermine incidemment les effets du jugement de dation de conseil judiciaire.

Mainlevée d'interdiction ou de conseil judiciaire. — Les demandes en mainlevée d'interdiction et de conseil judiciaire sont soumises, quant à l'instruction et au jugement, et quant à la publicité de la décision, aux mêmes règles que les demandes en interdiction ou en dation de conseil judiciaire (art. 473).

CHAPITRE VII

DE L'APPOSITION DES SCELLÉS APRÈS DÉCÈS. DES OPPOSITIONS AUX SCELLÉS. DE LA LEVÉE DES SCELLÉS

(Art. 474 à 494).

Notions générales. — Le Dahir de procédure s'occupe des scellés à l'occasion de l'ouverture d'une succession, mais s'il y a lieu d'apposer les scellés dans d'autres circonstances, par exemple en cas de divorce, de séparation de corps (art. 420, 434), on appliquera par analogie les mêmes règles.

Quand il y a lieu à apposition de scellés après décès, cette apposition est faite par le secrétaire-greffier du tribunal de paix, ou par celui des agents du secrétariat spécialement désigné par le juge de paix pour le suppléer dans cette fonction (art. 474). Un dahir du 22 novembre 1913 confère au juge de paix en matière de scellés une nouvelle latitude par la disposition de son article unique ainsi conçu : « A titre provisoire et transitoire, le juge de paix requis de faire procéder à une apposition de scellés dans une localité éloignée de sa résidence peut déléguer au besoin, par voie télégraphique, tout fonctionnaire de l'ordre militaire ou civil, ou, à défaut, un notable français à l'effet de procéder à l'opération même sous son sceau personnel. La personne déléguée devra dresser procès-verbal de l'opération et le transmettre au magistrat ».

Personnes pouvant requérir l'apposition des scellés. — L'appode scellés peut être requise : 1º par tous ceux qui prétendent droit dans la succession ou dans la communauté; 2º par tous créanciers fondés en titre exécutoire, ou autorisés par une permission, soit du président du tribunal de première instance, soit du juge de paix de la circonscription où le scellé doit être apposé; 3º en cas d'absence, soit du conjoint, soit des héritiers ou de l'un d'eux, par les personnes qui demeuraient avec le défunt, et par ses serviteurs et domestiques (art. 475). Les prétendants-droit et les créanciers, mineurs émancipés, peuvent requérir l'apposition des scellés sans l'assistance de leur curateur. S'ils sont mineurs non émancipés et s'ils n'ont pas de tuteur, ou s'il est absent, elle peut être requise par un de leurs parents (art. 476).

Personnes tenues de faire apposer les scellés. — L'article 477 prévoit trois cas où l'apposition des scellés n'est plus laissée à l'initiative d'une des personnes énumérées à l'article 475, mais devient obligatoire. Le scellé est apposé à la diligence du ministère public ou de l'autorité administrative, ou même d'office (c'est-à-dire à la diligence du juge de paix lui-même) : 1º si le mineur est sans tuteur et que le scellé ne soit pas requis par un parent (cf. art. 476); 2º si le conjoint, ou si les héritiers ou l'un d'eux, sont absents (cf. art. 475, § 3); 3º si le défunt était dépositaire public; dans ce cas, le scellé n'est apposé que pour raison de ce dépôt et sur les objets qui le composent (art. 477).

Procès-verbal d'apposition de scellés. — Les scellés sont apposés et le procès-verbal d'apposition est dressé par le secrétaire-greffier ou par l'un des agents du secrétariat (art. 474). Mais il faut une ordonnance préalable du juge de paix (arg. art. 26; cf. art. 490, § 2 et Dahir du 22 novembre 1913). Cette ordonnance est rendue à la requête d'une des parties désignées aux articles 475, 476, ou bien, si l'on est dans l'un des cas de l'article 477, elle est provoquée par le ministère public, par l'autorité administrative, ou encore rendue d'office. Elle est rapportée en tête du procès-verbal de scellés. Dans le cas prévu par le Dahir du 22 novembre 1913 (V. *supra*), le fonctionnaire ou le notable délégué rapporte l'ordonnance, ou le télégramme qui le délègue en tête du procès-verbal qu'il est tenu de dresser et de transmettre au juge de paix. Pour l'apposition des scellés et pour la rédaction du procès-verbal, il faut que l'agent verbalisateur se conforme aux articles 478 à 487. Le tout peut être libellé selon la **formule nº 87** en tenant compte des observations qui y sont consignées. S'il y a lieu d'appeler les tiers à l'ouverture de paquets ou papiers cachetés trouvés au cours de l'apposition des scellés, on fait usage de l'ordonnance, **formule nº 88**.

Opposition à la levée des scellés. — Les oppositions sont faites par ceux qui ont intérêt à assister à la levée et qui ne rentrent pas dans la catégorie de ceux (art. 490-3º) qu'on est tenu d'appeler d'office.

Les oppositions aux scellés peuvent être faites par une déclaration écrite sur le procès-verbal de scellés ou déposée au secrétariat du tribunal de paix (analogie art. 48). Cette déclaration doit contenir l'indication exacte de l'opposant, son élection de domicile au lieu du siège du tribunal de paix, s'il ne demeure pas dans le ressort de ce tribunal, et l'énonciation précise de la cause de l'opposition (art. 488, §§ 1 et 2). L'obligation imposée à l'opposant, s'il ne demeure dans le ressort, d'élire domicile au lieu du siège du tribunal est une application de la règle générale de l'article 51. On peut remarquer que l'article 478 impose, dans ce cas, au requérant l'élection de domicile *au secrétariat* du tribunal de paix, ce qui est une exception à la règle. Nous avons dit sous l'article 295 que les parties ne semblent pas pouvoir faire élection de domicile au secrétariat, parce que cela impliquerait qu'elles donnent *mandat* au secrétaire-greffier de recevoir les actes, les notifications et de les leur transmettre, ce que ne permet pas l'article 31. Mais on peut dire que dans le cas de l'article 478, il y a une élection de domicile imposée par la loi et non pas une élection de domicile conventionnelle. Sans doute, ici, il semblerait délicat de soutenir que le secrétaire-greffier, comme dans le cas des articles 51, § 3, 152, § 2, n'aura d'autre obligation que de tenir à la disposition du requérant les actes qui pourront lui être notifiés au secrétariat, sans être tenu de l'informer et de lui transmettre les copies, mais du moins l'obligation du secrétaire-greffier résultera d'un mandat légal conféré par l'article 478 et non pas d'un mandat conventionnel de la partie (cf. *supra* observations sous l'article 295).

Levée des scellés. — Peuvent requérir la levée des scellés tous ceux qui ont droit de les faire apposer (V. art. 475, 476, 477), excepté ceux qui ne les ont fait apposer qu'en exécution de l'article 475, nº 3, c'est-à-dire les personnes qui demeuraient avec le défunt, ses serviteurs et domestiques (art. 489).

Les formalités pour parvenir à la levée des scellés sont les suivantes : 1º une réquisition à cet effet consignée sur le procès-verbal du secrétaire-greffier (art. 490, §§ 1, 2). La réquisition sera écrite ou verbale (analogie art. 48); en tout cas, elle sera, comme le veut le texte, consignée par le secrétaire-greffier sur son procès-verbal; 2º une ordonnance du juge de paix, avec indication des jour et heure où la levée sera faite (art. 490, § 3); 3º une sommation d'assister à cette levée faite par le secrétaire-greffier au conjoint survivant, aux héritiers présomptifs, à l'exécuteur testamentaire, aux légataires universels et à titre universel, s'il en est de connus, et aux opposants. Il n'est pas besoin d'appeler les intéressés demeurant hors de la distance de 5 myriamètres; mais on appelle pour eux, à la levée et à l'inventaire, un curateur *ad hoc* nommé d'office par le juge de paix. Les opposants sont appelés aux domiciles par eux élus. Si les héritiers ou quelques-uns d'eux sont mineurs non émancipés, les scellés ne sont levés que lorsqu'ils ont été pourvus de tuteurs ou émancipés (art. 490, §§ 4, 5, 6, 7).

Pour l'application de l'article 490, §§ 3 à 7, il peut être fait usage de la **formule nº 89**, en tenant compte des observations qui y sont consignées. La pièce est établie en un original et en autant de copies qu'il y a de parties à sommer d'assister à la levée. La notification se poursuit par les voies habituelles. Il se trouve ainsi satisfait aux prescriptions qui précèdent. On remarquera qu'il ne s'agit pas ici d'une *sommation* au sens de l'article 217, mais plutôt d'une convocation, d'un avis qu'on adresse à la partie. C'est pourquoi on recourt, non pas aux formules précédemment données sous les nºˢ 53, 54, mais à la formule nº 89 qui ne comporte, comme dans tous les cas de ce genre, qu'un seul acte, l'ordonnance du juge, suivi des mentions de notification (même observation pour les formules nºˢ 88, 91, 92).

Pour la levée des scellés et pour la rédaction du procès-verbal, l'agent verbalisateur se conforme aux articles 491 à 494. Le tout peut être libellé selon la **formule nº 90**. Cette formule contient les indications nécessaires.

CHAPITRE VIII

DE L'INVENTAIRE

(Art. 495 à 498).

Cas où il y a lieu à inventaire. — L'inventaire vient, le plus souvent, à la suite d'une apposition de scellés et il se fait au fur et à mesure que les scellés sont levés (Ex. art. 492). Il arrive cependant qu'on procède à une levée de scellés sans inventaire (Ex. art. 494). Il arrive aussi, comme le montre l'article 487, qu'on fait inventaire sans que les scellés aient été apposés. Tout cela dépend des circonstances et surtout de la loi de fond applicable.

Personnes qui peuvent requérir l'inventaire. Par qui il est dressé. Personnes qui doivent y être appelées. — L'inventaire peut être requis par ceux qui ont droit de requérir la levée du scellé (art. 495), donc par ceux qui ont le droit de les faire apposer aux termes des articles 475, 476, 477, exception faite des personnes visées par l'article 475, n° 3 (art. 489). Il faut requérir l'inventaire, mais à la différence de ce qui a lieu pour l'apposition et pour la levée du scellé, il semble que la réquisition sera adressée directement au secrétaire-greffier, chargé du notariat, et que celui-ci procédera à l'inventaire en cette qualité, sans qu'il soit besoin de l'ordre du juge. Sans doute le juge de paix désigne l'agent du secrétariat chargé d'apposer les scellés au lieu et place du secrétaire-greffier (art. 474), il nomme le curateur *ad hoc* ou l'agent du secrétariat remplissant les fonctions de notaire chargé de représenter les parties absentes ou défaillantes à la levée et à l'inventaire (art. 490, § 5 ; art. 496, § 6), il nomme l'expert chargé de la prisée (art. 491, n° 6), mais il n'a pas à intervenir pour charger le secrétaire-greffier de faire inventaire. C'est qu'en effet l'inventaire n'est plus un de ces actes de « constatation, liquidation, administration » qui, aux termes de l'article 26, sont *ordonnés par le juge*. Il rentre dans les attributions notariales pour lesquelles les secrétaires-greffiers paraissent investis d'un pouvoir propre, qui, à la vérité, s'exerce « sous l'autorité de la juridiction » auprès de laquelle ils sont institués (art. 26 § 3), mais qui, du moins, ne s'exerce pas sur son ordre (art. 26 et arg. de ce texte). On remarquera dans le même sens la disposition de l'article 497. Ce texte dispose que l'inventaire est dressé par le secrétaire-greffier *ou par un agent du secrétariat désigné pour remplir les fonctions de notaire*. Cette désignation est, en effet, nécessaire au cas où le secrétaire-greffier, déjà chargé de l'apposition et de la levée des scellés, ne s'est pas fait suppléer par le juge de paix dans cette fonction (art. 474). Mais l'article 497 ne dit pas que c'est le juge de paix qui désigne l'agent chargé de remplir les fonctions de notaire, et pour des raisons qui précèdent, on peut penser que c'est au secrétaire-greffier chef de service, non au juge de paix, qu'il appartient de faire cette désignation. On remarquera encore que l'article 497 dit que l'inventaire contient les noms des parties..... requérantes..... (art. 497, n° 1), mais il ne parle pas d'ordonnance intervenue sur leur réquisition (cf. *a contrario*, pour la levée des scellés, art. 491, n° 3). La réquisition d'inventaire, prévue par l'article 495, sera écrite ou verbale (analogie art. 48) et, en tous cas, consignée au procès-verbal d'inventaire (art. 497, n° 1 et arg. de ce texte.

L'inventaire doit être fait en présence : 1° du conjoint survivant ; 2° des héritiers présomptifs ; 3° de l'exécuteur testamentaire, s'il en est de connu ;

4° des donataires et légataires universels ou à titre universel, soit en propriété, soit en usufruit, où eux dûment appelés, s'ils demeurent dans la distance de 5 myriamètres. S'ils demeurent au delà, ou si les parties appelées sont défaillantes, le juge de paix désigne d'office pour les représenter à l'inventaire un agent du secrétariat remplissant les fonctions de notaire (art. 496). Si l'inventaire a lieu en même temps que la levée de scellés, il suffira des sommations de l'article 490, puisque les personnes qu'on appelle à l'inventaire et à la levée sont les mêmes (cf. art. 496 et art. 490), et que, d'ailleurs, elles sont sommées d'assister à la levée des scellés *et aux opérations qui pourront en être la suite* (V. formule n° 89). Si l'inventaire a lieu sans que les scellés aient été apposés (V. *supra*), il faut des sommations spéciales à la requête du secrétaire-greffier requis de faire inventaire, et ici il faut l'ordre du juge, car il ne s'agit pas d'un acte de notariat, mais d'un acte de sommation (V. art. 26). Le secrétaire-greffier présente requête, le juge de paix ordonne de sommer les parties et le secrétariat exécute l'ordre de sommation par les voies habituelles de notification. Tout cela donne lieu à la **formule n° 91.**

Formes de l'inventaire. — Le procès-verbal d'inventaire est un acte de notariat pour lequel on observe (art. 497) les formalités communes à tous les actes devant notaires et qui contient en outre les indications énumérées à l'article 497 (V. cet article).

Contestations relatives aux inventaires. — L'article 498 prévoit le cas où des difficultés s'élèvent lors de l'inventaire, par exemple pour l'administration de la communauté ou de la succession. Il pose cette règle qu'il en est fait mention au procès-verbal; qu'il appartient à la partie la plus diligente de se pourvoir soit en référé, soit devant le juge du fond; qu'enfin les opérations de l'inventaire sont suspendues jusqu'à décision de justice si la solution de la difficulté est indispensable pour leur direction. Ici on peut remarquer, comme en droit commun, que si les scellés ont été apposés, c'est dans le procès-verbal de levée que doivent être mentionnées les réquisitions des parties et l'ordonnance de référé, et c'est d'ailleurs le secrétaire-greffier (ou l'agent du secrétariat) procédant à la levée qui introduit le référé (art. 485, 486 et formule n° 90). Au contraire, si l'inventaire a lieu sans apposition préalable de scellés, c'est le secrétaire-greffier (ou l'agent du secrétariat) dressant l'inventaire qui introduit le référé, et l'ordonnance est inscrite sur le procès-verbal d'inventaire.

CHAPITRE IX

DE LA VENTE DU MOBILIER

(Art. 499 à 501).

Les articles 499 à 501 organisent, pour les cas qu'ils prévoient (V. ces articles), la vente volontaire en justice des meubles de la succession.

Les formalités pour parvenir à la vente sont les suivantes : 1° il faut une requête présentée par la partie la plus diligente au juge de paix et une ordonnance de ce magistrat (art. 499). C'est une application de l'article 26 (V. *supra*), car il s'agit d'un acte de liquidation et d'administration à accomplir par le secrétariat; 2° il faut appeler à la vente les parties ayant le droit d'assister à l'inventaire et qui demeurent ou qui ont élu domicile dans la distance de 5 myriamètres (art. 500, § 1). Tout cela peut se réaliser

par un seul acte établi selon la **formule n° 92**. Il comporte un original et
autant de copies qu'il y a d'intéressés. La notification se poursuit par les
voies habituelles. Il est ainsi satisfait aux textes.

En ce qui concerne la vente elle-même, elle est faite (art. 499) par les
soins du secrétaire-greffier ou de l'un des agents du secrétariat, dans les
formes prescrites pour les saisies-exécutions (V. *supra*, art. 329 et suiv.). La
vente se fait dans le lieu où sont les effets, s'il n'en est autrement ordonné.
S'il s'élève des difficultés, il y est statué en référé (art. 500, § 2). Il semble
que le référé appartient au juge de paix qui a ordonné la vente (arg. art.
219, § 3).

CHAPITRE X

DE LA VENTE DES BIENS IMMEUBLES APPARTENANT
A DES MINEURS

(Art. 502 à 505).

Les articles 502 à 505 organisent, pour les cas qu'ils prévoient (V. ces
articles), la vente volontaire en justice des biens immeubles appartenant
à des mineurs. Les formes de cette vente sont les suivantes :

1° Il faut un avis du conseil de famille énonçant la nature des biens et
leur valeur approximative. Cet avis n'est pas nécessaire, si les biens appartiennent en même temps à des majeurs et si la vente est poursuivie par
eux, ou si le statut personnel des mineurs n'exige pas l'accomplissement
de cette formalité (art. 502). L'avis du conseil de famille, quand il est
nécessaire, sera obtenu en suivant la procédure des articles 453 et suiv.
(V. *supra*);

2° Il faut que le tribunal ordonne la vente. Quand le tribunal ordonne la
vente par homologation de l'avis du conseil de famille, il va de soi qu'on
suit la procédure des articles 464 à 466. L'une des circonstances prévues
au deuxième paragraphe de l'article 502, peut dispenser de l'avis du conseil
de famille, donc de son homologation, mais, à cette formalité près, il semble
que la procédure restera la même et qu'on continuera à observer les
articles 464 à 466. Cela paraît résulter de l'économie générale des articles 502
à 504 qui prévoient que le tribunal ordonne la vente par voie d'homologation d'avis de conseil de famille, en ajoutant que, dans certains cas, cet
avis n'est pas nécessaire. Il est d'ailleurs naturel, s'agissant de la vente de
biens de mineurs, qu'on suive la procédure instituée en matière de minorité (art. 453 et suiv.).

Le tribunal fixe les mises à prix et le lotissement, soit d'après l'avis du
conseil de famille, soit d'après les titres et baux authentiques ou sous seing
privé ayant date certaine, soit sur l'estimation d'un expert commis (art. 504).
Il semble que l'expert, s'il en est nommé un, sera désigné d'office (analogie
art. 515, § 3). Si les immeubles sont situés dans plusieurs circonscriptions
judiciaires, le tribunal peut renvoyer la vente, respectivement pour chaque
immeuble, devant le secrétaire-greffier du tribunal de première instance
de la circonscription judiciaire où il est situé (art. 503, § 2). Le texte dit
que le tribunal *peut* renvoyer; c'est une faculté, non une obligation. On
comprend, en effet, qu'il puisse y avoir intérêt à poursuivre la vente globa-
lement devant un seul secrétaire-greffier;

3° La vente a lieu par les soins du secrétaire-greffier ou de l'un des
agents du secrétariat du tribunal de première instance, et conformément
aux dispositions des articles 338 à 356 concernant les saisies immobilières.
Elle donne lieu à surenchère dans les mêmes conditions (art. 503, § 1).

L'article 499 a posé une règle analogue pour la vente du mobilier. Donc il faut dire que les ventes volontaires en justice, soit de meubles, soit d'immeubles, ont lieu dans les mêmes formes que les ventes forcées. On fera usage *mutatis mutandis* des formules données pour ces ventes.

L'article 499 prévoit que la vente des meubles est faite par les soins du secrétaire-greffier du tribunal de paix; au contraire l'article 503 prévoit la vente des immeubles par le secrétaire-greffier du tribunal de première instance. Dans la matière des ventes volontaires c'est, en effet, ce qui aura lieu, au moins le plus souvent, et cela tient à ce que la vente du mobilier, dans le cas prévu par l'article 499, est ordonnée par le juge de paix tandis que la vente des immeubles est ordonnée par le tribunal de première instance. Mais il ne faudrait pas conclure de là que les ventes mobilières ressortissent aux secrétariats de paix et les ventes immobilières aux secrétariats d'instance. Cette conclusion serait certainement erronée ainsi que le prouvent les articles 525, 526 relatifs aux successions vacantes (V. *infra*). Ce qui est vrai, c'est que les tribunaux d'instance ont seuls compétence pour ordonner, tout au moins par voie directe et principale, les ventes d'immeubles et pour connaître du contentieux relatif à ces ventes, parce qu'en matière immobilière ils sont compétents à l'exclusion des tribunaux de paix (art. 16, 18 et arg. de ces textes); mais il n'en va pas de même des secrétariats. L'article 294 décide d'une manière absolue que l'exécution des jugements est assurée par le secrétariat de la juridiction qui a jugé, ou par celui de la circonscription judiciaire où sont les biens, et cela, sans distinguer entre les meubles et les immeubles, sans distinguer entre les secrétariats de paix et les secrétariats d'instance, en sorte qu'une vente forcée immobilière peut certainement avoir lieu par les soins d'un secrétariat de paix, et par suite aussi une vente *volontaire* d'immeubles, puisque les formes sont les mêmes dans l'un et l'autre cas. Les articles 499 et 503 ne dérogent pas à ces règles. Ils envisagent le cas qui, pour les raisons qui précèdent, se produira le plus souvent, mais ils ne sont pas exclusifs, pour le secrétariat d'instance devant lequel est renvoyée la vente volontaire d'immeubles par application de l'article 503, du droit de déléguer, pour y procéder, le secrétariat de paix de la situation des biens (art. 294; cf. art. 554). Cette faculté découle des textes et elle s'impose : dans bien des cas, en effet, la vente faite au secrétariat de paix du lieu de la situation pourra se faire dans des conditions meilleures.

Aux termes de l'article 505, le subrogé-tuteur est appelé à la vente, si le statut personnel du mineur le comporte; à cet effet, le jour et le lieu de l'adjudication lui sont notifiés par le secrétaire-greffier un mois à l'avance avec avertissement qu'il y sera procédé tant en son absence qu'en sa présence. Le subrogé-tuteur s'ajoute à la liste des personnes que, suivant l'article 344, le secrétaire-greffier doit convoquer à l'adjudication. La convocation au subrogé-tuteur pourra être libellée suivant la **formule n° 93** (analogue à la formule n° 72).

CHAPITRE XI

DES PARTAGES

(Art. 506 à 513).

Les articles 506 à 513 organisent, pour les cas qu'ils prévoient (V. art. 506, 513), le partage judiciaire.

Demande en partage. — Dans tous les cas où la loi nationale du défunt exige que le partage de la succession soit fait en justice, la partie la plus diligente se pourvoit et la poursuite appartient à celle qui a, la première, fait inscrire sa demande au secrétariat du tribunal de première instance du lieu de l'ouverture de la succession (art. 506). Ce texte implique que la demande en partage est formée par une requête qu'on dépose, et qui est inscrite au secrétariat du tribunal. C'est le droit commun (art. 145, 147). Il s'agit d'une requête introductive d'instance. On appliquera les articles 145 à 149.

Il peut arriver que des mineurs placés sous la même tutelle aient des intérêts opposés dans le partage. L'article 507 dispose à cet égard : un tuteur spécial et particulier doit être donné à chaque mineur ayant des intérêts opposés, dans les formes prescrites par le statut personnel du mineur et par les articles 453 à 457 concernant les nominations de tuteurs (V. *supra*).

La demande en partage est instruite et jugée *dans les formes ordinaires* (art. 508, § 1), donc avec désignation d'un rapporteur et conformément aux articles 150 à 156.

Jugement ordonnant le partage. — On aboutit ainsi au jugement. Le tribunal peut, soit ordonner le partage s'il peut se faire en nature, avec ou sans soulte, même s'il y a des mineurs en cause, soit ordonner la licitation, qu'il renvoie devant le secrétaire-greffier, après avoir établi un lotissement, s'il y a lieu, et la mise à prix (art. 508, § 2).

Pour savoir si l'immeuble ou les immeubles sont partageables en nature et dans la négative pour établir le lotissement et fixer la mise à prix, le tribunal pourra ordonner préalablement que les immeubles seront vus et estimés par un expert qu'il désignera d'office (analogie, art. 515, § 3). S'il reconnaît que les immeubles sont partageables en nature, il ordonne le partage comme il est dit au texte et l'on procède conformément aux articles 510, 511, 512 auxquels nous arrivons.

Procès-verbal de partage. Établissement de la masse à partager. Formation des lots. — C'est le secrétaire-greffier du tribunal — agissant comme notaire — qui est appelé à dresser le procès-verbal de partage ; c'est devant lui, pris en cette qualité, que le jugement ordonnant le partage doit renvoyer (art. 510 et arg. de ce texte).

Il faut d'abord établir la masse à partager. La masse du partage, les rapports et prélèvements à faire par chacune des parties intéressées, sont établis par le secrétaire-greffier du tribunal saisi de la demande (art. 510, 1re partie). Si des difficultés s'élèvent sur son travail liquidatif, il les consigne à son procès-verbal et il renvoie, semble-t-il, les parties devant le juge rapporteur, déjà commis sur la requête initiale (V. *supra*) ; celui-ci fait trancher les questions soulevées par le tribunal (art. 511, 512 et arg. de ces textes).

Il faut maintenant procéder à la formation des lots. Les lots sont faits par l'un des cohéritiers, s'ils sont tous majeurs, s'ils s'accordent sur le choix et si celui qu'ils ont choisi accepte la commission ; dans le cas contraire, le secrétaire-greffier renvoie les parties devant le juge commissaire désigné à cet effet par le président du tribunal. Le juge fait les lots ou, s'il ne croit pas avoir les éléments d'appréciation nécessaires, nomme un expert pour y procéder (art. 510, 2e partie). Ici encore il semble que l'expert sera désigné d'office. Cette expertise qui intervient, dans les conditions prévues au texte, après le travail liquidatif et pour la formation des lots, ne se confond pas avec l'expertise préalable qui a lieu avant la liquidation et aux fins sus-indiquées. Mais pratiquement, l'expertise préalable, si elle a été ordonnée, pourra, au moins dans certains cas, fournir les éléments nécessaires pour la formation des lots et dispenser d'une nouvelle expertise. Il résulte du texte que les lots sont formés soit par l'héritier choisi, soit par le juge, soit enfin par l'expert nommé par le juge. Il s'agit, d'après l'article 510 d'un juge commissaire désigné à cet effet par le président du tribunal. Il ne sera autre, semble-t-il, que le juge rapporteur déjà commis sur la requête initiale (V. *supra*). S'il s'élève des contestations sur la formation des lots, elles sont jugées dans les formes ordinaires (art. 511, 1re partie). Pratiquement, la formation des lots aura donné lieu à un rapport transcrit par le secrétaire-greffier à la suite de son état liquidatif, et sur lequel les parties seront renvoyées à se faire juger, s'il y a des contestations. C'est la même situation et la même marche à suivre que pour les contestations concernant l'établissement de la masse.

Tout cela aboutira à l'établissement définitif par le secrétaire-greffier de son procès-verbal de compte, liquidation et partage.

Jugement d'homologation. — Le procès-verbal de partage est homologué, s'il y a lieu, les parties présentes ou appelées, sur les conclusions du ministère public si le partage intéresse des mineurs ou autres incapables (art. 511, 2e partie). La fin du texte n'est qu'une application de la règle posée par l'article 186 (V. *supra*). L'homologation sera poursuivie et jugée dans les formes ordinaires, car telle est la règle en matière de partage (art. 508, 511). Cela veut dire que la partie la plus diligente déposera au secrétariat une expédition du procès-verbal de partage avec une requête tendant à l'homologation, et qu'il sera suivi sur cette requête jusqu'au jugement par les voies habituelles.

Le tribunal auquel on demande l'homologation n'aura plus à connaître des difficultés qu'on a pu soulever relativement à l'établissement de la masse ou à la formation des lots car, suivant la procédure qui précède, elles se trouvent jugées. Il aura simplement à se demander si le procès-verbal de partage, dans son dernier état, est bien dressé en conformité des droits des parties et des décisions intervenues. C'est en ce sens qu'il faut, semble-t-il, entendre l'article 511 quand il dit que le procès-verbal de partage est homologué, *s'il y a lieu*, et l'article 512 quand il parle du jugement qui homologue le partage *et statue sur les contestations*.

Tirage des lots. — Lorsque le jugement qui homologue le partage et statue sur les contestations est passé en force de chose jugée, il est procédé au tirage des lots par le secrétaire-greffier qui en fait la délivrance aussitôt après le tirage, et qui délivre tels extraits, en tout ou en partie, du procès-verbal de partage que les parties requièrent (art. 512).

Vente sur licitation. — Toute la procédure qui précède suppose que l'immeuble ou les immeubles étaient partageables en nature. Il reste le cas où le tribunal reconnaît (au besoin, après expertise. V. ci-dessus) qu'ils sont impartageables et, en conséquence (art. 508, § 2), ordonne la licitation qu'il renvoie devant le secrétaire-greffier après avoir établi un lotissement, s'il y a lieu, et la mise à prix.

La vente est faite conformément aux dispositions des articles 338 à 356 concernant les saisies immobilières. Elle donne lieu à surenchère dans les mêmes conditions. Elle peut être renvoyée à d'autres tribunaux conformément au 2ᵉ alinéa de l'article 503 (art. 509). Ce texte reproduit les règles déjà posées par l'article 503 pour la vente des immeubles appartenant à des mineurs. Il applique à nouveau le principe que les ventes volontaires en justice se font dans les mêmes formes que les ventes forcées (cf. art. 503 et observations sur cet article).

Les procédures, soit de partage, soit de licitation, qui précèdent, cessent d'être obligatoires dans le cas prévu par l'article 513 qui est ainsi conçu : « Lorsque tous les propriétaires ou cohéritiers sont majeurs, jouissant de leurs droits civils, présents ou dûment représentés, ils peuvent s'abstenir des voies judiciaires ou les abandonner en tout état de cause et s'accorder pour procéder de telle manière qu'ils aviseront.

CHAPITRE XII

DU BÉNÉFICE D'INVENTAIRE

(Art. 514 à 522).

Il s'agit du cas où, suivant l'article 514, le statut personnel d'un héritier lui permet de faire certaines opérations tendant à la liquidation d'une succession sans prendre qualité. Le Dahir de procédure règle certaines des formes à observer.

Vente des meubles. — Dans cette situation, l'héritier peut se faire autoriser à procéder à la vente d'effets mobiliers dépendant de ladite succession par une ordonnance rendue sur requête par le président du tribunal de première instance dans le ressort duquel la succession est ouverte (art. 514, § 1). Dans le cas de l'article 499, la vente a lieu sur ordonnance du juge de paix; ici on exige une ordonnance du président du tribunal. Peut-être faut-il chercher l'explication dans ce fait que le bénéfice d'inventaire suppose une série de formalités qui sont centralisées au tribunal d'instance : déclaration d'acceptation bénéficiaire, quand elle est imposée par le statut personnel de l'héritier (analogie art. 523), autorisation de vendre les meubles ou les immeubles, vente des uns et des autres (art. 514, 515), distribution du prix en provenant (art. 518 et 359), demande et réception de caution (art. 519, 520). Il semble pourtant qu'il faudra s'adresser au tribunal de paix pour l'inventaire (art. 495 et suiv.) et aussi pour faire nommer le curateur au bénéfice d'inventaire, dans le cas de l'article 522 (arg. art. 522, 524 et suiv.). Quoi qu'il en soit, l'héritier bénéficiaire qui veut vendre des meubles de la succession se conformera exactement à l'article 514, sous peine d'être réputé héritier pur et simple (*Infra*, art. 517).

Suivant une remarque déjà faite, l'ordonnance du juge, ici du président du tribunal, qui précède la vente, est une application de l'article 26, car il s'agit d'un « acte de liquidation » à accomplir par le secrétaire-greffier. La vente elle-même est faite par le secrétaire-greffier dans les formes prévues par les articles 329 à 337 pour les saisies mobilières (art. 514, § 2). C'est la règle déjà posée par l'article 499, mais ici la vente a lieu par le secrétaire-.

greffier du tribunal (arg. 514 et arg. de ce texte). L'article 517 ajoute : s'il y a lieu de faire procéder à la vente du mobilier dépendant de la succession, la vente est faite dans les formes prescrites par l'article 514 ci-dessus, *à peine contre l'héritier bénéficiaire d'être réputé héritier pur et simple.*

Ventes des immeubles. — Si, dans le cas prévu en l'article précédent, l'héritier bénéficiaire estime qu'il y a lieu de vendre les immeubles dépendant de la succession, il présente au président du tribunal de première instance du lieu de l'ouverture de la succession une requête, dans laquelle ces immeubles sont désignés sommairement. Cette requête est communiquée au ministère public. Sur ses conclusions, il est rendu jugement qui autorise la vente et fixe la mise à prix, ou qui ordonne préalablement que les immeubles seront vus et estimés par un expert désigné d'office. Dans ce dernier cas, le rapport de l'expert est entériné sur requête par le tribunal, et, sur les conclusions du ministère public, le tribunal ordonne la vente (art. 515, §§ 1, 2, 3, 4).

On voit que pour vendre les immeubles, il ne suffit plus d'une ordonnance sur requête, il faut un jugement du tribunal. L'article 515 donne les détails de cette procédure. Sous réserve des précisions données au texte, il semble que la procédure sera, en principe, la même que celle de la vente des biens des mineurs, articles 502 à 504, qui elle-même se ramène à celle des articles 464 à 466. Spécialement la compétence appartiendra à la chambre du conseil. D'ailleurs ici il n'y aura, en général, pas d'adversaire (cf. art. 464 à 466 et 502 à 504).

La vente a lieu dans les formes prévues par les articles 338 à 356 concernant les saisies immobilières (art. 515, § 5). C'est la règle déjà posée par l'article 503 pour la vente des immeubles appartenant à des mineurs. On appliquera au besoin le deuxième paragraphe de l'article 503 qui semble bien, pour le cas qu'il prévoit, constituer le droit commun (cf. art. 509). L'article 516 sanctionne les règles qui précèdent en disposant que l'héritier bénéficiaire est réputé héritier pur et simple, s'il a vendu des immeubles sans se conformer aux règles prescrites par l'article 515.

Distribution du prix. Caution à fournir par l'héritier bénéficiaire. — Le prix de vente des valeurs dépendant d'une succession est distribué conformément aux articles 357 à 363 (art. 518). On se reportera à ces articles.

Le créancier, ou toute autre partie intéressée, qui veut obliger l'héritier bénéficiaire à donner caution, en fait la demande au secrétariat du tribunal de première instance du lieu de l'ouverture de la succession, et cette demande est notifiée à l'héritier par le secrétaire-greffier (art. 519). Dans les trois jours de cette notification, sans préjudice du délai de distance prévu à l'article 59, § 2, l'héritier est tenu de présenter caution au secrétariat dans les formes prescrites pour les réceptions de caution (art. 520). Conformément au droit commun, la demande pour obliger à donner caution sera déposée au secrétariat et suivie de la désignation d'un rapporteur. Le rapporteur procèdera comme il a été dit sous les articles 269 à 273. Toutefois, ici, la caution doit être fournie, non en vertu d'un jugement, mais en vertu des articles 519, 520 et dans le délai de l'article 520; donc le rapporteur modifiera en conséquence le libellé des soit transmis (V. *Supra*, observations et formules sous les articles 269 à 273).

Reddition de compte. — L'acceptation bénéficiaire amène une reddition de compte entre l'héritier et les créanciers. Elle a lieu, dispose l'article 521, dans les formes prescrites aux articles 274 à 283 (V. *supra*).

Actions de l'héritier bénéficiaire contre la succession. — Les actions à intenter par l'héritier bénéficiaire contre la succession sont intentées contre les autres héritiers; et s'il n'y en a pas, ou qu'elles soient intentées par tous, elles le sont contre un curateur au bénéfice d'inventaire, nommé en la même forme que le curateur à la succession vacante (art. 522). De là il semble résulter (art. 525) qu'on présentera requête au juge de paix et que ce magistrat, *en visant l'article 522, prescrira que les actions à intenter contre la succession, le seront contre le secrétaire-greffier du tribunal de paix, curateur de droit au bénéfice d'inventaire.*

CHAPITRE XIII

DES RENONCIATIONS A COMMUNAUTÉ OU A SUCCESSION

(Art. 523).

Renonciations à communauté ou à succession. — Les renonciations à communauté ou à succession sont faites au secrétariat du tribunal de première instance dans le ressort duquel la dissolution de la communauté ou l'ouverture de la succession est opérée (art. 523, § 1).

Vente d'immeubles dotaux. — Les ventes d'immeubles dotaux *prévues par le statut personnel* des parties sont autorisées par justice, dans les formes prescrites par les articles 503 et 504 pour les ventes d'immeubles appartenant à des mineurs (art. 523, § 2). Donc on se conformera à ce qui a été dit sous les articles 503, 504, soit en ce qui concerne le jugement à rendre par le tribunal, soit en ce qui concerne la vente à effectuer par les soins du secrétaire-greffier.

CHAPITRE XIV

DES CURATEURS A SUCCESSION VACANTE

(Art. 524 à 526).

Une succession est présumée vacante lorsque, au moment de son ouverture, aucun héritier ne se présente, soit en personne, soit par un mandataire spécial; ou lorsque les héritiers présents ou connus y ont renoncé (art. 524).

Les mesures à prendre incombent au juge et au secrétaire-greffier du tribunal de paix du lieu. Elles sont précisées comme il suit par les articles 525, 526 :

1° Dès qu'avis est donné au juge de paix du ressort qu'un individu est décédé, sans que ses héritiers soient présents ou connus, ce magistrat prescrit que les biens et effets délaissés par le défunt seront inventoriés et pris en garde par le secrétaire-greffier du tribunal de paix qui est de droit le curateur de la succession vacante (art. 525). Le secrétaire-greffier est de droit curateur de la succession, mais il faut l'ordonnance préalable du juge. C'est une nouvelle application de l'article 26 (cf. en matière de scellés, art. 474 et suiv.). L'ordonnance pourra être rendue à la requête de toute partie intéressée, ou des personnes qui demeuraient avec le défunt, ses serviteurs ou domestiques, ou sur avis du ministère public, de l'autorité administrative, ou même d'office (arg. art. 475, 477);

2° En exécution de l'ordonnance, le secrétaire-greffier du tribunal de paix doit liquider et administrer la succession. Sa mission, tracée par les articles 525, 526, s'exécute par le moyen de procédures toutes déjà décrites : il inventorie et prend en garde les biens de la succession (art. 525); l'inventaire sera, le cas échéant, précédé d'une apposition de scellés (art. 474 et suiv.); il vend les meubles et effets laissés par le défunt dans les formes de la saisie mobilière (art. 329 à 337); il vend les immeubles dans les formes de la saisie immobilière (art. 338 à 356); il distribue les sommes produites par ces ventes, frais déduits, dans les formes prescrites pour les distributions de deniers (art. 357 à 363); enfin il rend ses comptes dans la forme des redditions de comptes (art. 274 à 283).

CHAPITRE XV

DES ARBITRAGES

(Art. 527 à 543).

Le compromis. Les arbitres. — On définit le compromis un contrat par lequel des personnes conviennent de remettre l'instruction et le jugement de leur différend à un ou plusieurs arbitres, au lieu de le soumettre à la justice.

Capacité pour compromettre. — Toutes personnes peuvent compromettre sur les droits *dont elles ont la libre disposition* (art. 527, § 1).

Matières sur lesquelles on ne peut compromettre. — On ne peut compromettre sur les dons et legs d'aliments, logement et vêtements; sur les séparations d'entre mari et femme et divorces, sur les questions concernant, soit l'ordre public, soit l'état et la capacité des personnes (art. 527, § 2).

Nécessité d'un écrit. Indication de l'objet du litige et du nom des arbitres. — Le compromis peut être fait par procès-verbal devant les arbitres choisis, ou par acte devant le secrétaire-greffier ou l'agent du secrétariat d'un tribunal de paix faisant fonctions de notaire, ou sous signature privée (art. 528). On remarquera que cette disposition, comme celle des articles 496, 497, implique que les agents des secrétariats des tribunaux de paix, donc aussi ceux des autres secrétariats, sont aptes à remplir les fonctions de notaire (cf. art. 26).

Le compromis désigne les objets en litige et les noms des arbitres à peine de nullité (art. 529, § 1).

Clause compromissoire. — On peut stipuler dans un contrat que s'il donne lieu par la suite à des contestations, elles seront soumises à des arbitres, mais on ne peut pas désigner les arbitres à l'avance et avant que la contestation qui doit être réglée par eux ne soit née (art. 529, § 2). Il s'agit là de *la clause dite compromissoire* dont la validité se trouve ainsi reconnue dans les termes qui précèdent.

Délai du compromis. — Le compromis est valable encore qu'il ne fixe pas de délai, et en ce cas, la mission des arbitres ne dure que trois mois, du jour où les arbitres sont désignés (art. 529, § 3).

Révocation. Déport. Récusation des arbitres. — Pendant le délai de l'arbitrage, les arbitres ne peuvent être révoqués que du consentement unanime des parties (art. 530).

. Les arbitres ne peuvent se déporter (c'est-à-dire refuser la mission d'arbitre après l'avoir accepté expressément ou tacitement), si leurs opérations sont commencées (art. 533, § 1, 1ʳᵉ phrase).

Ils ne peuvent être récusés, si ce n'est pour cause survenue depuis le compromis (art. 533, § 1, 2ᵉ phrase; cf. art. 247).

Causes d'extinction du compromis. — Le compromis finit : 1° par le décès, refus, déport ou empêchement d'un des arbitres, s'il n'y a clause qu'il sera passé outre, ou que le remplacement sera au choix des parties ou au choix de l'arbitre ou des arbitres restants; 2° par l'expiration du délai stipulé, ou celui de trois mois, s'il n'en a pas été réglé; 3° par le partage, si les arbitres n'ont pas le pouvoir de prendre un tiers arbitre. Le décès (d'une partie), *lorsque tous les héritiers sont majeurs,* ne met pas fin au compromis; le délai pour instruire et juger est suspendu pendant celui pour faire inventaire et délibérer (art. 532).

Pouvoirs des arbitres. Arbitres amiables compositeurs. — En principe, les arbitres ont, dans la limite qui leur est assignée par le compromis, les pouvoirs qui appartiennent aux juges. Toutefois, il faut l'intervention du juge (art. 537) pour rendre leur jugement exécutoire.

Ils sont tenus, comme les juges, d'observer les règles du droit et les formes de la procédure. Toutefois, les parties ont le pouvoir de les soustraire à ces règles et à ces formes. Ils jugent alors en équité. On dit qu'ils sont amiables compositeurs (art. 531, § 1; art. 536, § 3).

Procédure de l'instance devant les arbitres. — Hormis le cas où ils sont amiables compositeurs, les arbitres — et les parties — suivent dans la procédure les délais et les formes établis pour les tribunaux. C'est ce que décide l'article 531, § 1. Évidemment, cette règle doit être entendue avec discernement. Dans certains cas, on pourra recourir au simple avertissement soit verbal, soit par lettre ordinaire ou recommandée. On a vu sous l'article 155 que le Dahir se prête à ces formes de procéder (*junge,* art. 549). S'il faut une notification proprement dite, elle aura lieu *dans les délais et dans les formes établis pour les tribunaux.* Mais l'ordre du juge, nécessaire pour notifier (art. 26), pourra-t-il émaner de l'arbitre, ou devra-t-il être demandé au magistrat (président du tribunal ou encore juge de paix du lieu)? Nous croyons qu'il faut décider dans ce dernier sens. Les arbitres ne sont pas investis, en cette qualité, du pouvoir de mettre en mouvement les agents ou les autorités appelés à exécuter les notifications ordonnées par le juge. Il ne semble pas qu'on puisse par un compromis faire échec au principe absolu de l'article 26, suivant lequel les secrétariats sont placés sous l'autorité de la juridiction près de laquelle ils sont institués et chargés des actes, *ordonnés par le juge,* que ce texte énumère. Les articles 537, 538 montrent au surplus que les arbitres ne disposent pas de la force exécutoire.

Il y a maintenant quelques règles particulières. Pour la production des pièces et moyens, il est dit (art. 534, § 1) que chacune des parties est tenue de produire ses défenses et pièces, quinzaine au moins avant l'expiration du délai de l'arbitrage, et sont tenus les arbitres de juger sur ce qui aura été produit. Cette disposition crée à la charge des parties une obligation légale et dispense, en principe, les arbitres d'une procédure d'instruction analogue à celle des articles 145 à 156. Pour les mesures d'instruction, les arbitres ont, en règle générale, à leur disposition tous les moyens de preuve du droit commun. Mais il faut (art. 531, § 4) qu'ils prennent tous part aux actes d'instruction, à moins que le compromis ne les ait autorisés à commettre l'un d'eux. En outre, il faut (art. 537, 538) qu'ils fassent, le cas échéant, revêtir leurs jugements d'instruction de l'ordonnance *d'exequatur*, sinon ils n'auraient pas de moyens de contrainte vis-à-vis des personnes qui doivent prendre part à ces mesures. D'autre part, il y a un cas où cesse leur compétence. S'il est formé (art. 533, § 2) inscription de faux, même purement civile, ou s'il s'élève quelque incident criminel, les arbitres délaissent les parties à se pourvoir et les délais de l'arbitrage continuent à courir du jour du jugement de l'incident.

Décision arbitrale. Partage. Tiers arbitre. — S'il n'y a qu'un arbitre, il ne peut être question de délibéré ni de vote. S'il y en a plusieurs, l'article 534, § 2, indique que la décision est prise à la majorité.

Les textes prévoient le cas où il y a partage. Et d'abord, quand le partage se produit, cela met fin au compromis, c'est-à-dire que l'arbitrage se termine sans jugement, à moins que les arbitres n'aient le pouvoir de prendre un tiers arbitre (art. 532, § 3). S'ils sont autorisés à nommer un tiers, ils sont tenus de le faire par la décision qui prononce le partage. En outre, il faut que, par cette décision même ou par procès-verbaux séparés, les arbitres divisés fassent connaître leur avis distinct et motivé. S'ils ne se mettent d'accord sur le choix d'un tiers arbitre, celui-ci est nommé, sur requête de la partie la plus diligente, par le président du tribunal qui doit ordonner l'exécution de la décision arbitrale (art. 535).

Le tiers arbitre a une mission strictement définie : il faut qu'il juge dans le mois du jour de son acceptation, à moins que ce délai n'ait été prolongé par l'acte de la nomination. Il faut qu'il confère avec les arbitres divisés et il les somme de se réunir à cet effet. S'ils ne se rendent pas à la convocation, le tiers arbitre prononce seul ; mais il ne peut que choisir parmi les opinions émises par les arbitres primitifs ; il ne peut pas en introduire une nouvelle. Le tiers arbitre peut, comme les arbitres ordinaires, être institué amiable compositeur, c'est-à-dire dispensé d'observer les lois de forme ou de fond (art. 536). Pour la sommation à adresser aux arbitres divisés, il sera procédé en tenant compte de ce qui est dit plus haut (*supra*, art. 531, § 1).

Rédaction de la sentence arbitrale. — Le jugement est signé par chacun des arbitres ; et, dans le cas où il y a plus de deux arbitres, si la minorité refuse de le signer, les autres arbitres en font mention, et le jugement a le même effet que s'il avait été signé par chacun des arbitres (art. 534, § 2).

Ordonnance d'exequatur. — Le jugement arbitral est dépourvu de la force-exécutoire. Il l'acquiert par l'accomplissement des formalités qui suivent :

1º La minute du jugement est déposée, dans les trois jours, par l'un des arbitres, au secrétariat du tribunal de première instance dans le ressort duquel ce jugement a été rendu (art. 537, § 1). S'il a été compromis sur l'appel d'un jugement, le dépôt a lieu au secrétariat de la juridiction d'appel (art. 537, § 2). Les frais afférents au dépôt des requêtes sont dus par les parties et non par les arbitres (art. 537, § 3). Cette disposition implique que la minute du jugement est accompagnée d'une *requête* explicative donnant lieu à la consignation habituelle (art. 4 Dahir sur les perceptions) ;

2º Le président de la juridiction — après s'être assuré que le jugement arbitral est régulier en la forme et qu'il ne contient pas de nullités d'ordre public — met au bas ou en marge de la minute une ordonnance par laquelle il autorise le secrétaire-greffier à délivrer une expédition en forme exécutoire du jugement arbitral (art. 538).

Ces règles s'appliquent, on l'a vu, même aux jugements arbitraux préparatoires.

Voies de recours. — Nous les passons rapidement en revue. Les textes posent un certain nombre de règles dérogatoires au droit commun.

Opposition. — Les jugements arbitraux, même s'ils sont rendus par défaut, ne sont jamais susceptibles d'opposition (art. 534, § 3). La raison bien connue de cette disposition est que les parties n'ont certainement pas ignoré l'affaire, et qu'il ne peut y avoir surprise puisqu'elles ont pris part au compromis.

Appel. — Les jugements arbitraux sont toujours susceptibles d'appel, alors même qu'ils sont intervenus sur des matières qui ne comportent pas le double degré de juridiction (art. 540, § 1). Mais il est évident que l'appel ne sera pas ouvert si le compromis est intervenu sur appel ou sur demande en rétractation (art. 531, § 3). Dans ces deux cas la matière est, en effet, exclusive du droit d'appel. D'autre part, les parties peuvent, lors et depuis la désignation des arbitres, c'est-à-dire, soit dans le compromis, soit au cours de l'instance, soit après la sentence, renoncer à l'appel (art. 531, § 2).

L'appel des jugements arbitraux est porté, savoir : devant les tribunaux de première instance, pour les matières qui, s'il n'y eut point eu d'arbitrage, eussent été, soit en premier, soit en dernier ressort, de la compétence des tribunaux de paix; et devant la Cour d'appel, pour les matières qui eussent été, soit en premier, soit en dernier ressort, de la compétence des tribunaux de première instance (art. 540, § 1). Il n'est rien dit quant aux formes de l'appel. Donc on appliquera le droit des articles 226 et suivants, en distinguant, par exemple, pour le délai, selon qu'il s'agit d'une affaire de la compétence des tribunaux de paix ou des tribunaux d'instance.

Les règles sur l'exécution provisoire des jugements des tribunaux sont applicables aux jugements arbitraux (art. 540, § 2). Donc ils comporteront, suivant les cas, l'exécution provisoire conformément à l'article 75 ou à l'article 191.

Tierce opposition. — Les jugements arbitraux ne peuvent, en aucun cas, être opposés à des tiers (art. 539). Cela veut-il dire que la tierce opposition n'est pas recevable contre les sentences arbitrales? Cela veut-il dire, plus simplement, que les sentences arbitrales n'ont pas autorité de chose jugée vis-à-vis des tiers, ceux-ci ayant d'ailleurs le droit de faire tierce opposition conformément à l'article 238, sauf à eux à la porter devant le tribunal qui aurait connu de la contestation s'il n'y avait pas eu d'arbitrage (analogie, art. 541, § 2)? La jurisprudence fixera ce point.

Demande en rétractation. — Cette voie de recours est ouverte contre les jugements arbitraux dans les délais, formes et cas ci-devant désignés pour les jugements des tribunaux ordinaires (art. 541, § 1). Donc on applique les articles 240 et suivants, et tout d'abord, cela suppose un jugement arbitral qui, par exception (V. *supra*), n'est pas susceptible d'appel.

La demande en rétractation est portée non devant les arbitres, car leurs pouvoirs sont expirés, mais devant le tribunal qui eût été compétent pour connaître de l'appel (art. 541, § 2). On appliquera les formes et les délais propres à cette voie de recours. Toutefois l'article 542 écarte deux des causes d'ouverture prévues par l'article 240 en disposant qu'on ne peut proposer comme motifs de rétractation : 1° l'inobservation des formes ordinaires quand les arbitres n'ont pas été dispensés de l'observation de

ces formes; 2° le moyen résultant de ce qu'il a été prononcé sur choses
non demandées, sauf à se pourvoir par opposition à l'ordonnance d'exequatur, et cela, semble-t-il, dans l'un et l'autre cas.

Pourvoi en cassation. — Les sentences arbitrales ne sont pas susceptibles de recours en cassation. C'est ce qui résulte de la disposition de
l'article 543 dernier paragraphe aux termes duquel, dans la matière de
l'arbitrage, il ne peut y avoir recours en cassation *que contre les jugements
des tribunaux* rendus, soit sur demande en rétractation, soit sur appel d'un
jugement arbitral. Ces jugements sont en dernier ressort, et comme tels,
susceptibles de pourvoi (art. 24, Dahir sur l'organisation judiciaire). Mais
le pourvoi n'est jamais ouvert contre le jugement arbitral, même quand,
par exception (art. 531, § 3), il est définitif.

Opposition à l'ordonnance d'exequatur. — C'est une voie de recours
spéciale. Elle est ouverte (malgré son nom d'opposition) à toutes les parties
quoiqu'elles aient comparu, et elle est portée non pas devant le magistrat
qui a rendu l'ordonnance, mais devant la juridiction qu'il préside.

L'article 543, reproduit de l'article 1028 du Code de procédure, dit qu'il
n'est besoin de se pourvoir par appel ni demande en rétractation dans les
cinq cas qu'il énumère, et il ajoute que dans tous ces cas, les parties peuvent se pourvoir par opposition à l'ordonnance d'exécution devant le tribunal
dont le président l'a rendue, et demander la nullité de l'acte qualifié
jugement arbitral (art. 543). Suivant l'interprétation ordinairement donnée
de cette disposition, nous dirons que les cinq cas prévus se ramènent à
soutenir que la sentence arbitrale a été rendue sans compromis valable ou
hors des termes du compromis, qu'elle est par suite inexistante; que
l'opposition à laquelle ils donnent ouverture est une action en nullité,
exclusive pour ces cas spéciaux des autres voies de recours; que c'est une
action principale, susceptible, le cas échéant, du double degré de juridiction,
mais devant tout d'abord être soumise à la juridiction que préside le
magistrat signataire de l'ordonnance.

CHAPITRE XVI

DISPOSITIONS GÉNÉRALES

(Art. 544 à 557).

Exercice des droits. — Cinq règles se dégagent des textes :
1° Chacun est tenu d'exercer ses droits selon les règles de la bonne foi
(art. 545);
2° Ne peuvent ester en justice que ceux qui ont qualité et capacité pour
faire valoir leurs droits (art. 544, § 1);
3° Le juge relève *d'office* le défaut de qualité ou de capacité ou le défaut
d'autorisation, lorsque celle-ci est exigée (art. 544, § 2). La question de
savoir s'il y a défaut de qualité, de capacité, d'autorisation se résout d'après
la loi de fond applicable, mais si la réponse est affirmative, le juge, en vertu
de l'article 544, relève le moyen, même d'office, et il en tire telles conséquences que la situation comporte;
4° L'article 546, conformément aux tendances actuelles, supprime la
caution *judicatum solvi*. Aucune caution ni dépôt, sous quelque dénomi-
nation que ce soit, aucune avance pour le payement des frais de justice
autre que celles qui seraient exigées de tous les justiciables par application

du Dahir concernant lesdits frais, ne peut être imposée à des parties en cause devant les juridictions françaises du Maroc à raison, soit de leur qualité d'étrangers, soit du défaut de domicile ou de résidence au Maroc;

5° Tous les délais fixés par les dispositions du présent Dahir *pour l'exercice d'un droit* sont impartis à peine de déchéance (art. 547).

Amendes. — Toutes les amendes prescrites par les dispositions du présent Dahir doivent être obligatoirement appliquées (art. 548). Cette disposition écarte le système qui consisterait à les considérer comme des amendes comminatoires, susceptibles d'être, ou non, prononcées suivant les circonstances.

Nullités. — 1° En ce qui concerne les nullités ou irrégularités de forme et de procédure résultant de l'inobservation des dispositions du présent Dahir, le juge prononce en tenant compte des circonstances de la cause et de l'intérêt des parties (art. 549). Cette disposition n'a trait qu'aux *nullités de forme et de procédure,* et non à celles qui, comme les questions de capacité ou de qualité, procèdent des lois de fond; on a vu, pour ces dernières, que l'article 544 pose une règle toute différente. Même en ce qui concerne les nullités de forme et de procédure, ne faut-il pas dire que la nullité sera toujours prononcée si elle a trait à une formalité tenant à l'ordre public (cf. *Observations sur les articles 124, 193 et à la suite des articles 409 et 429; junge,* art. 527, § 2), et que le pouvoir d'appréciation du juge n'aura à s'exercer que s'il s'agit de formalités ne présentant pas ce caractère? La jurisprudence fixera ce point. Certains textes, on peut le remarquer, tranchent la question en sanctionnant par une disposition expresse l'accomplissement des formalités qu'ils édictent (ex. : art. 404, 408).

2° Aucune nullité ou irrégularité ne peut être invoquée par une partie après avoir présenté des conclusions au fond, sauf en ce qui touche la violation des règles de compétence (art. 550). Le texte pourrait s'interpréter en ce sens que les conclusions au fond couvrent les nullités, sauf celles tenant à la violation des règles de compétence. Il ne ferait qu'appliquer à l'exception de nullité l'article 123, tout en rappelant l'article 124, aux termes duquel l'incompétence peut être soulevée en tout état de cause. Il semble préférable d'entendre l'article 550 en ce sens que les conclusions au fond couvrent les nullités, mais que les conclusions prises du chef de la compétence ne produisent pas cet effet et laissent la faculté d'invoquer ensuite la nullité (analogie art. 173 Code de procédure). Ici encore, il semble bien que la règle ne s'applique pas aux nullités de fond et aux nullités de forme d'ordre public.

Délais. — 1° Tous les délais prévus au présent Dahir sont des délais francs, le jour de la remise de la convocation, de la notification, de l'avertissement ou de tout autre acte, faite à personne ou à domicile (*dies a quo*), et le jour de l'échéance (*dies ad quem*) n'entrant pas en compte (art. 551, § 1). Les délais de la procédure ordinaire qui ne sont pas francs, c'est-à-dire ceux dont on n'exclut pas le *dies ad quem,* sont ceux qui ont pour point de départ une signification à avoué. Il va de soi qu'ils n'avaient pas leur place dans un système qui a exclu l'avoué.

2° Si le dernier jour du délai est un jour férié, le délai est prorogé jusqu'au premier jour non férié (art. 551, § 2). L'article 552 énumère ensuite les jours fériés au regard de tous les justiciables, les jours fériés au regard des musulmans et enfin les jours fériés « au regard des israélites sujets de notre Empire ».

3° Les délais s'augmentent-ils en raison de la distance, conformément aux articles 59, 60, même en l'absence d'un texte portant qu'ils seront augmentés ? Aux raisons déjà données dans le sens de la négative, sous les articles 141, 215, 226, on peut ajouter cette considération que l'article 551 du Dahir, inspiré de l'article 1033 du Code de procédure, n'a pas reproduit le deuxième paragraphe de cet article qui pose la règle générale d'augmentation du délai par la distance.

Convocation, avis concernant les incapables et les personnes morales. — L'article 553, déjà cité sous l'article 54 (V. *supra*), dispose que les convocations, notifications, communications, sommations, avis et avertissements concernant, soit des incapables, soit des administrations publiques, des sociétés, associations, et toutes autres personnes morales sont adressés à leurs représentants légaux, pris en cette qualité. De ce texte on peut rapprocher les articles 56, 51, 152 qui posent les autres règles concernant la remise des actes.

Commissions rogatoires. — L'article 554 confère aux juges le pouvoir d'adresser aux autres tribunaux des commissions rogatoires. Il ajoute que si la commission rogatoire doit être exécutée hors du ressort des juridictions françaises, elle est transmise à l'autorité compétente par les soins du Résident général.

Toute affaire donne lieu à un jugement. — Toute affaire, dit l'article 555, portée devant l'une des juridictions françaises du Maroc, donne lieu à un jugement, sans pouvoir être terminée par simple radiation. Déjà, sous l'article 77, nous avons signalé cette règle comme l'une des caractéristiques du système institué par le Dahir de procédure et nous en avons déduit certaines conséquences (V. *supra,* art. 77. Rapprocher art. 70, § 1, 134, 198).

Pouvoir disciplinaire. — Les tribunaux, suivant la gravité des circonstances, peuvent, dans les causes dont ils sont saisis, prononcer, même d'office, des injonctions, supprimer des écrits, les déclarer calomnieux, et ordonner l'impression et l'affichage de leurs jugements (art. 556). Cette disposition s'ajoute à celle des articles 66, 67, 183, 184, et complète l'organisation du pouvoir disciplinaire des tribunaux.

Equivalence entre les monnaies. — L'équivalence entre la monnaie française dont il est fait mention au présent Dahir, porte l'article 557, et les monnaies ayant cours dans toute l'étendue de l'Empire du Maroc, sera déterminée par un Dahir ultérieur.

FORMULES

PROTECTORAT DE LA FRANCE

AU MAROC

SECRÉTARIAT

du

TRIBUNAL DE PAIX

de

Formule N° 1

Dossier N° (*Ici le numéro
de l'affaire au registre.*)

Cote N° (*Ici le numéro sous
lequel est coté au dossier
l'original de l'acte.*)

Exécution de la loi de
procédure en vigueur au
Maroc et du décret du Président de la République du
7 septembre 1913.

COMPARUTION

AU SECRÉTARIAT DU TRIBUNAL DE PAIX AVEC PROCÈS-
VERBAL DE DÉCLARATION POUR TENIR LIEU DE
REQUÊTE ÉCRITE

L'an

et le

Devant nous (*ici le nom du secrétaire-greffier ou de
l'agent du Secrétariat qui reçoit la déclaration*),

A comparu (*ici les noms, profession, domicile du comparant. S'il est domicilié en dehors du ressort, on ajoute l'élection de domicile qu'il est tenu de faire (a. 51) au lieu où
siège le Tribunal*),

Lequel nous a déclaré (*ici l'énonciation claire et précise
de l'objet et des moyens de la demande. On a soin d'y indiquer les noms, profession, domicile du défendeur*).

De tout quoi et par application des articles 48 et 50
du Dahir de procédure, nous avons dressé le présent
procès-verbal que nous avons signé avec le comparant
(*ou bien que nous avons signé seul, le comparant ayant
déclaré ne pouvoir signer*).

Signature du comparant.

Signature du Secrétaire-Greffier.

PROTECTORAT DE LA FRANCE

AU MAROC

TRIBUNAL DE PAIX

de

DOSSIER N° *(Ici le numéro de l'affaire au registre.)*

COTE N° *(Ici le numéro sous lequel est coté au dossier l'original de l'acte.)*

Exécution de la loi de procédure en vigueur au Maroc et du décret du Président de la République du 7 septembre 1913.

Les lettres adressées au Tribunal de paix doivent rappeler le numéro de l'affaire.

ORIGINAL

Formule N° 2

AVIS

POUR APPELER LES PARTIES EN CONCILIATION

Le Juge de paix de
Vu la requête écrite (*ou bien : vu la déclaration par procès-verbal au Secrétariat*)
de M. (*nom du demandeur*)
inscrite au registre le
sous le numéro
et qui a saisi le Tribunal de paix,
Vu l'article 53 du Dahir de procédure,
Invite (*ici l'énumération avec noms, profession, domicile de toutes les parties demanderesses et défenderesses*)
à se présenter le (*indication du jour et de la date*)
à   heures, à son cabinet, au Tribunal de paix, sis à
pour tenter une conciliation.

....., le   191 .

Le Juge de paix,
(Signature).

Une copie du présent avis a été transmise ce jour à chacun des intéressés conformément à l'article 53 du Dahir de procédure.

....., le   191 .

Le Secrétaire-Greffier,
(Signature).

COPIE

Formule N° 2

AVIS

POUR APPELER LES PARTIES EN CONCILIATION

Marge et texte conformes à l'original, en terminant ainsi :

....., le   191 .

Le Juge de paix, Signé :

Pour copie conforme :
Le Secrétaire-Greffier,
(Signature).

ORIGINAL

Formule N° 3

PROTECTORAT DE LA FRANCE
AU MAROC

TRIBUNAL DE PAIX
de

Dossier n° (*Ici le numéro
de l'affaire au registre.*)

Cote n° (*Ici le numéro sous
lequel est coté au dossier
l'original de l'acte.*)

Exécution de la loi de
procédure en vigueur au
Maroc et du décret du Président de la République du
7 septembre 1913.

La date de la notification
est constatée par un certificat de remise renvoyé au
Secrétariat du Tribunal de
paix par l'autorité qui a
fait la notification.

Les lettres adressées au
Tribunal de paix doivent
rappeler le numéro de l'affaire.

Dahir

CONVOCATION

A L'AUDIENCE DU TRIBUNAL DE PAIX

Le Juge de paix de

Vu la requête écrite (*ou bien : vu la déclaration par
procès-verbal au Secrétariat*).
de M. (*nom du demandeur*)
inscrite au registre le
sous le numéro
et qui a saisi le Tribunal de paix,

Ladite requête (*ou déclaration*) ainsi conçue (*en
résumé*) :

*Ici le résumé clair et précis de l'objet et des moyens de la
demande telle qu'elle est rapportée à la requête, avec les
précisions nouvelles qu'a pu apporter la tentative de conciliation,*

Vu l'article 54 du Dahir de procédure civile,

Et attendu qu'il n'y a pas eu conciliation,

Convoque (*ici l'énumération avec noms, profession, domicile, de toutes les parties demanderesses et défenderesses, en
ayant soin d'ajouter en marge de la première page le texte
de l'article 51 sur la copie des parties qui sont domiciliées
hors du ressort*)

à l'audience publique du (*indication du jour et de la
date*)

qui s'ouvrira à   heures, en la salle
des audiences du Tribunal de paix sis à

pour y être entendues contradictoirement.

....., le   191 .

Le Juge de paix,
(Signature).

Satisfait suivant envoi de ce jour :
1° par

d'un pli de notification sous enveloppe avec certificat
joint à l'adresse de M.

2° par, etc................... (*il faut autant de mentions
« par, etc................... » qu'il y a de plis de notification*).

pour remise aux intéressés et retour des certificats.

....., le   191 .

Le Secrétaire-Greffier,
(Signature).

12

<u>**Formule N° 3**</u>

CONVOCATION

A L'AUDIENCE DU TRIBUNAL DE PAIX

Marge et texte conformes à l'original, en terminant ainsi :

.....,‎ le   191 .

Le Juge de paix, Signé :

Pour copie conforme et pour valoir notification à la
date du certificat de remise. Cette date est reproduite
sur l'enveloppe contenant la présente copie.

Le Secrétaire-Greffier,

. (Signature).

Formule N° 4

MODÈLE D'ENVELOPPE SERVANT AUX NOTIFICATIONS

AVIS IMPORTANT

La remise du présent pli vaut notification d'un acte de procédure suivant la loi de procédure en vigueur au Maroc. — Le certificat épinglé à l'enveloppe doit être détaché, rempli, puis retourné à l'expéditeur. — La date de la remise du pli, après avoir été inscrite sur le certificat, est reproduite avec signature de l'agent dans la mention ci-contre :

Ici la suscription

Affaire N°..Cote N°..............

Date de la remise du pli : ....

Signature de l'agent : ....

PROTECTORAT DE LA FRANCE

AU MAROC

Formule N° 5

SECRÉTARIAT

du

TRIBUNAL DE PAIX

de

DOSSIER N° *(Ici le numéro de l'affaire au registre.)*

COTE N° *(Ici le numéro sous lequel est coté au dossier l'original de l'acte notifié.)*

Exécution de la loi de procédure en vigueur au Maroc et du décret du Président de la République du 7 septembre 1913.

---

(1) *Le pli doit être remis soit à la personne du destinataire, soit à son domicile entre les mains de parents ou amis, serviteurs, portiers ou concierges.*

CERTIFICAT

DE REMISE PAR LE SECRÉTARIAT POUR VALOIR

NOTIFICATION CONFORMÉMENT A LA LOI

Le Secrétaire-greffier (*ou bien l'agent du Secrétariat*) soussigné certifie

que le pli de notification sous enveloppe à l'adresse de (*ici on reproduit la suscription de l'enveloppe*) dans la procédure ci-contre

a été remis le (*date de la remise*) à (1) *ici on écrira à M. (nom du destinataire) en personne, ou bien : au domicile sus-indiqué à M. (nom de la personne qui reçoit le pli) qui dit être (ou parent, ou ami, ou serviteur, ou portier, ou concierge) du destinataire.*

Si la personne qui reçoit le pli ne peut ou ne veut signer, } *qui a signé l'agent en fait mention.*

Signature du Secrétaire-Greffier ou de l'agent du Secrétariat.

Formule N° 6

PROTECTORAT DE LA FRANCE

AU MAROC

SECRÉTARIAT

du

TRIBUNAL DE PAIX

de

Dossier n° (*Ici le numéro de l'affaire au registre.*)

Cote n° (*Ici le numéro sous lequel est coté au dossier l'original de l'acte notifié.*)

Exécution de la loi de procédure en vigueur au Maroc et du décret du Président de la République du 7 septembre 1913.

---

(1) *Le pli doit être remis soit à la personne du destinataire, soit à son domicile entre les mains de parents ou amis, serviteurs, portiers ou concierges. La remise poste restante ou dans une boîte d'abonné n'est pas admise.*

Le présent certificat régularisé sera retourné sous pli recommandé et en port dû à M. le Secrétaire-Greffier en Chef du Tribunal de paix de .....

CERTIFICAT

DE REMISE PAR LA POSTE POUR VALOIR NOTIFICATION

CONFORMÉMENT A LA LOI

Le facteur soussigné certifie que le pli de notification sous enveloppe à l'adresse de (*ici on reproduit la suscription de l'enveloppe*) dans la procédure ci-contre

a été remis le (*date de la remise*) à (1) *ici le facteur écrira : à M. (nom du destinataire) en personne, ou bien : au domicile susindiqué à M. (nom de la personne qui reçoit le pli) qui dit être (ou parent, ou ami, ou serviteur, ou portier, ou concierge) du destinataire.*

Si la personne qui reçoit le pli ne peut ou ne veut signer, le facteur en fait mention. } *qui a signé*

Signature du facteur.

Timbre du Bureau distributeur.   *Signature du Receveur.*

PROTECTORAT DE LA FRANCE

AU MAROC

Formule N° 7

SECRÉTARIAT

du

TRIBUNAL DE PAIX

de

Dossier n° *(Ici le numéro de l'affaire au registre.)*

Cote n° *(Ici le numéro sous lequel est coté au dossier l'original de l'acte notifié.)*

Exécution de la loi de procédure en vigueur au Maroc et du décret du Président de la République du 7 septembre 1913.

---

(1) *Le pli doit être remis soit à la personne du destinataire, soit à son domicile entre les mains de parents ou amis, serviteurs, portiers ou concierges.*

Le présent certificat régularisé sera retourné sous pli recommandé et en port dû à M. le Secrétaire-Greffier en Chef du Tribunal de paix de .....

CERTIFICAT

DE REMISE PAR LA VOIE ADMINISTRATIVE POUR VALOIR

NOTIFICATION CONFORMÉMENT A LA LOI

L'agent soussigné, délégué par nous *(désignation du représentant de l'autorité municipale, diplomatique ou consulaire)* certifie

que le pli de notification sous enveloppe à l'adresse de *(ici on reproduit la suscription de l'enveloppe)*, dans la procédure ci-contre,

a été remis le *(date de la remise)* à (1) ici on écrira à M. *(nom du destinataire)* en personne, ou bien : au domicile susindiqué à M. *(nom de la personne qui reçoit le pli)*, qui dit être *(ou parent, ou ami, ou serviteur, ou portier, ou concierge)* du destinataire.

Si la personne qui reçoit le)
pli ne peut ou ne veut signer, } *qui a signé*
l'agent en fait mention.)

Signature de l'agent.

Cachet ou sceau.   *Signature de l'autorité dont relève l'agent.*

Formule N° 8

TRIBUNAL DE PAIX

de

_____

Cabinet du Juge de paix.

_____

....., le   191 .

Le Juge de paix de...................
à Monsieur le.....................

En exécution de la loi de procédure en vigueur au Maroc et du décret du Président de la République Française du 7 septembre 1913 (art. 55, 56, 57 de cette loi) (1), j'ai l'honneur de vous prier de vouloir bien assurer par voie administrative la transmission et la remise à son destinataire de l'acte de procédure ci-joint, notifié sous enveloppe fermée, avec suscription et sceau conformément à la loi.

Le certificat annexé à l'enveloppe sera signé par le destinataire, par l'agent qui effectue la remise, et enfin par vous-même, avec apposition de votre sceau, aux places indiquées dans la formule imprimée. L'agent voudra bien se conformer exactement aux indications du certificat destiné à constater la remise dans les formes légales. En outre, il aura soin, après avoir inscrit sur le certificat la date de la remise, de reporter cette date sur la mention en tête de l'enveloppe. Il ne remettra l'enveloppe au destinataire qu'après l'accomplissement de cette formalité.

Je vous prie également de vouloir bien renvoyer le certificat régularisé à M. le Secrétaire-Greffier en chef du Tribunal de paix de........................... sous pli recommandé et en port dû, le tout par application des textes rappelés d'autre part.

Le Juge de paix,
(Signature).

_____

(1) Ces textes sont ainsi conçus :
    Art. 55 *(reproduire le texte).*
    Art. 56 *(reproduire le texte).*
    Art. 57 *(reproduire le texte).*

PROTECTORAT DE LA FRANCE

AU MAROC

TRIBUNAL DE PAIX

de

DOSSIER N° (*Ici le numéro de l'affaire au registre.*)

COTE N° (*Ici le numéro sous lequel est coté au dossier l'original de l'acte.*)

Exécution de la loi de procédure en vigueur au Maroc et du décret du Président de la République du 7 septembre 1913.

La date de la notification est constatée par un certificat de remise renvoyé au Secrétariat du Tribunal de paix par l'autorité qui a fait la notification.

Les lettres adressées au Tribunal de paix doivent rappeler le numéro de l'affaire.

Formule N° 9

ORIGINAL

CONVOCATION

A L'AUDIENCE DU TRIBUNAL DE PAIX EN VERTU DE L'ARTICLE 72

Le Juge de paix de

Vu la requête écrite (*ou bien : vu la déclaration par procès-verbal au Secrétariat*) de M. (*nom du demandeur*) inscrite au registre le sous le numéro et qui a saisi le Tribunal de paix,

Ladite requête (*ou déclaration*) ainsi conçue en résumé : (*ici le résumé de la demande tel qu'il figure sur la première convocation*).

Attendu que l'affaire a été régulièrement portée et appelée à l'une des dernières audiences; qu'il y a plusieurs défendeurs et que l'un d'eux, celui ci-après nommé, n'a pas comparu;

Faisant application de l'article 72 du Dahir de procédure,

Convoque à nouveau (*ici les noms, profession, domicile du défendeur en question*) à l'audience publique du (*indication du jour et de la date*) qui s'ouvrira à   heures en la salle des audiences du Tribunal de paix sis à

pour y être entendu contradictoirement avec les autres parties qui ont été renvoyées à cette même audience.

Étant observé que, à ce jour, il sera, conformément à l'article 72, statué par un seul jugement commun à toutes les parties en cause et qui ne sera susceptible d'opposition de la part d'aucune d'elles.

....., le   191 .

Le Juge de paix,
(Signature).

(*La suite de l'original : Satisfait....., etc., et la copie, comme il est indiqué à la formule n° 3*).

PROTECTORAT DE LA FRANCE

AU MAROC

TRIBUNAL DE PAIX

de

ORIGINAL

Formule N° 10

DOSSIER N° *(Ici le numéro de l'affaire au registre.)*

COTE N° *(Ici le numéro sous lequel est coté au dossier l'original de l'acte.)*

Exécution de la loi de procédure en vigueur au Maroc et du décret du Président de la République du 7 septembre 1913.

La date de la notification est constatée par un certificat de remise renvoyé au Secrétariat du Tribunal de paix par l'autorité qui a fait la notification.

Les lettres adressées au Tribunal de paix doivent rappeler le numéro de l'affaire.

NOTIFICATION

D'UN JUGEMENT CONTRADICTOIRE DU TRIBUNAL DE PAIX

Le Juge de paix de

Vu le jugement rendu contradictoirement entre les parties par le Tribunal de céans, le   191 dans l'affaire

numéro   du registre,

Vu l'article 77 du Dahir de procédure,

Ordonne qu'une expédition en forme dudit jugement ainsi que de la présente ordonnance soit notifiée à *(ici l'énumération avec noms, profession, domicile de toutes les parties en cause. S'il y a des parties hors du ressort qui ne se sont pas conformées à l'article 51, la notification est valablement faite au Secrétariat (même texte). Il en est ainsi pour toute notification à une partie déjà appelée en cause, qui ne s'est pas conformée audit article).*

Aux fins de droit.

.....,   le   191 .

Le Juge de paix,
(Signature).

(La suite de l'original : Satisfait......, etc., et la copie, comme il est indiqué à la formule n° 3).

PROTECTORAT DE LA FRANCE
AU MAROC

TRIBUNAL DE PAIX

de

DOSSIER N° (*Ici le numéro de l'affaire au registre.*)

COTE N° (*Ici le numéro sous lequel est coté au dossier l'original de l'acte.*)

Exécution de la loi de procédure en vigueur au Maroc et du décret du Président de la République du 7 septembre 1913.

Les lettres adressées au Tribunal de paix doivent rappeler le numéro de l'affaire.

Formule N° 11

ORIGINAL

AVIS

POUR INVITER LES PARTIES A CONSIGNER LES FRAIS
D'UNE MESURE D'INSTRUCTION

Le Juge de paix de

Vu le jugement avant faire droit rendu le

dans l'affaire

numéro   du registre,

et ordonnant (*une expertise, une visite de lieux, une enquête, une vérification d'écritures*).

Vu l'article 79 du Dahir de procédure,

Invite (*ici l'énumération avec noms, profession, domicile des parties auxquelles incombe la consignation suivant les distinctions de l'article 79*)

à consigner au Secrétariat du Tribunal de paix la somme de (*indication en toutes lettres de la somme fixée par le juge*) *une fois versée,* à titre d'avance pour le paiement des frais nécessités par la mesure prescrite;

Dit que cette somme sera consignée dans un délai de (*indication du délai imparti par le juge*) à partir de la réception du présent avis;

Dit que faute de consignation dans le délai imparti, il sera passé outre au jugement, et que la demande devant donner lieu à la mesure d'instruction pourra être rejetée.

....., le   191 .

Le Juge de paix,
(Signature).

Une copie du présent avis a été adressée ce jour à chacun des intéressés par lettre recommandée, conformément à l'article 79 du Dahir de procédure civile.

....., le   191 .

Le Secrétaire-Greffier,
(Signature).

Formule N° 11

· AVIS

POUR INVITER LES PARTIES A CONSIGNER LES FRAIS
D'UNE MESURE D'INSTRUCTION

———

Marge et texte conformes à l'original en terminant ainsi :

....., le   191 .

Le Juge de paix, Signé :

Pour copie conforme :
Le Secrétaire-Greffier,
(Signature).

Formule N° 12

TRIBUNAL DE PAIX

de

DOSSIER N° (*Ici le numéro de l'affaire au registre.*)

COTE N° (*Ici le numéro sous lequel est coté au dossier l'original de l'acte.*)

Exécution de la loi de procédure en vigueur au Maroc et du décret du Président de la République du 7 septembre 1913.

La date de la notification est constatée par un certificat de remise renvoyé au Secrétariat du Tribunal de paix par l'autorité qui a fait la notification.

Les lettres adressées au Tribunal de paix doivent rappeler le numéro de l'affaire.

ORIGINAL

CONVOCATION

A L'AUDIENCE DU TRIBUNAL DE PAIX APRÈS LE DÉPÔT D'UN RAPPORT D'EXPERT

Le Juge de paix de

Vu le dépôt au Secrétariat du Tribunal de paix d'un rapport d'expert dans l'affaire

numéro   du registre,

Vu les articles 82 et suivants du Dahir de procédure,

Invite (*ici l'énumération avec noms, profession, domicile, de chacune des parties*)

à prendre communication au Secrétariat du rapport de l'expert,

Et les convoque à l'audience publique du (*indication du jour et de la date*)

qui s'ouvrira à   heures,

en la salle des audiences du Tribunal de paix sis à

où les débats seront continués à la suite de ce rapport.

......, le   191 .

Le Juge de paix,
(Signature).

(*La suite de l'original : Satisfait......, etc., et la copie, comme il est indiqué à la formule n° 3*).

PROTECTORAT DE LA FRANCE
AU MAROC

TRIBUNAL DE PAIX
de

Dossier N° *(Ici le numéro de l'affaire au registre.)*

Cote N° *(Ici le numéro sous lequel est coté au dossier l'original de l'acte.)*

Exécution de la loi de procédure en vigueur au Maroc et du décret du Président de la République du 7 septembre 1913.

La date de la notification est constatée par un certificat de remise renvoyé au Secrétariat du Tribunal de paix par l'autorité qui a fait la notification.

Les lettres adressées au Tribunal de paix doivent rappeler le numéro de l'affaire.

Formule N° 13

CONVOCATION

A UNE VISITE DE LIEUX

Le Juge de paix de

Vu le jugement avant faire droit rendu le

dans l'affaire

numéro   du registre,
ledit jugement ordonnant une visite de lieux *(on ajoute au besoin : disposant notamment..... et l'on reproduit la partie du jugement qui intéresse)*,

Vu les articles 92 et suivants du Dahir de procédure,

Invite *(ici l'énumération avec noms, profession, domicile de toutes les parties en cause et des personnes qui ont pu être désignées pour assister à la visite)*
à se trouver sur les lieux litigieux le
                    191
à   heures ;

Le rendez-vous est fixé à *(on précise le point exact du rendez-vous, ce qui est nécessaire surtout s'il s'agit d'un domaine rural étendu)*.

Les parties sont, en outre, invitées à se présenter avec les personnes qu'elles désirent faire entendre.

....., le   191 .

Le Juge de paix,
(Signature).

(La suite de l'original : Satisfait....., etc., et la copie, comme il est indiqué à la formule n° 3).

Formule N° 14

PROTECTORAT DE LA FRANCE

AU MAROC

TRIBUNAL DE PAIX

de

DOSSIER N° *(Ici le numéro de l'affaire au registre.)*

COTE N° *(Ici le numéro sous lequel est coté au dossier l'original de l'acte.)*

Exécution de la loi de procédure en vigueur au Maroc et du décret du Président de la République du 7 septembre 1913.

La date de la notification est constatée par un certificat de remise renvoyé au Secrétariat du Tribunal de paix par l'autorité qui a fait la notification.

Les lettres adressées au Tribunal de paix doivent rappeler le numéro de l'affaire.

CONVOCATION

A ENQUÊTE

Le Juge de paix de

Vu le jugement avant faire droit rendu le

dans l'affaire

numéro   du registre,

Ledit jugement ordonnant une enquête *(on ajoute au besoin : disposant notamment..... et l'on reproduit la partie du jugement qui intéresse);*

Vu les articles 97 et suivants du Dahir de procédure,

Convoque *(ici l'énumération avec noms, profession, domicile de toutes les parties en cause et des témoins dont elles ont dû fournir la liste. Il faut que les convocations aux témoins soient délivrées de manière que le délai de l'article 103 soit observé)*

à l'audience publique du *(indication du jour et de la date)* qui s'ouvrira à   heures,

en la salle des audiences du Tribunal de paix sis à

et où il sera procédé à l'enquête ordonnée.

Il rappelle aux témoins les dispositions de l'article 103 du Dahir susvisé.

....., le   191 .

Le Juge de paix,
(Signature).

(La suite de l'original : Satisfait....., etc., et la copie comme il est indiqué à la formule n° 3. Toutefois on ajoute à la fin de la copie le texte de l'article 103, §§ 2 et 3 du Dahir de procédure).

Formule N° 15

TRIBUNAL DE PAIX
de

DOSSIER N° *(Ici le numéro
de l'affaire au registre.)*

COTE N° *(Ici le numéro sous
lequel est coté au dossier
l'original de l'acte.)*

Exécution de la loi de
procédure en vigueur au
Maroc et du décret du Président de la République du
7 septembre 1913.

La date de la notification
est constatée par un certificat de remise renvoyé au
Secrétariat du Tribunal de
paix par l'autorité qui a
fait la notification.

Les lettres adressées au
Tribunal de paix doivent
rappeler le numéro de l'affaire.

ORIGINAL

CONVOCATION

A UNE VÉRIFICATION D'ÉCRITURE

Le Juge de paix de
Vu le jugement avant faire droit rendu le

dans l'affaire

numéro   du registre.

Ledit jugement ordonnant une vérification d'écriture,
*(on ajoute au besoin : Disposant notamment ..... et l'on repro-
duit la partie du jugement qui intéresse.*

*Si la convocation s'adresse au dépositaire d'une pièce de
comparaison, on ajoute toutes indications nécessaires pour
que le dépositaire convoqué se présente avec les pièces)*

Vu les articles 112 et suivants du Dahir de procédure,

Invite *(ici l'énumération avec noms, profession, domicile
de tous les intéressés : parties, témoins, dépositaires de pièces
de comparaison, expert)*

A se présenter le *(indication du jour et de la date)*
à   heures,
à son cabinet, au Tribunal de paix,
sis à
où il sera procédé à la vérification d'écriture.

Il rappelle aux intéressés les dispositions de l'article 103 et de l'article 114 du Dahir susvisé.

....., le   191 .

Le Juge de paix,
(Signature).

*(La suite de l'original : Satisfait....., etc., et la copie,
comme il est indiqué à la formule n° 3. Toutefois, on ajoute
à la fin de la copie le texte de l'article 103, §§ 2 et 3, et l'article 114 du Dahir de procédure).*

PROTECTORAT DE LA FRANCE

AU MAROC

Formule N° 16

ORIGINAL

TRIBUNAL DE PAIX

de

DOSSIER N° (*Ici le numéro
de l'affaire au registre.*)

COTE N° (*Ici le numéro sous
lequel est coté au dossier
l'original de l'acte.*)

Exécution de la loi de
procédure en vigueur au
Maroc et du décret du Président de la République du
7 septembre 1913.

La date de la notification
est constatée par un certificat de remise renvoyé au
Secrétariat du Tribunal de
paix par l'autorité qui a
fait la notification.

Les lettres adressées au
Tribunal de paix doivent
rappeler le numéro de l'affaire.

CONVOCATION

A L'AUDIENCE DU TRIBUNAL DE PAIX D'UN TIERS
APPELÉ EN CAUSE

Le Juge de paix de
Vu l'affaire

numéro   du registre,
appelée à la dernière audience,

Attendu que le défendeur (*nom du défendeur*) demande
à mettre un tiers en cause suivant déclaration ainsi
conçue (*en résumé*) :

(*Ici le résumé de la demande de mise en cause où l'on a
soin de relater la demande originaire*),

Vu l'article 147 du Dahir de procédure,

Dit que (*ici les noms, profession, domicile du tiers appelé
en cause, en ajoutant en marge le texte de l'article 51 s'il
est domicilié hors du ressort*) sera mis en cause,

Et à cet effet le convoque à l'audience publique du
(*indication du jour et de la date*)
qui s'ouvrira à   heures,
en la salle des audiences du Tribunal de paix sis à

pour être statué tant sur la demande originaire que
sur la mise en cause.

......, le   191 .

Le Juge de paix,
(Signature).

(*La suite de l'original : Satisfait......, etc., et la copie,
comme il est indiqué à la formule n° 3*).

PROTECTORAT DE LA FRANCE
AU MAROC

TRIBUNAL DE PAIX
de

____

Dossier n° (*Ici le numéro
de l'affaire au registre.*)

Cote n° (*Ici le numéro sous
lequel est coté au dossier
l'original de l'acte.*)

____

Exécution de la loi de
procédure en vigueur au
Maroc et du décret du Président de la République du
7 septembre 1913.

____

La date de la notification
est constatée par un certificat de remise renvoyé au
Secrétariat du Tribunal de
paix par l'autorité qui a
fait la notification.

____

Les lettres adressées au
Tribunal de paix doivent
rappeler le numéro de l'affaire.

Formule N° 17

ORIGINAL

CONVOCATION

A L'AUDIENCE DU TRIBUNAL DE PAIX APRÈS LE SURSIS
DE L'ARTICLE 120

____

Le Juge de paix de
Vu l'affaire

numéro   du registre,
appelée à l'audience du

Attendu qu'un délai de
a été accordé au défendeur sur sa demande, en sa qualité (*d'héritier de telle personne, ou bien en sa qualité de
conjoint survivant de telle personne*), par application de
l'article 120 du Dahir de procédure,
Et que l'affaire a été renvoyée pour ce motif à l'audience ci-après indiquée,
Convoque (*ici l'énumération avec noms, profession, domicile de chacune des parties en cause*) à l'audience publique
du (*indication du jour et de la date*)
qui s'ouvrira à   heures,
en la salle des audiences du Tribunal de paix sis à

pour être statué sur l'affaire pendante entre les parties.
....., le   191 .

Le Juge de paix,
(Signature)

(*La suite de l'original : Satisfait....., etc., et la copie,
comme il est indiqué à la formule n° 3*).

PROTECTORAT DE LA FRANCE

AU MAROC

TRIBUNAL DE PAIX
de

DOSSIER N° (*Ici le numéro de l'affaire au registre.*)

COTE N° (*Ici le numéro sous lequel est coté au dossier l'original de l'acte.*)

Exécution de la loi de procédure en vigueur au Maroc et du décret du Président de la République du 7 septembre 1913.

La date de la notification est constatée par un certificat de remise renvoyé au Secrétariat du Tribunal de paix par l'autorité qui a fait la notification.

Les lettres adressées au Tribunal de paix doivent rappeler le numéro de l'affaire.

ORIGINAL

Formule N° 18

AVIS

POUR FAIRE REPRENDRE L'INSTANCE.

Le Juge de paix de
Vu l'affaire

numéro   du registre,
appelée à l'une des dernières audiences,

Attendu que cette affaire n'était pas en état d'être jugée et que le décès (*ou le changement d'état*) de' partie en cause, est parvenu à notre connaissance (*au besoin on ajoute : qu'en effet..... et l'on précise le changement d'état*)

Faisant application de l'article 130 du Dahir de procédure,

Invite (*ici l'énumération avec noms, profession, domicile des parties, ayant qualité pour reprendre l'instance. Pour celles qui sont hors du ressort, on ajoute en marge le texte de l'article 51*).

tous pris comme ayant qualité pour reprendre l'instance, à effectuer cette reprise dans un délai de (*le délai est calculé en tenant compte des délais de comparution et de distance*) à compter de la notification des présentes,

Et les convoque à l'audience publique du (*indication du jour et de la date*) qui s'ouvrira à heures, en la salle des audiences du Tribunal de paix sis à

(*l'audience est fixée de manière que le délai qu'on a imparti se trouve expiré*)

pour être statué sur l'affaire pendante entre les parties.

....., le   191 .

Le Juge de paix,
(Signature).

(*La suite de l'original : Satisfait....., etc., et la copie, comme il est indiqué à la formule n° 3*).

<table>
<tr><td>

PROTECTORAT DE LA FRANCE
AU MAROC

TRIBUNAL DE PAIX
de

____

Dossier n° *(Ici le numéro
de l'affaire au registre.)*

Cote n° *(Ici le numéro sous
lequel est coté au dossier
l'original de l'acte.)*

Exécution de la loi de
procédure en vigueur au
Maroc et du décret du Pré-
sident de la République du
7 septembre 1913.

La date de la notification
est constatée par un certi-
ficat de remise renvoyé au
Secrétariat du Tribunal de
paix par l'autorité qui a
fait la notification.

Les lettres adressées au
Tribunal de paix doivent
rappeler le numéro de l'af-
faire.

</td><td>

ORIGINAL

Formule N° 19

CONVOCATION

A L'AUDIENCE DU TRIBUNAL DE PAIX APRÈS REPRISE

D'INSTANCE

____

Le Juge de paix de
Vu l'affaire

numéro   du registre,
appelée à l'une des dernières audiences;

Attendu que cette affaire a été renvoyée pour reprise d'instance et que tous avis aux personnes ayant qualité pour ce faire ont été adressés conformément à l'article 130 du Dahir de procédure,

Convoque *(ici l'énumération avec noms, profession, domicile des parties, autres que celles qui ont subi le changement d'état et qui motivent l'envoi des avis, formule n° 18)* à l'audience publique du *(indication du jour et de la date)* qui s'ouvrira à   heures, en la salle des audiences du Tribunal de paix sis à

pour être statué sur l'affaire pendante entre les parties.

....., le   191 .

Le Juge de paix,
(Signature).

(La suite de l'original : Satisfait....., etc., et la copie, comme il est indiqué à la formule n° 3).

</td></tr>
</table>

PROTECTORAT DE LA FRANCE
AU MAROC

TRIBUNAL DE PAIX
de

ORIGINAL

Formule N° 20

DOSSIER N° (*Ici le numéro de l'affaire au registre.*)

COTE N° (*Ici le numéro sous lequel est coté au dossier l'original de l'acte.*)

Exécution de la loi de procédure en vigueur au Maroc et du décret du Président de la République du 7 septembre 1913.

La date de la notification est constatée par un certificat de remise renvoyé au Secrétariat du Tribunal de paix par l'autorité qui a fait la notification.

Les lettres adressées au Tribunal de paix doivent rappeler le numéro de l'affaire.

NOTIFICATION

DE L'ORDONNANCE FIXANT LE MONTANT DES DÉPENS

LIQUIDÉS

Le Juge de paix de

Vu l'ordonnance fixant le montant des dépens liquidés à la suite du jugement du

dans l'affaire

numéro   du registre,

Vu les articles 136, 140 du Dahir de procédure,

Dit qu'une expédition en forme de ladite ordonnance ainsi que des présentes sera notifiée à (*ici l'énumération avec noms, profession, domicile de chacune des parties en cause*)

Aux fins de droit.

Il rappelle aux parties les dispositions de l'article 140 du Dahir de procédure.

.....,le   191 .

Le Juge de paix,
(Signature).

(*La suite de l'original : Satisfait....., etc., et la copie, comme il est indiqué à la formule n° 3. Toutefois, on ajoute à la fin de la copie le texte de l'article 140 du Dahir de procédure*).

PROTECTORAT DE LA FRANCE

AU MAROC

ORIGINAL

Formule N° 21

TRIBUNAL DE PAIX

de

DOSSIER N° (*Ici le numéro de l'affaire au registre.*)

COTE N° (*Ici le numéro sous lequel est coté au dossier l'original de l'acte.*)

Exécution de la loi de procédure en vigueur au Maroc et du décret du Président de la République du 7 septembre 1913.

La date de la notification est constatée par un certificat de remise renvoyé au Secrétariat du Tribunal de paix par l'autorité qui a fait la notification.

Les lettres adressées au Tribunal de paix doivent rappeler le numéro de l'affaire.

NOTIFICATION

DE LA TAXE DES VACATIONS ET FRAIS D'UN EXPERT

OU D'UN INTERPRÈTE

———

Le Juge de paix de

Vu l'ordonnance de liquidation de dépens du

contenant taxe des vacations et frais de M.

(*expert ou interprète*) commis dans l'affaire

numéro   du registre,

Vu les articles 137, 138 du Dahir de procédure,

Dit qu'une expédition en forme exécutoire de ladite ordonnance, ainsi qu'une copie des présentes, seront notifiées à (*noms, profession, domicile de l'expert ou de l'interprète*),

Aux fins de droit.

....., le   191 .

Le Juge de paix,
(Signature).

(*La suite de l'original : Satisfait....., etc., et la copie, comme il est indiqué à la formule n° 3*).

PROTECTORAT DE LA FRANCE

AU MAROC

ORIGINAL

Formule N° 22

TRIBUNAL DE PAIX

de

DOSSIER N° (*Ici le numéro de l'affaire au registre.*)

COTE N° (*Ici le numéro sous lequel est coté au dossier l'original de l'acte.*)

Exécution de la loi de procédure en vigueur au Maroc et du décret du Président de la République du 7 septembre 1913.

La date de la notification est constatée par un certificat de remise renvoyé au Secrétariat du Tribunal de paix par l'autorité qui a fait la notification.

Les lettres adressées au Tribunal de paix doivent rappeler le numéro de l'affaire.

NOTIFICATION

D'UN JUGEMENT PAR DÉFAUT DU TRIBUNAL DE PAIX

Le Juge de paix de

Vu le jugement rendu par défaut contre (*ici le nom de la partie ou des parties défaillantes*) par le Tribunal de paix de céans
le   191 ;
dans l'affaire

numéro   du registre,

Vu les articles 77, 141 du Dahir de procédure,

Ordonne qu'une expédition en forme dudit jugement, ainsi que de la présente ordonnance, soit notifiée à (*ici l'énumération avec noms, profession, domicile de toutes les parties en cause, en ayant soin de faire suivre le nom de chaque partie défaillante de la mention « Partie défaillante »*),

Aux fins de droit ;

Ordonne en outre que, conformément à l'article 141, les parties défaillantes seront averties qu'elles ont trois jours à dater de la notification des présentes pour former opposition au jugement, et qu'après l'expiration de ce délai, elles seront déchues du droit de faire opposition.

.....; le   191 .

Le Juge de paix,
(Signature).

(*La suite de l'original : Satisfait....., etc., et la copie, comme il est indiqué à la formule n° 3*).

ORIGINAL

Formule N° 23

TRIBUNAL DE PAIX
de

DOSSIER N° (*Ici le numéro
de l'affaire au registre.*)

COTÉ N° (*Ici le numéro sous
lequel est coté au dossier
l'original de l'acte.*)

Exécution de la loi de
procédure en vigueur au
Maroc et du décret du Président de la République du
7 septembre 1913.

CONVOCATION

A L'AUDIENCE DU TRIBUNAL DE PAIX APRÈS OPPOSITION

A UN JUGEMENT DE DÉFAUT

Le Juge de paix de
Vu l'opposition au jugement de défaut de ce siège du

dans l'affaire
formée par (*nom de l'opposant*) suivant requête (*ou suivant procès-verbal de déclaration*)
inscrite au registre le
sous le numéro
et qui a saisi le Tribunal de paix,
Ladite requête (*ou déclaration*) ainsi conçue, en résumé
(*ici le résumé clair et précis de l'opposition*),
Vu les articles 54, 142 du Dahir de procédure,
Convoque (*ici l'énumération avec noms, profession, domicile de chacune des parties en cause, demanderesses et défenderesses à l'opposition*)
à l'audience publique du (*indication du jour et de la date*)
qui s'ouvrira à   heures,
en la salle des audiences du Tribunal de paix sis à

pour être statué sur l'opposition.

La date de la notification
est constatée par un certificat de remise renvoyé au
Secrétariat du Tribunal de
paix par l'autorité qui a
fait la notification.

Les lettres adressées au
Tribunal de paix doivent
rappeler le numéro de l'affaire.

....., le   191 .

Le Juge de paix,
(Signature).

(*La suite de l'original : Satisfait....., etc., et la copie,
comme il est indiqué à la formule n° 3*).

PROTECTORAT DE LA FRANCE
AU MAROC

Formule N° 24

ORIGINAL

TRIBUNAL
de
PREMIÈRE INSTANCE
de

DOSSIER ....
N°

COTE N° *(Ici le numéro sous
lequel est coté au dossier
l'original de l'acte.)*

Exécution de la loi de
procédure en vigueur au
Maroc et du décret du Président de la République du
7 septembre 1913.

La date de la notification
est constatée par un certificat de remise renvoyé au
Secrétariat du Tribunal par
l'autorité qui a fait la notification.

Les productions en ré-
ponse sont adressées au
Secrétariat du Tribunal et
rappellent en marge le numéro du dossier.

ORDONNANCE

PRESCRIVANT LA COMMUNICATION D'UNE REQUÊTE INTRODUCTIVE D'INSTANCE

Le Juge rapporteur,

Vu la requête introductive d'instance déposée par *(noms, profession, domicile du demandeur)*,
ladite requête inscrite au Secrétariat du Tribunal le

sous le numéro   des affaires *(civiles,
commerciales, administratives)*,

Vu les articles 150 et suivants du Dahir de procédure,

Ordonne que copie de cette requête ainsi que de la présente ordonnance soit notifiée à *(ici les noms, profession, domicile du défendeur ou de chacun des défendeurs, s'ils sont plusieurs. On ajoute en marge le texte de l'article 152 sur les copies des parties domiciliées en dehors du ressort du tribunal)*
avec mention qu'il peut, aux conditions fixées par l'article 153, prendre connaissance au Secrétariat des pièces de l'affaire ;

Dit qu'il lui est accordé un délai de *(indication du délai qui est fixé conformément à l'article 150, § 3)*,
à compter de la notification, pour produire ses conclusions en défense qui seront déposées au Secrétariat du Tribunal conformément aux articles 145 et suivants du Dahir susvisé, et auxquelles seront jointes :

1° Autant de copies certifiées conformes qu'il y a de parties en cause ayant un intérêt distinct ;

2° Toutes les pièces que le concluant entend faire servir aux débats ;

Ces pièces seront classées, inventoriées et, si besoin est, placées dans des sous-cotes revêtues de toutes mentions manuscrites utiles. Elles se présenteront sous la forme d'un dossier d'une lecture claire et facile pour les parties en cause qui sont fondées, article 153, à en demander communication ;

Dit que, faute par lui de satisfaire à la présente ordonnance dans le délai ci-dessus imparti, l'affaire pourra être inscrite au rôle d'audience pour débats et jugement.

....., le   191 .

Le Juge rapporteur,
(Signature).

Satisfait suivant envoi de ce jour :
1° par

d'un pli de notification sous enveloppe avec certificat
joint à l'adresse de M.

2° par, etc...................., (*il faut autant de mentions*
« *par, etc....................* » *qu'il y a de plis de notification*),

pour remise aux intéressés et retour des certificats.

....., le   191 .

Le Secrétaire-greffier,
(Signature).

Formule N° 24

ORDONNANCE

PRESCRIVANT LA COMMUNICATION D'UNE REQUÊTE
INTRODUCTIVE D'INSTANCE

Marge et texte conformes à l'original en terminant ainsi :

....., le   191 .

Le Juge rapporteur, Signé :

Pour copie conforme et pour valoir notification à la
date du certificat de remise. Cette date est reproduite
sur l'enveloppe contenant la présente copie.

Le Secrétaire-Greffier,
(Signature).

PROTECTORAT DE LA FRANCE

AU MAROC

SECRÉTARIAT

du

TRIBUNAL

de

PREMIÈRE INSTANCE

de

DOSSIER ....

N°

COTE N° (*Ici le numéro sous lequel est coté au dossier l'original de l'acte notifié.*)

Exécution de la loi de procédure en vigueur au Maroc et du décret du Président de la République du 7 septembre 1913.

(1) *Le pli doit être remis soit à la personne du destinataire, soit à son domicile entre les mains de parents ou amis, serviteurs, portiers ou concierges.*

Formule N° 25

CERTIFICAT

DE REMISE PAR LE SECRÉTARIAT POUR VALOIR
NOTIFICATION CONFORMÉMENT A LA LOI

Le Secrétaire-Greffier (*ou bien : l'agent du Secrétariat*) soussigné certifie

que le pli de notification sous enveloppe à l'adresse de (*ici on reproduit la suscription de l'enveloppe*), dans la procédure ci-contre,

a été remis le (*date de la remise*) à (1) *ici on écrira à* M. (*nom du destinataire*) *en personne; ou bien : au domicile susindiqué à* M. (*nom de la personne qui reçoit le pli*) *qui dit être (ou parent, ou ami, ou serviteur, ou portier, ou concierge) du destinataire.*

Si la personne qui reçoit le pli ne peut ou ne veut signer, l'agent en fait mention. } *qui a signé*

*Signature du Secrétaire-Greffier
ou de l'agent du Secrétariat.*

**PROTECTORAT DE LA FRANCE
AU MAROC**

SECRÉTARIAT

du

TRIBUNAL

de

PREMIÈRE INSTANCE

de

Dossier ....
Nᵒ

Cote Nᵒ *(Ici le numéro sous
lequel est coté au dossier
l'original de l'acte notifié.)*

Exécution de la loi de
procédure en vigueur au
Maroc et du décret du Président de la République du
7 septembre 1913.

---

(1) *Le pli doit être remis
soit à la personne du destinataire, soit à son domicile entre les mains de parents ou amis, serviteurs,
portiers ou concierges. La
remise poste restante ou
dans une boîte d'abonné
n'est pas admise.*

Le présent certificat ré-
gularisé sera retourné sous
pli recommandé et en port
dû à M. le Secrétaire-Greffier en Chef du Tribunal
de première instance de ...

CERTIFICAT

DE REMISE PAR LA POSTE POUR VALOIR NOTIFICATION

CONFORMÉMENT A LA LOI

Le facteur soussigné certifie que le pli de notification
sous enveloppe à l'adresse de (*ici on reproduit la suscription de l'enveloppe*), dans la procédure ci-contre,

a été remis le (*date de la remise*) à (1) *ici le facteur
écrira : à M. (nom du destinataire) en personne, ou bien : au
domicile susindiqué à M. (nom de la personne qui reçoit le
pli) qui dit être (ou parent, ou ami, ou serviteur, ou portier,
ou concierge) du destinataire.*

*Si la personne qui reçoit le
pli ne peut ou ne veut signer, } qui a signé
le facteur en fait mention.*

Signature du facteur.

*Timbre du Bureau
distributeur.*

Signature du Receveur.

PROTECTORAT DE LA FRANCE

AU MAROC

Formule N° 27

SECRÉTARIAT

du

TRIBUNAL

de

PREMIÈRE INSTANCE

de

DOSSIER ....

N°

COTE N°. *(Ici le numéro sous lequel est coté au dossier l'original de l'acte notifié.)*

Exécution de la loi de procédure en vigueur au Maroc et du décret du Président de la République du 7 septembre 1913.

(1) *Le pli doit être remis soit à la personne du destinataire, soit à son domicile entre les mains de parents ou amis, serviteurs, portiers ou concierges.*

Le présent certificat régularisé sera retourné sous pli recommandé et en port dû à M. le Secrétaire-Greffier en Chef du Tribunal de première instance de ...

CERTIFICAT

DE REMISE PAR LA VOIE ADMINISTRATIVE POUR VALOIR NOTIFICATION CONFORMÉMENT A LA LOI

L'agent soussigné délégué par nous *(désignation du représentant de l'autorité municipale, diplomatique ou consulaire)* certifie

que le pli de notification sous enveloppe à l'adresse de *(ici on reproduit la suscription de l'enveloppe)* dans la procédure ci-contre

a été remis le *(date de la remise)* à (1) *ici on écrira : à M. (nom du destinataire) en personne, ou bien : au domicile susindiqué à M. (nom de la personne qui reçoit le pli) qui dit être (ou parent, ou ami, ou serviteur, ou portier, ou concierge) du destinataire.*

Si la personne qui reçoit le pli ne peut ou ne veut signer, qui a signé l'agent en fait mention.

Signature de l'agent.

Cachet ou sceau.

Signature de l'autorité dont relève l'agent.

PROTECTORAT DE LA FRANCE

AU MAROC

TRIBUNAL

de

PREMIÈRE INSTANCE

de

____

Cabinet du Président.

Formule N° 28

....., le   191 .

Le Président du Tribunal de 1re instance de
à Monsieur

En exécution de la loi de procédure en vigueur au Maroc et du décret du Président de la République Française du 7 septembre 1913 (art. 55, 56, 57 de cette loi) (1), j'ai l'honneur de vous prier de vouloir bien assurer par voie administrative la transmission et la remise à son destinataire de l'acte de procédure ci-joint, notifié sous enveloppe fermée, avec suscription et sceau conformément à la loi.

Le certificat annexé à l'enveloppe sera signé par le destinataire, par l'agent qui effectue la remise, et enfin par vous-même, avec apposition de votre sceau aux places indiquées dans la formule imprimée.

L'agent voudra bien se conformer exactement aux indications du certificat destiné à constater la remise dans les formes légales. En outre, il aura soin, après avoir inscrit sur le certificat la date de la remise, de reporter cette date sur la mention en tête de l'enveloppe. Il ne remettra l'enveloppe au destinataire qu'après l'accomplissement de cette formalité.

Je vous prie également de vouloir bien renvoyer le certificat régularisé à M. le Secrétaire-Greffier en chef du Tribunal de 1re instance de
sous pli recommandé et en port dû, le tout par application des textes rappelés d'autre part.

Le Président du Tribunal,
(Signature).

____

(1) Ces textes sont ainsi conçus :
    ART. 55 (_reproduire le texte_).
    ART. 56 (_reproduire le texte_).
    ART. 57 (_reproduire le texte_).

TRIBUNAL
de
PREMIÈRE INSTANCE
de

DOSSIER ....
N°

COTE N° (*Ici le numéro sous lequel est coté au dossier l'original de l'acte.*)

Exécution de la loi de procédure en vigueur au Maroc et du décret du Président de la République du 7 septembre 1913.

La date de la notification est constatée par un certificat de remise renvoyé au Secrétariat du Tribunal par l'autorité qui a fait la notification.

Les productions en réponse sont adressées au Secrétariat du Tribunal et rappellent en marge le numéro du dossier.

Formule N° 29

ORDONNANCE

PRESCRIVANT LA COMMUNICATION DE MÉMOIRES EN DÉFENSE, RÉPLIQUES ET AUTRES CONCLUSIONS

———

Le Juge rapporteur,

Vu les conclusions déposées par (*noms, profession, domicile du concluant*) dans l'affaire

dossier   n°

lesdites conclusions enregistrées au Secrétariat du Tribunal le

Vu l'article 154 du Dahir de procédure,

Ordonne que copie de ces conclusions ainsi que de la présente ordonnance soit notifiée à (*ici les noms, profession, domicile de la partie ou de chacune des parties à qui on notifie*)

avec mention qu'il peut, aux conditions fixées par l'article 153, prendre connaissance au Secrétariat des pièces de l'affaire;

Dit qu'il lui est accordé un délai de

à compter de la notification pour produire, le cas échéant, ses répliques qui seront déposées au Secrétariat du Tribunal dans les conditions fixées par les articles 145 et suivants du Dahir susvisé et auxquelles seront jointes :

1° Autant de copies certifiées conformes qu'il y a de parties en cause ayant un intérêt distinct;

2° Toutes les pièces que le concluant entend faire servir aux débats;

Ces pièces seront classées, inventoriées et, si besoin est, placées dans des sous-cotes revêtues de toutes mentions manuscrites utiles. Elles se présenteront sous la forme d'un dossier d'une lecture claire et facile pour les parties en cause qui sont fondées, article 153, à en demander communication;

Dit que, faute par lui de satisfaire à la présente ordonnance dans le délai imparti, l'affaire pourra être inscrite au rôle d'audience pour débats et jugement.

....., le   191 .

Le Juge rapporteur,
(Signature).

(*La suite de l'original : Satisfait....., etc., et la copie, comme il est indiqué à la formule n° 24*).

PROTECTORAT DE LA FRANCE

AU MAROC

SECRÉTARIAT

du

TRIBUNAL

de

PREMIÈRE INSTANCE

de

Dossier ....
N°

Cote N° *(Ici le numéro sous
lequel est coté au dossier
l'original de l'acte.)*

Ici, on reproduit le texte
de l'article 153.

DÉPLACEMENT

DES PIÈCES SUR AUTORISATION CONFORME

DU JUGE RAPPORTEUR

Le Juge rapporteur,
Vu l'article 153 du Dahir de procédure,
Autorise sur sa demande Me
avocat, chargé d'assister M.
dans l'affaire

dossier   n°
à retirer du dossier les pièces déposées par
pour en prendre connaissance conformément à l'article 153, contre récépissé signé de lui et à charge de les
rétablir dans un délai de
sous les sanctions prévues au texte rappelé en marge.

......, le   191 .

Le Juge rapporteur,
(Signature).

Reçu en communication de M. le Secrétaire-Greffier
en chef, aux conditions fixées par M. le Juge rapporteur,
les pièces suivantes *(ici l'énumération des pièces).*

......., le   191 .
(Signature de l'avocat).

**PROTECTORAT DE LA FRANCE
AU MAROC**

TRIBUNAL
de
PREMIÈRE INSTANCE
de

Dossier ....,.....
N°

Cote N° (*Ici le numéro sous
lequel est coté au dossier
l'original de l'acte.*)

Exécution de la loi de
procédure en vigueur au
Maroc et du décret du Président de la République du
7 septembre 1913.

La date de la notification
est constatée par un certificat de remise renvoyé au
Secrétariat du Tribunal par
l'autorité qui a fait la notification.

Les productions en ré-
ponse sont adressées au
Secrétariat du Tribunal et
rappellent en marge le numéro du dossier.

ORIGINAL

Formule N° 31

ORDONNANCE

A FIN DE MISE EN ÉTAT DE LA PROCÉDURE

Le Juge rapporteur,
Vu la procédure suivie dans l'affaire

dossier   n°
Vu l'article 155 du Dahir de procédure;
Et attendu (*ici le juge rapporteur indique les points sur
lesquels il y a lieu de fournir des justifications, et la partie
qui doit les fournir, pour parvenir à la mise en état de la
procédure*),
Ordonne que (*ici les noms, profession, domicile de la
partie ou des parties auxquelles s'adresse la mise en demeure*)
fournira toutes justifications utiles sur les points
ci-dessus précisés;
Que notamment, etc.....
Dit qu'il lui est accordé un délai de
      à compter de la notification, pour
donner satisfaction à la présente ordonnance et que,
faute par lui de ce faire dans le délai imparti, l'affaire
pourra être inscrite au rôle d'audience pour débats et
jugement.

....., le   191 .

Le Juge rapporteur,
(Signature).

(*La suite de l'original : Satisfait....., etc., et la copie,
comme il est indiqué à la formule n° 24*).

Formule N° 32

TRIBUNAL

de

PREMIÈRE INSTANCE

de

____

ORIGINAL

Dossier ....
N°

Cote N° *(Ici le numéro sous
lequel est coté au dossier
l'original de l'acte.)*

____

Exécution de la loi de
procédure en vigueur au
Maroc et du décret du Président de la République du
7 septembre 1913.

____

La date de la notification
est constatée par un certificat de remise renvoyé au
Secrétariat du Tribunal par
l'autorité qui a fait la notification.

____

Les productions en ré-
ponse sont adressées au
Secrétariat du Tribunal et
rappellent en marge le numéro du dossier.

SOIT TRANSMIS

à M. *(ici les noms, profession, domicile de la partie à laquelle
s'adresse le soit transmis)* avec prière de

....., le   191 .

Le Juge rapporteur,
(Signature).

*(La suite de l'original : Satisfait....., etc., et la copie,
comme il est indiqué à la formule n° 24).*

Dahir   14

PROTECTORAT DE LA FRANCE

AU MAROC

TRIBUNAL

de

PREMIÈRE INSTANCE

de

Dossier ....
N°

Cote n° *(Ici le numéro sous lequel est coté au dossier l'original de l'acte.)*

Exécution de la loi de procédure en vigueur au Maroc et du décret du Président de la République du 7 septembre 1913.

Les productions en réponse sont adressées au Secrétariat du Tribunal et rappellent en marge le numéro du dossier.

Formule N° 33

ORIGINAL

SOIT TRANSMIS

à M. *(ici les noms, profession, domicile de la partie à laquelle s'adresse le soit transmis)* avec prière de

..... , le   191 .

Le Juge rapporteur,
(Signature).

Une copie du présent a été adressée ce jour à la partie destinataire par lettre recommandée.

..... , le   191 .

Le Secrétaire-greffier,
(Signature).

Formule N° 33

COPIE

SOIT TRANSMIS

à M.
avec prière de

Marge et texte conformes à l'original en terminant ainsi :

..... , le   191 .

Le Juge rapporteur, Signé :

Pour copie conforme :

Le Secrétaire-greffier,
(Signature).

Formule N° 34

TRIBUNAL

de

PREMIÈRE INSTANCE

de

____

Dossier ....
N°

Cote nᵉ (*Ici le numéro sous
lequel est coté au dossier
l'original de l'acte.*)

____

Exécution de la loi de
procédure en vigueur au
Maroc et du décret du Président de la République du
7 septembre 1913.

ORDONNANCE

DE TRANSMISSION D'UNE PROCÉDURE AU PROCUREUR

COMMISSAIRE DU GOUVERNEMENT

____

Le Juge rapporteur,

Vu la procédure suivie dans l'affaire

dossier   n°

Vu l'article 156 du Dahir de procédure,

Dit que le dossier sera transmis à M. le Procureur
commissaire du gouvernement par l'entremise du Secrétaire-greffier.

....., le   191 .

Le Juge rapporteur,
(Signature).

PROTECTORAT DE LA FRANCE

AU MAROC

TRIBUNAL

de

PREMIÈRE INSTANCE

de

DOSSIER ....
N°

COTE N° *(Ici le numéro sous lequel est coté au dossier l'original de l'acte.)*

Exécution de la loi de procédure en vigueur au Maroc et du décret du Président de la République du 7 septembre 1913.

Les productions en réponse sont adressées au Secrétariat du Tribunal et rappellent en marge le numéro du dossier.

ORIGINAL

Formule N° 35

AVIS

POUR INVITER LES PARTIES A CONSIGNER LES FRAIS D'UNE MESURE D'INSTRUCTION

Le Juge rapporteur,

Vu la décision avant faire droit rendue par le Tribunal (*ou la Chambre du Conseil*)
le
dans l'affaire

dossier   n°
et ordonnant (*une expertise, une visite de lieux, une enquête, une vérification d'écriture, etc.*),

Vu les articles 79, 157 du Dahir de procédure,

Invite (*ici l'énumération avec noms, profession, domicile des parties auxquelles incombe la consignation suivant les distinctions de l'article 79*)

à consigner au Secrétariat du Tribunal la somme de (*indication en toutes lettres de la somme fixée par le juge*), une fois versée, à titre d'avance pour le paiement des frais nécessités par la mesure prescrite;

Dit que cette somme sera consignée dans un délai de (*indication du délai imparti*) à partir de la réception du présent avis;

Dit que, faute de consignation dans le délai imparti, il sera passé outre au jugement et que la demande devant donner lieu à la mesure d'instruction pourra être rejetée.

....., le   191 .

Le Juge rapporteur,
(Signature).

Une copie du présent avis a été adressée ce jour à chacun des intéressés par lettre recommandée, conformément à l'article 79 du Dahir de procédure.

....., le   191 .

Le Secrétaire-Greffier,
(Signature).

Formule N° 35

AVIS

POUR INVITER LES PARTIES A CONSIGNER LES FRAIS
D'UNE MESURE D'INSTRUCTION

———

Marge et texte conformes à l'original en terminant ainsi :

....., le   191 .

Le Juge rapporteur, Signé :

Pour copie conforme :
Le Secrétaire-Greffier,
(Signature).

**PROTECTORAT DE LA FRANCE
AU MAROC**

Formule N° 36

ORIGINAL

TRIBUNAL
de
PREMIÈRE INSTANCE
de

DOSSIER ....
N°

COTE N° (*Ici le numéro sous
lequel est coté au dossier
l'original de l'acte.*)

Exécution de la loi de
procédure en vigueur au
Maroc et du décret du
Président de la République
du 7 septembre 1913.

La date de la notification
est constatée par un certificat de remise renvoyé au
Secrétariat du Tribunal par
l'autorité qui a fait la notification.

Les productions en ré-
ponse sont adressées au
Secrétariat du Tribunal et
rappellent en marge le numéro du dossier.

AVIS

DE JUGEMENT PRESCRIVANT L'EXPERTISE

Le Juge rapporteur,

Vu le jugement du
(*ou bien : vu la décision en Chambre du Conseil du*
) prescrivant l'expertise par un expert
unique (*ou bien : par trois experts ou un plus grand nombre*)
dans l'affaire

dossier   n°

Vu l'article 161 du Dahir de procédure (*et dans le cas
d'expertise par plusieurs experts, Vu les articles 160, 161 du
Dahir de procédure*),

Dit que (*ici l'énumération avec noms, profession, domicile, de chacune des parties en cause*) seront avisées dudit
jugement (*ou de ladite décision*),

Et qu'elles seront invitées à faire, dans les huit jours
de la notification des présentes, leurs propositions sur
le choix de l'expert (*et dans le cas d'expertise par plusieurs
experts : leurs propositions, savoir, chaque partie pour le
choix d'un expert*);

Dit que si les propositions ne sont pas parvenues au
Secrétariat dans ce délai, il sera passé outre à la nomination par le Tribunal.

                ....., le   191 .

Le Juge rapporteur,
(Signature)

(*La suite de l'original : Satisfait....., etc. et la copie, comme
il est indiqué à la formule n° 24.*)

PROTECTORAT DE LA FRANCE

AU MAROC

TRIBUNAL

de

PREMIÈRE INSTANCE

de

Dossier ....
N°

Cote N° *(Ici le numéro sous lequel est coté au dossier l'original de l'acte.)*

Exécution de la loi de procédure en vigueur au Maroc et du décret du Président de la République du 7 septembre 1913.

La date de la notification est constatée par un certificat de remise renvoyé au Secrétariat du Tribunal par l'autorité qui a fait la notification.

Les productions en réponse sont adressées au Secrétariat du Tribunal et rappellent en marge le numéro du dossier.

ORIGINAL

Formule N° 37

AVIS

DE JUGEMENT DÉSIGNANT L'EXPERT (OU LES EXPERTS)

Le Juge rapporteur,

Vu le jugement du

(ou bien : vu la décision en Chambre du Conseil du   )
désignant M   expert
(ou bien MM   experts) dans l'affaire

dossier   n°
(on ajoute au besoin : ce jugement, ou cette décision, disposant notamment......, puis l'on reproduit la partie du jugement qui intéresse, notamment celle fixant la mission de l'expert ou des experts),

Vu l'article 162 du Dahir de procédure,

Dit que *(ici l'énumération avec noms, profession, domicile, de chacune des parties en cause)* seront avisées du dit jugement *(ou de la dite décision)*

Aux fins de droit.

....., le   191 .

Le Juge rapporteur,
(Signature)

(La suite de l'original : Satisfait......, etc. et la copie, comme il est indiqué à la formule n° 24. Toutefois, on ajoute à la fin de la copie le texte de l'article 162 du Dahir de procédure.)

PROTECTORAT DE LA FRANCE

AU MAROC

TRIBUNAL

de

PREMIÈRE INSTANCE

de

Dossier ....
N°

Cote n° (*Ici le numéro sous lequel est coté au dossier l'original de l'acte.*)

Exécution de la loi de procédure en vigueur au Maroc et du décret du Président de la République du 7 septembre 1913.

La date de la notification est constatée par un certificat de remise renvoyé au Secrétariat du Tribunal par l'autorité qui a fait la notification.

Les productions en réponse sont adressées au Secrétariat du Tribunal et rappellent en marge le numéro du dossier.

Formule N° 38

AVIS

POUR INVITER LES PARTIES A CONCLURE A LA SUITE
D'UN RAPPORT OU D'UN PROCÈS-VERBAL

Le Juge rapporteur,

Vu le dépôt au Secrétariat du Tribunal d'un rapport d'expertise (*ou bien : d'un procès-verbal de visite de lieux — d'enquête — d'interrogatoire sur faits et articles — de comparution personnelle — de vérification d'écritures*) dans l'affaire

dossier   n°

Vu les articles 164 et suivants du Dahir de procédure,

Invite (*ici l'énumération avec noms, profession, domicile de chacune des parties en cause*) à prendre connaissance du rapport (*ou du procès-verbal*) et à fournir leurs observations dans un délai de

         à compter de la notification du présent avis ;

Dit que passé ce délai, l'affaire pourra être inscrite au rôle d'audience pour débats et jugement.

      ....., le   191 .

Le Juge rapporteur,
(Signature)

(*La suite de l'original : Satisfait....., etc., et la copie, comme il est indiqué à la formule n° 24.*)

ORIGINAL

Formule N° 39

PROTECTORAT DE LA FRANCE
AU MAROC

TRIBUNAL
de
PREMIÈRE INSTANCE
de

____

Dossier ....
N°

Coté n° (*Ici le numéro sous
lequel est coté au dossier
l'original de l'acte.*)

____

· Exécution de la loi de
procédure en vigueur au
Maroc et du décret du
Président de la République
du 7 septembre 1913.

____

La date de la notification
est constatée par un certificat de remise renvoyé au
Secrétariat du Tribunal par
l'autorité qui a fait la notification.

____

Les productions en ré-
ponse sont adressées au
Secrétariat du Tribunal et
rappellent en marge le numéro du dossier.

CONVOCATION

A UNE VISITE DE LIEUX

____

Le Juge rapporteur,

Vu le jugement du
(*ou bien : vu la décision en Chambre du Conseil du*
dans l'affaire

dossier   n°   ,
le dit jugement ordonnant une visite de lieux, (*on
ajoute au besoin : disposant notamment.....
et l'on reproduit la partie du jugement qui intéresse*),

Vu l'article 165 du Dahir de procédure,

Invite (*ici l'énumération avec noms, profession, domicile
de toutes les parties et des personnes qui ont pu être désignées
par le jugement pour assister à la visite conformément aux
articles 93, 94*)
à se trouver sur les lieux litigieux le   191
à   heures ;

Le rendez-vous est fixé à (*on précise le point exact du
rendez-vous, ce qui est nécessaire surtout s'il s'agit d'un
domaine rural étendu*).

Les parties sont en outre invitées à se présenter avec
les personnes qu'elles désirent faire entendre.

                    ....., le   191 .

                         Le Juge rapporteur,
                              (Signature)

(*La suite de l'original : Satisfait....., etc. et la copie, comme
il est indiqué à la formule n° 24.*)

PROTECTORAT DE LA FRANCE
AU MAROC

ORIGINAL

Formule N° 40

TRIBUNAL
de
PREMIÈRE INSTANCE
de

Dossier ....
N°

Cote n° (*Ici le numéro sous lequel est coté au dossier l'original de l'acte.*)

Exécution de la loi de procédure en vigueur au Maroc et du décret du Président de la République du 7 septembre 1913.

La date de la notification est constatée par un certificat de remise renvoyé au Secrétariat du Tribunal par l'autorité qui a fait la notification.

Les productions en réponse sont adressées au Secrétariat du Tribunal et rappellent en marge le numéro du dossier.

AVIS

DE JUGEMENT ORDONNANT L'ENQUÊTE ET INVITANT LES PARTIES A DÉPOSER AU SECRÉTARIAT LEURS LISTES DE TÉMOINS

Le Juge rapporteur,

Vu le jugement du
(*ou bien : vu la décision en Chambre du Conseil du*) ordonnant l'enquête dans l'affaire

dossier   n°

avec invitation aux parties d'avoir à faire connaître au secrétariat, dans les trois jours, conformément à l'article 98 du Dahir de procédure, les témoins qu'elles désirent faire entendre,

Dit que (*ici l'énumération avec noms, profession, domicile de chacune des parties en cause*) seront invitées à déposer au secrétariat, dans les trois jours de la notification des présentes, leurs listes de témoins avec noms, profession, domicile de chacun d'eux;

Dit que passé ce délai, il sera passé outre à l'enquête sur le vu des listes déposées.

....., le   191 .

Le Juge rapporteur,
(Signature).

(*La suite de l'original : Satisfait....., etc., et la copie, comme il est indiqué à la formule n° 24.*)

PROTECTORAT DE LA FRANCE
AU MAROC

Formule N° 41

TRIBUNAL

de

PREMIÈRE INSTANCE

de

____

ORIGINAL

DOSSIER ....
N°

CÔTE N° (*Ici le numéro sous
lequel est coté au dossier
l'original de l'acte.*)

____

Exécution de la loi de
procédure en vigueur au
Maroc et du décret du
Président de la République
du 7 septembre 1913.

CONVOCATION

A ENQUÊTE

____

Le Juge rapporteur,

Vu le jugement du
(*ou bien : vu la décision en Chambre du Conseil du*) dans
l'affaire

dossier   n°
ledit jugement ordonnant une enquête (*on ajoute au
besoin : disposant notamment..... et l'on reproduit la partie
du jugement qui intéresse*),

Vu les articles 166 et suivants du Dahir de procédure,

Invite (*ici l'énumération avec noms, profession, domicile
des parties en cause et des témoins, conformément aux listes
déposées, en ajoutant après chaque groupe de témoins constituant une liste : témoins présentés par..... ici le nom de la
partie qui a déposé la liste. Il faut que les convocations aux
témoins soient délivrées de manière que le délai de l'article 103 soit observé*)
à se présenter le   191
à   heures   devant le
juge rapporteur soussigné, salle des enquêtes, au Palais
de Justice, sis à

La date de la notification
est constatée par un certificat de remise renvoyé au
Secrétariat du Tribunal par
l'autorité qui a fait la notification.

(*ou bien si l'enquête a lieu à l'audience*)
à se présenter à l'audience publique du
qui s'ouvrira à   heures, en la salle des
audiences du Tribunal, au Palais de Justice sis à

Les productions en ré-
ponse sont adressées au
Secrétariat du Tribunal et
rappellent en marge le numéro du dossier.

et où il sera procédé à l'enquête ordonnée.

Il rappelle aux témoins les dispositions de l'article 103
du Dahir de procédure.

........, le   191 .

Le Juge rapporteur,
(Signature).

(*La suite de l'original : Satisfait....., etc., et la copie, comme
il est indiqué à la formule n° 24. Toutefois on ajoute à la fin
de la copie le texte de l'article 103, §§ 2 et 3 du Dahir de
procédure.*)

TRIBUNAL

de

PREMIÈRE INSTANCE

de

____

Dossier ....
N°

Cote n° *(Ici le numéro sous
lequel est coté au dossier
l'original de l'acte.)*

____

Exécution de la loi de
procédure en vigueur au
Maroc et du décret du
Président de la République
du 7 septembre 1913.

____

La date de la notification
est constatée par un certificat de remise renvoyé au
Secrétariat du Tribunal par
l'autorité qui a fait la notification.

____

Les productions en ré-
ponse sont adressées au
Secrétariat du Tribunal et
rappellent en marge le numéro du dossier.

Formule N° 42

ORIGINAL

CONVOCATION

A FIN D'INTERROGATOIRE SUR FAITS ET ARTICLES

____

Le Juge rapporteur,

Vu le jugement du
(ou bien vu la décision en Chambre du Conseil du)
dans l'affaire

dossier n°
ledit jugement ordonnant un interrogatoire sur faits et
articles *(on ajoute au besoin : disposant notamment.....
et l'on reproduit la partie du jugement qui intéresse)*,

Vu les articles 170 et suivants du Dahir de procédure,

Invite *(ici les noms, profession, domicile de la partie ou
des parties qui doivent subir l'interrogatoire)*
à se présenter le 191
à. heures,
devant le juge rapporteur soussigné, à son cabinet, au
Palais de Justice sis à

(ou bien, si l'interrogatoire a lieu à l'audience) à se présenter
à l'audience publique du
qui s'ouvrira à heures, en la
salle des audiences du Tribunal, au Palais de Justice
sis à

(ou bien, si l'interrogatoire a lieu en Chambre du Conseil)
à se présenter le 191
à heures
en la Chambre du Conseil du Tribunal, au Palais de
Justice sis à

où il sera procédé à l'interrogatoire ordonné.

....., le 191 .

Le Juge rapporteur,
(Signature).

*(La suite de l'original : Satisfait....., etc., et la copie,
comme il est indiqué à la formule n° 24.)*

Nota : *Si la convocation émane d'un juge de paix
commis (art. 171), la formule est modifiée en conséquence.*

PROTECTORAT DE LA FRANCE
AU MAROC

TRIBUNAL
de
PREMIÈRE INSTANCE
de

ORIGINAL

DOSSIER ....
N°

COTE N° (*Ici le numéro sous
lequel est coté au dossier
l'original de l'acte.*)

Exécution de la loi de
procédure en vigueur au
Maroc et du décret du
Président de la République
du 7 septembre 1913.

La date de la notification
est constatée par un certificat de remise renvoyé au
Secrétariat du Tribunal par
l'autorité qui a fait la notification.

Les productions en ré-
ponse sont adressées au
Secrétariat du Tribunal et
rappellent en marge le numéro du dossier.

CONVOCATION

A FIN DE COMPARUTION PERSONNELLE

Le Juge rapporteur,
Vu le jugement du
(*ou bien : vu la décision en Chambre du Conseil du*) dans
l'affaire

dossier   n°
ledit jugement ordonnant une comparution personnelle
(*on ajoute au besoin : disposant notamment.................... et
l'on reproduit la partie du jugement qui intéresse*),
Vu l'article 178 du Dahir de procédure,
Invite (*ici les noms, profession, domicile de la partie, ou
des parties, dont on a ordonné la comparution*)
à se présenter le   191 ,
à   heures, devant le juge rapporteur
soussigné, à son cabinet, au Palais de Justice sis à

(*ou bien : si la comparution a lieu à l'audience*)
à se présenter à l'audience publique du
                      qui s'ouvrira à   heures,
en la salle des audiences du Tribunal, au Palais de
Justice sis à

(*ou bien : si la comparution a lieu en Chambre du Conseil*)
à se présenter le   191 ,
à   heures, en la Chambre du Conseil
du Tribunal, au Palais de Justice sis à

où aura lieu la comparution ordonnée.
                    ....., le   191 .

Le Juge rapporteur,
(Signature).

(*La suite de l'original : Satisfait....., etc., et la copie, comme
il est indiqué à la formule n° 24.*)

NOTA : *Si la convocation émane d'un juge de paix commis (art. 174, 178), la formule est modifiée en conséquence.*

PROTECTORAT DE LA FRANCE
AU MAROC

TRIBUNAL
de
PREMIÈRE INSTANCE
de

____

Dossier ....
N°

Cote n° (*Ici le numéro sous lequel est coté au dossier l'original de l'acte.*)

____

Exécution de la loi de procédure en vigueur au Maroc et du décret du Président de la République du 7 septembre 1913.

____

La date de la notification est constatée par un certificat de remise renvoyé au Secrétariat du Tribunal par l'autorité qui a fait la notification.

____

Les productions en réponse sont adressées au Secrétariat du Tribunal et rappellent en marge le numéro du dossier.

Formule N° 44

ORIGINAL

CONVOCATION

A UNE VÉRIFICATION D'ÉCRITURE

____

Le Juge rapporteur,

Vu le jugement du

(*ou bien : vu la décision en Chambre du Conseil du*) dans l'affaire

dossier   n°

ledit jugement ordonnant une vérification d'écriture (*on ajoute au besoin : disposant notamment............... et l'on reproduit la partie du jugement qui intéresse. Si la convocation s'adresse au dépositaire d'une pièce de comparaison, on ajoute les indications nécessaires pour que le dépositaire se présente avec les pièces*),

Vu l'article 179 du Dahir de procédure,

Invite (*ici l'énumération avec noms, profession, domicile de tous les intéressés : parties, témoins, expert, détenteurs de pièces de comparaison*)

à se présenter le   191 ,

à   heures, devant le Juge rapporteur soussigné, à son cabinet, au Palais de Justice sis à

où il sera procédé à la vérification ordonnée.

Il rappelle aux témoins et aux parties les dispositions des articles 103, 114 du Dahir de procédure.

.... , le   191 .

Le Juge rapporteur,
(Signature).

(*La suite de l'original : Satisfait....., etc., et la copie, comme il est indiqué à la formule n° 24. Toutefois, on ajoute à la fin de la copie le texte de l'article 103, §§ 2 et 3, et de l'article 114 du Dahir de procédure.*)

Nota : *Si la vérification d'écriture a lieu autrement que devant le Juge rapporteur (art. 179, § 2 in fine), par exemple devant un juge de paix commis, la formule est modifiée en conséquence.*

PROTECTORAT DE LA FRANCE
AU MAROC

TRIBUNAL
de
PREMIÈRE INSTANCE
de

DOSSIER ....
N°

COTE N° (*Ici le numéro sous lequel est coté au dossier l'original de l'acte.*)

Exécution de la loi de procédure en vigueur au Maroc et du décret du Président de la République du 7 septembre 1913.

La date de la notification est constatée par un certificat de remise renvoyé au Secrétariat du Tribunal par l'autorité qui a fait la notification.

Les productions en réponse sont adressées au Secrétariat du Tribunal et rappellent en marge le numéro du dossier.

ORIGINAL

CONVOCATION

A L'AUDIENCE

Le Juge rapporteur,

Vu les articles 161, 185, 188 du Dahir de procédure,

Dit que (*ici l'énumération avec noms, profession, domicile de toutes les parties en cause*) seront averties dans les formes, délais et avec les conséquences édictées par la loi que l'affaire

dossier   n°
a été portée au rôle de l'audience publique du

qui s'ouvrira à   heures, en la salle des audiences du Tribunal, au Palais de Justice sis à

pour débats et jugement.

....., le   191 .

Le Juge rapporteur,
(Signature).

(*La suite de l'original : Satisfait......, etc., et la copie, comme il est indiqué à la formule n° 24. Toutefois, on ajoute à la fin de la copie le texte des articles 185 et 188 du Dahir de procédure.*)

PROTECTORAT DE LA FRANCE

AU MAROC

Formule N° 46

ORIGINAL

TRIBUNAL

de

PREMIÈRE INSTANCE

de

DOSSIER ....
N°

COTE N° *(Ici le numéro sous lequel est coté au dossier l'original de l'acte.)*

Exécution de la loi de procédure en vigueur au Maroc et du décret du Président de la République du 7 septembre 1913.

La date de la notification est constatée par un certificat de remise renvoyé au Secrétariat du Tribunal par l'autorité qui a fait la notification.

Les productions en réponse sont adressées au Secrétariat du Tribunal et rappellent en marge le numéro du dossier.

NOTIFICATION

D'UN JUGEMENT CONTRADICTOIRE

Le Juge rapporteur,

Vu le jugement rendu contradictoirement entre les parties par le Tribunal de céans le   191 dans l'affaire

dossier   n°

Vu l'article 192 du Dahir de procédure,

Ordonne qu'une expédition en forme dudit jugement, ainsi que de la présente ordonnance, soit notifiée à (*ici l'énumération avec noms, profession, domicile de toutes les parties en cause*),

Aux fins de droit.

....., le   191 .

Le Juge rapporteur,
(Signature).

(*La suite de l'original : Satisfait....., etc., et la copie, comme il est indiqué à la formule n° 24.*)

PROTECTORAT DE LA FRANCE
AU MAROC

TRIBUNAL
de
PREMIÈRE INSTANCE
de

DOSSIER ....
N°

COTE N° (*Ici le numéro sous
lequel est coté au dossier
l'original de l'acte.*)

Exécution de la loi de
procédure en vigueur au
Maroc et du décret du
Président de la République
du 7 septembre 1913.

La date de la notification
est constatée par un certificat de remise renvoyé au
Secrétariat du Tribunal par
l'autorité qui a fait la notification.

Les productions en ré-
ponse sont adressées au
Secrétariat du Tribunal et
rappellent en marge le numéro du dossier.

DAHIR

ORIGINAL

ORDONNANCE

PRESCRIVANT LA COMMUNICATION D'UNE REQUÊTE
INCIDENTE

Le Juge rapporteur,

Vu la requête incidente déposée par (*noms, profession,
domicile du demandeur à l'incident*)
dans l'affaire

dossier   n°
et tendant (*à la mise en cause, à l'appel en garantie, à
l'intervention de telle personne — ou bien tendant à opposer
telle exception, à formuler telle demande additionnelle ou
telle demande reconventionnelle*), ladite requête enregistrée au secrétariat du Tribunal le

Vu l'article 193 du Dahir de procédure,

Ordonne que copie de cette requête, ainsi que de la
présente ordonnance, soit notifiée à (*ici les noms, profession, domicile de chacune des parties défenderesses à
l'incident*),
avec mention qu'il peut, aux conditions fixées par
l'article 153, prendre connaissance au secrétariat des
pièces de l'affaire;

Dit qu'il lui est accordé un délai de (*indication du
délai qui est fixé conformément à l'article 150, § 3*),
à compter de la notification, pour produire ses conclusions en défense qui seront déposées au secrétariat du
Tribunal, conformément aux articles 145 et suivants
du Dahir susvisé, et auxquelles seront jointes :

1° Autant de copies certifiées conformes qu'il y a de
parties en cause ayant un intérêt distinct;

2° Toutes les pièces que le concluant entend faire
servir aux débats.

(Ces pièces seront classées, inventoriées et, si
besoin est, placées dans des sous-cotes revêtues
de toutes mentions manuscrites utiles. Elles se
présenteront sous la forme d'un dossier d'une lecture claire et facile pour les parties en cause qui
sont fondées, article 153, à en demander communication);

Dit que faute par lui de satisfaire à la présente
ordonnance dans le délai ci-dessus imparti, l'affaire
pourra être inscrite au rôle d'audience pour débats et
jugement.

....., le   191 .

Le Juge rapporteur,
(Signature).

(*La suite de l'original : Satisfait....., etc., et la copie, comme
il est indiqué à la formule n° 24.*)

15

Formule N° 48

PROTECTORAT DE LA FRANCE
AU MAROC

ORIGINAL

TRIBUNAL
de
PREMIÈRE INSTANCE
de

DOSSIER ....
N°

COTE N° (*Ici le numéro sous lequel est coté au dossier l'original de l'acte.*)

Exécution de la loi de procédure en vigueur au Maroc et du décret du Président de la République du 7 septembre 1913.

La date de la notification est constatée par un certificat de remise renvoyé au Secrétariat du Tribunal par l'autorité qui a fait la notification.

Les productions en réponse sont adressées au Secrétariat du Tribunal et rappellent en marge le numéro du dossier.

ORDONNANCE

A FIN DE REPRISE D'INSTANCE

Le Juge rapporteur,

Vu le jugement du
(*ou bien : Vu la décision en Chambre du Conseil du*)
dans l'affaire

dossier   n°
ledit jugement ordonnant la reprise d'instance après décès ou après changement d'état de..... partie en cause,
(*ou bien si la reprise d'instance est ordonnée par le Juge rapporteur*),
Vu la procédure suivie dans l'affaire

dossier   n°
Attendu que cette affaire n'est pas en état d'être jugée et que le décès de..... partie en cause (*ou bien : le changement d'état de..... partie en cause [on précise d'où résulte le changement d'état*]) est parvenu à notre connaissance,

Faisant application de l'article 196 du Dahir de procédure,

Dit que (*ici l'énumération avec noms, profession, domicile des parties appelées à reprendre l'instance. On ajoute en marge de la première page le texte de l'article 152 pour celles qui seraient domiciliées hors du ressort du Tribunal*), tous pris comme ayant qualité pour reprendre l'instance, sont appelés à effectuer cette reprise dans un délai de
à compter de la notification de la présente ordonnance ;

Dit que faute par eux de ce faire dans le délai imparti, il sera, conformément à l'article 197, passé outre au jugement de l'affaire.

....., le   191 .

Le Juge rapporteur,
(Signature.).

(*La suite de l'original : Satisfait....., etc., et la copie, comme il est indiqué à la formule n° 24. Toutefois, on ajoute à la fin de la copie le texte de l'article 197 du Dahir de procédure.*)

PROTECTORAT DE LA FRANCE
AU MAROC

ORIGINAL

Formule N° 49

TRIBUNAL
de
PREMIÈRE INSTANCE
de

DOSSIER ....
N°

COTE N° *(Ici le numéro sous
lequel est coté au dossier
l'original de l'acte.)*

Exécution de la loi de
procédure en vigueur au
Maroc et du décret du
Président de la République
du 7 septembre 1913.

La date de la notification
est constatée par un certificat de remise renvoyé au
Secrétariat du Tribunal par
l'autorité qui a fait la notification.

Les productions en ré-
ponse sont adressées au
Secrétariat du Tribunal et
rappellent en marge le numéro du dossier.

CONVOCATION

A LA RÉDACTION DU PROCÈS-VERBAL DE L'ÉTAT
D'UNE PIÈCE ARGUÉE DE FAUX

Le Juge rapporteur,

Vu la procédure d'inscription de faux suivie dans
l'affaire

dossier   n°
et la remise au secrétariat de la pièce arguée de faux,

Attendu qu'il y a lieu de dresser procès-verbal de
l'état de cette pièce, conformément à l'article 204 du
Dahir de procédure,

Vu ledit article,

Invite *(ici l'énumération avec noms, profession, domicile
de toutes les parties en cause)* à se présenter le
191   à   heures, devant le
juge rapporteur soussigné, à son cabinet, au Palais de
Justice sis à

pour assister, si bon leur semble, à la rédaction du
procès-verbal.

Il rappelle aux parties la disposition finale de l'article 205 du Dahir de procédure.

....., le   191 .

Le Juge rapporteur,
(Signature).

*(La suite de l'original : Satisfait....., etc., et la copie, comme
il est indiqué à la formule n° 24. Toutefois on ajoute à la fin
de la copie la disposition finale de l'article 205 du Dahir de
procédure : « Le demandeur qui succombe, etc..... ».)*

PROTECTORAT DE LA FRANCE

AU MAROC

TRIBUNAL

de

PREMIÈRE INSTANCE

de

____

Dossier ....
N°

Cote n° (*Ici le numéro sous
lequel est coté au dossier
l'original de l'acte.*)

____

Exécution de la loi de
procédure en vigueur au
Maroc et du décret du
Président de la République
du 7 septembre 1913.

____

La date de la notification
est constatée par un certificat de remise renvoyé au
Secrétariat du Tribunal par
l'autorité qui a fait la notification.

____

Les productions en ré-
ponse sont adressées au
Secrétariat du Tribunal et
rappellent en marge le numéro du dossier.

ORIGINAL

Formule N° 50

NOTIFICATION

DE L'ORDONNANCE FIXANT LE MONTANT DES DÉPENS

LIQUIDÉS

____

Le Juge rapporteur,

Vu l'ordonnance fixant le montant des dépens liquidés
à la suite du jugement du
dans l'affaire,

dossier   n°

Vu l'article 214 du Dahir de procédure,

Dit qu'une expédition en forme de ladite ordonnance
et des présentes sera notifiée à (*ici l'énumération avec
noms, profession, domicile de toutes les parties en cause*).

Il rappelle aux parties les dispositions des articles 214,
140 du Dahir de procédure.

Aux fins de droit.

....., 191 .

Le Juge rapporteur,
(Signature).

(*La suite de l'original : Satisfait....., etc., et la copie, comme
il est indiqué à la formule n° 24. Toutefois on ajoute à la fin
de la copie le texte des articles 214 et 140 du Dahir de procédure.*)

Formule N° 51

TRIBUNAL
de
PREMIÈRE INSTANCE
de

Dossier ....
N°

Cote n° (*Ici le numéro sous
lequel est coté au dossier
l'original de l'acte.*)

Exécution de la loi de
procédure en vigueur au
Maroc et du décret du
Président de la République
du 7 septembre 1913.

La date de la notification
est constatée par un certificat de remise renvoyé au
Secrétariat du Tribunal par
l'autorité qui a fait la notification.

Les productions en ré-
ponse sont adressées au
Secrétariat du Tribunal et
rappellent en marge le numéro du dossier.

NOTIFICATION

DE LA TAXE DES VACATIONS ET FRAIS D'UN EXPERT
OU D'UN INTERPRÈTE

Le Juge rapporteur,

Vu l'ordonnance de liquidation de dépens du
contenant taxe des vacations et frais de M.
expert (*ou interprète*) commis dans l'affaire

dossier   n°

Vu l'article 212 du Dahir de procédure,

Dit qu'une expédition en forme exécutoire de ladite
ordonnance, ainsi qu'une copie des présentes, seront
notifiées à (*ici les noms, profession, domicile de l'expert ou
de l'interprète*),

Aux fins de droit.

     ....., le   191 .

Le Juge rapporteur,
(Signature).

(*La suite de l'original : Satisfait....., etc., et la copie, comme
il est indiqué à la formule n° 24.*)

PROTECTORAT DE LA FRANCE

AU MAROC

TRIBUNAL

de

PREMIÈRE INSTANCE

de

Dossier ....
N°

Cote n° *(Ici le numéro sous lequel est coté au dossier l'original de l'acte.)*

Exécution de la loi de procédure en vigueur au Maroc et du décret du Président de la République du 7 septembre 1913.

La date de la notification est constatée par un certificat de remise renvoyé au Secrétariat du Tribunal par l'autorité qui a fait la notification.

Les productions en réponse sont adressées au Secrétariat du Tribunal et rappellent en marge le numéro du dossier.

ORIGINAL

Formule N° 52

NOTIFICATION

D'UN JUGEMENT PAR DÉFAUT

Le Juge rapporteur,

Vu le jugement rendu par défaut contre *(ici le nom de la partie ou des parties défaillantes)* par le Tribunal de céans le

dans l'affaire

dossier   n°

Vu les articles 192, 215 du Dahir de procédure,

Ordonne qu'une expédition en forme dudit jugement, ainsi que de la présente ordonnance, soit notifiée à *(ici l'énumération avec noms, profession, domicile de toutes les parties en cause, en ayant soin de faire suivre le nom de chaque partie défaillante, de la mention « Partie défaillante »),*

Aux fins de droit;

Ordonne en outre que, conformément à l'article 215, les parties défaillantes seront averties qu'elles ont quinze jours à dater de la notification des présentes pour former opposition au jugement et qu'après l'expiration dudit délai elles seront déchues du droit de faire opposition.

....., le   191 .

Le Juge rapporteur,
(Signature).

(La suite de l'original : Satisfait....., etc., et la copie, comme il est indiqué à la formule n° 24.)

Formule N° 53

TRIBUNAL DE PAIX
de

DOSSIER N° *(Ici le numéro
de l'affaire au registre.)*

COTE N° *(Ici le numéro sous
lequel est coté au dossier
l'original de l'acte.)*

Exécution de la loi de
procédure en vigueur au
Maroc et du décret du
Président de la République
du 7 septembre 1913.

SOMMATION

Le Juge de paix de

Vu la demande *(écrite ou verbale)* de *(nom de celui qui
fait faire la sommation)*
contre *(nom de celui à qui on fait la sommation)*
tendant à une sommation,

Vu l'article 217 du Dahir de procédure,

Désigne pour instrumenter M.
agent du secrétariat.

....., le   191 .

Le Juge de paix,
(Signature).

L'agent du secrétariat soussigné,
agissant en vertu de l'ordonnance qui précède,

Et sur la demande de *(noms, profession, domicile du
demandeur, avec élection de domicile, conformément à l'article 51, § 1, s'il est domicilié hors du ressort)*,

Déclare ce qui suit :

Je me suis transporté ce jour *(indication de la date)*
chez *(nom, profession, domicile du défendeur)*. J'y ai trouvé
ledit sieur *(nom du défendeur, ou bien le nom et la qualité
de la personne rencontrée)*.

J'ai dit et déclaré que *(ici le résumé clair et précis des
dires du demandeur tel qu'il les a formulés dans sa demande)*.

Pourquoi j'ai fait sommation au sieur *(nom du défendeur)* susnommé de, dans les trois jours *(ou tel autre
délai)* de la notification des présentes, *(ici on précise
l'objet de la sommation. Si elle comporte une réponse, on
ajoute)*

à quoi il m'a été répondu *(ici le texte de la
réponse, suivi de la signature de celui qui répond, ou de la
mention qu'il ne veut ou ne peut signer)*.

(au besoin on ajoute :)

Et j'ai déclaré au susnommé que passé ce délai, le
demandeur entend se pourvoir par toutes voies de
droit.

Sous toutes réserves.

De tout quoi il est dressé le présent acte qui sera, à
la date constatée par le certificat de remise, notifié au

La date de la notification
est constatée par un certificat de remise renvoyé au
Secrétariat du Tribunal de
paix par l'autorité qui a
fait la notification.

Les lettres adressées au
Tribunal de Paix doivent
rappeler le numéro de l'affaire.

défendeur susnommé (*s'il y avait lieu de notifier à d'autres personnes, on ajouterait*)
et en outre à (*énumération avec noms, profession, domicile de ces personnes*).

....., le   191 .

L'Agent instrumentaire.
(Signature).

Satisfait suivant envoi de ce jour :
1° par

d'un pli de notification sous enveloppe avec certificat joint à l'adrésse de M.

2° par, etc.................... (*il faut autant de mentions « par, etc.................... » qu'il y a de plis de notification*),

pour remise aux intéressés et retour des certificats.

....., le   191 .

Le Secrétaire-Greffier,
(Signature).

Formule N° 53

SOMMATION

Margé et texte conformes à l'original en terminant ains[i] l'ordonnance :

....., le   191 .

Le Juge de paix, Signé :

et en terminant ainsi l'acte qui suit :

....., le   191 .

L'Agent instrumentaire, Signé :

Pour copie conforme et pour valoir notification à la date du certificat de remise. Cette date est reproduite sur l'enveloppe contenant la présente copie.

Le Secrétaire-Greffier,
(Signature).

Formule N° 54

SOMMATION

Le Juge de paix de

Vu la demande (*écrite ou verbale*) de (*nom de celui qui
fait faire la sommation*)
contre (*nom de celui à qui on fait sommation*)
tendant à une sommation,

Vu l'article 217 du Dahir de procédure,

Désigne pour instrumenter M.
agent du secrétariat.

....., le   191 .

Le Juge de paix,
(Signature).

L'Agent du secrétariat soussigné,

Agissant en vertu de l'ordonnance qui précède,

Et sur la demande de (*noms, profession, domicile du
demandeur avec élection de domicile conformément à l'article 51, § 1, s'il est domicilié hors du ressort*),

Déclare à (*nom, profession, domicile du défendeur*)

Que (*ici le résumé clair et précis des dires du demandeur
tels qu'ils sont formulés dans sa demande*)

Pourquoi il fait sommation au sieur (*nom du défendeur*)
susnommé de, dans les trois jours (*ou tel autre délai*) de
la notification des présentes (*ici on précise l'objet de la
sommation. Si elle comporte une réponse, on ajoute :*)

Et dans le délai ci-dessus, fournir par une déclaration
en forme au secrétariat du Tribunal de paix, telle réponse
que de droit à la présente sommation.
(*au besoin on ajoute*)

Lui déclarant que passé ce délai, le demandeur entend
se pourvoir par les voies de droit.

Sous toutes réserves,

De tout quoi il est dressé le présent acte qui sera, à
la date constatée par le certificat de remise, notifié au
défendeur susnommé (*s'il y avait lieu de notifier à d'autres
personnes, on ajouterait*)
et en outre à (*énumération avec noms, profession, domicile
de ces personnes*)

....., le   191 .

L'Agent instrumentaire,
(Signature).

(*La suite de l'original : Satisfait....., etc., et la copie, comme
il est indiqué à la formule n° 53.*)

PROTECTORAT DE LA FRANCE

AU MAROC

TRIBUNAL DE PAIX

de

DOSSIER N° (*Ici le numéro de l'affaire au registre.*)

COTE N° (*Ici le numéro sous lequel est coté au dossier l'original de l'acte.*)

Exécution de la loi de procédure en vigueur au Maroc et du décret du Président de la République du 7 septembre 1913.

CONSTAT

Le Juge de paix de

Vu la demande (*écrite ou verbale*) de (*nom de celui qui fait faire le constat*) contre (*nom du défendeur éventuel*) tendant à un constat,

Vu l'article 217 du Dahir de procédure,

Désigne pour instrumenter, à charge d'avis préalable (*ou bien : sans avis préalable*) au défendeur éventuel, M.   , agent du secrétariat.

.. .., le   191 .

Le Juge de paix,
(Signature).

L'Agent du secrétariat soussigné,

Agissant en vertu de l'ordonnance qui précède,

Et sur la demande de (*noms, profession, domicile du demandeur avec élection de domicile, conformément à l'article 51, s'il est domicilié hors du ressort*).

Après avoir donné avis à (*noms, profession, domicile du défendeur*) par lettre recommandée, dont récépissé ci-joint, des jour et heure auxquels il serait procédé au présent constat (*cette phrase est supprimée si l'ordonnance prescrit le constat sans avis préalable*),

Déclare ce qui suit :

Je me suis transporté ce jour (*indication de la date et de l'heure*) à (*indication du lieu du constat*).

Étaient présents (*énumération avec noms, profession, domicile des personnes rencontrées*).

Le demandeur susnommé explique (*dires du demandeur*).

Le défendeur susnommé dit (*dires du défendeur*).

Je constate (*ici le résumé clair et précis des constatations — avec croquis des lieux s'il y échet — et des observations que peuvent faire les parties au fur et à mesure des constatations*).

De tout quoi il est dressé le présent procès-verbal de constat pour servir et valoir ce que de droit.

(*Si le constat ne doit pas être notifié, il s'arrête là et il est établi en simple original*).

La date de la notification est constatée par un certificat de remise renvoyé au Secrétariat du Tribunal de paix par l'autorité qui a fait la notification.

Les lettres adressées au Tribunal de Paix doivent rappeler le numéro de l'affaire.

(*Si* la partie qui a requis le constat demande qu'il soit notifié au défendeur éventuel [art. 217, § 5], on écrit) :

De tout quoi il est dressé le présent procès-verbal de constat qui sera, sur la demande de la partie qui l'a requis et à la date constatée par le certificat de remise, notifié au défendeur éventuel susnommé (*au besoin on ajoute*) et en outre à (*énumération avec noms, profession, domicile des personnes auxquelles il y aurait lieu de notifier*).

....., le   191 .

L'Agent instrumentaire,
(Signature).

(*La suite de l'original : Satisfait....., etc., et la copie, comme il est indiqué à la formule n° 53.*)

Formule N° 56

ORIGINAL

TRIBUNAL DE PAIX

de

DOSSIER N°. (*Ici le numéro de l'affaire au registre.*)

COTE N° (*Ici le numéro sous lequel est coté au dossier l'original de l'acte.*)

Exécution de la loi de procédure en vigueur au Maroc et du décret du Président de la République du 7 septembre 1913.

CONSTAT

PAR EXPERT

Le Juge de paix de

Vu la demande écrite de (*nom de celui qui fait faire le constat*)

contre (*nom du défendeur éventuel*)

tendant à un constat,

Vu l'article 218 du Dahir de procédure,

Et attendu que la constatation requise ne peut être faite utilement que par un homme de l'art,

Désigne M.

avec mission de (*ici le résumé de la mission de l'expert telle qu'elle ressort de la demande, en complétant au besoin à l'aide de toutes indications et précisions convenables*),

à charge d'avis préalable (*ou bien : sans avis préalable*) au défendeur éventuel,

Et commet M.   , agent du secrétariat, pour la notification, s'il y a lieu.

....., le   191 .

Le Juge de paix,
(Signature).

La date de la notification est constatée par un certificat de remise renvoyé au Secrétariat du Tribunal de paix par l'autorité qui a fait la notification.

Les lettres adressées au Tribunal de Paix doivent rappeler le numéro de l'affaire.

En conformité de l'ordonnance qui précède, le constat par expert a été déposé au secrétariat le (*indication de la date du dépôt du rapport de l'expert*),

et sera, sur la demande de (*noms, profession, domicile du demandeur*) et à la date constatée par le certificat de remise, notifié à (*noms, profession, domicile du défendeur éventuel, au besoin on ajoute*) et en outre (*énumération avec noms, profession, domicile des personnes auxquelles il y aurait lieu de notifier*).

....., le   191 .

L'Agent du secrétariat,
(Signature).

(*La suite de l'original : Satisfait....., etc., et la copie, comme il est indiqué à la formule n° 53.*)

NOTA : *Si le constat est ordonné par le président du Tribunal de première instance (ce qui a lieu, article 218, si le litige éventuel est de la compétence de ce Tribunal), la formule est modifiée en conséquence.*

Formule N° 57

TRIBUNAL DE PAIX

de

Exécution de la loi de procédure en vigueur au Maroc et du décret du Président de la République du 7 septembre 1913.

DOSSIER N° *(Ici le numéro de l'affaire au registre.)*

COTE N° *(Ici le numéro sous lequel est coté au dossier l'original de l'acte.)*

La date de la notification est constatée par un certificat de remise renvoyé au Secrétariat du Tribunal de paix par l'autorité qui a fait la notification.

Les lettres adressées au Tribunal de Paix doivent rappeler le numéro de l'affaire.

ORIGINAL

CONVOCATION

A L'AUDIENCE DES RÉFÉRÉS

Le Juge de paix de

Vu la demande de référé présentée par M. *(nom du demandeur)* suivant requête écrite *(ou suivant déclaration par procès-verbal au secrétariat)*,
inscrite au registre le
sous le numéro

Ladite requête *(ou déclaration)* ainsi conçue en résumé :
Ici le résumé clair et précis de la demande de référé.

Vu les articles 219 et suivants du Dahir de procédure,

Convoque *(ici l'énumération avec noms, profession, domicile, des parties demanderesses et défenderesses, en ajoutant en marge de la première page le texte de l'article 51 sur la copie des parties domiciliées hors du ressort),*
à l'audience des référés du *(indication du jour et de la date)*
qui s'ouvrira à   heures, en la salle des audiences du Tribunal de paix sis à

pour voir statuer sur ladite demande.

....., le   191 .

Le Juge de paix.
(Signature).

(La suite de l'original : Satisfait....., etc., et la copie, comme il est indiqué à la formule n° 3.)

NOTA : *Si l'on est au siège du Tribunal de première instance ou dans le ressort des Tribunaux de paix établis en ce lieu, le référé appartient au Président du Tribunal (art. 19) et par suite la formule est modifiée en conséquence.*

**PROTECTORAT DE LA FRANCE
AU MAROC**

TRIBUNAL DE PAIX

de

DOSSIER N° (*Ici le numéro
de l'affaire au registre.*)

COTE N° (*Ici le numéro sous
lequel est coté au dossier
l'original de l'acte.*)

Exécution de la loi de
procédure en vigueur au
Maroc et du décret du
Président de la République
du 7 septembre 1913.

La date de la notification
est constatée par un certificat de remise renvoyé au
Secrétariat du Tribunal de
paix par l'autorité qui a
fait la notification.

Les lettres adressées au
Tribunal de Paix doivent
rappeler le numéro de l'affaire.

ORIGINAL

Formule N° 58

NOTIFICATION

D'UNE ORDONNANCE DE RÉFÉRÉ

Le Juge de paix de
Vu l'ordonnance de référé rendue par nous le
dans l'affaire

numéro   du registre,
Vu les articles 219 et suivants du Dahir de procédure,
Ordonne qu'une expédition en forme de ladite ordonnance, ainsi qu'une copie des présentes, soit notifiée à
(*ici l'énumération avec noms, profession, domicile des parties*)
aux fins de droit.

....., le   191 .

Le Juge de paix,
(Signature).

(*La suite de l'original : Satisfait....., etc., et la copie, comme
il est indiqué à la formule n° 3.*)

NOTA : *Si l'on est au siège du Tribunal de première
instance ou dans le ressort des tribunaux de paix établis en
ce lieu, le référé appartient au président du Tribunal
(art. 19) et par suite la formule est modifiée en conséquence.*

Formule N° 59

PROTECTORAT DE LA FRANCE
AU MAROC

TRIBUNAL
de
PREMIÈRE INSTANCE
de

ORIGINAL

AVIS D'APPEL

Dossier ....
N°

Cote N° *(Ici le numéro sous lequel est coté au dossier l'original de l'acte.)*

Exécution de la loi de procédure en vigueur au Maroc et du décret du Président de la République du 7 septembre 1913.

Le Secrétaire-Greffier en chef du Tribunal de première instance de

Certifie que, suivant requête déposée par *(nom de l'appelant)* et inscrite au secrétariat, ce jour, sous le numéro   des affaires

il a été fait appel d'un jugement du Tribunal de paix de

en date du

dans la cause entre

et ledit sieur *(nom de l'appelant)*.

En conformité de l'article 291, § 2, du Dahir de procédure, cet appel est porté à la connaissance du secrétariat de la juridiction qui a rendu la décision attaquée.

....., le   191 .

Le Secrétaire-Greffier,
(Signature).

PROTECTORAT DE LA FRANCE

AU MAROC

Formule N° 60

TRIBUNAL DE PAIX

de

DOSSIER N° (*Ici le numéro de l'affaire au registre.*)

COTE N° (*Ici le numéro sous lequel est coté au dossier l'original de l'acte.*)

Exécution de la loi de procédure en vigueur au Maroc et du décret du Président de la République du 7 septembre 1913.

ORIGINAL

MISE EN DEMEURE

DE L'ARTICLE 295

L'Agent du secrétariat soussigné,

Agissant 1° en vertu d'un jugement rendu par le Tribunal de paix de céans, le   dans une affaire

dossier   n°

ledit jugement, dont une expédition exécutoire est ci-jointe en copie, précédemment notifié aux parties et spécialement au poursuivi ci-après nommé, sur ordonnance conforme, avec certificat de remise du (*date du certificat de remise constatant la notification d'office au poursuivi du jugement dont il s'agit*);

2° d'une ordonnance de mise à exécution de M. le Juge de paix du (*date de l'ordonnance*),

Et à la demande de (*noms, profession, domicile de la partie poursuivante*),

met en demeure, conformément à l'article 295 du Dahir de procédure (*ici les noms, profession, domicile du poursuivi*),

de se libérer dans les vingt jours de la notification des présentes, passé lequel délai il sera procédé par toutes voies de droit à l'exécution du jugement.

Sous toutes réserves.

De tout quoi il est dressé le présent acte qui sera, à la date constatée par le certificat de remise, notifié au poursuivi susnommé (*s'il y avait lieu de notifier à d'autres personnes, on ajouterait : et en outre à.... ; ici l'énumération avec noms, profession, domicile de ces personnes*).

....., le   191 .

L'Agent instrumentaire,
(Signature).

La date de la notification est constatée par un certificat de remise renvoyé au Secrétariat du Tribunal de paix par l'autorité qui a fait la notification.

Les lettres adressées au Tribunal de Paix doivent rappeler le numéro de l'affaire.

Satisfait suivant envoi de ce jour :

1° par

d'un pli de notification sous enveloppe avec certificat joint à l'adresse de M.

2° par, etc...................... (*il faut autant de mentions « par etc............ .... » qu'il y a de plis de notification*).

pour remise aux intéressés et retour des certificats.

....., le   191 .

Le Secrétaire-Greffier,
(Signature).

Formule N° 60

MISE EN DEMEURE

DE L'ARTICLE 295

———

Marge et texte conformes à l'original en terminant ainsi

....., le   191 .

L'Agent instrumentaire, Signé :

Pour copie conforme et pour valoir notification à la date du certificat de remise. Cette date est reproduite sur l'enveloppe contenant la présente copie.

Le Secrétaire-Greffier,
(Signature).

Nota : *On a supposé qu'il s'agit d'un jugement du Tribunal de paix mis à exécution par le Secrétariat de paix.*

S'il s'agit d'un jugement du Tribunal de première instance exécuté par le Secrétariat d'instance, la formule est modifiée en conséquence.

De même s'il s'agit d'un jugement sur appel dont l'exécution a été renvoyée à un autre Tribunal, par exemple au Tribunal de paix dont est appel.

De même s'il s'agit d'un jugement dont l'exécution est poursuivie par un secrétariat délégué. Dans ce cas, on dit notamment en tête de la formule : « L'agent soussigné, du Secrétariat du Tribunal   de délégué pour l'exécution par le Secrétariat du Tribunal qui a rendu la décision ».

———

PROTECTORAT DE LA FRANCE

AU MAROC

TRIBUNAL DE PAIX

de

DOSSIER N° (*Ici le numéro de l'affaire au registre.*)

COTE N° (*Ici le numéro sous lequel est coté au dossier l'original de l'acte.*)

Exécution de la loi de procédure en vigueur au Maroc et du décret du Président de la République du 7 septembre 1913.

La date de la notification est constatée par un certificat de remise renvoyé au Secrétariat du Tribunal de paix par l'autorité qui a fait la notification.

Les lettres adressées au Tribunal de Paix doivent rappeler le numéro de l'affaire.

Formule N° 61

ORIGINAL

SAISIE CONSERVATOIRE

Ici l'ordonnance du juge de paix autorisant la saisie conservatoire. Elle sera, par exemple, ainsi conçue :

Nous, Juge de paix,

(*Si le juge de paix statue comme juge des référés, on ajoute : Statuant comme juge des référés*)

Vu la requête de M.

tendant à faire saisir conservatoirement les biens meubles (*ou immeubles*) de (*nom du poursuivi*) se trouvant à (*indication du lieu où se trouvent les biens à saisir*) au besoin on ajoute si les biens à saisir sont aux mains d'un tiers : et entre les mains de (*nom du tiers saisi*);

Vu les articles 13 (*ou 219 ou 295 ou 296 ou 297 suivant les cas*), 309 et suivants du Dahir de procédure,

Ensemble les pièces et justifications jointes,

Autorisons la saisie-conservatoire dont il s'agit,

Et ce, pour obtenir paiement de la somme de à laquelle nous évaluons provisoirement la créance de l'exposant,

Commettons M.   agent du secrétariat pour l'exécution,

Disons qu'il nous en sera référé en cas de difficulté.

....., le   191 .

Le Juge de paix,
(Signature).

PROCÈS-VERBAL

L'Agent du secrétariat soussigné,

Agissant en vertu de l'ordonnance qui précède,

Et à la demande de (*noms, profession, domicile de la partie poursuivante*),

Déclare ce qui suit :

Je me suis transporté ce jour (*indication de la date*) à (*indication du lieu*) chez (*noms, profession, domicile du poursuivi*);

ou bien : chez (*noms, profession, domicile du tiers saisi*) entre les mains duquel se trouvent les objets ou effets visés par l'ordonnance et appartenant au poursuivi, sieur

ou encore, s'il s'agit d'immeubles : Je me suis transporté

ce jour   devant telle maison
ou sur tel immeuble sis à

appartenant à (*noms, profession, domicile du poursuivi*)
·et se trouvant entre les mains de (*noms, profession,
domicile du tiers saisi, s'il y a*);

Là étant j'ai trouvé (*ici l'indication de la personne rencontrée au domicile susdit, ou sur l'immeuble susdit, puis la
déclaration de l'agent faisant connaître l'objet de sa mission,
puis les dires de l'intéressé*),

Et séance tenante, j'ai saisi conservatoirement sur
ledit (*nom du poursuivi*) et placé sous main de justice
pour sûreté et avoir paiement de la somme de
                                        fixée par l'ordonnance, les
objets (*ou les immeubles*) dont la désignation suit (*ici on
se conforme à l'article 312, § 1, si la saisie porte sur des biens
mobiliers trouvés entre les mains du poursuivi; — au § 2, s'il
s'agit de bijoux ou objets précieux; — au § 3, s'il s'agit
d'immeubles; — à l'article 314, s'il s'agit de meubles ou d'immeubles trouvés entre les mains d'un tiers; — à l'article 315,
pour les biens mobiliers qu'on laisse en dehors de la saisie
comme insaisissables. S'il survient un tiers se prétendant
propriétaire des objets à saisir, l'agent consigne sa prétention
au procès-verbal tout en opérant la saisie (arg. art. 337). Il
est ensuite suivi sur l'incident par les voies de droit.*

Et j'ai établi pour gardien (*ici on se conforme à l'article 314 si les meubles ou les immeubles sont entre les mains
du saisi. S'il est laissé en possession, ce qui est la règle, on lui
rappelle les articles 310, 311. On se conforme à l'article 313
si les meubles ou les immeubles sont entre les mains d'un
tiers, et si le tiers est constitué gardien, ce qui est la règle, on
lui rappelle l'article 313, §§ 2 et 3*).

De tout quoi il est dressé le présent procès-verbal de
saisie conservatoire qui sera, à la date constatée par le
certificat de remise, notifié au poursuivi susnommé
(*s'il y a lieu de notifier à d'autres personnes [gardien, tiers
saisi, séquestre] on ajoute : et en outre à [ici l'énumération
avec noms, profession, domicile de ces personnes]*).

.....; le   191 .

L'Agent instrumentaire,
(Signature).

(*La suite de l'original : Satisfait....., etc., et la copie, comme
il est indiqué à la formule n° 53.*)

NOTA : *Si l'ordonnance émane d'un président de Tribunal,
la formule est modifiée en conséquence.*

PROTECTORAT DE LA FRANCE AU MAROC

Formule N° 62

TRIBUNAL DE PAIX

de

DOSSIER N° (*Ici le numéro de l'affaire au registre.*)

COTE N° (*Ici le numéro sous lequel est coté au dossier l'original de l'acte.*)

Exécution de la loi de procédure en vigueur au Maroc et du décret du Président de la République du 7 septembre 1913.

La date de la notification est constatée par un certificat de remise renvoyé au Secrétariat du Tribunal de paix par l'autorité qui a fait la notification.

Les lettres adressées au Tribunal de Paix doivent rappeler le numéro de l'affaire.

SAISIE-ARRÊT

Ici l'extrait du titre exécutoire en vertu duquel on fait saisie-arrêt, avec l'ordonnance de mise à exécution de l'article 294, ou bien l'ordonnance du juge de paix autorisant la saisie-arrêt. Cette ordonnance sera par exemple ainsi conçue :

Nous, Juge de paix,

Vu la requête de (*nom du saisissant*), les motifs y énoncés et les pièces jointes,

Vu les articles 13, 320, 321 du Dahir de procédure,

Autorisons l'exposant à faire saisir-arrêter entre les mains de (*nom du tiers saisi*) les sommes, deniers, valeurs qu'il peut avoir ou devoir à (*nom du saisi*) à quelque titre que ce soit ;

(*ou bien : autorisons l'exposant à former saisie-arrêt sur le dixième saisissable des appointements de M. [saisi] entre les mains de M. [tiers saisi]*).

Et ce pour obtenir paiement de la somme de

à laquelle nous évaluons provisoirement la créance de l'exposant ;

Commettons M.   agent du Secrétariat pour l'exécution ;

Disons qu'il nous en sera référé en cas de difficulté :

....., le   191 .

Le Juge de paix,
(Signature).

NOTA : *Si l'ordonnance émane d'un Président de Tribunal, la formule est modifiée en conséquence. On ajoute notamment : Nommons M.*   *Juge commissaire pour suivre la procédure conformément à l'article 325.*

PROCÈS-VERBAL

L'Agent du Secrétariat soussigné,

Agissant en vertu de l'ordonnance qui précède (*ou : du jugement dont l'extrait précède*),

Et à la demande de (*noms, profession, domicile du saisissant*),

Déclare que ledit sieur (*nom du saisissant*);

Pour sûreté et avoir paiement d'une somme de
                  qui lui est due par M. (*noms,
profession, domicile du saisi*)
et qui est évaluée provisoirement à ce chiffre par l'ordonnance susvisée (*ou bien : et qui résulte du jugement
susvisé*),

Fait saisie-arrêt entre les mains de M. (*noms, profession, domicile du tiers saisi*)
c'est-à-dire qu'il s'oppose à ce que ledit (*nom du tiers
saisi*) paie à (*nom du saisi*) aucune des sommes, deniers,
valeurs qu'il peut lui devoir.

(*ou bien : paie à* [*nom du saisi*] *le dixième saisissable de
ses salaires ou appointements*);

Et il rappelle que conformément à l'article 323 du
Dahir de procédure, tout paiement fait au mépris des
présentes serait nul.

De tout quoi il est dressé le présent procès-verbal de
saisie-arrêt qui sera, à la date constatée par le certificat
de remise, notifié au tiers saisi et au saisi susnommé.

                     ....., le   191 .

                    L'Agent instrumentaire,
                         (Signature).

(*La suite de l'original : Satisfait*....., *etc., et la copie comme
il est indiqué à la formule n° 53.*)

Nota : *Si la procédure de saisie-arrêt s'effectue au Tribunal de première instance, la formule est modifiée en
conséquence.*

Formule N° 63

L'acte ci-dessous est inscrit à la suite de l'original du procès-verbal de saisie conservatoire (formule 61).

CONVERSION

EN SAISIE-EXÉCUTION D'UNE SAISIE CONSERVATOIRE MOBILIÈRE PAR SIMPLE ACTE AU SECRÉTARIAT

La saisie conservatoire, objet du procès-verbal qui précède, est, à la date de ce jour, convertie en saisie-exécution, conformément à l'article 329 du Dahir de procédure, attendu que le délai de vingt jours imparti par la mise en demeure notifiée au poursuivi le *(date du certificat de remise)*, en vertu de l'article 295, est expiré et que le poursuivi ne s'est pas libéré. La vente aura lieu *(tel jour, à telle heure, à tel endroit)*; elle sera annoncée au public par tous moyens de publicité convenables, notamment par   , le tout par application des articles 331, 332 du Dahir susvisé;

Et disons que la présente conversion en saisie-exécution sera, à la date constatée par le certificat de remise, notifiée au saisi.

....., le   191 .

L'Agent instrumentaire,
(Signature).

Satisfait suivant envoi de ce jour :
1° par

d'un pli de notification sous enveloppe avec certificat joint à l'adresse de M.

2° par, etc.................... *(il faut autant de mentions « par, etc....,.. .... » qu'il y a de plis de notification).*

pour remise aux intéressés et retour des certificats.

....., le   191 .

Le Secrétaire-Greffier,
(Signature).

PROTECTORAT DE LA FRANCE

AU MAROC

TRIBUNAL DE PAIX

de

Formule N° 63

DOSSIER N° (*Ici le numéro de l'affaire au registre.*)

COTE N° (*Ici le numéro sous lequel est coté au dossier l'original de l'acte.*)

Exécution de la loi de procédure en vigueur au Maroc et du décret du Président de la République du 7 septembre 1913.

La date de la notification est constatée par un certificat de remise renvoyé au Secrétariat du Tribunal de paix par l'autorité qui a fait la notification.

Les lettres adressées au Tribunal de Paix doivent rappeler le numéro de l'affaire.

CONVERSION

EN SAISIE-EXÉCUTION D'UNE SAISIE CONSERVATOIRE MOBILIÈRE PAR SIMPLE ACTE AU SECRÉTARIAT

La saisie conservatoire, objet d'un procès-verbal notifié au poursuivi sieur (*noms, profession, domicile du poursuivi*) le (*date du certificat de remise*), ainsi qu'il résulte du certificat de remise, est, à la date de ce jour, convertie, etc.

Le surplus, comme à l'original, en terminant ainsi :

........., le   191 .

*L'Agent instrumentaire, S*gné :

Pour copie conforme et pour valoir notification à la date du certificat de remise. Cette date est reproduite sur l'enveloppe contenant la présente copie.

Le Secrétaire-Greffier,
(Signature).

**PROTECTORAT DE LA FRANCE
AU MAROC**

TRIBUNAL DE PAIX

de

DOSSIER N° (*Ici le numéro
de l'affaire au registre.*)

COTE N° (*Ici le numéro sous
lequel est coté au dossier
l'original de l'acte.*)

Exécution de la loi de
procédure en vigueur au
Maroc et du décret du
Président de la République
du 7 septembre 1913.

La date de la notification
est constatée par un certificat de remise renvoyé au
Secrétariat du Tribunal de
paix par l'autorité qui a
fait la notification.

Les lettres adressées au
Tribunal de Paix doivent
rappeler le numéro de l'affaire.

ORIGINAL

Formule N° 64

CONVERSION

EN SAISIE-EXÉCUTION D'UNE SAISIE CONSERVATOIRE
MOBILIÈRE APRÈS NOUVEAU TRANSPORT SUR LES
LIEUX DE LA SAISIE

L'Agent du secrétariat soussigné,

Agissant à la suite : 1° d'une précédente saisie conservatoire notifiée à (*nom du poursuivi*) le (*date du certificat de remise*),

2° d'une mise en demeure notifiée au même le (*date du
certificat de remise*), en vertu d'un jugement du Tribunal
de   en date du
et restée infructueuse,

Et à la demande de (*noms, profession, domicile du saisissant*),

Déclare ce qui suit :

Je me suis à nouveau transporté ce jour (*indication
de la date*) à (*indication du lieu*) chez (*noms, profession,
domicile du poursuivi, ou bien : chez [noms, profession, domicile du tiers saisi] entre les mains duquel a eu lieu la saisie
conservatoire des objets appartenant à [noms, profession,
domicile du poursuivi]*);

Là étant, j'ai trouvé (*ici l'indication de la personne rencontrée au domicile susdit, puis la déclaration de l'agent
faisant connaître l'objet de sa mission, puis les dires de l'intéressé*);

Et séance tenante j'ai procédé au récolement des
objets saisis conservatoirement aux termes de mon
procès-verbal susvisé (*on indique s'ils sont au complet, ou
s'il y a des manquants; on fait toutes réserves au sujet de
ceux-ci*).

J'ai alors déclaré, conformément à l'article 329, § 1,
du Dahir de procédure, la saisie conservatoire convertie
en saisie-exécution.

Et j'ai établi pour gardien (*s'il s'agit d'objets saisis entre
les mains du poursuivi, la garde en avait été organisée conformément à l'article 311. Il faut maintenant se conformer à
l'article 330, ce qui pourra amener certains changements. Si
on constitue gardien, on lui rappelle l'article 330, § 2. S'il
s'agit d'objets saisis entre les mains d'un tiers, on maintient
la garde qui a dû être organisée conformément à l'article 313.
Si le tiers demande à être déchargé, on constitue gardien
comme dans le cas précédent*).

Puis, par application des articles 331, 332, et étant
observé que (*ici l'indication des motifs qui, en conformité*

de ces textes, déterminent telle ou telle fixation de la vente),
j'ai décidé que la vente aura lieu (*tel jour, à telle heure,
en tel endroit*) ;

Et que l'époque et le lieu de cette vente seront notifiés au public par tous moyens de publicité convenables,
notamment par

De tout quoi il est dressé le présent procès-verbal de
conversion en saisie-exécution mobilière qui sera, à
la date constatée par le certificat de remise, notifié au
poursuivi susnommé (*au besoin on ajoute : et en outre au
gardien, au tiers saisi également susnommés*).

....., le   191 .

L'Agent instrumentaire,
(Signature).

(*Le surplus de l'original : Satisfait....., etc., et la copie,
comme il est indiqué à la formule n° 60.*)

NOTA : *Si la procédure de saisie mobilière se fait au tribunal d'instance, la formule est modifiée en conséquence.*

PROTECTORAT DE LA FRANCE

AU MAROC

TRIBUNAL DE PAIX

de

Dossier n° (*Ici le numéro de l'affaire au registre.*)

Cote n° (*Ici le numéro sous lequel est coté au dossier l'original de l'acte.*)

Exécution de la loi de procédure en vigueur au Maroc et du décret du Président de la République du 7 septembre 1913.

La date de la notification est constatée par un certificat de remise renvoyé au Secrétariat du Tribunal de paix par l'autorité qui a fait la notification.

Les lettres adressées au Tribunal de Paix doivent rappeler le numéro de l'affaire.

Formule N° 65

ORIGINAL

SAISIE-EXÉCUTION

MOBILIÈRE

L'Agent du secrétariat soussigné,

Agissant à la suite d'une mise en demeure notifiée à (*nom du poursuivi*) le (*date du certificat de remise*), en vertu d'un jugement du Tribunal de   , en date du   et restée infructueuse,

Et à la demande de (*noms, profession, domicile du saisissant*),

Déclare ce qui suit :

Je me suis transporté ce jour (*indication de la date*) à (*indication du lieu*) chez (*noms, profession, domicile du poursuivi*) (*ou bien*) chez (*noms, profession, domicile du tiers saisi*) entre les mains duquel se trouvent les objets ou effets ci-après appartenant à (*noms, profession, domicile du poursuivi*) ;

Là étant j'ai trouvé (*ici l'indication de la personne rencontrée au domicile susdit, puis la déclaration de l'agent faisant connaître l'objet de sa mission, puis les dires de l'intéressé*) ;

Et séance tenante j'ai saisi-exécuté sur ledit (*nom du poursuivi*) et placé sous main de justice pour avoir paiement des condamnations prononcées par le jugement susvisé, les objets dont la désignation suit : (*ici on se conforme à l'article 312, § 1, si la saisie porte sur des biens mobiliers trouvés entre les mains du poursuivi ; — au § 2, s'il s'agit de bijoux ou d'objets précieux ; — à l'article 314, s'il s'agit d'effets mobiliers entre les mains d'un tiers ; — à l'article 315, pour les biens mobiliers qu'on laisse en dehors de la saisie comme insaisissables. On se conforme enfin à l'article 337 s'il survient un tiers se prétendant propriétaire des objets à saisir. L'agent, tout en opérant la saisie, consigne la déclaration de ce tiers au procès-verbal, puis il est suivi sur l'incident conformément au texte*).

Et j'ai établi pour gardien (*pour la garde on applique l'article 330. Si on constitue gardien, on lui rappelle l'article 330, § 2. S'il s'agit d'objets saisis entre les mains d'un tiers, on applique l'article 313. Au besoin on constitue gardien comme dans le cas précédent*).

Puis par application des articles 331, 332, et étant observé que (*ici l'indication des motifs qui, en conformité de ces textes déterminent telle ou telle fixation de la vente*), j'ai décidé que la vente aura lieu (*tel jour, à telle heure, en tel endroit*),

Et que l'époque et le lieu de cette vente seront notifiés

au public par tous moyens de publicité convenables, notamment par

De tout quoi il est dressé le présent procès-verbal de saisie-exécution mobilière qui sera, à la date constatée par le certificat de remise, notifié au poursuivi susnommé (*au besoin on ajoute : et en outre au gardien, au tiers saisi également susnommés*).

....., le   191 .

L'Agent instrumentaire,
(Signature)

(*Le surplus de l'original : Satisfait....., etc., et la copie, comme il est indiqué à la formule n° 60.*)

Nota : *Si la procédure de saisie mobilière se fait au Tribunal d'instance, la formule est modifiée en conséquence.*

Formule N° 66

L'acte ci-dessous est inscrit à la suite de l'original du procès-verbal de saisie conservatoire (formule n° 64).

CONVERSION

EN SAISIE IMMOBILIÈRE D'UNE SAISIE CONSERVATOIRE IMMOBILIÈRE PAR SIMPLE ACTE AU SECRÉTARIAT

La saisie conservatoire, objet du procès-verbal qui précède, est, à la date de ce jour, convertie en saisie immobilière conformément à l'article 338 du Dahir de procédure, attendu que le délai de vingt jours imparti par la mise en demeure notifiée au poursuivi le (*date du certificat de remise*), en vertu de l'article 295, est expiré et que le poursuivi ne s'est pas libéré. Nous rappelons les dispositions de l'article 343 qui règle désormais la condition de l'immeuble saisi. Il sera vendu et adjugé dans les formes, délais et avec la publicité prévus par la loi.

Et disons que la présente conversion en saisie immobilière sera, à la date constatée par le certificat de remise, notifiée au poursuivi en personne, sinon à .... pris comme autorité locale la plus proche du lieu où se trouve l'immeuble, le tout conformément à l'article 338 (*au besoin on ajoute : et qu'elle sera en outre notifiée au séquestre, au gardien, au tiers saisi également susnommés*).

....., le   191 :

L'Agent instrumentaire,
(Signature).

(Le surplus de l'original : Satisfait....., etc., et la copie, comme il est indiqué à la formule n° 63.)

TRIBUNAL DE PAIX

de

____

DOSSIER N°. *(Ici le numéro
de l'affaire au registre.)*

COTE N°. *(Ici le numéro sous
lequel est coté au dossier
l'original de l'acte.)*

____

Exécution de la loi de
procédure en vigueur au
Maroc et du décret du
Président de la République
du 7 septembre 1913.

ORIGINAL

Formule N° 67

CONVERSION

EN SAISIE IMMOBILIÈRE D'UNE SAISIE CONSERVATOIRE
IMMOBILIÈRE APRÈS NOUVEAU TRANSPORT SUR LES
LIEUX DE LA SAISIE

L'Agent du secrétariat soussigné,

Agissant à la suite 1° d'une précédente saisie conservatoire notifiée à *(nom du poursuivi)* le *(date du certificat
de remise)*,

2° d'une mise en demeure notifiée au même le *(date
du certificat de remise)*, en vertu d'un jugement du Tribunal de   en date du
et restée infructueuse,

Et à la demande de *(nom, profession, domicile du saisissant)*,

Déclare ce qui suit :

Je me suis à nouveau transporté ce jour *(indication de
la date)* sur l'immeuble sis à
saisi conservatoirement sur *(noms, profession,
domicile du poursuivi)*, entre les mains de *(noms, profession, domicile du tiers saisi, s'il y a)*, ainsi qu'il résulte
de mon procès-verbal susvisé ;

Là étant, j'ai trouvé *(ici l'indication de la personne rencontrée sur l'immeuble, puis la déclaration de l'agent faisant
connaître l'objet de sa mission, puis les dires de l'intéressé)* ;

Et séance tenante j'ai déclaré, conformément à l'article 338 du Dahir de procédure, la saisie conservatoire
convertie en saisie immobilière, le tout en présence
(ou en l'absence) du poursuivi susnommé. La désignation
de l'immeuble est donnée au procès-verbal de saisie
conservatoire. J'ai pu recueillir sur place les renseignements complémentaires qui suivent. Ils sont donnés
sous toutes réserves et à titre de simple indication *(ici
l'agent d'exécution détermine, autant que possible, la situation juridique de l'immeuble [art. 314, 339, §§ 2 et 4, 340, 342,
343]. Il s'enquiert s'il y a des baux; s'il y a des charges
[créanciers hypothécaires ou autres détenteurs de droits réels,
copropriétaires]; s'il y a des titres, où ils sont, qui les détient.
Il tâche de se faire remettre les titres [art. 314, 339, § 4]. Tout
cela va lui permettre de faire, le cas échéant, après la saisie,
les procédures prévues par les articles 343, § 3, 340, §§ 1, 2,
342, § 1)*.

En ce qui concerne la garde *(s'il s'agit d'un immeuble
saisi entre les mains du poursuivi, on avait, lors de la saisie
conservatoire, appliqué l'article 311; il faut maintenant*

La date de la notification
est constatée par un certificat de remise renvoyé au
Secrétariat du Tribunal de
paix par l'autorité qui a
fait la notification.

____

Les lettres adressées au
Tribunal de Paix doivent
rappeler le numéro de l'affaire.

appliquer l'article 343; l'agent rappelle au poursuivi les dispositions de cet article; au besoin il en insère le texte dans son procès-verbal. Si l'immeuble saisi conservatoirement est aux mains d'un tiers, on avait appliqué l'article 313; le tiers qui était gardien, conformément à cet article, va devenir séquestre conformément à l'article 343, donc ici encore l'agent lira et au besoin insérera à son procès-verbal le texte de cet article).

Le tout pour parvenir à l'expropriation de l'immeuble qui sera, en exécution de la présente conversion de saisie, vendu et adjugé dans les formes, délais et avec la publicité prévus par la loi.

De tout quoi il est dressé le présent procès-verbal de conversion de saisie immobilière qui sera, à la date constatée par le certificat de remise, notifié au poursuivi en personne, sinon à

pris comme autorité locale la plus proche du lieu où se trouve l'immeuble, conformément aux articles 338, 339 du Dahir de procédure *(s'il y a lieu de notifier à d'autres personnes, gardien, tiers saisi, séquestre, on ajoute : et sera, ledit procès-verbal, en outre notifié à*

ici *l'énumération avec noms, profession, domicile de ces personnes).*

....., le   191 .

L'Agent instrumentaire,
(Signature).

(Le surplus de l'original : Satisfait....., etc., et la copie, comme il est indiqué à la formule n° 60.)

Nota : *Si la procédure de saisie immobilière se fait au Tribunal d'instance, la formule est modifiée en conséqaence.*

Formule N° 68

TRIBUNAL DE PAIX
de

DOSSIER N° (*Ici le numéro
de l'affaire au registre.*)

COTE N° (*Ici le numéro sous
lequel est coté au dossier
l'original de l'acte.*)

Exécution de la loi de
procédure en vigueur au
Maroc et du décret du
Président de la République
du 7 septembre 1913.

La date de la notification
est constatée par un certificat de remise renvoyé au
Secrétariat du Tribunal de
paix par l'autorité qui a
fait la notification.

Les lettres adressées au
Tribunal de Paix doivent
rappeler le numéro de l'affaire.

SAISIE IMMOBILIÈRE

L'Agent du secrétariat soussigné,

Agissant à la suite d'une mise en démeure notifiée à
(*nom du poursuivi*) le (*date du certificat de remise*),
en vertu d'un jugement du Tribunal de
en date du   et restée infructueuse,

Et à la demande de (*noms, profession, domicile du saisissant*),

Déclare ce qui suit :

Je me suis transporté ce jour (*indication de la date*),
devant telle maison ou sur tel immeuble sis à
, appartenant à (*noms, profession, domicile
du poursuivi*) et se trouvant entre les mains de (*noms,
profession, domicile du tiers saisi, s'il y a*);

Là étant, j'ai trouvé (*ici l'indication de la personne rencontrée sur l'immeuble, puis la déclaration de l'agent faisant
connaître l'objet de sa mission, puis les dires de l'intéressé*);

Et, séance tenante, j'ai saisi réellement au préjudice
de (*nom du poursuivi*) présent (*ou non présent*) aux opérations de saisie, et placé sous main de justice, pour
avoir paiement des condamnations prononcées par le
jugement susvisé, l'immeuble dont la designation suit
(*ici la désignation de l'immeuble : il faut d'abord préciser la
consistance matérielle de l'immeuble [art. 312, § 3, 339, § 2];
il faut aussi déterminer, autant que possible, sa situation
juridique [art. 314, 339, §§ 2 et 4, 340, 342, 343]. Donc l'agent
d'exécution s'enquiert du point de savoir s'il y a des baux, s'il
y a des charges [créanciers hypothécaires ou autres détenteurs de droits réels, co-propriétaires], s'il y a des titres, où
ils sont, qui les détient; il tâche de se faire représenter et
remettre les titres [art. 314, 339, § 4]; en tous cas, les renseignements qu'il recueille et qu'il consigne à son procès-verbal
vont lui permettre d'entamer, le cas échéant, après la saisie,
les procédures prévues par les articles 343, § 3, 340, §§ 1, 2 et
enfin par l'article 342, § 1. Si un tiers se prétend propriétaire
de l'immeuble à saisir, l'agent poursuit en principe sa saisie;
il consigne la déclaration du tiers revendiquant à son procès-
verbal; il est ensuite suivi, ainsi qu'il appartient, sur l'incident [arg. de l'art. 337 relatif à la saisie mobilière et des
art. 350, 351*).

En ce qui concerne la garde, j'ai (*ici on se conforme à
l'article 313 si l'immeuble se trouve aux mains d'un tiers, à
l'article 343 s'il est aux mains du poursuivi*).

Le tout pour parvenir à l'expropriation de l'immeuble
qui sera, en exécution de la présente saisie, vendu et

adjugé, dans les formes, délais et avec la publicité prévus par la loi.

De tout quoi il est dressé le présent procès-verbal de saisie immobilière qui sera, à la date constatée par le certificat de remise, notifié au poursuivi en personne, sinon à

pris comme autorité locale la plus proche du lieu où se trouve l'immeuble, conformément aux articles 338, 339 du Dahir de procédure. (*S'il y a lieu de notifier à d'autres personnes, gardien, tiers saisi, séquestre, on ajoute : Et sera ledit procès-verbal, en outre, notifié à..... Ici l'énumération avec noms, profession, domicile de ces personnes*).

....., le 191 .

L'Agent instrumentaire,
(Signature).

(*Le surplus de l'original : Satisfait.....; etc., et la copie, comme il est indiqué à la formule n° 60.*)

Nota : *Si la procédure de saisie immobilière se fait au Tribunal d'instance, la formule est modifiée en conséquence.*

Formule N° 69

PROTECTORAT DE LA FRANCE
AU MAROC

TRIBUNAL DE PAIX
de

DOSSIER-N° (*Ici le numéro de l'affaire au registre.*)

COTE N° (*Ici le numéro sous lequel est coté au dossier l'original de l'acte.*)

Exécution de la loi de procédure en vigueur au Maroc et du décret du Président de la République du 7 septembre 1913.

La date de la notification est constatée par un certificat de remise renvoyé au Secrétariat du Tribunal de paix par l'autorité qui a fait la notification.

Les lettres adressées au Tribunal de Paix doivent rappeler le numéro de l'affaire.

ORIGINAL

AVIS

AUX FERMIERS ET LOCATAIRES EN VERTU DE L'ARTICLE 343

L'Agent du secrétariat soussigné,

Agissant en conformité de l'article 343 du Dahir de procédure,

Et à la demande de (*noms, profession, domicile du poursuivant*),

Donne avis à (*ici l'énumération avec noms, profession, domicile des fermiers ou locataires*)

Que l'immeuble (*indication de l'immeuble saisi*) dont il est (*fermier ou locataire*) a été saisi immobilièrement à la demande de (*nom du poursuivant*), suivant procès-verbal de saisie (*ou de conversion de saisie*) de ce Secrétariat en date du (*date de la saisie*), et qui va être notifié au poursuivi sieur (*noms, profession, domicile du poursuivi*);

Il les avise, en outre, que les fruits et revenus dudit immeuble se trouvant immobilisés par l'effet de la notification de la saisie au poursuivi, tous paiements de loyers ou fermages, qu'ils feraient désormais à ce dernier, seraient nuls et les exposeraient à payer deux fois.

De tout quoi il est dressé le présent acte qui sera, à la date constatée par le certificat de remise, notifié aux fermiers et locataires susnommés.

....., le   191 .

L'Agent instrumentaire,
(Signature).

(*La suite de l'original : Satisfait....., etc., et la copie, comme il est indiqué à la formule n° 60.*)

NOTA : *Si la procédure se fait au Tribunal d'instance, la formule est modifiée en conséquence.*

DAHIR

PROTECTORAT DE LA FRANCE
AU MAROC

TRIBUNAL DE PAIX
de

ORIGINAL

Formule N° 70

Dossier n°. *(Ici le numéro de l'affaire au registre.)*

Cote n° *(Ici le numéro sous lequel est coté au dossier l'original de l'acte.)*

Exécution de la loi de procédure en vigueur au Maroc et du décret du Président de la République du 7 septembre 1913.

La date de la notification est constatée par un certificat de remise renvoyé au Secrétariat du Tribunal de paix par l'autorité qui a fait la notification.

Les lettres adressées au Tribunal de Paix doivent rappeler le numéro de l'affaire.

AVIS

AUX COPROPRIÉTAIRES ET AUX AUTRES DÉTENTEURS
DE DROITS RÉELS
EN VERTU DE L'ARTICLE 342 § 1

L'Agent du secrétariat soussigné,

Agissant en conformité de l'article 342 § 1 du Dahir de procédure,

Et à la demande de *(noms, profession, domicile du poursuivant)*,

Donne avis à *(ici l'énumération avec noms, profession, domicile de tous ceux auxquels est donné l'avis)*,
tous pris, ainsi qu'il résulte de la procédure suivie, en leur qualité de copropriétaires présumés *(ou de détenteurs présumés de droits réels)*, sur *(désignation de l'immeuble)* saisi à l'encontre de *(noms, profession, domicile du poursuivi)*, suivant procès-verbal de ce Secrétariat en date du

des mesures dont ledit *(nom du poursuivi)* est l'objet, pour leur permettre de prendre part à l'adjudication;

Et il leur fait connaître que le cahier des charges, avec toutes pièces y relatives, se trouve déposé dans les bureaux du Secrétariat, où ils peuvent le consulter.

De tout quoi il est dressé le présent acte qui sera, à la date constatée par le certificat de remise, notifié aux copropriétaires ou autres détenteurs de droits réels présumés et ci-dessus nommés.

....., le   191 .

L'Agent instrumentaire,
(Signature).

(La suite de l'original : Satisfait....., etc., et la copie, comme il est indiqué à la formule n° 60.)

Nota : *Si la procédure se fait au Tribunal d'instance, la formule est modifiée en conséquence.*

Formule N° 71

TRIBUNAL DE PAIX
de

ORIGINAL

Dossier n° (*Ici le numéro
de l'affaire au registre.*)

Cote n° (*Ici le numéro sous
lequel est coté au dossier
l'original de l'acte.*)

Exécution de la loi de
procédure en vigueur au
Maroc et du décret du
Président de la République
du 7 septembre 1913.

La date de la notification
est constatée par un certificat de remise renvoyé au
Secrétariat du Tribunal de
paix par l'autorité qui a
fait la notification.

Les lettres adressées au
Tribunal de Paix doivent
rappeler le numéro de l'affaire.

AVIS

AU POURSUIVI, EN VERTU DE L'ARTICLE 344 § 2

L'Agent du secrétariat soussigné,

Agissant en conformité de l'article 344 § 2 du Dahir
de procédure,

Et à la demande de (*noms, profession, domicile du poursuivant*),

Donne avis à (*noms, profession, domicile du poursuivi*),

Que pour faire suite à la saisie immobilière de (*tel
immeuble*) qui lui a été notifiée le (*date du certificat de
remise*),

Il a été procédé aux formalités de publicité concernant la saisie et la vente dudit immeuble,

Et il l'invite à comparaître le (*indication du jour et de
la date*), à   heures, dans les bureaux du
Secrétariat du Tribunal de paix sis à

lieu, jour et heure fixés pour l'adjudication de l'immeuble saisi.

De tout quoi il est dressé le présent procès-verbal
qui sera, à la date constatée par le certificat de remise,
notifié au poursuivi en personne, sinon à

pris comme autorité locale la plus proche du lieu où
se trouve l'immeuble, conformément à l'article susvisé.

....., le   191 .

L'Agent instrumentaire,
(Signature).

(*La suite de l'original : Satisfait....., etc., et la copie, comme
il est indiqué à la formule n° 60.*)

Nota : *Si la procédure de saisie immobilière se fait au
Tribunal d'instance, la formule est modifiée en conséquence.*

PROTECTORAT DE LA FRANCE

AU MAROC

==

TRIBUNAL DE PAIX

de

DOSSIER N° *(Ici le numéro de l'affaire au registre.)*

COTE N° *(Ici le numéro sous lequel est coté au dossier l'original de l'acte.)*

Exécution de la loi de procédure en vigueur au Maroc et du décret du Président de la République du 7 septembre 1913.

La date de la notification est constatée par un certificat de remise renvoyé au Secrétariat du Tribunal de paix par l'autorité qui a fait la notification.

Les lettres adressées au Tribunal de Paix doivent rappeler le numéro de l'affaire.

Formule N° 72

ORIGINAL

CONVOCATION

DU POURSUIVI ET DES ENCHÉRISSEURS, EN VERTU
DE L'ARTICLE 344 § 3

L'Agent du secrétariat soussigné,

Agissant en conformité de l'article 344 § 3 du Dahir de procédure,

Et à la demande de *(noms, profession, domicile du poursuivant)*,

Pour faire suite à la procédure de saisie immobilière suivie contre *(nom du poursuivi)* et concernant *(désignation de l'immeuble saisi)*,

Convoque *(ici l'énumération avec noms, profession, domicile du poursuivi et de chacun des enchérisseurs)*,

A comparaître le *(indication du jour et de la date)*, à
            heures, dans les bureaux du Secrétariat du Tribunal de paix sis à

lieu, jour et heure fixés pour l'adjudication de l'immeuble saisi.

De tout quoi il est dressé le présent acte qui sera, à la date constatée par le certificat de remise, notifié au poursuivi et aux enchérisseurs suspommés.

....., le   191 .

L'Agent instrumentaire,
(Signature).

(La suite de l'original : Satisfait....., etc., et la copie, comme il est indiqué à la formule n° 60.)

NOTA : *Si la procédure se fait au Tribunal d'instance, la formule est modifiée en conséquence.*

ORIGINAL

PROTECTORAT DE LA FRANCE

AU MAROC

Formule N° 73

TRIBUNAL DE PAIX

de

Dossier n° (*Ici le numéro
de l'affaire au registre.*)

Cote n° (*Ici le numéro sous
lequel est coté au dossier
l'original de l'acte.*)

Exécution de la loi de
procédure en vigueur au
Maroc et du décret du
Président de la République
du 7 septembre 1913.

La date de la notification
est constatée par un certificat de remise renvoyé au
Secrétariat du Tribunal de
paix par l'autorité qui a
fait la notification.

Les lettres adressées au
Tribunal de Paix doivent
rappeler le numéro de l'affaire.

AVIS

DE RÈGLEMENT PROVISOIRE

Le Juge de paix de

Donne avis à (*ici l'énumération avec noms, profession,
domicile des créanciers et du saisi*),

Que dans la procédure de distribution ouverte au
Secrétariat de ce siège sous le numéro   et
concernant une somme de (*indication de la somme en
toutes lettres*), provenant de la saisie de (*indication des
biens saisis*), pratiquée sur (*nom du saisi*),

Le projet de règlement prévu par l'article 361 du
Dahir de procédure a été arrêté suivant procès-verbal
du (*date du procès-verbal*), déposé ce jour au Secrétariat;

Et, conformément audit article, il les invite à examiner et contredire, s'il y a lieu, ce règlement dans le
délai de trente jours à partir de la réception du présent
avis;

Faute de quoi ils seront considérés comme forclos.

....., le   191 .

Le Juge de paix,
(Signature).

(*La suite de l'original : Satisfait....., etc., et la copie, comme
il est indiqué à la formule n° 3*).

Nota : *Si la procédure se fait au Tribunal d'instance,
la formule est modifiée en conséquence.*

PROTECTORAT DE LA FRANCE

AU MAROC

TRIBUNAL DE PAIX

de

Dossier n° (*Ici le numéro de l'affaire au registre.*)

Cote n° (*Ici le numéro sous lequel est coté au dossier l'original de l'acte.*)

Exécution de la loi de procédure en vigueur au Maroc et du décret du Président de la République du 7 septembre 1913.

La date de la notification est constatée par un certificat de remise renvoyé au Secrétariat du Tribunal de paix par l'autorité qui a fait la notification.

Les lettres adressées au Tribunal de Paix doivent rappeler le numéro de l'affaire.

Formule N° 74

ORIGINAL

CONVOCATION

A L'AUDIENCE DU TRIBUNAL DE PAIX SUR CONTREDITS

A RÈGLEMENT PROVISOIRE

Le Juge de paix de

Vu l'article 362 du Dahir de procédure,

Convoque (*ici l'énumération avec noms, profession, domicile de tous les intéressés, demandeurs ou défendeurs aux contredits*)

à l'audience publique du (*indication du jour et de la date*) qui s'ouvrira à   heures   , en la salle des audiences du Tribunal de paix sis à

pour, en suite de son rapport et après débats, entendre statuer sur les contredits au règlement provisoire dans la procédure de distribution ouverte au secrétariat de ce siège sous le numéro   et concernant une somme de (*indication de la somme en toutes lettres*), provenant de la saisie de (*indication des biens saisis*), pratiquée sur (*nom du saisi*).

....., le   191 .

Le Juge de paix,
(Signature).

(*La suite de l'original : Satisfait......, etc., et la copie, comme il est indiqué à la formule n° 3.*)

Nota : *Si la procédure se fait au Tribunal d'instance, la formule est modifiée en conséquence.*

PROTECTORAT DE LA FRANCE
AU MAROC

Formule N° 75

ORIGINAL

TRIBUNAL DE PAIX

de ·

Dossier n° *(Ici le numéro
de l'affaire au registre.)*

Cote n° *(Ici le numéro sous
lequel est coté au dossier
l'original de l'acte.)*

Exécution de la loi de
procédure en vigueur au
Maroc et du décret du
Président de la République
du 7 septembre 1913.

PROCÈS-VERBAL

D'OFFRES RÉELLES

Le Juge de paix de

Vu la demande *(écrite ou verbale)* de *(nom de celui qui
fait faire les offres)*,

contre *(nom de celui à qui on fait les offres)*, tendant à des
offres réelles,

Vu les articles 370 et suivants du Dahir de procédure,

Désigne pour instrumenter M.

agent du Secrétariat.

....., le   191 .

Le Juge de paix,
(Signature).

L'Agent du Secrétariat soussigné, agissant en vertu
de l'ordonnance qui précède,

Et sur la demande de *(noms, profession, domicile de celui
qui offre, c'est-à-dire du débiteur)*,

Déclare ce qui suit :

Je me suis transporté ce jour *(indication de la date)*,
chez *(noms, profession, domicile du créancier à qui les offres
sont faites)* ;

Là étant, j'ai trouvé ledit sieur *(nom du créancier, ou
bien le nom et la qualité de la personne rencontrée)* ;

J'ai dit et déclaré *(ici le résumé clair et précis des dires
du débiteur, tels qu'il les a formulés dans sa demande à fin
d'offres réelles)*.

En conséquence, j'ai offert réellement au susnommé
*(nom du créancier. Ici la désignation de l'objet offert en se
conformant à l'article 372)* ;

Lui déclarant que les présentes offres sont faites à
charge par lui de *(ici l'énumération des conditions qui sont
apposées aux offres)*.

A quoi il m'a été répondu *(ici le texte de la réponse
suivi de la signature de celui qui répond, ou de la mention
qu'il ne veut ou ne peut signer, art. 373)*.

S'il y a refus, on dira :

Et attendu que cette réponse constitue un refus des
offres, je me suis ressaisi de *(la chose ou la somme offerte)*,
et j'ai invité le susnommé à assister à la consignation

La date de la notification
est constatée par un certificat de remise renvoyé au
Secrétariat du Tribunal de
paix par l'autorité qui a
fait la notification.

Les lettres adressées au
Tribunal de Paix doivent
rappeler le numéro de l'affaire.

qui sera opérée au Secrétariat, le (*indication du jour*), à heures;

S'il y a difficulté matérielle à consigner au secrétariat la chose offerte, on dira (art. 375) :

Et attendu que cette réponse constitue un refus des offres, j'ai fait connaître au susnommé (*nom du créancier*) que ledit (*nom du débiteur*) allait aussitôt se pourvoir en référé pour faire désigner, conformément à l'article 375, la personne qui sera constituée dépositaire ou gardien de la chose offerte.

S'il y a acceptation des offres, on dira :

Et attendu que cette réponse constitue une acceptation des offres, j'ai remis à l'instant au susnommé (*ici le nom du créancier, puis la désignation de la chose ou somme offerte*) et en échange il m'a délivré (*ici la désignation de la quittance et autres pièces que le créancier délivre en conformité des conditions apposées aux offres*).

Sous toutes réserves,

De tout quoi il est dressé le présent acte qui sera, à la date constatée par le certificat de remise, notifié au créancier susnommé. (*S'il y avait lieu de notifier à d'autres personnes, on ajouterait*) : et en outre à (*énumération avec noms, profession, domicile de ces personnes*).

....., le   191 .

L'Agent instrumentaire,
(Signature).

(*La suite de l'original : Satisfait....., etc., et la copie, comme il est indiqué à la formule n° 53.*)

Nota : *Si la procédure d'offres se fait au Tribunal d'instance, la formule est modifiée en conséquence.*

ORIGINAL

Formule N° 76

TRIBUNAL DE PAIX

de

Dossier N° *(Ici le numéro
de l'affaire au registre.)*

Cote N° *(Ici le numéro sous
lequel est coté au dossier
l'original de l'acte.)*

Exécution de la loi de
procédure en vigueur au
Maroc et du décret du
Président de la République
du 7 septembre 1913.

PROCÈS-VERBAL

DE CONSIGNATION

L'Agent du secrétariat soussigné,

Agissant à la suite d'un procès-verbal d'offres réelles
du *(date du certificat de remise)*,

Et sur la demande de *(noms, profession, domicile du débiteur)*,

Déclare ce qui suit :

Je me suis transporté ce jour *(indication de la date)* à
heures dans les bureaux du Secrétariat pour effectuer, conformément à l'article 375, le
dépôt auquel le sieur *(noms, profession, domicile du créancier)* a été sommé d'assister par le procès-verbal d'offres.

Si le créancier est présent, on dira :

Et en présence dudit sieur *(nom du créancier)*, trouvé
au Secrétariat, j'ai déposé entre les mains de M. le Secrétaire-Greffier en chef, qui le reconnaît par la mention
apposée au bas de ce procès-verbal, la somme de

Si le créancier ne se présente pas, on dira :

Et attendu que le sieur *(nom du créancier)* ne se présente pas, j'ai déposé entre les mains, etc. *(le reste
comme ci-dessus)*.

Il est ici rappelé :

1° que ce dépôt est fait aux charges et conditions
énoncées au procès-verbal d'offres, spécialement à
charge des oppositions existant entre les mains du
déposant, sieur *(nom du débiteur)*, savoir *(ici l'énumération
des oppositions)* ;

2° qu'il appartient au sieur *(nom du créancier)* de
retirer la chose déposée, en satisfaisant aux charges et
conditions ;

3° que le dépôt fait en tous cas cesser le cours des
intérêts.

Sous toutes réserves.

De tout quoi il est dressé le présent acte qui sera, à
la date constatée par le certificat de remise, notifié au
créancier susnommé *(S'il y avait lieu de notifier à d'autres*

La date de la notification
est constatée par un certificat de remise renvoyé au
Secrétariat du Tribunal de
paix par l'autorité qui a
fait la notification.

Les lettres adressées au
Tribunal de Paix doivent
rappeler le numéro de l'affaire.

personnes, on ajouterait) : et en outre à (*énumération avec noms, profession, domicile de ces personnes*).

....., le   191 .

L'Agent instrumentaire,
(Signature).

Reçu en consignation la somme (*ou la chose*) objet du présent procès-verbal.

....., le   191 .

Le Secrétaire-Greffier en chef,
(Signature).

.. Satisfait suivant envoi de ce jour :
1° par

d'un pli de notification sous enveloppe avec certificat joint à l'adresse de M.

2° par, etc..................... (*il faut autant de mentions « par, etc..................... » qu'il y a de plis de notification*),

pour remise aux intéressés et retour des certificats.

....., le   191 .

Le Secrétaire-Greffier,
(Signature).

COPIE

PROCÈS-VERBAL

DE CONSIGNATION

Marge et texte conformés à l'original en terminant ainsi :

....., le 191 .

L'Agent instrumentaire, Signé :

Suit la mention : Reçu en consignation la somme (*ou la chose*) objet du présent procès-verbal.

....., le 191 .

Le Secrétaire-Greffier en chef, Signé :

Pour copie conforme et pour valoir notification à la date du certificat de remise. Cette date est reproduite sur l'enveloppe contenant la présente copie.

Le Secrétaire-Greffier,
(Signature).

Nota : *Si la procédure d'offres se fait au Tribunal d'instance, la formule est modifiée en conséquence.*

PROTECTORAT DE LA FRANCE

AU MAROC

Formule N° 77

ORIGINAL

TRIBUNAL DE PAIX

de

DOSSIER N° (*Ici le numéro de l'affaire au registre.*)

COTE N° (*Ici le numéro sous lequel est coté au dossier l'original de l'acte.*)

Exécution de la loi de procédure en vigueur au Maroc et du décret du Président de la République du 7 septembre 1913.

La date de la notification est constatée par un certificat de remise renvoyé au Secrétariat du Tribunal de paix par l'autorité qui a fait la notification.

Les lettres adressées au Tribunal de Paix doivent rappeler le numéro de l'affaire.

SAISIE-GAGERIE

Ici l'ordonnance du juge de paix autorisant la saisie-gagerie. Elle sera, par exemple, ainsi conçue :

Nous, Juge de paix de

Vu la requête de

propriétaire d'une maison sise à

Cette requête tendant à faire saisir-gager dans ladite maison les meubles et effets de son locataire sieur

ou, si l'on est dans le cas de l'article 387, § 2 :

Cette requête tendant à faire saisir-revendiquer dans une maison sise à   , où ils ont été furtivement transportés, les meubles et effets de son locataire sieur

et ce, pour avoir paiement de la somme principale de

montant de loyers échus, outre intérêts et frais,

Vu les pièces et justifications jointes,

Ensemble les articles 387 et suivants du Dahir de procédure,

Rendons ordonnance conforme,

Et commettons M.   , agent du secrétariat pour l'exécution.

  ....., le   191 .

Le Juge de paix,
(Signature).

PROCÈS-VERBAL

L'Agent du secrétariat soussigné,

Agissant en vertu de l'ordonnance qui précède,

Et à la demande de (*noms, profession, domicile de la partie poursuivante*),

Déclare ce qui suit :

Je me suis transporté ce jour (*indication de la date*) chez M. (*noms, profession, domicile du poursuivi*)

ou bien dans le cas de l'article 387, § 2 : chez (*noms, profession, domicile du tiers saisi*), dans la maison duquel se

trouvent les meubles et effets visés par l'ordonnance et
que le sieur (*noms, profession, domicile du poursuivi*) y
aurait furtivement transportés;

Là étant, j'ai trouvé (*ici l'indication de la personne rencontrée au domicile susdit, puis la déclaration de l'agent
faisant connaître l'objet de sa mission, puis les dires de l'intéressé*);

Et séance tenante, j'ai saisi-gagé au préjudice du
sieur (*nom du poursuivi*),

ou bien dans le cas de l'article 887, § 2 : j'ai saisi-revendiqué au préjudice du sieur (*nom du poursuivi*),

et placé sous main de justice, pour avoir paiement
de la somme principale de

outre intérêts et frais, les meubles et effets ci-après
détaillés (*ici le détail des objets saisis en observant les mêmes
règles que pour la saisie-exécution*).

Et j'ai établi pour gardien (*on applique les mêmes règles
que pour la saisie-exécution*).

De tout quoi il est dressé le présent procès-verbal de
saisie-gagerie qui sera, à la date constatée par le certificat de remise, notifié au poursuivi susnommé (*au
besoin on ajoute : et en outre au gardien, au tiers saisi également susnommés*).

....., le   191 .

L'Agent instrumentaire,
(Signature).

(*La suite de l'original : Satisfait....., etc., et la copie, comme
il est indiqué à la formule n° 58.*)

TRIBUNAL DE PAIX
de

Dossier n° *(Ici le numéro
de l'affaire au registre.)*

Cote n° *(Ici le numéro sous
lequel est coté au dossier
l'original de l'acte.)*

Exécution de la loi de
procédure en vigueur au
Maroc et du décret du
Président de la République
du 7 septembre 1913.

La date de la notification
est constatée par un certificat de remise renvoyé au
Secrétariat du Tribunal de
paix par l'autorité qui a
fait la notification.

Les lettres adressées au
Tribunal de Paix doivent
rappeler le numéro de l'affaire.

Formule N° 78

ORIGINAL

SAISIE FORAINE

*Ici l'ordonnance du juge de paix autorisant la saisie foraine·
Elle sera, par exemple, ainsi conçue :*

Nous, Juge de paix de

Vu la requête de M.   , tendant
à faire saisir à l'instant les marchandises, effets, bagages
appartenant à M.   , son débiteur
forain, actuellement à *(tel hôtel, à telle adresse)*,
et ce pour avoir paiement d'une somme principale
de   , outre intérêts et frais,
Vu les pièces et justifications jointes,
Ensemble les articles 390, 391 du Dahir de procédure,
Rendons ordonnance conforme,
Et commettons M.   , agent du
secrétariat, pour l'exécution.

....., le   191 .

Le Juge de paix,
(Signature).

PROCÈS-VERBAL

L'Agent du secrétariat soussigné,
Agissant en vertu de l'ordonnance qui précède,
Et à la demande de *(noms, profession, domicile du saisissant)*,
Déclare ce qui suit :
Je me suis transporté ce jour *(indication de la date)*, à
(tel hôtel, telle maison sise à   *)*, où se
trouveraient des marchandises, effets, bagages appartenant à M. *(noms, profession, domicile du saisi)*;
Là étant, j'ai trouvé *(ici l'indication de la personne rencontrée à l'endroit susdit, puis la déclaration de l'agent
faisant connaître l'objet de sa mission, puis les dires de
l'intéressé)*;
Et séance tenante, j'ai saisi au préjudice du sieur
(nom du saisi), et placé sous main de justice, pour avoir
paiement de la somme principale de
outre intérêts et frais, les objets ci-après *(ici le détail des*

*objets saisis en observant les mêmes règles que pour la saisie-
exécution).*

Et j'ai établi pour gardien *(ici on applique l'article 390,
§ 2, c'est-à-dire qu'on constitue le saisissant gardien si les
effets sont entre ses mains; sinon on constitue gardien, conformément au droit commun, le saisi avec le consentement du
saisissant, ou bien un tiers gardien, art. 330, 313).*

De tout quoi il est dressé le présent procès-verbal de
saisie foraine qui sera, à la date constatée par le certificat de remise, notifié au saisi susnommé *(au besoin
on ajoute : et en outre au gardien, au tiers saisi, également
susnommés).*

....., le   191 .

L'Agent instrumentaire,
(Signature).

*(La suite de l'original : Satisfait....., etc., et la copie, comme
il est indiqué à la formule nº 53.)*

NOTA : *Si la procédure se fait au Tribunal d'instance, la
formule est modifiée en conséquence.*

Formule N° 79

TRIBUNAL DE PAIX

de

DOSSIER N° (*Ici le numéro de l'affaire au registre.*)

COTE N° (*Ici le numéro sous lequel est coté au dossier l'original de l'acte.*)

Exécution de la loi de procédure en vigueur au Maroc et du décret du Président de la République du 7 septembre 1913.

La date de la notification est constatée par un certificat de remise renvoyé au Secrétariat du Tribunal de paix par l'autorité qui a fait la notification.

Les lettres adressées au Tribunal de Paix doivent rappeler le numéro de l'affaire

SAISIE-REVENDICATION

Ici l'ordonnance du juge de paix autorisant la saisie-revendication. Elle sera, par exemple, ainsi conçue :

Nous, Juge de paix de

Vu la requête de M.   , tendant à faire saisir-revendiquer sur le fondement d'un droit de propriété (*ou d'un droit de gage ; l'exposant doit justifier qu'il se trouve dans un cas où la revendication du meuble est permise d'après la loi de fond applicable*),
les meubles et effets énoncés en ladite requête, et se trouvant entre les mains de M.
(*au besoin on ajoute : qui dit les tenir à titre de dépôt, de prêt de M   *),
Vu les pièces et justifications jointes,
Ensemble les articles 392, 393 du Dahir de procédure,
Rendons ordonnance conforme, à charge de nous en référer en cas de difficulté ;
Et commettons M.   , agent du secrétariat, pour l'exécution.

....., le   191 .

Le Juge de paix,
(Signature).

PROCÈS-VERBAL

L'Agent du secrétariat soussigné,

Agissant en vertu de l'ordonnance qui précède,
Et à la demande de (*noms, profession, domicile du revendiquant*),
Déclare ce qui suit :
Je me suis transporté ce jour (*indication de la date*), chez (*noms, profession, domicile de celui qui détient les meubles revendiqués*), entre les mains duquel se trouvent les meubles et effets visés par l'ordonnance ;
Là étant, j'ai trouvé (*ici l'indication de la personne rencontrée au domicile susdit, puis la déclaration de l'agent faisant connaître l'objet de sa mission, puis les dires de l'intéressé. S'il prétend tenir les meubles à titre de dépôt, prêt,*

gage, etc., d'une autre personne, il le dira en indiquant les noms, profession, domicile de cette personne);   ˙ ···

Et séance tenante, j'ai saisi-revendiqué, et placé sous main de justice, les meubles et effets dont la désignation suit (*ici le détail des objets saisis en observant les mêmes règles que pour la saisie-exécution. S'il y a opposition à la saisie, l'agent applique l'article 392, § 2, c'est-à-dire qu'il surseoit à celle-ci et soumet la difficulté au juge des référés, en plaçant au besoin gardien aux portes*).

Et j'ai établi pour gardien (*ici on applique l'article 393 § 1, et, le cas échéant, les articles 330, 343*).

De tout quoi il est dressé le présent procès-verbal de saisie-revendication qui sera, à la date constatée par le certificat de remise, notifié au détenteur des meubles, sus-nommé (*au besoin on ajoute : et en outre au déposant, au prêteur, au gardien, également sus-nommés*).

........, le   191 .

L'Agent instrumentaire,
(Signature).

(*La suite de l'original : Satisfait......, etc., et la copie, comme il est indiqué à la formule n° 53.*)

Nota : *Si la procédure se fait au Tribunal d'instance, la formule est modifiée en conséquence.*

PROTECTORAT DE LA FRANCE
AU MAROC

TRIBUNAL
de
PREMIÈRE INSTANCE
de

DOSSIER ....
N°.

COTE N° *(Ici le numéro sous lequel est coté au dossier l'original de l'acte.)*

Exécution de la loi de procédure en vigueur au Maroc et du décret du Président de la République du 7 septembre 1913.

La date de la notification est constatée par un certificat de remise renvoyé au Secrétariat du Tribunal par l'autorité qui a fait la notification.

Les productions en réponse sont adressées au Secrétariat du Tribunal et rappellent en marge le numéro du dossier.

ORIGINAL

Formule N° 80

ORDONNANCE

DE L'ARTICLE 412

POUR INVITER LES ÉPOUX A COMPARAÎTRE

Nous, Président,

Vu les articles 412, 413, 425 du Dahir de procédure,

Donnons acte à M. *(nom de l'époux demandeur)* de la présentation de sa requête à fin de divorce, et après l'avoir entendu en ses explications, attendu que, malgré nos observations, il persiste dans sa demande,

Disons que *(ici l'énumération avec noms, profession, domicile de l'époux demandeur et de l'époux défendeur)* seront invités à comparaître le   191   , à   heures par devant nous, en notre cabinet, au Palais de Justice sis à

pour tenter une conciliation,

Disons en outre que *(ici le président autorise, s'il y échet, conformément à l'article 413, l'époux demandeur à résider séparément, en indiquant, s'il s'agit de la femme, le lieu de la résidence provisoire)*,

Et désignons M.   pour notifier l'ordonnance à l'époux défendeur.

....., le   191 .

Le Président,
(Signature).

(La suite de l'original : Satisfait....., etc., et la copie, comme il est indiqué à la formule n° 24.)

NOTA : *Pour la désignation de l'agent et pour la notification, il y a des règles spéciales (art. 412 in fine, 414, 425) expliquées au texte (Voir formule n° 80, Essai de conciliation).*

Formule N° 81

TRIBUNAL

de

PREMIÈRE INSTANCE

de

DOSSIER ....
N°

COTE N° *(Ici le numéro sous lequel est coté au dossier l'original de l'acte.)*

Exécution de la loi de procédure en vigueur au Maroc et du décret du Président de la République du 7 septembre 1913.

La date de la notification est constatée par un certificat de remise renvoyé au Secrétariat du Tribunal par l'autorité qui a fait la notification.

Les productions en réponse sont adressées au Secrétariat du Tribunal et rappellent en marge le numéro du dossier.

ORDONNANCE

DE L'ARTICLE 415 CONSTATANT LA NON CONCILIATION OU LE DÉFAUT ET AUTORISANT LE DEMANDEUR A INTRODUIRE SA DEMANDE DEVANT LE TRIBUNAL

———

Nous, Président,

Après avoir entendu les parties en leurs explications, et attendu que nous n'avons pu les concilier, *(l'ordonnance constate au besoin le défaut de l'époux défendeur)*

Vu l'article 415 du Dahir de procédure,

Disons que M. *(nom de l'époux demandeur)* est autorisé à introduire devant le Tribunal sa demande en divorce contre *(nom de l'époux défendeur)*;

Disons en outre que *(ici le président statue à nouveau, s'il y échet, conformément à l'article 415, sur la résidence de l'époux demandeur, sur la garde provisoire des enfants, sur la remise des effets personnels, sur la demande d'aliments)*;

Disons enfin que la présente ordonnance, qui sera exécutoire par provision, nonobstant appel, sera notifiée aux parties conformément à la loi et aux fins de droit.

....., le   191 .

Le Président,
(Signature).

(La suite de l'original : Satisfait....., etc., et la copie, comme il est indiqué à la formule n° 24.)

PROTECTORAT DE LA FRANCE

AU MAROC

TRIBUNAL

de

PREMIÈRE INSTANCE

de

DOSSIER ....

N°

COTE N° (*Ici le numéro sous lequel est coté au dossier l'original de l'acte.*)

Exécution de la loi de procédure en vigueur au Maroc et du décret du Président de la République du 7 septembre 1913.

La date de la notification est constatée par un certificat de remise renvoyé au Secrétariat du Tribunal par l'autorité qui a fait la notification.

Les productions en réponse sont adressées au Secrétariat du Tribunal et rappellent en marge le numéro du dossier.

Formule N° 82

NOTIFICATION

A L'OFFICIER DE L'ÉTAT CIVIL D'UN JUGEMENT

PRONONÇANT LE DIVORCE

L'Agent du secrétariat soussigné,

Agissant : 1° en vertu d'un jugement du Tribunal de première instance de   , en date du   , prononçant le divorce d'entre les époux   , ce jugement devenu définitif ainsi qu'il résulte (*ici l'énumération des certificats de non opposition, de non appel, et de non pourvoi s'il s'agit d'un arrêt*), lesdits certificats joints aux présentes, ainsi que l'expédition en forme exécutoire du jugement pour valoir notification;

2° d'une ordonnance de mise à exécution de M. le Président du Tribunal du (*date de l'ordonnance*);

A la demande de (*noms, profession, domicile de la partie qui requiert la transcription*),

Et en conformité des articles 431, 432, 433 du Dahir de procédure,

Requiert M. (*désignation de l'officier de l'état civil auquel la réquisition de transcription est adressée*) de transcrire sur ses registres le jugement sus-énoncé, en se conformant aux textes rappelés d'autre part, et spécialement en opérant cette transcription le cinquième jour de la réquisition, c'est-à-dire de la notification des présentes, non compris les jours fériés.

Sous toutes réserves.

De tout quoi il est dressé le présent acte qui sera, à la date constatée par le certificat de remise, notifié à l'officier de l'état civil susnommé.

....., le   191 .

L'Agent instrumentaire,
(Signature).

(*Le surplus de l'original : Satisfait....., etc., et la copie, comme il est indiqué à la formule n° 60. Toutefois on ajoute à la fin de la copie le texte des articles 431, 432, 433 du Dahir de procédure.*)

PROTECTORAT DE LA FRANCE
AU MAROC

Formule N° 83

ORIGINAL

TRIBUNAL DE PAIX

de

DOSSIER N° *(Ici le numéro de l'affaire au registre.)*

COTE N° *(Ici le numéro sous lequel est coté au dossier l'original de l'acte.)*

Exécution de la loi de procédure en vigueur au Maroc et du décret du Président de la République du 7 septembre 1913.

La date de la notification est constatée par un certificat de remise renvoyé au Secrétariat du Tribunal de paix par l'autorité qui a fait la notification.

Les lettres adressées au Tribunal de Paix doivent rappeler le numéro de l'affaire.

CONVOCATION

A UN CONSEIL DE FAMILLE

Le Juge de paix de

Vu les articles 453 et suivants du Dahir de procédure civile,

Attendu *(ici on précise les circonstances qui amènent à réunir le conseil de famille en terminant ainsi)* :

Que dans ces conditions et en conformité du statut personnel de *(désignation de celui dans l'intérêt de qui le conseil est réuni)*, il y a lieu de réunir le conseil de famille et de dire qu'il sera composé de *(on énumère les parents, alliés ou amis choisis en tenant compte à la fois du statut personnel de l'intéressé et des dispositions de l'article 454, § 2)*,

Sur la demande conforme de *(nom du parent, créancier ou autre intéressé qui a pu requérir, art. 453, § 2, la réunion du conseil)*,

ou bien :

Agissant d'office,

Convoque *(ici l'énumération avec noms, profession, domicile de toutes les parties convoquées)*,

à comparaître à son cabinet le *(indication du jour et de la date)*, à   heures, au Tribunal de paix sis à

pour composer, sous la présidence du juge de paix, le conseil de famille susmentionné, prendre toutes délibérations, exprimer tous avis qui seront nécessaires.

Il rappelle aux parties les dispositions des articles 455, 456 du Dahir de procédure.

....., le   191 .

Le Juge de paix,
(Signature).

(Le surplus de l'original : Satisfait....., etc.. et la copie, comme il est indiqué à la formule n° 3. Toutefois on ajoute à la fin de la copie le texte de l'article 455, §§ 2 et 3, et de l'article 456 du Dahir de procédure.)

**PROTECTORAT DE LA FRANCE
AU MAROC**

TRIBUNAL DE PAIX
de

Dossier n° (*Ici le numéro
de l'affaire au registre.*)

Cote n° (*Ici le numéro sous
lequel est coté au dossier
l'original de l'acte.*)

Exécution de la loi de
procédure en vigueur au
Maroc et du décret du
Président de la République
du 7 septembre 1913.

La date de la notification
est constatée par un certificat de remise renvoyé au
Secrétariat du Tribunal de
paix par l'autorité qui a
fait la notification.

Les lettres adressées au
Tribunal de Paix doivent
rappeler le numéro de l'affaire.

Formule N° 84

NOTIFICATION

D'UNE DÉLIBÉRATION DU CONSEIL DE FAMILLE
PORTANT NOMINATION DE TUTEUR

Le Juge de paix de

Vu la délibération du conseil de famille en date de
ce jour, qui a nommé M.
tuteur de M.   hors la présence dudit
tuteur,

Vu l'article 460 du Dahir de procédure, ensemble
l'article 26,

Ordonne qu'une expédition en forme de ladite délibération, ainsi que de la présente ordonnance, soit,
dans le délai fixé par l'article 460, notifiée à (*noms,
profession, domicile du tuteur en ajoutant en marge le texte
de l'article 51, s'il est domicilié hors du ressort*),

Aux fins de droit, et notamment avec rappel des dispositions de l'article 461.

....., le   191 .

Le Juge de paix,
(Signature).

(*Le surplus de l'original : Satisfait....., etc., et la copie,
comme il est indiqué à la formule n° 3. Toutefois on ajoute à
la fin de la copie le texte de l'article 461 du Dahir de procédure.*)

PROTECTORAT DE LA FRANCE
AU MAROC

Formule N° 85

ORIGINAL

TRIBUNAL DE PAIX
de

DOSSIER N° (*Ici le numéro
de l'affaire au registre.*)

COTE N° (*Ici le numéro sous
lequel est coté au dossier
l'original de l'acte.*)

Exécution de la loi de
procédure en vigueur au
Maroc et du décret du
Président de la République
du 7 septembre 1913.

OPPOSITION

A L'HOMOLOGATION D'UNE DÉLIBÉRATION
DU CONSEIL DE FAMILLE

Le Juge de paix de

Vu la demande (*écrite ou verbale*) de M. (*nom de l'opposant*), tendant à s'opposer à l'homologation d'une délibération du conseil de famille,

Vu l'article 465 du Dahir de procédure,

Désigne pour instrumenter M.
agent du secrétariat.

........, le   191 .

Le Juge de paix,
(Signature).

L'Agent du secrétariat soussigné,

Agissant en vertu de l'ordonnance qui précède,

Et sur la demande de (*noms, profession, domicile de
l'opposant, avec élection de domicile conformément à l'article 51, § 1, s'il est domicilié hors du ressort*),

Déclare à (*noms, profession, domicile de celui qui est
chargé de poursuivre l'homologation*),

Que ledit (*nom de l'opposant*) s'oppose à l'homologation
de la délibération du conseil de famille, tenue le
                              sous la présidence de M. le Juge de
paix de   et qui a
(*indication de la délibération prise par le conseil*).

Au besoin on ajoute :

Les motifs de l'opposition sont les suivants : (*indication des motifs*);

ou bien :

Les motifs de l'opposition seront ultérieurement
déduits.

Sous toutes réserves.

De tout quoi il est dressé le présent acte qui sera, à
la date constatée par le certificat de remise, notifié à
(*nom de celui à qui est faite la déclaration d'opposition*).

........, le   191 .

L'Agent instrumentaire,
(Signature).

(*Le surplus de l'original : Satisfait......, etc., et la copie,
comme il est indiqué à la formule n° 53.*)

La date de la notification
est constatée par un certificat de remise renvoyé au
Secrétariat du Tribunal de
paix par l'autorité qui a
fait la notification.

Les lettres adressées au
Tribunal de Paix doivent
rappeler le numéro de l'affaire.

TRIBUNAL
de
PREMIÈRE INSTANCE
de

DOSSIER ....
N°

COTE N° (*Ici le numéro sous lequel est coté au dossier l'original de l'acte.*)

Exécution de la loi de procédure en vigueur au Maroc et du décret du Président de la République du 7 septembre 1913.

La date de la notification est constatée par un certificat de remise renvoyé au Secrétariat du Tribunal par l'autorité qui a fait la notification.

Les productions en réponse sont adressées au Secrétariat du Tribunal et rappellent en marge le numéro du dossier.

Formule N° 86

ORIGINAL

CONVOCATION

A L'INTERROGATOIRE CONSÉCUTIF A UNE DEMANDE
D'INTERDICTION OU DE DATION DE CONSEIL JUDICIAIRE

Le Juge rapporteur,

Vu la requête déposée par (*noms, profession, domicile du demandeur*)
et tendant à l'interdiction de (*nom du défendeur*), ladite requête inscrite au Secrétariat du Tribunal le
sous le numéro
des affaires civiles,

Vu l'avis du conseil de famille tenu le (*indication de la date*), sous la présidence de M. le Juge de paix de

Vu les articles 469, 470 du Dahir de procédure,

Ordonne qu'une copie de la requête et une expédition de la délibération du conseil de famille soient notifiées à (*noms, profession, domicile du défendeur*),
avec mention qu'il peut, aux conditions fixées par l'article 153, prendre connaissance au Secrétariat des pièces de l'affaire,

Dit en outre que ledit M. (*nom du défendeur*) est invité à comparaître le
à   heures, en la chambre du conseil du Tribunal, au Palais de Justice sis à

pour y être interrogé conformément à l'article 470.

Si le défendeur ne peut se présenter devant la chambre du conseil, on met :

Dit en outre que ledit M. (*nom du défendeur*) se tiendra prêt à subir l'interrogatoire prescrit par l'article 470 qui aura lieu le   , à   heures, en sa demeure (*indication de la demeure*) et auquel il sera procédé, en présence de M. le Procureur commissaire du gouvernement, par M.
juge commis à cet effet (*ou bien : par nous-même commis à cet effet*).

Pour la commission du juge qui sera le plus souvent le juge rapporteur, il suffit que le président écrive en marge de l'ordonnance : « Soit commis M. le Juge
pour interroger en sa demeure le défendeur qui ne peut se présenter devant la chambre du conseil ».

....., le .   191 .

Le Juge rapporteur,
(Signature).

(*Le surplus de l'original : Satisfait....., etc., et la copie, comme il est indiqué à la formule n° 24.*)

PROTECTORAT DE LA FRANCE
AU MAROC

Formule N° 87

TRIBUNAL DE PAIX
de

Dossier n° (*Ici le numéro
de l'affaire au registre.*)

Cote n° (*Ici le numéro sous
lequel est coté au dossier
l'original de l'acte.*)

Exécution de la loi de
procédure en vigueur au
Maroc et du décret du
Président de la République
du 7 septembre 1913.

PROCÈS-VERBAL

D'APPOSITION DE SCELLÉS

Le Juge de paix de

Vu la requête présentée par
tendant à une apposition de scellés,

Vu les justifications produites, ensemble l'article (*ici
le visa de celles des dispositions des articles 475, 476, 477, qui
sont applicables*),

Vu l'article 474 du Dahir de procédure,

Si l'ordonnance est rendue d'office, elle portera, par exemple :

Le Juge de paix de

Attendu que (*indication des faits qui motivent l'apposition d'office*),

Qu'il y a lieu dans ces conditions, et conformément
à l'article 477 du Dahir de procédure, à une apposition
de scellés,

Vu ledit article, ensemble l'article 474,

Désigne pour instrumenter le Secrétaire-Greffier du
Tribunal de paix, ou bien M.
agent du secrétariat.

....., le   191 .

Le Juge de paix,
(Signature).

Le Secrétaire-Greffier (*ou bien l'agent du secrétariat*)
soussigné,

Agissant en vertu de l'ordonnance qui précède,

Et à la requête de (*noms, profession, domicile du requérant avec élection de domicile au Secrétariat du Tribunal de
paix, s'il ne demeure dans la circonscription, art. 478-3°*),
ou bien :

Et sur la réquisition de (*désignation de l'autorité qui
provoque l'apposition des scellés et qui sera un représentant
du ministère public, ou une autorité administrative, ou le
juge de paix lui-même, art. 478-4° et 477*),

Cette requête (*ou cette réquisition*) étant motivée par
(*ici le résumé des motifs de l'apposition, art. 478-2°*),

Déclare ce qui suit :

Je me suis transporté ce jour (*indication des an, mois*

jour et heure, art. 478-1º), au domicile de feu
                    sis à

Là étant, j'ai rencontré (*énumération avec noms, profession, domicile des personnes présentes*);

Je leur ai fait connaître l'objet de ma mission, en demandant qu'on voulût bien m'indiquer tous les lieux qui composaient l'habitation de feu

M.   a dit que (*ici les dires des parties, art. 478-5º*).

S'il se présente une des difficultés prévues par l'article 485, il est fait application de cet article, c'est-à-dire qu'il est sursis et établi par l'agent instrumentaire gardien à l'extérieur ou même à l'intérieur, si le cas y échet. Il en réfère sur-le-champ au juge des référés. Il semble qu'il faut faire application de l'article 219, § 3, c'est-à-dire en référer au juge de paix qui a rendu l'ordonnance du début. L'ordonnance de référé est, conformément à l'article 486, inscrite et signée sur le procès-verbal.

Si, au moment de l'apposition des scellés, le Secrétaire-Greffier trouve un testament ou autres papiers cachetés, il fait application de l'article 480, c'est-à-dire qu'il constate la forme extérieure, le sceau, la suscription s'il y a; il en paraphe l'enveloppe avec les parties présentes, si elles le savent ou le peuvent; il indique le jour et l'heure où le paquet sera par lui présenté au juge de paix; il fait mention du tout sur son procès-verbal, lequel est signé des parties, sinon mention est faite de leur refus.

Si, avant l'apposition du scellé, une partie justifiant d'un intérêt requiert le secrétaire-greffier de rechercher s'il existe un testament, celui-ci fait application de l'article 481, c'est-à-dire qu'il fait la perquisition du testament, et s'il le trouve, il procède comme ci-dessus, c'est-à-dire comme au cas où il a découvert le testament spontanément.

Si le secrétaire-greffier trouve le testament ouvert, il applique l'article 484, c'est-à-dire qu'il en constate l'état et, pour le surplus, procède comme ci-dessus.

Les articles 482, 483 tracent la mission du juge de paix auxquels sont présentés, par application des articles 480, 481, 484, des paquets cachetés, un testament cacheté ou ouvert. Aux jour et heure qui ont été indiqués au procès-verbal (voir ci-dessus), sans qu'il soit besoin d'aucune convocation, les paquets sont présentés par le secrétaire-greffier au juge de paix. Celui-ci en fait l'ouverture, en constate l'état, et en ordonne le dépôt si le contenu concerne la succession. Le texte ne dit pas où se fait le dépôt, il semble bien que c'est au Secrétariat. Si les paquets cachetés paraissent appartenir à des tiers, le juge de paix ordonne que ces tiers seront appelés dans un délai qu'il fixe, pour qu'ils puissent assister à l'ouverture (art. 483, 1re phrase). Il les appellera par un acte qui peut être libellé suivant la formule nº 88. Au jour indiqué, il procède à l'ouverture, en leur présence, ou eux dûment appelés. Si les paquets sont étrangers à la succession, il les leur remet, sans en faire connaître le contenu, ou bien s'ils sont absents, i les cachette de nouveau pour leur être remis à première réquisition (art. 483, 2e phrase).

Tous ces incidents étant passés en revue, il faut revenir au procès-verbal d'apposition de scellés proprement dit. Ce procès-verbal, au point où nous sommes arrivé, doit contenir (art. 478-6°, 7°, 8°, 9°) :

la désignation des lieux, bureaux, coffres, armoires sur les ouvertures desquels le scellé a été apposé;

une description sommaire des effets qui ne sont pas mis sous scellés;

le serment, lors de la clôture de l'apposition, par ceux qui demeurent dans le lieu, qu'ils n'ont rien détourné directement ou indirectement;

l'établissement du gardien présenté ou établi d'office.

Le secrétaire-greffier doit, d'autre part, observer les règles ainsi posées par les articles 479, 487 : les clefs des serrures sur lesquelles le scellé a été apposé doivent rester, jusqu'à sa levée, entre les mains du secrétaire-greffier, lequel fait mention sur le procès-verbal de ce qu'il les détient; et il ne peut aller jusqu'à la levée, dans la maison où est le scellé, sous peine de mesures disciplinaires, à moins qu'il n'en soit requis ou que son transport ne soit précédé d'une ordonnance motivée (art. 479). Si l'inventaire est achevé (voir les articles 495 et suivants relatifs à l'inventaire), aucun scellé ne peut être apposé. Si l'inventaire est en cours, le scellé ne peut être apposé que sur les objets non inventoriés. S'il n'y a aucun effet mobilier, le secrétaire-greffier dresse un procès-verbal de carence. S'il y a des effets mobiliers qui soient nécessaires à l'usage des personnes qui restent dans la maison, ou sur lesquels le scellé ne puisse être mis, le secrétaire-greffier fait un procès-verbal contenant description sommaire desdits effets.

Enfin il établit gardien (art. 478-9°).

Le procès-verbal d'apposition de scellés ne donne pas lieu à notification. Pour cette raison, il ne comporte qu'un original, et il se termine simplement par la mention :

De tout quoi, il est dressé le présent procès-verbal d'apposition de scellés *(au besoin on ajoute)* : qui a été ouvert le   , à   heures, et qui est clos le   ,
à   heures. *(S'il a été établi en plusieurs fois, il est signé après chaque suspension et à nouveau daté à chaque reprise des opérations).*

.....,, le   . 191 .

L'Agent instrumentaire,
(Signature).

PROTECTORAT DE LA FRANCE

AU MAROC

ORIGINAL

Formule N° 88

TRIBUNAL DE PAIX

de

DOSSIER N° *(Ici le numéro de l'affaire au registre.)*

COTE N° *(Ici le numéro sous lequel est coté au dossier l'original de l'acte.)*

Exécution de la loi de procédure en vigueur au Maroc et du décret du Président de la République du 7 septembre 1913.

La date de la notification est constatée par un certificat de remise renvoyé au Secrétariat du Tribunal de paix par l'autorité qui a fait la notification.

Les lettres adressées au Tribunal de Paix doivent rappeler le numéro de l'affaire.

ORDONNANCE

POUR APPELER LES TIERS A L'OUVERTURE DE PAQUETS OU PAPIERS CACHETÉS, TROUVÉS AU COURS D'UNE APPOSITION DE SCELLÉS

Le Juge de paix de

Vu le procès-verbal du

constatant une apposition de scellés faite au domicile de   , à la requéte de

Vu l'article 483 du Dahir de procédure,

Invite (*ici l'énumération avec noms, profession, domicile des tiers convoqués*)

à se présenter le (*indication du jour et de la date*), à   heures, à son cabinet, au Tribunal de paix sis à

pour assister à l'ouverture d'un paquet cacheté, trouvé parmi les papiers dudit M.   , et pour en recevoir le contenu, s'il y a lieu,

Avec avis qu'il sera procédé à l'ouverture du paquet tant en leur absence que présence.

....., le   191 .

Le Juge de paix,
(Signature).

(*Le surplus de l'original : Satisfait....., etc., et la copie, comme il est indiqué à la formule n° 3.*)

PROTECTORAT DE LA FRANCE
AU MAROC

Formule N° 89

TRIBUNAL DE PAIX
de

ORIGINAL

DOSSIER N° (*Ici le numéro
de l'affaire au registre.*)

COTE N° (*Ici le numéro sous
lequel est coté au dossier
l'original de l'acte.*)

ORDONNANCE

INDIQUANT LES JOUR ET HEURE D'UNE LEVÉE DE
SCELLÉS AVEC SOMMATION AUX INTÉRESSÉS D'ASSISTER
A LA LEVÉE

Exécution de la loi de
procédure en vigueur au
Maroc et du décret du
Président de la République
du 7 septembre 1913.

Le Juge de paix de

Vu la requête présentée par
et qui tend à faire lever les scellés
apposés au domicile de feu M.
suivant procès-verbal du

Vu les justifications produites (*le secrétaire-greffier
doit notamment fournir au juge de paix le relevé avec noms,
profession, domicile de tous ceux qu'il faut sommer d'assister
à la levée, c'est-à-dire du conjoint survivant, des héritiers
présomptifs, de l'exécuteur testamentaire, des légataires universels et à titre universel connus, et enfin des opposants. —
Il fait connaître s'il existe des intéressés demeurant hors de
la distance de 5 myriamètres, pour que le juge de paix nomme
le curateur ad hoc chargé de les représenter. — Il fait encore
connaître s'il y a des héritiers mineurs non émancipés, pour
que le juge de paix renvoie la levée des scellés jusqu'après
qu'ils auront été pourvus de tuteurs ou émancipés*).

(*Dans ce dernier cas, l'ordonnance se termine ainsi*) :

Et attendu qu'il existe des héritiers mineurs non
émancipés, savoir :

Vu l'article 490, dernier paragraphe, du Dahir de
procédure,

Dit que les scellés ne seront levés qu'après que lesdits mineurs auront été pourvus de tuteurs ou émancipés.

(*Hormis ce cas, l'ordonnance se poursuit ainsi*) :

Vu les articles 490 et suivants du Dahir de procédure,

Dit que par les soins du Secrétaire-greffier (*ou de
M.   , agent du secrétariat*) les scellés seront
levés le
à   heures.

La date de la notification
est constatée par un certificat de remise renvoyé au
Secrétariat du Tribunal de
paix par l'autorité qui a
fait la notification.

Les lettres adressées au
Tribunal de Paix doivent
rappeler le numéro de l'affaire.

(*S'il existe des intéressés demeurant hors de la distance de
5 myriamètres, et aussi en prévision du cas où les parties
appelées, ou certaines d'entre elles, seraient défaillantes, on
ajoute*) :

Nomme d'office M.   , curateur ad hoc,

chargé de représenter à la levée et à l'inventaire toutes
parties absentes ou défaillantes, conformément aux
articles 490 § 5, 496 § 6 (*il semble que le curateur* ad hoc
*de l'article 490 § 5 pourra pratiquement se confondre avec
« l'agent du secrétariat remplissant les fonctions de notaire »
de l'article 496 § 6, lorsqu'il y a levée de scellés avec inventaire*);

Dit enfin que (*ici l'énumération avec noms, profession,
domicile de tous ceux qu'il faut sommer d'assister à la levée
(voir ci-dessus), y compris le curateur* ad hoc)
seront sommés de se trouver ledit jour de (*on répète les
jour et heure ci-dessus fixés pour la levée*)
au dit domicile de feu
sis à

pour assister à la levée des scellés et aux opérations
qui pourront en être la suite.

....., le   191 .

Le Juge de paix,
(Signature).

(*Le surplus de l'original : Satisfait....., etc., et la copie,
comme il est indiqué à la formule n° 3.*)

PROTECTORAT DE LA FRANCE
AU MAROC

TRIBUNAL DE PAIX
de

DOSSIER N° (*Ici le numéro de l'affaire au registre.*)

COTE N° (*Ici le numéro sous lequel est coté au dossier l'original de l'acte.*)

Exécution de la loi de procédure en vigueur au Maroc et du décret du Président de la République du 7 septembre 1913.

PROCÈS-VERBAL

DE LEVÉE DE SCELLÉS

Le Secrétaire-Greffier (*ou l'agent du secrétariat*) soussigné,

Agissant en vertu d'une ordonnance conforme de M. le Juge de paix du (*date de l'ordonnance*),

A la requête de (*noms, profession, domicile du requérant*),

Après sommation régulière aux intéressés, ainsi qu'il résulte des certificats de remise annexés à l'original de ladite ordonnance et qui en constatent la notification,

Et après avis à M. le Secrétaire-Greffier (*ou à M.   , agent du secrétariat*) chargé du notariat, appelé en cette qualité à dresser l'inventaire, et à M.   , nommé expert pour la prisée qui a été requise et autorisée par ordonnance de M. le Juge de paix du

Déclare ce qui suit :

Je me suis transporté ce jourd'hui (*indication des date, jour et heure*), jour et heure fixés par l'ordonnance pour la levée des scellés, au domicile de feu

sis à

Là étant, j'ai trouvé (*énumération avec noms, profession, domicile des personnes rencontrées, c'est-à-dire des personnes sommées qui ont déféré à la sommation, avec mention de la présence du curateur* ad hoc, *chargé de représenter toutes parties absentes ou défaillantes, en conformité de l'ordonnance de levée de scellés (voir formule n° 89)*) ;

J'ai trouvé également M. (*nom du secrétaire-greffier venu pour l'inventaire*) et M. (*nom de l'expert venu pour la prisée*), tous deux ci-dessus nommés et qualifiés ;

Je leur ai fait connaître l'objet de ma mission. M.   a dit que (*ici les dires des parties*).

Si une difficulté se présente, l'agent instrumentaire surseoit à la levée et se retire avec les intéressés devant le juge des référés, c'est-à-dire, semble-t-il, article 219, § 3, devant le juge de paix qui a ordonné l'apposition des scellés. Celui-ci inscrit et signe son ordonnance sur le présent procès-verbal, puis on reprend les opérations en conformité de l'ordonnance intervenue (art. 485, 486 et arg. de ces textes).

Le procès-verbal de levée de scellés qui, par l'intitulé qui précède, donne satisfaction à l'article 491, n°ˢ 1 à 6, se pour-

suil conformément aux articles 491, nᵒˢ 7, 8, et 492, 493, 494.

L'agent instrumentaire procède à la reconnaissance des scellés, constate s'ils sont sains et entiers ou décrit leurs altérations (art. 491, nᵒ 7). Il les lève successivement au fur et à mesure de la confection de l'inventaire, et les réappose à la fin de chaque vacation (art. 492, § 1). Au besoin il réunit, en levant tous scellés qui sont nécessaires, les objets de même nature pour être inventoriés, successivement suivant leur ordre, et, si l'inventaire ne suit pas immédiatement, il les replace, en attendant, sous scellés (art. 492, § 2).

Si l'une des parties requiert qu'il soit fait perquisition du testament ou d'autres papiers, l'agent instrumentaire fait la perquisition et en constate le résultat à son procès-verbal (art. 491, nᵒ 8).

S'il trouve des objets et papiers étrangers à la succession et réclamés par des tiers, il les remet à qui il appartient, avec mention au procès-verbal (art. 493).

Si la cause de l'apposition des scellés cesse avant qu'ils soient levés ou pendant le cours de leur levée, il n'y a pas lieu à description (art. 494). Dans ce cas, l'agent instrumentaire dira simplement qu'il a procédé à la levée de tous les scellés sans description d'inventaire, après avoir reconnu qu'ils étaient sains et entiers. Bien évidemment, s'il y avait difficulté pour savoir si la cause de l'apposition cesse, il en serait préalablement référé.

Le procès-verbal de levée se termine par la décharge du gardien des scellés. Il ne donne pas lieu à notification; donc il est établi en simple original et il se termine simplement par la mention:

De tout quoi il est dressé le présent procès-verbal de levée de scellés (*au besoin on ajoute*) : qui a été ouvert le   à   heures, et qui est clos le   à   heures.
(*S'il a été établi en plusieurs fois, il est signé après chaque suspension et à nouveau daté à chaque reprise des opérations*).

            ....., le   191 .

            L'Agent instrumentaire,
            (Signature).

Formule N° 91

ORIGINAL

TRIBUNAL DE PAIX

de

Dossier n° *(Ici le numéro
de l'affaire au registre.)*

Cote n° *(Ici le numéro sous
lequel est coté au dossier
l'original de l'acte.)*

Exécution de la loi de
procédure en vigueur au
Maroc et du décret du
Président de la République
du 7 septembre 1913.

SOMMATION

D'ASSISTER A L'INVENTAIRE

Le Juge de paix de

Vu la requête présentée par M.   ,
secrétaire-greffier en chef du Tribunal de paix, chargé
du notariat, requis en cette qualité de faire inventaire
*(dans telles circonstances que l'on résume ici en quelques
mots);*

(ou bien) :

Vu la requête présentée par M.   ,
agent du secrétariat, désigné pour remplir les fonctions
de notaire, appelé en cette qualité à dresser l'inventaire
qui a été requis *(dans telles circonstances que l'on résume
ici en quelques mots)*,

Vu les justifications produites *(la requête présentée par
le secrétaire-greffier donne notamment le relevé avec noms,
profession, domicile de tous ceux qu'il faut appeler à l'inventaire. Elle fait connaître s'il existe des parties au delà de
5 myriamètres. Elle conclut à la nomination, conformément
à l'article 496 § 6, d'un agent du secrétariat remplissant les
fonctions de notaire pour représenter les parties absentes ou
défaillantes. Elle indique les jour et heure choisis pour l'inventaire)*;

Vu les articles 495 et suivants du Dahir de procédure,

Dit que M.   , agent du secrétariat, remplissant les fonctions de notaire, est désigné pour
représenter à l'inventaire toutes parties absentes ou
défaillantes,

Dit que *(ici l'énumération avec noms, profession, domicile
de toutes les personnes appelées à l'inventaire, y compris
l'agent du secrétariat qui vient d'être désigné à l'alinéa qui
précède)*
seront sommés de se trouver le *(indication du jour et de
la date)*, à   heures, jour et heure fixés
pour ledit inventaire, au domicile de
sis à
pour assister à l'inventaire qui sera dressé par le secrétaire-greffier *(ou par l'agent du secrétariat)* susnommé,
en conformité des articles 495 et suivants du Dahir de
procédure.

La date de la notification
est constatée par un certificat de remise renvoyé au
Secrétariat du Tribunal de
paix par l'autorité qui a
fait la notification.

Les lettres adressées au
Tribunal de Paix doivent
rappeler le numéro de l'affaire.

                        ....., le   191 .

Le Juge de paix,
(Signature).

*(La suite de l'original : Satisfait....., etc., et la copie, comme
il est indiqué à la formule n° 3.)*

DAHIR

19

PROTECTORAT DE LA FRANCE
AU MAROC

TRIBUNAL DE PAIX
de

Dossier n° *(Ici le numéro de l'affaire au registre.)*

Cote n° *(Ici le numéro sous lequel est coté au dossier l'original de l'acte.)*

Exécution de la loi de procédure en vigueur au Maroc et du décret du Président de la République du 7 septembre 1913.

La date de la notification est constatée par un certificat de remise renvoyé au Secrétariat du Tribunal de paix par l'autorité qui a fait la notification.

Les lettres adressées au Tribunal de Paix doivent rappeler le numéro de l'affaire.

Formule N° 92

ORDONNANCE

AUTORISANT LA VENTE DU MOBILIER APRÈS DÉCÈS AVEC SOMMATION AUX INTÉRESSÉS D'ASSISTER À CETTE VENTE

Le Juge de paix de

Vu la requête présentée par M.
pour obtenir l'autorisation de vendre le mobilier dépendant de la succession de feu　　　　　　　　　　　,
(*au besoin on ajoute*) : et ayant fait l'objet d'une apposition de scellés, puis d'une levée avec inventaire et prisée, suivant procès-verbaux des　　　　　　　　,

Vu les justifications produites,

Ensemble les articles 499 à 501 du Dahir de procédure,

Dit que les meubles dont il s'agit seront vendus dans les formes légales et dans le lieu où ils se trouvent (*ou bien dans tel autre lieu qui serait ordonné*) par les soins du Secrétaire-greffier (*ou de M.　　　, agent du secrétariat*),

Dit en outre que (*ici l'énumération avec noms, profession, domicile de tous les intéressés, qui sont ceux indiqués à l'article 496 et dont l'indication doit être fournie par la requête et les pièces jointes. Il n'y a pas lieu d'appeler ceux qui n'ont pas de domicile réel ou élu dans la distance de 5 myriamètres (art. 500 § 1)*)
seront sommés de se trouver le (*indication du jour et de la date*), à　　　　heures, à (*indication précise du lieu où doit se faire la vente*), lieu, jour et heure fixés pour la vente dont il s'agit (*cette date est fixée sur les indications de l'agent du secrétariat qui doit procéder*).

　　　　　....., le　　　　　191 .

Le Juge de paix,
(Signature).

(*La suite de l'original : Satisfait....., etc., et la copie, comme il est indiqué à la formule n° 3.*)

Formule.N° 93

PROTECTORAT DE LA FRANCE
AU MAROC

TRIBUNAL
de
PREMIÈRE INSTANCE
de

____

Dossier ....
N°.

Cote n° *(Ici le numéro sous
lequel est coté au dossier
l'original de l'acte.)*

____

Exécution de la loi de
procédure en vigueur au
Maroc et du décret du
Président de la République
du 7 septembre 1913.

La date de la notification
est constatée par un certificat de remise renvoyé au
Secrétariat du Tribunal par
l'autorité qui a fait la notification.

Les productions en ré-
ponse sont adressées au
Secrétariat du Tribunal et
rappellent en marge le numéro de l'affaire.

CONVOCATION

DU SUBROGÉ-TUTEUR EN VERTU DE L'ARTICLE 505

____

L'Agent du secrétariat soussigné,

Agissant en conformité de l'article 505 du Dahir de
procédure,

Et à la demande de (*noms, profession, domicile de la
partie qui poursuit la vente, et qui sera en général le tuteur
du mineur dont l'immeuble est vendu*),

Pour faire suite à une procédure de vente de biens
immeubles appartenant au mineur (*nom du mineur*) placé
sous la tutelle du susnommé,

ladite vente poursuivie conformément aux articles 502
et suivants du Dahir susvisé et concernant (*désignation
de l'immeuble vendu*),

Convoque (*ici les noms, profession, domicile du subrogé-
tuteur du mineur*),

à comparaître le (*indication du jour et de la date*) à
                        heures, dans les bureaux du
Secrétariat du Tribunal sis à,

lieu, jour et heure fixés pour la vente de l'immeuble
dont s'agit;

avec avertissement qu'il y sera procédé tant en son
absence qu'en sa présence.

De tout quoi il est dressé le présent acte qui sera, à
la date constatée par le certificat de remise, notifié au
subrogé-tuteur susnommé.

....., le   191 .

L'Agent instrumentaire,
(Signature).

(*La suite de l'original : Satisfait....., etc., et la copie, comme
il est indiqué à la formule n° 60.*)

Nota : *Si la procédure se fait au Tribunal de paix, la
formule est modifiée en conséquence.*

TABLE DES MATIÈRES

I. Table analytique.

(Les titres en gros caractères reproduisent les divisions du Dahir de procédure. Les sous-titres en petits caractères reproduisent les subdivisions du commentaire).

TITRE PREMIER

De la compétence des juridictions.

TITRE DEUXIÈME

Des secrétariats, des avocats, des interprètes, et des experts.

TITRE TROISIÈME

De la procédure devant les tribunaux de paix.

TITRE QUATRIÈME

De la procédure devant les tribunaux de première instance.

CHAPITRE PREMIER. — **De l'introduction des instances et des
mesures générales d'instruction** (art. 145-156).

TITRE CINQUIÈME

Procédures en cas d'urgence. Voies de recours. Procédures exceptionnelles.

TITRE SIXIÈME

De l'exécution des jugements.

Pages

CHAPITRE VII. — Des distributions de deniers (art. 357-363).

TITRE SEPTIÈME

Procédures diverses relatives à des matières spéciales.
Dispositions générales.

CHAPITRE PREMIER. — Des actions possessoires (art. 364-369). 124

CHAPITRE II. — Des offres de paiement et de la consignation (art. 370-378).

CHAPITRE III. — Du serment (art. 379-386). 126

CHAPITRE IV. — De la saisie-gagerie et de la saisie foraine (art. 387-391).

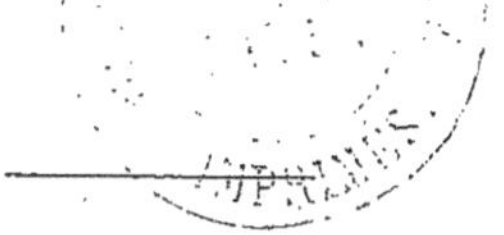

II. Table des formules

avec renvoi aux pages du volume.

*(Le premier chiffre indique la page où la formule est expliquée,
le second chiffre la page où la formule est rapportée).*

35.975. — Bordeaux, Imprimerie Y. Cadoret, rue Poquelin-Molière, 17.

Latude

La Conspiration de Malet

LATUDE

LA CONSPIRATION
DE MALET

LIBRAIRIE BERNARDIN-BÉCHET
53, Quai des Grands-Augustins, 53
PARIS

Latude

Latude

I

Dans l'étroit laboratoire que Louis XV lui
avait ménagé à Versailles à proximité de ses
appartements, Quesnay, médecin de la cour,
était occupé, ce matin d'avril 1749, à une bien
étrange besogne. Avec mille précautions, il faisait sauter les cachets d'un petit paquet oblong
que la poste, une heure avant, venait de remettre au corps de garde avec cette adresse :
« A Madame la Marquise de Pompadour, en
cour. »

Déchirant une première enveloppe, il lut
ces mots, écrits sur le couvercle d'un coffret,
en orthographe fantaisiste : « Je vous prie,

Madame, d'ouvrir le paquet en particulié. »
Il n'y avait pas là de quoi étonner le praticien.
Depuis que la belle Jeanne Poisson, en s'im-
posant à la cour, était devenue marquise de
Pompadour, et maîtresse en titre, ce n'était pas
le premier envoi de ce genre qui parvenait à
Versailles.

La marquise était sortie victorieuse d'une
âpre lutte avec le ministre, Maurepas, qui avait
le tort de lui reprocher ses folles dépenses. Elle
l'avait chassé de Versailles; autour de l'exilé
s'étaient groupés tous les ennemis de la favorite — et ils étaient nombreux. Ils la cou-
vraient d'épigrammes cinglantes et, de temps à
autre, lui envoyaient quelques-uns de ces par-
fums dont l'odeur a vite fait de vous engourdir
à jamais. Le médecin de la cour, nuit et jour,
était sur ses gardes; des flacons de contrepoison
s'alignaient dans ses armoires; il analysait dans
ses éprouvettes les moindres mets destinés à la
table de la marquise; c'est chez lui enfin que
s'arrêtait, avant de parvenir à destination, le
courrier de la toute-puissante favorite.

Il était donc banal, cet envoi que recevait ce
matin-là le médecin de Louis XV. Quatre
petites bulles de verre fondu dormaient au fond

du coffret sur un lit de poudre grisâtre. Aucune odeur.

« Plaisanterie qui coûtera cher, murmura en souriant Quesnay. Pour une fois, nous allons divertir Mme la Marquise. »

Il prit l'anodin coffret, l'adresse qui l'accompagnait et se dirigea vers les appartements de Mme de Pompadour. Comme il traversait l'Œil-de-Bœuf, des éclats de voix, partis du grand vestibule, le firent revenir sur ses pas. Un forcené, que les valets de chambre et les gardes suisses s'efforçaient d'arrêter, montait l'escalier des ambassadeurs.

— Laissez-moi passer, criait-il, il y va de la vie de la Marquise!

Le médecin s'avança :

— Que veux-tu? Qui es-tu?

Maîtrisé par deux laquais, l'intrus déclara d'une voix essoufflée :

— J'étais hier aux Tuileries, près d'un bosquet. J'entendis deux hommes, qui ne pouvaient me voir, discuter avec animation. Le nom de Mme de Pompadour frappa mes oreilles. J'écoutai. Ils parlèrent de vengeance, de poison. Puis ils sortirent du jardin, prirent la rue Saint-Honoré. Je les suivis. En passant devant la

poste aux lettres, je les vis mettre dans la grille
un petit paquet. La Marquise est en danger!
Laissez-moi la voir! Laissez-moi la voir!

— Plus bas! ordonna le médecin.

Il était trop tard. Tout ce vacarme ameutait
l'antichambre. Des portes s'entre-bâillaient. Le
bruit qu'un fou avait violé la grille du palais
courait déjà dans les appartements. En quelques instants, seigneurs portant épée, dames de
la cour, chambrières et laquais, firent cercle
autour du héros de cette matinée; libéré de
l'étreinte des gardes suisses, sur les ordres de
Quesnay, il répétait machinalement son récit à
qui voulait l'entendre.

C'était un homme assez grand, maigre; malgré sa mine piteuse, ses vêtements lacérés, son
jabot en loques, une certaine distinction émanait de sa personne. Dans son visage glabre,
brillaient deux yeux bleus singulièrement vifs,
presque moqueurs. Pas de perruque, contrairement à la mode, mais des cheveux bruns touf-
fus. Il paraissait vingt-cinq ans, mais devait être
plus jeune encore; il avait certainement beaucoup vécu déjà. Il semblait très maître de lui-
même; ce n'était certes pas un fou; il avait
prévu les conséquences de son acte.

— *Laissez-moi passer, il y va de la vie de la marquise!*

On apprit à la ronde, de sa bouche, qu'il s'appelait Danry; qu'il était apprenti chirurgien à Paris dans le quartier Saint-Antoine et vivait misérablement. Le dévouement de ce malheureux à la maîtresse du roi attendrissait. On louait sa célérité, son audace et plus d'un courtisan prenait déjà le chemin des appartements de Mme de Pompadour pour lui annoncer combien elle était aimée du peuple. Seul, Quesnay gardait tout son calme. L'innocent paquet reçu le matin, l'arrivée brusque du dénonciateur, tout cela était bien mystérieux. Arrachant Danry aux marques d'affection qu'on lui prodiguait de toutes parts, il le reconduisit jusqu'au corps de garde :

— Vous aurez bientôt une bonne visite, lui dit-il en le quittant. Et, traversant la cour de marbre, il se rendit chez le lieutenant de police.

II

Il était tard lorsque Danry parvint au taudis qu'il habitait dans une masure de la rue du Coq. A la fenêtre, un garçon d'assez mauvaise mine le guettait.

— C'est fait! cria Danry du plus loin qu'il l'aperçut. Et il grimpa quatre à quatre les trois étages du mauvais escalier de bois.

— Ah! vieil ami, c'est fini de la misère. J'ai été le roi ce matin, là-bas, bien plus que le roi. Tous, ils ont voulu me voir et me parler. Vive la vie, mon bon Binguet!

Ledit Binguet partit d'un grand éclat de rire et demanda :

— Et Elle?

— Elle? Pas vue, fit sourdement Danry.

Mais je suis son sauveur, tout de même. Viens, sortons, Binguet, je n'ai pas envie d'être seul ce soir.

Binguet, picard rusé, était depuis six mois l'ami inséparable de Danry. Il l'avait rencontré dans la chaise de poste d'Amiens, lorsque tous deux se rendaient à Paris, lui, pour y faire ses études d'apothicaire; Danry, pour y chercher fortune, en quittant l'armée de Flandre où il avait rempli tant bien que mal le rôle d'aide chirurgien du maréchal de Noailles.

Depuis, ils traînaient une existence misérable, l'un purgeant, l'autre saignant. Et chaque soir, ils rôdaient de bouge en bouge, jouaient, buvaient, couraient les filles, se consolant de leur pauvreté en dépensant les quatre sous qu'ils avaient en poche. Au petit jour, ils réveillaient Mme Coquebin, leur concierge, qui leur pardonnait, car elle n'avait pas eu une jeunesse des plus sages.

Comme chaque soir, ils descendirent la rue Saint-Antoine, mais plus gais que de coutume. Au coin de la rue Saint-Paul, ils entrèrent à la Pomme de Pin, où des exclamations de joie les saluèrent. Ils y retrouvèrent Annette, la blonde blanchisseuse de la rue Saint-Martin

et Marion, qui n'avait pas de métier bien fixe.
Et, durant les deux heures qu'il eut à dormir
cette nuit-là, rue du Coq, Danry rêva qu'un
carrosse de la cour venait le prendre, pour l'atta-
cher au service de la Pompadour reconnais-
sante...

**

Il fut réveillé par des coups redoublés frap-
pés à sa porte. Il ouvrit, croyant voir un laquais poudré. Une grande silhouette sombre
était sur le seuil.

— Le sieur Danry ?

Sur un signe affirmatif du chirurgien fort
intimidé, l'inconnu entra.

— Je viens de Versailles, dit-il en s'instal-
lant. Vous n'êtes pas sans connaître toute l'importance de votre révélation d'hier. Le roi, qui
est votre obligé, désire, vous le pensez bien,
tirer cette affaire au clair. Le coup vient de
haut. Il y a un grand coupable à découvrir.

Puis, après une pause, il poursuivit :

— Vous le connaissez, vous l'avez vu aux
Tuileries, vous l'avez vu dans la rue Saint-
Honoré. Vous pouvez nous être très utile, nous
attendons de vous quelques précisions.

L'exempt du guet Saint-Marc, l'homme de confiance du lieutenant de police de la cour, avait le calme et le naturel nécessaires à son métier. Les allures aimables de ce grand diable eurent tôt fait de chasser chez Danry l'émoi que lui avait causé une entrée aussi inopinée.

— Venez, dit-il, nous allons travailler ensemble. J'ai dans l'idée que la besogne sera dure. Mais j'arrive chez vous bien impromptu.

— Je faisais la grasse matinée, dit Danry pour excuser son accoutrement de nuit.

— En effet; il est déjà l'heure de dîner! Aussi je vais vous attendre en bas, tandis que vous vous habillerez. Vous prenez vos repas sans doute non loin de là? Puisque je suis dans ce quartier de Paris, je m'invite à votre table, si vous voulez bien de moi. Mais ne changez rien à vos habitudes.

Danry, un peu estomaqué, balbutia quelques mots d'acquiescement, de remerciement, dit tant bien que mal tout l'honneur que lui causait une telle visite, pria M. de Saint-Marc de l'attendre pendant qu'il enfilait en hâte son pourpoint et ses chausses, et partit bras dessus bras dessous avec lui au nez de Mme Coquebin qui ne l'avait jamais vu en si bonne compagnie.

Saint-Marc se laissa conduire :

— Menez-moi à votre lieu accoutumé, dit-il.

— Mais... objecta Danry, qui hésitait à qualifier son compagnon de monsieur ou de monseigneur.

— Si, si, insista Saint-Marc, un soldat comme moi n'a pas plus le goût du luxe que vous.

On alla donc à la *Pomme de Pin*. On retrouva là Binguet, Annette et Marion, auxquels l'exempt du guet fit fort bonne figure.

— Je me plairais fort parmi vous, je reviendrai... Pour célébrer notre heureuse rencontre, une bouteille de Mâcon, voulez-vous?

On commença par du Mâcon, on continua par du Bourgueil, on finit par un esprit-de-vin venant en droite ligne du Calvados, au dire de l'aubergiste.

Binguet, un peu chancelant, regagna son officine avec quelque retard. Annette et Marion ne se décidèrent qu'à la nuit tombante à aller rejoindre le drapier de la rue des Canettes et le marguillier de Saint-Eustache qui les attendaient sur un banc de la place des Vosges.

— Vous êtes pressé? demanda Saint-Marc.

— Bah, répliqua Danry, à quoi bon se tuer pour tuer les gens. J'avais deux patients à saigner, ils attendront. L'eau-de-vie de Calvados m'a enlevé ma sûreté de main.

— Vous travaillez fort, à Paris?

— Quand la bourse est vide, il faut bien. Entre temps, le moins possible. J'aime Paris et ses femmes. J'ai voulu en profiter trop vite. Je suis venu à la ville avec quelques sous. Ils ont duré un mois. Depuis, la misère, mais, toujours gaie; Binguet la partage.

— Votre ami, l'apothicaire? Quel bon vivant!

— Oui, et jamais à court d'idées. Il vivrait où je mourrais de faim. C'est lui qui m'a sauvé souvent. Il connaît bien son métier... et quelques autres!

— Vous comptez faire votre vie dans la médecine?

— Ah! non!

Danry venait de lancer cette exclamation avec une telle violence, que Saint-Marc eut un froncement de sourcils involontaire. Il regarda Danry en face. Il y eut un moment de gêne. Ce fut le policier qui rompit le silence.

— Eh bien, je vous quitte, je passe au Châtelet. Voulez-vous que nous soupions ensemble, tout à l'heure?

— Volontiers, répondit machinalement Danry.

— Il est brave homme, ton compagnon, dit Binguet à Danry, quand celui-ci rentra rue du Coq, peu après minuit.

— Oui, je viens de souper avec lui près du Pont-Neuf.

— Où l'as-tu connu?

— Oh! toujours en raison de cette fameuse histoire de poison. C'est un exempt de police.

— Un exempt de police? hurla Binguet en frappant sur la table. Tu lui as parlé de l'affaire?

Danry ne répondit pas. Il s'attendait un peu à cette scène. Il se sentait assez mal à l'aise.

— Qu'est-ce qu'il t'a dit?

— Rien, rien de bien nouveau. Il m'a dit que la Pompadour avait de la reconnaissance pour moi.

— Pourquoi est-il venu?

— Il m'a fait écrire ce que j'avais vu aux Tuileries avant-hier. Il espère découvrir le coupable.

— Je n'aime pas beaucoup la fréquentation de ces oiseaux-là, dit Binguet fort exaspéré.

— Oh! tu sais, on peut avoir confiance. Il n'a pas l'air très fort.

— Eh bien! dis-lui donc tout si tu as confiance, lança Binguet, parcourant la chambre avec agitation. Dis-lui donc que tu as été chassé de l'armée de Flandre parce que tu n'étais bon à rien, que ton vrai nom est Latude, que tu crèves la faim, que pour avoir une pension tu as acheté trois fioles de verre chez un marchand du Palais-Royal. Dis-lui donc que c'est moi qui les ai remplies d'eau de chicorée et calées dans une boîte avec de la poudre d'alun; que nous avons porté le paquet ensemble à la poste de la rue Saint-Honoré pour aller le lendemain recueillir à Versailles le fruit de notre révélation!

A minuit passé, Saint-Marc franchit au galop de son cheval la grille de la cour de marbre. Il se fit annoncer au médecin du roi. Quesnay l'attendait.

— Eh bien! demanda-t-il.

— Je l'ai, cela n'a pas été long. Un déjeuner pour les aveux, un dîner pour la signature. Je suis sûr que c'est lui.

— Faites voir, demanda Quesnay.

Saint-Marc tendit au praticien la déclaration de Danry. Sur la table était le fameux coffret, l'étiquette et l'épître qui l'enveloppaient. On compara les écritures. C'était bien les mêmes o très fermés, le t penché, la séparation des lettres que la contrefaçon de l'écriture du coffret n'arrivait pas à dissimuler.

— Pincé! Bien joué, monsieur l'exempt!

— C'était très facile, ricana Saint-Marc. Son meilleur ami est un apothicaire : on avait tout sous la main...

L'exempt de police montrait une joie d'enfant. Le médecin rayonnait. Tous deux se précipitèrent dans les appartements et demandèrent à être introduits près du roi. Louis XV et d'Argenson, son premier ministre, se tenaient chez la marquise. Elle était effondrée dans son fauteuil, persuadée qu'elle venait d'être victime d'un odieux complot. Cet abattement avait parfois fait place à des mouvements de colère irraisonnée. La favorite parlait de vengeance terrible, de représailles dont on se souviendrait. Et puis, venait la crainte de ne pas échapper à un nouvel empoisonnement.

Louis XV marchait dans la pièce, ne sachant que dire ni que faire. D'Argenson était impassible.

L'arrivée du docteur et de Saint-Marc fut accueillie par les trois personnages avec la même anxiété.

— Eh bien? Messieurs, dit le roi.

— Sire, répondit Quesnay, je suis heureux de vous annoncer que nous tenons le coupable, que Madame la marquise n'a rien à craindre, qu'il s'agit d'une plaisanterie... d'une cynique plaisanterie, corrigea-t-il, en surprenant l'étrange regard de la Pompadour.

— L'écriture du dénonciateur, poursuivit Saint-Marc, ressemble à s'y méprendre à celle du coffret. Que Votre Majesté daigne le constater Elle-même.

Et il posa sur la table les pièces à conviction.

Louis XV, confiant, sans même regarder les papiers, soupira longuement, comme soulagé. D'Argenson ne put réprimer un éclat de rire strident. Mais la marquise restait figée : une colère indicible se peignit sur son visage, la défigura.

— Vous trouvez cela drôle! s'écria-t-elle. Vous parliez de plaisanterie, monsieur Quesnay. Ces plaisanteries-là se paient et se paient cher.

Et, sans un mot de plus, elle se leva, et pénétra dans sa chambre dont elle claqua la porte avec fracas.

Tous baissèrent le nez. Puis le roi huma une prise, parut hésiter et se dirigea enfin vers la porte qui venait de se refermer bruyamment sur la favorite. Il frappa. On ouvrit.

III

Dans un carrosse aux rideaux tirés, le chirurgien et le jeune apothicaire franchissaient le lendemain le pont-levis de la Bastille. Saint-Marc avait tenu à les y conduire lui-même. Accompagné d'un exempt de robe courte et de quatre sergents, il avait fort courtoisement été saisir nos bonshommes à leur coucher. Binguet ne semblait guère surpris. Depuis la veille, il attendait la lettre de cachet, avec tout le cérémonial d'usage. Latude, plus impressionnable, était comme atterré. Il pensait rêver en entendant le fracas du pont-levis qu'on abaissait, le coup de cloche annonçant leur arrivée. Mais il voulait encore ignorer le sort qu'on lui réservait. Sans doute, il savait bien maintenant que l'heure de la reconnaissance de la Pompadour ne viendrait plus. Mais à la rapidité du trajet — une demi-lieue à peine séparait son logis de la rue du Coq de la Bastille — il ne comprenait pas encore quelle forteresse l'abritait; car, certes, se disait-il, on ne nous fait pas les honneurs de la Bastille, prison d'Etat, réservée aux gens de qualité.

Le lourd carrosse s'arrêta; l'exempt de police ouvrit la portière, les voyageurs descendirent.

— Suivez-moi, dit Saint-Marc.

Ils passèrent sous une large voûte, montèrent un escalier à vis. Au second palier, on leur ouvrit deux portes contiguës. Laissant son compagnon, Latude fut convié à passer celle de gauche.

Il était dans une vaste pièce octogonale, assez confortablement meublée : un petit lit à courtines, une large table, un fauteuil de velours d'Utrecht.

On lui retira son couteau de poche et le petit pistolet qu'il portait sur lui. Tout cela, à son plus grand étonnement, fut fait très poliment, très courtoisement. Sans se dévêtir, il s'étendit sur son lit. La nuit était avancée : elle fut courte. On était en juin. Il guetta l'aurore de sa fenêtre grillagée, espérant enfin par le

— Suivez-moi, dit Saint-Marc.

paysage d'alentour savoir où il était, espérant surtout ne pas voir devant lui les clochers de Saint-Paul, les toits du quartier Saint-Antoine et à ses pieds les fossés de la Bastille. Mais d'heure en heure, il en doutait. Et c'est ce décor qui lui apparut dans la brume bleue de ce matin d'été.

Un grand désespoir s'empara de lui. On entrait à la Bastille sur un caprice de la cour. Seul un nouveau caprice pouvait vous en faire sortir. Tout le monde le savait. Et les craintes des prisonniers n'étaient pas vaines.

Mme de Pompadour demeurait persuadée que Quesnay lui avait dissimulé la gravité de l'affaire, qu'il y avait des complices. Elle voulait des noms. Seul, Latude les lui pouvait dire. Elle fit choisir pour cuisiner le prisonnier un lieutenant de police dont on connaissait la fermeté et la douceur, Berryer. Celui-ci n'était pas sans s'intéresser vivement au sort de Latude, et concevait même pour lui une certaine sympathie. L'originalité de la tentative de notre chirurgien, l'audace spirituelle dont il avait fait preuve piquaient la curiosité bienveillante du policier. Il chercha à prendre son prisonnier par la douceur, à le faire entrer simplement dans la voie des aveux. On ne traita pas moins bien Danry qu'un détenu de marque, qu'un duc de Lauzun ou qu'un Masque de fer. On fut même aux petits soins pour lui. Il vécut comme un coq en pâte. A la différence du commun des embastillés, il eut un porte-clefs attaché à sa personne. On le consultait pour ses menus : un hors-d'œuvre, un poisson, un entremets, un rôt constituaient son ordinaire. Jamais certes dans sa soupente de la rue du Coq, il n'avait fait pareille bombance. Il trouvait sur sa table du tabac de Virginie, envoi gracieux du gouverneur, et trompait en pétunant les heures creuses de l'après-midi. Ces prévenances, ces douceurs, il les appréciait, mais s'en étonnait.

Il avait encore en mémoire la fourberie de Saint-Marc et, dans son esprit, tous les policiers se ressemblaient : M. Berryer en était un.

Lors des fréquentes visites qu'il faisait à son prisonnier, le lieutenant de police avait amené maintes fois la conversation sur Mme de Pompadour et ses ennemis et, toujours, le visage de Latude s'était refermé. Quel usage allait-on faire de ses aveux? Quelle nouvelle prison allait s'ouvrir pour lui? Il résolut de lasser son interrogateur par les réponses les plus abracadabrantes et les plus fantaisistes. Tantôt il se disait picard, tantôt toulousain. Un jour il était parti pour l'Amérique et était revenu sur le bateau avec des conspirateurs dont il avait depuis perdu la trace. Le lendemain il était fils d'un ramoneur savoyard, victime dans son jeune âge des intrigues d'une maîtresse du régent. Une autre fois, sa mère était une blanchisseuse corse que Louis XV avait déshonorée. Et M. Berryer demeurait patient, attentif à ces fariboles, qu'il écoutait avec un demi-sourire. Mais le mur montait entre les deux hommes. Un matin, Berryer entra chez le prisonnier.

— M. le gouverneur, qui vous estime, vous prie à souper, dit-il.

— C'est un honneur pour moi, répondit Latude. Et il pensa en lui-même : « Nouvelle tactique, usons d'un nouveau moyen de défense. »

M. le gouverneur était un homme de beaucoup d'esprit et sa cave était bien garnie. Le repas fut très gai. Au Bourgogne, il crut le moment venu d'aborder avec son hôte la question brûlante et de venir en aide à M. Berryer.

— Je parlais de vous hier, à un ami de la Marquise. Elle ne vous en veut point.

Latude baissa le nez.

— Elle pense même que vous pourriez lui être d'un grand secours.

Le verre entre deux doigts, Latude continua à déguster son Meursault.

— Elle est si bonne, risqua Berryer. Et c'est la plus spirituelle des femmes. Comment peut-on être son ennemi?...

Sans s'émouvoir de ce panégyrique, Latude déchiquetait à belles dents un aileron de faisan.

La conversation tomba. Le gouverneur se mit alors à parler de l'enfance de Latude, de sa famille, de son lieu de naissance, tels du moins qu'il pouvait se les imaginer. Même mutisme lui fut opposé. Et le prisonnier quitta la table du gouverneur, bien repu, mais sans avoir proféré une parole...

IV

Cependant Mme de Pompadour passait son
temps à guetter l'arrivée d'un courrier de la
Bastille. Berryer lui annonçait tous les jours
que le prisonnier allait bientôt entrer dans la
voie des aveux; elle les trouvait bien longs à
venir. L'hypothèse d'un vaste complot était
devenue chez elle une idée fixe; elle ne voulait
plus sortir; elle ne mangeait rien qui n'eût été
auparavant goûté et analysé par le médecin
Quesnay. Et Quesnay, lui aussi, en avait assez
de distiller jour et nuit les boissons et les limonades de Mme de Pompadour. Souffrait-elle
de la gorge? Il était appelé en hâte : il fallait
un contrepoison. Avait-elle une crampe d'es-
tomac? Un valet de chambre tout essoufflé ve-

nait le chercher : il fallait un contrepoison. En fait de contrepoison, Quesnay n'avait jamais administré que de l'eau salée à sa patiente ; et cela lui donnait soif ; elle voulait boire ; et il fallait analyser la tisane que l'on montait en hâte des cuisines. Le médecin n'y tenait plus. Il résolut de couper le mal dans sa racine. Après une nuit où il avait été réveillé quatre fois, il se fit conduire à la Bastille. Il n'était pas fâché d'approcher de près le mystérieux prisonnier.

Comme Berryer, comme le gouverneur, il était attiré inconsciemment par l'étrangeté comique de cette nouvelle affaire des Poisons. Il resta près d'une demi-heure seul à seul avec Latude. Il ne put lui arracher un mot.

— J'aimerais mieux pendant dix ans faire moi-même la cuisine de Mme de Pompadour que de rester un instant de plus auprès de cette bûche, déclara-t-il à Berryer en partant.

De fait, quand il rentra à Versailles, il avait à faire passer le soir même dans ses cornues un bol d'eau de chiendent, du fard, et le tabac à priser de Louis XV !

Excédé, et sans allumer son fourneau, il renvoya le tout au ménage royal avec cette éti-

quette : « Sans danger ». « Et s'il y en a,
cette fois, grinça-t-il entre ses dents, bon dé-
barras ».

***

Mettons-nous à la place de Latude. Il eût
fallu une patience de saint pour adopter une
autre attitude. Deux fois par jour, avant le
dîner et après le souper, Berryer, qui maintenant mettait cartes sur table, venait lui dire :
« Latude, quels furent vos complices? — Latude, comment voulait-on empoisonner la Marquise? » Il n'avait jamais eu de complices, il
n'avait jamais pensé à faire du mal à qui que
ce soit.

Par ses premiers mensonges, qu'excusaient
sa nervosité et son étonnement dans ses premiers moments de séjour à la Bastille, il avait
embrouillé à souhait la plus simple des aventures. Il était trop tard maintenant. On voulut
lui faire une dernière amabilité. On remit en
liberté son ami Binguet, qui depuis quinze jours
méditait dans la chambre voisine de nouvelles
formules de médecines.

— Votre compagnon est parti ce matin, lui
annonça un jour M. Berryer. Il ne tient qu'à

vous de le rejoindre... Latude, quels sont vos complices?

Aucun résultat ne fut obtenu.

— Latude, j'ai parlé de vous au roi, surenchérit le lendemain le gouverneur, venant lui-même rendre visite à son prisonnier. Sa Majesté est persuadée que, poussé par un honorable scrupule, vous avez voulu dénoncer un infâme complot. Latude, quel poison préparait-on pour Mme de Pompadour?

Il eût été plus facile de confesser la Bastille que son prisonnier. Il fallut bien que M. le gouverneur avouât à la Cour que l'on n'obtenait rien, et c'est à lui que l'on s'en prit, naturellement.

— Changez-le de prison, s'écria la marquise. Mettez-le chez des gens moins niais!

Et Latude vit réapparaître Saint-Marc.

Il comprit tout de suite que ce n'était pas pour son bonheur. On rémonta dans le carrosse aux rideaux tirés, on roula quelque temps sur le pavé, puis sur la route. Cette fois, l'on quittait Paris. Latude le sentit avec effroi. Paris, c'était encore un peu d'espoir pour lui; c'était la proximité de Binguet et de Javotte. Où le menait-on, puisque ce n'était pas à Versailles?

Il vit se dresser devant lui, en descendant de carrosse, la masse du donjon de Vincennes.

La vie de prison n'est comparable qu'à la vie de prison. Il vécut à Vincennes comme il avait vécu à la Bastille. La chambre n'était plus octogonale, mais carrée; à la place d'un fauteuil d'Utrecht, il avait une chaise cannée; les courtines du lit étaient vertes au lieu d'être rouges. C'était toute la différence... en apparence. Car bientôt, Latude comprit qu'il n'était plus intéressant. On n'avait plus rien à tirer de lui. On l'oubliait. Où était le temps des repas chez M. le gouverneur, les visites de Berryer et du médecin de la cour, le tabac de Virginie et les prévenances! A la Bastille, il était prisonnier d'Etat, un de ces prisonniers qui le lendemain deviennent hommes influents. A Vincennes il était un prisonnier tout court, c'est-à-dire un malfaiteur.

Le seul adoucissement qu'il avait obtenu était de se promener deux heures dans le jardin au nord de la tour. Il l'arpentait de long en large et roulait dans sa tête des pensées plus calmes. Il songea à apitoyer ses gardiens par un mal de tête qui, disait-il, était la cause de son chagrin. On le traita comme s'il eût souffert du cœur ou du genou : on lui fit une saignée, puisqu'on ne savait faire que cela ; elle eut le don de l'affaiblir extrêmement.

L'automne s'achevait. La campagne alentour était triste. De sa fenêtre, il voyait Paris et ce n'était pas pour lui donner du baume au cœur. Plus un rayon de soleil ne pénétrait dans sa chambre. Le désespoir entraîna chez lui la soumission. Il écrivit à Mme de Pompadour :

« Madame, Dieu vous a donné pouvoir au-
« près du plus grand roi de la terre, auprès
« du plus chrétien. Si sa divine puissance me
« faisait la grâce d'obtenir de votre générosité
« la liberté, je mourrais et me nourrirais de ra-
« cines plutôt que de vous offenser une se-
« conde fois. Je l'ai fait, pressé par la misère
« et la faim et je n'avais dessein de vous faire
« aucun mal, Dieu m'est témoin. Si vous con-
« naissiez le repentir de mon âme, si vous
« voyiez les larmes que je répands depuis cent
« quatre-vingts jours à la vue des grilles de
« fer qui m'entourent, vous auriez pitié de moi.
« Madame, au nom de Dieu qui vous éclaire,
« que votre juste courroux daigne s'apaiser sur
« mon repentir, sur ma misère, sur mes pleurs.
« Un jour, Dieu vous récompensera de votre

« humanité. J'espère en vous, Madame, et
« en Lui. »

Sa main tremblait en traçant ces mots. Il les relut trois fois, puis il cacheta avec fièvre, et malgré lui, d'un geste prompt, porta le papier à ses lèvres. Elle allait le tenir le soir même entre ses mains, celle qu'il avait en vain tenté d'approcher et qui causait tout son malheur.

Cette seule émotion l'envahit. Il en oublia le but de son épître, qui, d'une supplique de prisonnier, devenait pour lui une lettre d'aveu. Il se prit, pour la première fois, à comprendre qu'en envoyant le tragique paquet à Versailles, il n'avait peut-être pas agi simplement par ambition, mais hanté par le sourire de la divine marquise, qu'il avait entrevu un jour, de très loin, à travers les glaces d'un carrosse et que depuis, sans s'en douter, il n'avait jamais oublié.

V

Il avait malheureusement beaucoup trop parlé de Dieu et de roi chrétien dans cette lettre. Le scandale de la maîtresse en titre avait déchaîné le courroux du clergé de France et des Jésuites, que la marquise avait fait exiler par vengeance. Elle reçut la lettre comme une mauvaise plaisanterie. Elle parlait tout simplement de faire jeter Latude au cachot, si Quesnay, prévoyant de nouvelles nervosités et de nouvelles limonades à analyser, ne lui avait affirmé que Latude était fou, qu'il s'en était rendu compte par lui-même.

Les jours passèrent, mornes, à Vincennes. Latude attendait en vain la réponse de la marquise. Il s'en voulut de son attendrissement qui, comme il est normal, fit place à de la haine.

Une idée germa dans son cerveau, l'idée chère à tout prisonnier, l'évasion. Il n'y avait encore jamais songé, il s'en étonna lui-même. Mais jusqu'à ce jour il avait espéré sortir par la grande porte, sa grâce en poche. Il comprit qu'il lui faudrait sauter le mur et vivre en paria.

Au pied de la tour, sous ses fenêtres, était le jardin d'un brave jésuite, prisonnier au château, victime lui aussi de Mme de Pompadour. Pour occuper ses loisirs, celui-ci faisait le catéchisme aux deux fils du gouverneur, M. de Saint-Sauveur. Chaque jour, au début de l'après-midi, et sans un instant de retard, il traversait la grande cour pour se rendre chez ses élèves. Latude, de sa fenêtre, avait observé ce manège; son plan était fait.

Lorsque l'heure de la promenade arrivait, le porte-clefs du premier étage venait chercher Latude dans sa chambre, et, par un étroit escalier de service, le conduisait jusqu'à la cour : Latude prit peu à peu l'habitude de devancer son geôlier et de descendre plus vite que lui. Chaque jour il augmentait de vitesse. Chaque jour il gagnait une marche. Puis, quand il se sentit bien sûr de lui, il mit son idée à exécution. Il dévala quatre à quatre les marches et

referma la porte du bas de l'escalier au nez
du porte-clefs.

Il avait un bon quart d'heure devant lui
avant que ce dernier n'ait le temps de remonter
dans la tour et de trouver une nouvelle issue
pour donner l'alarme.

Il se dirigea donc tout droit et le plus naturellement du monde jusqu'à la porte de l'abbé
qui était de plain-pied sur la cour. Il donna
un tour de clef, emprisonnant comme dans une
souricière le vénérable jésuite, qui se préparait
à se rendre chez M. de Saint-Sauveur.

Il attendit quelques instants, puis appela la
sentinelle la plus proche.

— Morbleu! Monsieur le gouverneur cherche l'abbé! Avez-vous vu passer l'abbé? Il
n'est pas chez lui.

Puis, traversant la cour et adressant la
même demande à toutes les sentinelles, il gagna
la porte de l'horloge.

Paraissant plus affairé, il accosta le portier :

— Monsieur le gouverneur demande l'abbé!
Les fils de monsieur le gouverneur attendent!
Avez-vous vu l'abbé?

Le portier, qui n'avait pas vu l'abbé — et
pour cause — partit à sa recherche.

Latude gagna le pont-levis et tomba affolé au milieu du corps de garde en vociférant :

— L'abbé serait-il parti ? Il faut trouver l'abbé ! Ordre du gouverneur.

Et pendant que les soldats s'éparpillaient à droite et à gauche à la recherche de l'abbé, il traversa tout doucement le pont-levis et passa les deux mains dans ses poches devant le dernier factionnaire, sans que celui-ci le soupçonnât seulement d'être prisonnier.

Dès qu'il fut hors de vue, il prit ses jambes à son cou et galopa jusqu'aux environs de Saint-Denis. Il tomba de fatigue dans un fourré. C'est au milieu de la nuit qu'il passa, harassé, sous la porte Saint-Denis.

En revoyant les quartiers, connus et aimés, témoins de ses fêtes et de ses folies, il comprit pour la première fois qu'il était libre. Il ne sentait plus sa lassitude, il marchait inconsciemment, en chantant, et tout à coup, il s'aperçut que la force de l'habitude l'avait conduit au quartier Saint-Antoine.

Alors il pensa à Binguet, et puis à toute sa vie passée. Son premier mouvement fut pour courir chez son ami. Il s'arrêta au bout de trois pas. La réalité venait d'apparaître à ses yeux, les premiers moments de joie une fois passés.

—Libre, moi. Allons donc! se dit-il. Si je reste une heure de plus sur le pavé de Paris, mon sort est net et, rue du Coq, je serai cueilli bien vite.

Et alors, c'est à la bonne petite lingère de la rue Saint-Martin qu'il pensa.

Il avait été plus d'une fois ingrat pour elle; mais dans ses heures de prison, il avait senti combien il l'aimait. Qu'était-elle devenue, sans nouvelles de lui depuis deux ans? Car les lettres adressées à Annette Groslier, lingère, rue Saint-Martin, n'étaient pas acceptées des geôliers avec la même grâce que celles où s'inscrivait le nom de Mme la Marquise de Pompadour, à Versailles.

Il était près de minuit quand il frappa à la petite échoppe.

Il y avait encore de la lumière derrière les volets et une voix qu'il ne reconnaissait que trop demanda :

— C'est toi, sergent?

Evidemment... il y avait dans la capitale les sergents du roi, les sergents des gardes françaises, les sergents du Royal-Condé, sans compter les affreux sergents du guet, qui remplaçaient avantageusement auprès d'une jolie fille un malheureux embastillé. Il comprit tout, il voulait partir, mais déjà le volet s'entr'ouvrait. La tête souriante d'Annette parut; la jolie lingère, en n'apercevant pas l'uniforme, eut un mouvement brusque, un geste de recul, et puis poussa un grand cri. Elle venait de reconnaître son ancien amant.

— Toi! Toi!

— Oui, faute de sergent, dit Latude, plus peiné que sarcastique, et surtout profondément ému de revoir Annette.

— Mais d'où viens-tu? Où étais-tu? On t'a cru mort...

— Je l'étais presque.

— Entre...

Déjà elle entr'ouvrait sa porte. Mais Latude qui franchissait la marche sentit une main qui se posait violemment sur son épaule.

— Eh! là, monsieur, que faites-vous ici?

Annette, effarée, ramenait sur sa gorge une camisole trop entr'ouverte et tremblait de tous ses membres :

— Entre, entre, eut-elle la force de crier à Latude.

Il avait déjà un pied dans l'antichambre.

Latude sentit une main qui se posait violemment sur son épaule.

Elle l'attira à elle et repoussa le volet sur le bras du nouvel arrivé. Les coups redoublés lancés dans la porte ne purent faire céder le solide verrou poussé en hâte par la lingère.

— Laisse-le crier, dit-elle. Nous sommes bien chez nous.

— Qui était-ce? voulut savoir Latude.

— Bah! tu le sais, un sergent.

— Un sergent?

— Oui, du guet.

Cette réponse fit sur Latude l'effet d'un coup de poignard. Il avait trop de relations dans ce milieu-là pour douter désormais de son sort. Et, cependant, fuir de chez Annette, c'était se perdre. C'était bien cruel pour la pauvre fille qui venait de se sacrifier pour lui, et enfin, tout son désir était là... auprès de celle qu'il avait aimée follement et pour qui il sentait renaître tout son vieil amour.

***

En se réveillant le lendemain, tard, il eut devant les yeux un décor connu; il crut que son rêve continuait. Mais non, c'était bien la petite chambre aux tentures roses, la petite bonnetière à haute corniche entre les deux portes, et auprès de lui, dormant encore, la blonde Annette. Il la prit dans ses bras, ardemment. Les souvenirs de la veille n'étaient pas nets encore. Mais quand ils se précisèrent, ce ne fut pas pour augmenter la béatitude du prisonnier. Cependant la matinée se passa, assez calme. Il évita de sortir. Annette, mise au courant de ses malheurs, faisait le guet dans sa boutique. C'est au milieu de l'après-midi seulement que l'inévitable se produisit. Le sergent du guet venait faire la scène habituelle. Forçant les portes, il fouilla l'arrière-boutique, et en ouvrant le placard de l'alcôve, il découvrit ce qu'il cherchait.

— Latude!

— Pinson!

Sous les yeux d'Annette atterrée, les deux hommes se reconnaissaient. Le sergent Pinson, du corps de garde de la Bastille, eut la chance ce jour-là de toucher les huit cents écus promis par M. le lieutenant de police en ramenant Latude à M. le gouverneur.

VI

On commençait à en avoir assez des fantaisies du détenu. Quand on s'évade d'une chambre de prison où l'on a un lit et un bon fauteuil, et qu'on a le malheur d'être retrouvé, c'est sur la planche d'un cachot qu'on finit ses jours.

Latude fut jeté pieds et poings liés dans un sous-sol de la Bastille, large de douze pieds, long de vingt; le jour y parvenait à peine à travers les grilles d'un soupirail qui donnait sur les fossés. Il connut pour la première fois le froid, les nuits sans sommeil, les repas au pain et à l'eau, la compagnie des rats. Il se maudit d'avoir quitté ce bon donjon de Vincennes, qu'il aurait accepté maintenant comme un palais. Heureusement son séjour peu enviable fut de courte durée. La Seine montait, envahissant peu à peu par infiltration les douves de la forteresse. L'humidité gagnait les cachots. Sans doute eût-on laissé un malheureux anonyme se rafraîchir quelque temps, mais M. Berryer était encore là. La bonté de cet homme intègre se manifesta une fois de plus. Il fit chercher Latude et l'installa dans un réduit peu comparable à la chambre octogonale qu'avait occupée en premier notre abonné de la Bastille, mais qui avait l'avantage inappréciable d'être sèche et claire.

Un autre prisonnier logeait déjà dans un coin de cette geôle. C'était un petit homme maigre, aux traits étirés par les souffrances, à la figure chafouine, à la bouche mordante. Pendant toute une journée, il regarda Latude de travers et Latude, gêné par ce regard, se mit à la fenêtre. Il n'y resta pas longtemps. Il venait de revoir dans la cour, faisant les cent pas, la silhouette de M. de Saint-Marc. Cet homme était apparu deux fois déjà dans sa vie, et pour son plus grand malheur. Sa présence causa à Latude un malaise indéfinissable. Se retournait-il vers la porte du couloir, il voyait par le judas les deux sentinelles faisant le guet.

Le matin et le soir on lui passait son pain et sa cruche par le guichet. Il ne pouvait avoir d'espoir qu'en son compagnon et c'est lui le premier qui rompit le silence.

— Vous êtes à la Bastille depuis longtemps?

— Depuis deux ans.

— Comme moi, fit Latude, sincère.

L'autre ne s'étonna pas de cette réponse; on pouvait rester vingt ans côte à côte à la Bastille sans s'être jamais vus.

— Vous êtes prisonnier d'Etat? poursuivit Latude.

— Oui... et non.

— Comme moi. Un attentat?

— Un attentat contre Mme de Pompadour, fit l'autre en ricanant.

Latude eut un sursaut; ce nom que son compagnon venait de prononcer avait soudainement réveillé en lui tant de sentiments divers!

— Un attentat contre Mme de Pompadour, répéta-t-il, sincèrement joyeux. Comme moi!

Les deux hommes en avaient trop dit pour se cacher quoi que ce fût. Leur nuit se passa en confidences. Latude apprit que son compagnon d'infortune qui, depuis 1750, macérait en Bastille, s'appelait Antoine d'Alègre et était marseillais d'origine.

— J'y tenais une petite pension, dit-il, que mon père m'avait laissée. J'étais un peu coureur de filles...

— Comme moi, continuait à dire de temps en temps Latude.

— Ma réputation en souffrit; on me donna de moins en moins d'élèves. Je n'eus bientôt plus de quoi vivre, Et j'eus un jour l'idée diabolique d'écrire à Mme la marquise de Pompadour, pour lui révéler un complot imaginaire, où j'avais mêlé les plus grands noms de France.

C'en était trop; la similitude des agissements des deux prisonniers, qui tenait du merveilleux, faisait disparaître toute défiance entre eux; et pendant deux jours ce fut un beau duo de litanies de Mme de Pompadour, de M. de Saint-Marc, du ministre d'Aiguillon. La vie leur fut plus douce en commun et ils prirent un peu le temps en patience, d'autant plus que la bienveillance de M. Berryer avait quelque peu relevé l'ordinaire des détenus.

Un beau matin, d'Alègre dit à Latude :

— Et si nous partions?

— Comment, reprit l'autre. Par la grande porte? En carrosse du roi avec M. de Saint-Marc comme laquais?

— Je suis sérieux, insista d'Alègre. Si nous partions?

— Et avec quoi? On ne nous laisse même pas un couteau... Par où? Regardez les portes, regardez la fenêtre... Il y a deux cents pieds à pic... pour tomber dans l'eau du fossé. Et si l'on s'en tire, et si l'on sait nager, il faut remonter le parapet sous le nez des sentinelles, traverser le jardin du gouverneur et se livrer encore à quelques gymnastiques pour atteindre le fossé Saint-Antoine, en prenant au plus court.

— Bah! on a fait mieux! se contenta de dire d'Alègre.

***

M. Berryer avait permis aux deux prisonniers de se rendre le dimanche à la messe que l'on disait dans la chapelle de la forteresse. Elle était bien curieuse, cette chapelle. Les détenus y étaient installés dans de petites cases, comme dans une étable. Dans la loge voisine de la leur était un prisonnier âgé. Une grande douceur émanait de sa personne. Il occupait une chambre au-dessous de celle de nos prisonniers, qui le prenaient au passage en descendant à la chapelle, flanqués de deux porte-clefs. D'Alègre fut assez adroit, un jour de Toussaint, pour se pencher au moment de l'élévation vers l'inconnu, et faisant semblant de prier, lui murmura :

— Je serais heureux de voir votre chambre. Laissez la porte ouverte dimanche prochain.

Le prisonnier parut ne pas entendre. Mais le dimanche suivant en remontant l'escalier au retour de l'office, avant d'atteindre sa chambre il sortit son mouchoir et lâcha sa tabatière, qui rebondit de marches en marches. Le porte-clefs qui suivait descendit un peu pour la ramasser, et cet instant suffit à d'Alègre pour monter en deux bonds au premier étage et jeter un coup d'œil dans la chambre du prisonnier qui s'était fait son complice.

Rentré chez lui avec son compagnon, d'Alègre se livra à de savants calculs.

— Que diable complotez-vous? interrompit Latude.

— C'est bien simple. Le plafond de la chambre de ce brave homme au-dessous de nous n'est pas à dix pieds de son plancher. Quinze marches d'escalier nous séparent, cependant. Cela fait treize pieds, si je ne m'abuse. Nous sommes sauvés, Latude! Le plancher est double. Il y a un tambour entre le premier étage et le nôtre...

Sans même prêter attention à ces calculs, Latude répondit :

— Et quand il y aurait tous les tambours des gardes françaises? A quoi voulezvous que cela nous serve?

— Il me semble cependant qu'entre deux planchers on peut cacher des cordes et des échelles...

Latude comprit tout. Il ne ménagea pas à d'Alègre l'admiration qu'il lui témoignait et cependant il dit :

— Mais pour pouvoir cacher des cordes, il faut en avoir?

— Evidemment, j'y pensais. Nous ne sommes pas encore rue du Faubourg-Saint-Antoine!

Et l'on abandonna pour ce jour-là les beaux projets d'évasion.

Mais l'idée était lancée. Et c'est Latude maintenant qui s'y attachait avec le plus de ténacité. Il passait ses journées à tourner en rond dans la pièce, roulant dans sa tête les pensers les plus saugrenus comme les plus hardis. D'Alègre en était lassé.

— Vous me bénirez bientôt, fit Latude. Je crois avoir trouvé. Vous voyez cette malle, dit-il, en désignant le coffre qui renfermait son linge, à la tête de son lit. Il y a mille pieds de corde dedans.

D'Alègre regarda avec inquiétude son compagnon.

— Vous me croyez fou?

— Mon Dieu, on le croirait à moins...

— Je vous le dis : dans cette malle, il y a douze douzaines de chemises, six douzaines de bas de soie, douze douzaines de paires de chaussettes de fil, cinq douzaines de caleçons, six douzaines de serviettes. En effilochant tout cela nous aurons un beau jour une corde pour descendre des tours de Notre-Dame.

— Fort bien, approuva d'Alègre, un peu vexé de n'avoir pas trouvé cela tout seul. Mais ces cordes, qu'en ferons-nous, Vous ne songez pas à desceller les barreaux de la fenêtre? Avec quoi d'ailleurs? Et puis M. de Saint-

Marc qui tourne en rond dans la cour s'en apercevrait peut-être.

— Mon cher ami, nous ne descellerons pas les barreaux de la fenêtre, mais ceux qui obstruent notre cheminée. Avec quoi? Avec nos mains, la main est l'instrument de tous les instruments. Les hommes qui savent faire travailler leur tête sont maîtres des éléments. Vous voyez ces deux fiches de fer qui soutiennent notre table pliante, nous les taillerons en biseau en les repassant sur le carreau de notre chambre, et avec elles...

— Chut, fit d'Alègre.

Des clés grinçaient dans la serrure. Saint-Marc venait comme tous les soirs fouiller les prisonniers. Il leur trouva l'air extrêmement abattu. Il sortit avec un petit sourire moqueur.

A peine avait-il le dos tourné que les prisonniers renversèrent la table pliante et arrachèrent une première fiche, avec laquelle ils levèrent un des carreaux du sol. Le vide qui séparait leurs planchers leur apparut; désormais ils avaient une cachette. Ils se mirent alors à leur nouveau métier de remouleurs; mais aiguiser un morceau de fer brut sur un fragment de dallage sans produire un grincement n'est pas chose facile. Ils s'y employèrent toute la nuit, interrompus par l'arrivée de leur souper et le passage de la ronde. A l'aide de leurs ciseaux improvisés, ils commencèrent à desceller les épaisses barres de fer octogonales qui tendaient leur treillis au-dessus de la plaque de cheminée fleurdelisée.

Cela dura un bon mois. Et quels dangers de tous les instants couraient les malheureux! A chaque ronde, à chaque tournée de sentinelles, il leur fallait précipitamment tout remettre en place dans la cachette de fortune. Plus d'une fois, ils faillirent être surpris.

— Pour Dieu, dit d'Alègre, si nous sommes pris, non seulement on ne nous consolera pas, mais nous redescendrons dans les caves.

Enfin les barreaux une fois descellés et remis en place, il fallut songer aux cordes. Une à une dès lors ils effilochèrent leurs chemises, leurs serviettes, leurs paires de bas. Les pelotons obtenus s'amoncelèrent dans la cachette. Quand ils en eurent une vingtaine, en une nuit, ils tressèrent une corde de dix pieds de long, la plus soyeuse et la plus solide qu'on eût jamais vue.

— Voilà qui me permettra de vous hisser

dans la cheminée, quand j'y serai monté moi-même, déclara Latude. Nos deux chandeliers de fer me serviront de crampons de ramoneur.

— Première opération, dit d'Alègre. Ensuite?

— Nous serons sur la plate-forme. Il nous faudra redescendre le long de la muraille, de toute la hauteur de la forteresse.

— Nous n'aurons pas trop de deux cents pieds de long, objecta d'Alègre. Et vous savez que tout autour de la Bastille il y a un entablement qui déborde. Si nous nous lançons de là, le long de notre fil, comme des araignées, nous flotterons à droite et à gauche et je ne réponds pas de ma tête.

— C'est bien mon avis, dit Latude. Aussi ai-je envisagé la possibilité de fabriquer une échelle.

— Une échelle. s'écria d'Alègre. Et pourquoi pas un escalier? Cher compagnon, le désir de quitter la Bastille vous fait perdre la tête. On fabrique des cordes, en prison, et des outils. Mais une échelle de deux cents pieds de haut...

— On fabrique une échelle si l'on veut, trancha Latude.

On était en plein hiver; le froid était rigoureux et M. Berryer avait donné l'ordre de ne pas faire geler les prisonniers. Trois fois par jour, un porte-clefs leur apportait un panier de bûches. Il entra justement pour interrompre la discussion des deux hommes et déposa son fardeau au coin de la cheminée.

— Voici les vingt premiers échelons qu'on nous apporte, dit Latude, lorsque le geôlier fut parti. Une échelle se fait avec du bois, mon cher, il me semble. A l'aide de mon pied de table-ciseau, je me fais fort d'équarrir la moitié des rondins dont on nous fait don chaque jour.

Le froid était tel alors que les geôliers ne s'étonnèrent pas, pendant la semaine qui suivit, de ce que tant de bois apporté produisît si peu de chaleur. Et cependant que les prisonniers claquaient des dents, les premiers mètres de l'échelle s'entassaient dans la cachette du plancher. Au fur et à mesure qu'ils étaient prêts, Latude les attachait par chacune de leurs extrémités, et à distances égales, à deux nouvelles cordes qu'avaient produit les derniers caleçons et les dernières chemises.

Les jours passèrent et avec eux l'angoisse augmenta. Angoisse de sentir l'approche du grand jour et de s'exposer au dernier moment à des risques sans cesse croissants, eux aussi, tant étaient maintenant nombreux et variés les instruments qu'on glissait en hâte sous le plancher. Pour plus de facilité, les prisonniers leur avaient donné des noms : le ciseau était *finette;* la corde *polyphème*, les barres de fer, *colombe;* l'échelle, *Vénus*. Et si l'on entrait par hasard chez eux, le premier alerté disait à l'autre : « Vénus, colombe... » et l'objet révélateur était aussitôt dissimulé sous un mouchoir ou une serviette. Une fois même, d'Alègre dut s'asseoir précipitamment sur finette et s'en repentit pendant plusieurs jours...

Cette existence ne pouvait durer. Presque tout était prêt. D'ailleurs, eût-il manqué quelque chose, nos hommes seraient partis quand même. Prévoyant le séjour dans l'eau des fossés, ils empilèrent dans un de leurs porte-manteaux, soigneusement entourés de leurs robes de chambre, des vêtements de rechange; et ils fixèrent leur envol à la nuit du mardi gras.

Tout le jour, ils firent preuve d'une docilité parfaite, se laissèrent fouiller par M. de Saint-Marc et parurent plus abattus que de coutume. Et puis, dès qu'on leur eut servi le souper, ils sortirent toute leur artillerie. Ils avaient deux heures jusqu'au passage de la ronde de nuit. Ils roulèrent comme un serpent l'échelle de corde et de rondins, que Latude attacha sur les épaules de d'Alègre. Ils bourrèrent leurs poches des pelotons de leur corde; en un instant les barreaux de la cheminée descellés cédèrent. Ce n'était que la partie la plus aisée de la besogne.

— Je grimpe, dit Latude, en plantant dans le mur de la cheminée les pointes des chandeliers dont il avait dévissé les bobèches. Et malgré un rhumatisme qu'il avait ce soir-là dans le bras gauche, s'arc-boutant des coudes et des genoux dans la gaine de la cheminée, aveuglé par la poussière et la suie, il monta sur ses échelons improvisés, qu'il déplaçait au fur et à mesure de son ascension. A mi-hauteur, il avait déjà bras et jambes écorchés. Le sang lui coulait le long des mains et sur ses bras. Quand il parvint en haut, il fallut toute la froideur de cette nuit de mars et tout son désir de fuir coûte que coûte pour lui rendre de l'énergie.

Il jeta une première fois une corde dans la cheminée, à laquelle d'Alègre fixa l'échelle et le porte-manteau. Puis, après l'ascension des bagages, il se hissa lui-même le long du fil de soie, laissant vide la chambre de la Bastille, qu'il habitait depuis six ans.

Les deux hommes longèrent la plate-forme jusqu'à la tour Nord où s'alignaient les canons, ces mêmes canons que cent ans plus tôt la grande Mademoiselle faisait braquer sur l'armée du roi. Autour de l'un d'eux, ils attachèrent l'extrémité de leur échelle, qu'ils déroulèrent jusqu'au bout du parapet et lâchèrent dans le vide. Avec une joie ineffable, ils sentirent aux oscillations que l'extrémité touchait le pied de la tour. Ils avaient bien calculé la hauteur. Ils eurent confiance en eux.

Il fallait maintenant attendre les nuages, car la nuit, hélas, était devenue claire; les sentinelles tournaient sur le parapet. La lune se voila enfin. Latude, le premier, saisit l'échelle.

— A la grâce de Dieu! dit-il, et il disparut dans le gouffre.

— Latude, Latude! cria d'Alègre, angoissé, à ce moment qui pouvait être décisif. Le poids du corps du prisonnier sur cette échelle fragile et haute de 200 pieds provoqua un balancement atroce. Latude volait dans le vide, était projeté contre le mur, qui le renvoyait à vingt pieds de lui. Fermant les yeux, serrant les dents, il descendait toujours, comme un automate. Ces minutes lui parurent un siècle. Comme un homme qui va mourir, il revit, l'espace d'un éclair, tout son passé, tous ses souvenirs. Et puis, soudain, son pied ne rencontra plus d'échelon. Il sentit sa jambe se glacer. Il était au bout de sa course, dans l'eau du fossé. Il s'y abattit comme une masse, harassé, ensanglanté. Une brûlure dans la gorge le réveilla : d'Alègre, descendu en hâte à sa suite, le forçait à boire une gorgée d'eau-de-vie dont il avait eu le soin d'emporter une gourde.

— Allons! qu'est-ce qui vous prend, en

voilà des façons de me laisser seul pour descendre le porte-manteau ! Nous sommes au
milieu de nos peines. Du courage encore ! dit
d'Alègre en vidant la bouteille.

Ils marchèrent péniblement dans le fossé.
L'eau qui leur venait presque à la ceinture
eut tôt fait d'achever de réveiller tout à fait
Latude. De la glace les entourait. Trois jours
avant, le fossé avait été complètement pris. Ils
gagnèrent le parapet le long du jardin du gouverneur et se préparaient à l'escalader. Tout
à coup, Latude s'écria :

— Chut, cache-toi !

— Et où me cacher ? fit d'Alègre.

— Dans l'eau !

Ils s'accroupirent dans l'eau glacée. Des pas
se firent entendre sur le parapet. C'était la
garde qui faisait sa ronde. Lentement, elle
contourna la tour, relevant au passage les sentinelles.

— Allons-y maintenant ! dit d'Alègre, lorsque le dernier soldat fut hors de vue. Et ils
commencèrent leur escalade.

Ils étaient à cinq pieds au-dessus de l'eau,
lorsque d'Alègre, alerté le premier cette fois,
imposa silence à Latude.

— Et où me cacher? fit d'Alègre.

— Cache-toi!

Comme deux masses, ils se laissèrent retomber dans leur bain. La garde repassa.

— Est-ce qu'ils vont continuer ce manège longtemps? souffla Latude.

— Je le crois, reprit l'autre. Nous n'avions pas pensé à tout, mon pauvre ami! Trois rondes tournent pendant la nuit autour de la Bastille. Il est inutile d'insister.

— Mais alors?

— Il n'y a qu'à gagner en pataugeant le point le plus proche du faubourg Saint-Antoine. Rien à faire pour sortir par le jardin du gouverneur.

— Mais à quoi cela nous avancera-t-il?

— Suivez-moi et ayez confiance, que diable!

Latude suivit, prêt à tout. Quand ils furent à l'endroit indiqué par d'Alègre, celui-ci sortit de l'eau le porte-manteau, qu'il n'avait cessé de traîner derrière lui et le cala sur une petite berge au pied du parapet.

— Heureusement que j'ai pensé à emporter finette! — Et il sortit le fameux ciseau, jadis pied de table —. Ce parapet n'est qu'un mur, de trois pieds d'épaisseur au plus. Derrière, c'est le fossé Saint-Antoine, c'est Paris. Les pluies, les crues de la Seine ont sans doute altéré ce mauvais ciment qui date de Philippe-Auguste. Allons-y!

Et il se mit à desceller les pierres, se relayant avec son compagnon. Au milieu de la nuit, un large trou perçait le mur.

— Un dernier effort, Latude!

Un grand coup de ciseau ébranla un bloc de maçonnerie, qui roula non sans fracas de l'autre côté de la muraille.

— Enfin!

La trouée rêvée était pratiquée. Ils attendirent quelque temps, collés au parapet, de peur d'avoir ameuté les sentinelles. Crainte vaine. Le silence régnait autour d'eux.

— Il était temps! La lune se dégage. Le mois de mars allait nous jouer ce tour. On va voir clair comme en plein jour... Presse-toi!

On fit les honneurs du passage au porte-manteau; et puis Latude s'y glissa; enfin d'Alè-gre. Et ils tombèrent dans les bras l'un de l'autre, pleurant malgré eux, émus au delà de toute expression.

*
* *

— Eloignons-nous de notre trouée, c'est peut-être prudent! dit d'Alègre, se dégageant le premier de cette étreinte. D'ailleurs, c'est le moment d'utiliser nos vêtements. Tout mon pourpoint me gèle sur le corps.

Les robes de chambre dont ils avaient eu soin d'envelopper leurs habits dans le porte-manteau les avait garantis de l'humidité. Ils se changèrent, l'un servant de valet de chambre à l'autre, car leurs mains tout écorchées et raidies par le froid leur venaient à peine en aide.

— Et maintenant, ce n'est pas fini! soupira Latude.

— Tu n'es jamais content! Si tu veux, il est encore temps de remonter en haut revoir M. de Saint-Marc?

— Mais, mon pauvre ami, qu'allons-nous faire? Tu es marseillais, tu connais mal Paris, dit Latude. Moi je ne peux pas me montrer dans le quartier Saint-Antoine ou près de la porte Saint-Martin, les seuls endroits où je puisse espérer quelque secours. Et si nous n'avons pas agi avant deux heures toute la maréchaussée de France est à nos trousses.

— C'est le mardi gras, dit Latude. Il y a des gens heureux. Toute une troupe passait en dansant sur le boulevard, en haut du fossé.

Des chansons et des cris interrompirent leur dialogue.

— Et heureux pour notre bonheur, répliqua d'Alègre, en faisant brusquement des gambades presque aussi sincères que celles des joyeux vivants dont les silhouettes cocasses se profilaient au-dessus de leurs têtes. Oui, mon cher! c'est le mardi gras, nous n'y avions pas pensé. Parmi tous ces pierrots, ces scaramouches, ces arlequins, ces diables et ces bergères, il y a peut-être moyen de se perdre!

En un tour de main, il eut déplié les robes de chambre — un peu humides — que contenait le porte-manteau. Il en prit une, la verte, et força Latude à endosser l'autre, rouge à fleurs bleues.

— Maintenant, noue ton mouchoir sur ta tête; fais une belle grimace, te voilà mandarin chinois! Et moi, avec les cordons de mon pourpoint, mon jabot et le nœud de ma perruque, il me semble que je viens de me confectionner un costume de prince hindou comme on n'en voit pas aux ballets de l'Opéra! Suis-moi!

Ainsi affublés, ils gravirent enfin le fossé et déambulèrent par le faubourg Saint-Antoine. Un fiacre passa; ils le hélèrent.

— Rue du Coq! lança le mandarin Latude. Et ils grimpèrent tous deux dans la guimbarde.

— As-tu songé, d'Alègre, dit Latude comme le fiacre s'ébranlait, que nous n'avons pas sou vaillant?

— Bah! après nous le déluge, comme dit le roi.

Latude revit pour la première fois depuis que M. de Saint-Marc était venu très poliment l'en arracher, la petite impasse de la rue du Coq, la petite porte encadrée de briques qu'il avait tant de fois franchie ayant Annette à son bras.

— Tiens, elle n'était plus verte, la porte, mais marron. Descends, d'Alègre, c'est là. Frappe, et demande M. Binguet. Tu monteras un petit escalier de bois sur ta gauche. Il a douze marches. Prends garde, la troisième est ébréchée!

Les souvenirs revenaient à lui aussi précis que s'il avait quitté sa mansarde la veille.

D'Alègre obéit. Le nez collé à la vitre du fiacre, méconnaissable sous son déguisement de fortune, mais craignant cependant de se dévoiler, Latude épia. Et il fut heureux, très heureux quand il reconnut la silhouette empâtée de Mme Coquebin dans l'entrebâillement de la porte. Rien n'avait changé jusqu'ici que la couleur des peintures. Mme Coquebin était en bas. La fleuriste blonde certainement à droite : il voyait son écriteau; et en haut, à gauche, il y avait Binguet.

Mais pourquoi d'Alègre parlemente-t-il? Qu'est-ce qui se passe?

— M. Binguet, mon bon monsieur, glapissait Mme Coquebin, on n'a pas idée de me réveiller pour cela? Vous avez trop bu au bal de l'Opéra. Allez vous coucher. M. Binguet, Etes-vous du temps du Régent? Il y a beau jour qu'il n'est plus là!

— Mais où est-il? ripostait d'Alègre. Je vous assure, ma bonne dame, que c'est très sérieux...

— M. Binguet? Il tient la grande boutique d'apothicaire « A la Belle rhubarbe », en face du Pont au Change. Tout le monde sait ça dans le quartier!

Et elle lui claqua la porte au nez.

D'Alègre retourna au fiacre :

— « A la Belle rhubarbe »! A l'angle du pont au Change, lança-t-il au cocher.

C'était une boutique somptueuse que la « Belle rhubarbe ». Un pignon sur rue, d'au moins trente pieds de long; des pancartes alléchantes en belles lettres d'or, dominant l'étal : « Ici l'on purge, ici l'on saigne; guérissez vos dents! guérissez vos cors! » Et au-dessus de la porte, une étonnante fleur en tôle découpée, qui tenait de l'œillet et de la marguerite et voulait se faire passer pour une rhubarbe couronnait le nom de Binguet.

— Diable, fit d'Alègre, tu choisis tes relations!

— Binguet! Binguet! répétait Latude extasié. Binguet dans une boutique dorée?

Mais ce n'était pas le moment de philosopher sur la différence des destinées et même sur l'ingratitude des amis.

Ils frappèrent à la porte. Un jeune garçon en costume de nuit vint ouvrir.

— Monsieur Binguet,

— Il dort! Inutile d'insister. On est venu le chercher trois fois la nuit dernière... Vous repasserez dans la matinée!

— Mais c'est urgent; c'est un malade qui se meurt. Il faut une saignée. Allez secouer votre maître. Dites-lui que c'est de la part de M. Latude.

Le gamin courut, à regret. Il revint au bout d'un instant.

— Mon maître, messieurs, vous fait dire, récita-t-il, en les mettant dehors, qu'il n'a jamais connu de M. Latude et que si vous insistez pour le voir, il appelle le guet!

Les deux malheureux remontèrent en fiacre. On entendit Latude dire au cocher d'une voix qui réprimait des sanglots :

— Chez Annette, blanchisseuse, en face la porte Saint-Martin.

C'était son dernier espoir. Chez Annette tout était clos. Une voisine qui se rendait à l'office leur annonça que cette pécore avait passé deux mois à la prison de Saint-Lazare pour s'être compromise dans un complot avec un évadé de la Bastille et que depuis elle roulait de cabaret en cabaret.

C'est une loque que d'Alègre installa à côté de lui dans le fiacre. Il se fit conduire à Saint-Roch et le long du trajet il entendit Latude qui pleurait tout doucement sur son épaule.

VIII

— Attendez-nous là, pendant l'office, dit d'Alègre au cocher qui venait d'arrêter son cheval devant les marches de Saint-Roch.

Il s'était défait de son accoutrement et avait forcé Latude à en faire autant. Prenant son ami par le bras, il entra dans l'église, où l'on disait la première messe. Une seconde après, il sortait par la porte latérale de l'impasse Saint-Roch.

— Voilà comment on paie les fiacres! Allons, réveille-toi, Latude, nous n'en sommes pas à un malheur près, le jour où commence notre bonheur. Nous laissons une charmante trace derrière nous : M. Berryer, M. de Saint-Marc, le porte-clefs, les sentinelles et le cocher de fiacre doivent commencer à entonner de belles litanies! Avant deux heures, il faut que nous roulions sur une grande route, et au galop!

— Mais l'argent, l'argent!

— Attends, que diable!

Par les ruelles ils gagnèrent le quai aux Orfèvres. Les boutiques commençaient à s'ouvrir. Chez un juif, d'Alègre échangea sa montre d'or, une bague qui lui venait de sa mère et une médaille de saint Jacques, contre quarante écus.

— Bah! j'en aurais bien tiré soixante en marchandant, si j'avais eu le temps! Mais ce n'est pas notre cas. Bonsoir, Paris!

Ils achetèrent chez un fripier deux chapeaux usagés et des vestes de toile.

— Nous voilà paysans de Picardie, mon bon Latude!

Et une heure plus tard, les deux complices ayant pris la diligence rue de Valois roulaient sur la route d'Amiens.

Au relais de Senlis, ils décidèrent de se séparer, pour dépister, s'il en était besoin, leurs poursuivants. Ils ne le firent pas sans une vive émotion. Se reverraient-ils jamais? Ils se donnèrent rendez-vous à Bruxelles, à l'hôtel du

— On a promis trois cents écus à qui le retrouvera.

Coffi, que Latude avait jadis fréquenté quand il était aux armées. Et de la fenêtre de l'auberge où il était resté, Latude eut un nouveau chagrin en voyant s'éloigner la diligence qui emportait son ami. Il avait comme un pressentiment qu'il l'avait perdu pour toujours...

Il avait décidé de suivre son compagnon à deux jours de distance. Le lendemain, au dîner, il dressa l'oreille en entendant trois voyageurs déposés par le courrier de Paris parler d'une grande affaire d'évasion, de descentes du lieutenant de police dans tous les quartiers de Paris.

— On a promis trois cents écus à qui le retrouvera, disait un marchand de cochons. Ah! si je savais où il est!

Latude faillit s'étrangler avec une arête de carpe.

— Comment les appelle-t-on? demanda l'aubergiste.

— Mais c'est le fameux Latude et un de ses compagnons. Vous savez bien, Latude, l'empoisonneur de la marquise.

— Latude! Allons donc, il y a longtemps qu'il est mort!

— Je le crois aussi, surenchérit Latude de sa table.

Le soir, prétextant un violent mal de tête, il se fit monter son souper dans sa chambre, et, la nuit, il résolut de découcher. Quand toutes les lumières furent éteintes, il se déchaussa et descendit lentement l'escalier qui donnait dans la grande salle, prêt à se glisser dehors par les écuries. Il n'eut pas cette peine, le veilleur ronflait. La grand'porte lui était accessible; mais sur le seuil une idée lui traversa la tête; il revint vers le dormeur que, tout doucement, il fouilla. Ravi d'avoir trouvé un acte de baptême et une pièce de procès, il quitta l'auberge et à travers champs regagna la route de Cambrai, au relai de Creil, où il prit la diligence.

A Cambrai, le soir, sa confiance fut mise à nouvelle épreuve. Un lieutenant de la maréchaussée qui se mêlait à toutes les conversations des voyageurs, lui demanda sans préambule :

— D'où êtes-vous ?

— De Digne, répondit Latude, comme il eût dit Anvers ou Madrid.

Il s'en repentit en entendant le lieutenant lui répondre :

— De Digne ! J'y suis resté dix-huit ans.

Mais alors vous connaissez le sergent Dupic?
et Mme Gauthier? et le vieux père Lelong?

— Heu!... Mme Dupic?... le père Gauthier?... Attendez... attendez...

Latude n'avait jamais dépassé Lyon et
Grenoble. Sans se démonter, il rumina encore :

— M. Lelong... Mais depuis combien de
temps avez-vous quitté Digne?

— Depuis vingt ans l'été passé.

— C'est donc cela, je n'étais alors qu'un
enfant. Sans doute les personnes dont vous me
parlez sont mortes. Et, coupant court à cette
dangereuse conversation, il héla un valet qui
sortait de l'écurie.

— Holà! as-tu vu ma malle? ne l'oublie
pas!

Et il partit, l'air très affairé. Sans autres encombres, il passa la frontière, en exhibant l'acte
de naissance et l'extrait de procès au nom de
Sébastien Bourrat, garçon d'auberge à Senlis,
natif de La Motte-Beuvron.

A Bruxelles, il se rendit à l'hôtel du Coffi,
en face de l'hôtel de ville, sur la grand'place,
et il apprit avec effroi qu'on n'avait vu aucun
paysan picard dans le courant du mois.

Son dernier appui, sa seule raison de vivre

pour l'instant, c'était d'Alègre, le compagnon de misère avec qui il avait fait tant de projets d'avenir. S'il n'était pas à l'hôtel du Coffi, il ne faisait certes pas un voyage d'agrément en Belgique. La vérité ne lui apparaissait que trop nette.

L'usage était alors que tous les voyageurs arrivant à Bruxelles vinssent donner leur nom à l'hôtel de ville. Latude-Bourrat s'y rendit le soir même et ne put résister au désir de demander à l'officier s'il n'avait pas vu quelque voyageur français arrivé l'avant-veille.

— Comment était-il? demanda brusquement l'officier, en regardant fixement Latude.

— Petit, gros, très âgé, avec une longue barbe grise, répondit Latude en défigurant autant qu'il était possible la silhouette du pauvre d'Alègre.

— Eh bien, on ne l'a pas vu; il n'est venu de Paris qu'un grand, maigre, échappé de la Bastille. On l'y a renvoyé le soir entre deux exempts...

*
* *

Latude se garda bien de rentrer à son hôtel et flâna dans la ville comme un chien battu.

La faim le força, très tard, à entrer dans une auberge du quartier de Sainte-Gudule. Un étrange spectacle s'offrit à ses yeux. Etendu sur une table, un gros homme râlait. Autour de lui, tournaient, en poussant des cris divers, les servantes et les buveurs.

— Qu'est-ce qui se passe? demanda-t-il.

— Oh! mon bon monsieur! glapit l'hôtelière. Il dînait là tout tranquillement d'un filet de brochet et tout à coup il s'est mis une arête en travers de la gorge. Bien sûr qu'il va passer!

— Faites voir, dit Latude, écartant les gens. Il se souvint qu'il avait été aide-chirurgien. Il s'approcha du patient qui, rouge comme une écrevisse, soufflait comme un phoque et roulait des yeux effrayants.

— Une cuillère, vite, commanda Latude.

Introduisant le manche de l'instrument dans le larynx du malheureux, il eut tôt fait d'extraire la cause de tant d'alarmes.

Le calme se rétablit dans la salle de l'auberge, dont Latude fut roi, ce soir-là.

L'opéré était un hollandais, marchand de tulipes, qui retournait dans son pays en revenant des foires de Douai. Il témoigna à Latude la plus tendre reconnaissance.

— Vous m'avez sauvé, dit-il. Que puis-je faire pour vous?

— Oh! je serai franc. Je suis un pauvre paysan picard, qui me rends à Amsterdam pour voir une tante à l'agonie. Je n'avais aucune idée des frais de voyage. J'ai vingt sols en poche et suis à mi-chemin... Une place dans votre voiture sera le plus beau cadeau que vous puissiez me faire.

Allant de marché en marché, de foire en foire, dans la charrette du marchand de tulipes, bien nourri et bien logé, Latude traversa la Belgique et atteignit Anvers.

Chez un prisonnier traqué, épié, sauvant sa vie à chaque instant, la sensibilité s'émousse. Certes, il lui était sympathique, ce brave fleuriste hollandais, mais il avançait trop lentement, au trot de sa carriole, dans les plaines du Brabant; et les considérations sur le prix des tulipes, les variétés de jacinthes, les méfaits de la gelée dont il accablait Latude, laissaient ce dernier assez froid.

Sa pensée était ailleurs. Maintenant que ses premiers énervements faisaient place à de la fatigue, il revoyait un à un tous les acteurs de ces dernières journées tragiques : Binguet, l'ami de toute sa jeunesse, maintenant riche bourgeois de Paris, qui l'avait fait chasser par ses laquais; Annette, devenue fille publique, et d'Alègre, à qui il devait sa liberté, peut-être mort à l'heure actuelle, ou dans un sous-sol de la Bastille, ce qui est pire. Et tout cela parce qu'un beau matin, il avait, dans un égarement de jeunesse, envoyé de la poudre d'alun à la maîtresse du roi de France.

Il lui fallait de la solitude et, à Anvers, un matin que son horticulteur était au marché, il prit, avec les quelques sous qui lui restaient, le bateau qui, chaque jour, se rend à Amsterdam.

Dans le grand port hollandais, il longea les quais. Il avait son plan. Un armateur faisait embarquer sur un navire marchand des barils de graisse. Latude s'approcha de lui et se découvrant :

— Avez-vous besoin d'un aide? fit-il.

— On a toujours besoin d'un aide, quand on ne le paie pas, répondit cet homme.

— Ce sera mon cas, approuva Latude, si vous pouvez me nourrir pendant le trajet.

— Alors, mets-toi à la besogne. On part à la nuit. Il y a tout cela à charger avant.

Et le marin désigna à Latude épouvanté un tas de vingt-quatre barils hauts chacun comme un homme. Déjà il s'éloignait. Latude lui demanda encore, comme accessoirement :

— Et où part-on ?

— En Floride !

— Bon, dit simplement Latude.

Que lui importait ? L'Australie, les Amériques ou le Pôle Nord ? Tous les endroits étaient bons que ne fréquentaient pas M. de Saint-Marc et la marquise de Pompadour.

Tout l'après-midi, sous une pluie battante, il roula les foudres sur le plan incliné, jusqu'au pont du vaisseau. La fatigue physique lui faisait oublier ses peines. Puis, à la nuit, avant le départ, il voulut demeurer un peu sur terre, fouler une dernière fois ce sol qui ne le séparait de son pays natal que par des lignes de convention.

Il s'assit sur un rouleau de cordages, prit sa tête dans ses mains et resta là sans penser. Une cloche le fit tressaillir : l'annonce du départ. Déjà il s'élançait sur la passerelle lorsqu'une main vigoureuse le saisit au collet. Il se retourna et crut tomber dans le Zuyderzée en reconnaissant sous les hardes de trois marchands arméniens, Saint-Marc, Pinson et un porte-clefs de la Bastille. Saint-Marc éleva jusqu'au visage de Latude une lanterne qu'il tenait à la main.

— Comme on se retrouve! fit-il.

Les deux acolytes saisirent chacun le malheureux par un bras. Il n'y avait pas à lutter.

IX

La disparition du prisonnier avait été accueillie au Châtelet et à la Cour de France comme une déclaration de guerre. Le soir, le jeu du roi avait été supprimé. Mme de Pompadour avait décrété qu'elle ne mangerait que des œufs à la coque, ainsi que le roi, avant qu'on n'eût remis la main sur Latude. Louis XV, qui avait bon appétit, la trouvait mauvaise. Les courriers partirent de Paris pour faire surveiller tous les ports de France et, comme pour une affaire d'Etat, les ambassadeurs près le gouverneur des Pays-Bas, des Provinces Unies de Hollande et de Sa Majesté Catholique d'Espagne, demandèrent l'aide de la police étrangère.

La favorite immolait à ses rancunes personnelles le prestige éterhel de la France.

Saint-Marc et Pinson sachant par expérience que c'est vers les Pays-Bas que couraient le plus aisément les évadés, avaient pris
au galop de leurs chevaux la route de Bruxelles.
Le prince Charles d'Autriche, gouverneur des
Pays-Bas, que liaient les nécessités de la politique européenne, dut livrer aux policiers de
Louis XV les secrets des registres de l'hôtel
de ville de Bruxelles. Et c'est ainsi qu'une première cueillette fut faite : celle du malheureux
d'Alègre, que l'on renvoya au bercail, dans un
cachot de la Bastille.

Lorsque M. de Saint-Marc eut appris qu'un
paysan picard s'était enquis de l'identité des
voyageurs de la chaise de poste de Cambrai,
que ce paysan exhibant des papiers au nom de
Bourrat était grand, maigre, aux yeux bleus,
aux cheveux très bruns, il comprit qu'il ne re-
viendrait pas bredouille de sa seconde partie
de chasse. L'étroite surveillance des policiers
belges n'avait pas laissé passer inaperçu l'em-
barquement à Anvers du même paysan à
veste grise. C'était désormais en Hollande qu'il
fallait opérer. Mais là, la tâche était plus rude,
le gouvernement des Provinces Unies se pliant
moins aisément que le gouverneur de Belgique

— *Comme on se retrouve fit-il.*

aux caprices de la cour de France. C'est donc déguisés en marchands arméniens que les policiers français firent le guet sur le port d'Amsterdam à la recherche d'un chirurgien déguisé lui-même en vilain de Picardie!

Et Latude fut ballotté d'Amsterdam à Anvers, d'Anvers à Bruxelles; il refit à rebours le chemin parcouru la semaine précédente avec tant d'espoir. Quand il roula à nouveau sur les routes françaises, il regretta amèrement la petite goélette qui voguait maintenant, toutes voiles dehors, vers les cieux libres des Amériques.

Il se retrouva enfin à la Bastille, pieds et poings liés cette fois, au fond du plus humide des cachots, sur la paille, sans couverture. Cet horrible supplice dura douze journées après lesquelles M. de Saint-Marc vint lui demander s'il préférait qu'on lui déliât les mains ou les pieds.

— Les pieds, les pieds! hurla Latude, que d'atroces rhumatismes torturaient. Il étendit ses jambes engourdies, tuméfiées au-dessus des chevilles par l'étreinte des fers, et passa deux jours avant de pouvoir mettre un pied devant l'autre.

Mais que faire dans ce cercueil de dix pieds de long sur six pieds de large, dans une obscurité presque complète? Comment ne pas sangloter comme un enfant lorsque la faible lueur qui vous éclaire à midi et semble être votre seule raison de vivre, diminue pour annoncer une nuit interminable.

M. Berryer était encore à la Bastille. Il avait reçu de M. d'Argenson une verte semonce, on lui avait recommandé cette fois « de ne pas entourer le criminel de prévenances dignes d'un ambassadeur ». Mais Berryer, en se rendant au corps de garde, passait chaque matin devant le soupirail du cachot de Latude d'où s'échappaient des sanglots. Il ne crut pas désobéir au roi et à la cour en libérant les mains du prisonnier. L'expiation lui semblait suffisante. Et Latude, certes, ne songeait pas à se servir de ses mains pour inquiéter ses geôliers. Il avait fait son deuil de tout ce qui, sur terre, était en dehors des murs de la Bastille.

Et comme à l'intérieur, il n'y avait comme compagnons habituels que M. de Saint-Marc et les rats, c'est vers ces derniers qu'allait toute sa sympathie. Un jeune surtout, un enfant de l'année, tout gris, avec de petits yeux de braise, effronté comme un coq, venait lui disputer les fragments de son pain dur. Amusé, Latude favorisa ce manège, attira l'animal, le mit en confiance, lui réserva la croûte qu'il semblait préférer. Et les gambades du petit rongeur arrachèrent au prisonnier son premier sourire depuis un mois. Il y avait un être vivant auprès de lui, qui avait besoin de lui, qui semblait l'aimer. Il apprivoisa la bête complètement, la baptisa Pompadour, l'habitua à venir à l'appel de son nom, lui fit sauter des brins de paille. Et puis le petit rat devint grand, le mordit un jour jusqu'au sang; il le chassa et boucha avec de la terre le trou par où il lui rendait visite.

— Encore un ami de perdu, pensa-t-il.

La Seine commençait à monter. Les infiltrations inondaient peu à peu les cachots. M. Berryer fit transporter Latude dans une casemate de la tour de Paris. Il devait y rester six mois, sans un livre, sans une plume, sans une feuille de papier.

Il usa les heures effroyables en confectionnant une flûte à l'aide d'une brindille de sureau, trouvée dans sa cheminée, en attirant sur sa fenêtre les pigeons du voisinage. Puis la rage lui vint d'écrire. Sur une brique disjointe du seuil de sa porte, il grava à l'aide d'une fourchette une supplique déchirante à M. Berryer.

Il la remit au porte-clefs et la vit avec effroi passer dans les mains de M. de Saint-Marc qui veillait à la porte. Le porte-clefs fut changé le lendemain. Alors, toujours avec sa fourchette, il se perça la veine du poignet, et, se servant d'un fétu de paille, traça une sanglante prière sur un coin de son mouchoir. Et quand la ronde passa sous sa fenêtre, il lâcha dans le vide son étrange message. Le dernier soldat le ramassa; il n'en eut jamais de nouvelles.

Avec de la suie, avec du sang, il écrivit sur une tranche de son pain ces mots déchirants : « Monsieur Berryer, depuis six mois je veux vous voir. Tuez-moi ou venez. » Puis il guetta trois jours; il guetta l'homme en qui il espérait une dernière fois; il poussa un grand cri en le voyant traverser la cour et lui lança son inscription. Quelques instants après, Saint-Marc fut convoqué dans le bureau de Berryer.

— Qu'est-ce que c'est que cette histoire? Je n'ai jamais refusé de papier à Latude!

— Mais, monseigneur...

— Qu'il puisse écrire, que diable! Nous ne sommes pas des bourreaux!

Alors Latude, gratifié d'encre et de papier, fut pris d'un débordement épistolaire inimaginable. En une nuit, décidé à faire flèche de tout bois, il écrivit une supplique au chancelier, une lettre navrante à Mme de Pompadour, quatre pages de reproches à Binguet et deux mémoires au roi qu'il avait médités pendant ses temps de cachot, l'un sur l'état des armées, l'autre sur la manière d'exploiter les colonies. On en tira peut-être quelques idées au conseil des ministres, mais il n'en sut rien et les avis donnés à Louis XV demeurèrent sans réponse, comme toutes les épîtres de Latude.

A partir de ce moment, il eût voulu mourir, sincèrement, et c'est par un raffinement de cruauté, lui sembla-t-il, que l'on ne laissait traîner aucun objet de fer dans la cellule d'un embastillé.

****

Un jour qu'il était accoudé à sa fenêtre, qui dominait les premières maisons du faubourg Saint-Antoine, il vit à une lucarne une personne qui faisait de grands gestes. La distance était assez grande; il crut tout d'abord que les signaux s'adressaient à un passant. Trois fois, il s'éloigna de sa fenêtre; trois fois les bras cessèrent de s'agiter. Trois fois il y revint, et les

signaux reprirent de plus belle. Il regarda fixement, en clignant les yeux et avec effarement;
il lui sembla reconnaître les cheveux blonds
d'Annette. Il passa un bras entre ses grilles et
agita la main; le même geste lui répondit. Plus
de doute désormais. Il l'avait maudite souvent,
la pauvre fille, mais elle avait tant à lui reprocher de son côté, qu'il eût fait l'impossible pour
communiquer avec elle. Il fallait pour cela qu'il
descendît de deux étages. Le jour même il s'ali-
ta, se plaignant d'un violent mal de jambes. Il
écrivit à M. Berryer qu'il souffrait le martyre,
que le froid qui régnait dans cette pièce, en
haut de la tour, l'aurait conduit à la tombe
avant huit jours; qu'il le suppliait d'avoir pitié
de lui. Et progressivement, il augmenta ses dou-
leurs jusqu'à pousser des cris déchirants. Un
soir, enfin, on le transporta dans la grande
salle du premier étage, où l'on parquait les
malades. De là, cent pieds à peine à vol d'oiseau le séparaient de la lucarne, où il mettait
toute son espérance. Il était seul dans la pièce
pendant une heure, quand deux autres malades
se promenaient au soleil, dans la cour. Il en profita pour faire connaître à Annette son nouveau
domicile. Elle lui répondit en étendant devant

elle un grand papier, sur lequel étaient écrits trois mots en lettres hautes d'un pied. Il comprit que c'était les premiers termes d'un message. Le lendemain, à la même heure, trois mots nouveaux apparurent à la fenêtre. Il en fut ainsi les jours suivants. Il fallut près d'un mois pour que l'ancienne blanchisseuse fît comprendre à Latude, sans alerter les sentinelles, qu'elle logeait dans le quartier depuis trois ans uniquement dans l'espoir de le revoir. Latude n'avait pas de quoi lui répondre par les mêmes moyens. Et comment, à cent pieds de distance, exprimer les sentiments confus d'attendrissement et de reconnaissance envers la femme que l'on a chérie dix ans de sa vie!

Ainsi c'était pour lui, pour le sauver, qu'elle avait subi l'infamie de Saint-Lazare et qu'elle avait ensuite traîné dans ce quartier Saint-Antoine, dans les bouges et les cabarets qui bordent le faubourg ou s'accrochent aux flancs de la forteresse. C'est dans l'espoir d'entendre un jour prononcer son nom qu'elle s'était donnée aux porte-clefs de la Bastille et aux soldats du corps de garde.

Latude n'avait jusqu'à ce jour été qu'une victime. L'idée qu'un être souffrait par lui le révolta. Il n'eut plus désormais que des gestes brusques et des réponses brutales à l'adresse de ses geôliers. Un soir, à l'heure de la ronde, il se jeta même sur M. de Saint-Marc et le saisit à la gorge. Il fallut une fois de plus la tolérance de M. Berryer pour l'empêcher de retourner au cachot.

Au début d'avril 1764, en venant le fouiller, un porte-clefs lui dit :

— Monsieur Latude, écrivez à Mme de Pompadour !

— Plutôt mourir, riposta le prisonnier. Et de quoi t'occupes-tu ?

Le lendemain, le geôlier insista :

— Monsieur Latude, avez-vous écrit à Mme de Pompadour ?

— Mais pourquoi ? demanda Latude exaspéré.

— Je ne peux pas vous en dire plus, dit l'autre en se retirant.

Latude avait écrit, il y avait cinq ans, à la Marquise, il y avait deux mois encore. Elle connaissait ses souffrances ; elle s'en vantait certainement. Il eût préféré finir sa vie en Bastille plutôt que de s'exposer une autre fois peut-être à ses sarcasmes.

Et le soir, il crut rêver en voyant Annette brandir de sa fenêtre une blanche pancarte sur laquelle on lisait : « Mme de Pompadour est morte. »

Si incompréhensible que cela puisse paraître, il en éprouva un grand coup. Le sentiment le plus subtil l'avait lié à cette femme. Elle avait décidé de son sort, c'est-à-dire de ses souffrances, et pas un instant il n'avait cessé de penser à elle. Ah! si elle avait voulu être clémente, il se serait fait tuer pour elle; il le lui avait écrit de Vincennes : c'était vrai. Quelle tendresse respectueuse et magnifique eût entraîné ce beau geste! Maintenant Mme de Pompadour était morte... Sans doute, il eût pu espérer une grâce *in extremis*, en écrivant comme le lui avait conseillé le porte-clefs. Mais il ne regrettait pas de ne pas avoir lié son bonheur à ce deuil. Et maintenant, qu'allait-il devenir? Allait-on l'oublier, ou le relâcher avec les mille ennemis de la favorite qui croupissaient dans les prisons d'Etat. Il attendit deux semaines en vain, ne répondant que par des haussements d'épaule aux questions écrites et lointaines d'Annette. On l'oubliait. Alors, il écrivit à M. de Sartine, lieutenant de police, qu'il savait que la marquise était morte et qu'il attendait maintenant la justice.

Toute une troupe envahit le lendemain sa chambre. M. de Sartine lui-même était là, entouré de Saint-Marc, de Berryer et d'exempts.

— Par qui connaissez-vous la mort de la marquise? demanda de Sartine sur un ton qui exigeait une réponse précise.

Latude eût préféré être roué en place de Grève que de le dire. Il joua le fou.

— J'ai eu un rêve, Monseigneur, il y a quinze jours. Ma mère se penchait sur moi et me disait : « On veut faire mourir la marquise. Cours à Versailles. » Je me réveillai tout en sueur. Le lendemain, nouveau rêve, dans lequel la vie de Mme de Pompadour était menacée. Et ainsi de suite jusqu'au 7 avril, où subitement, sur le coup de minuit, j'entendis comme un grand cri. J'étais certain que mon ennemie n'était plus.

— Eh bien! glapit de Sartine, vous n'y gagnerez rien, car on ne remet pas les fous en liberté! J'en ai assez entendu parler de Latude. Envoyez-le n'importe où, qu'on ne le voie plus!

Et il sortit, entraînant à sa suite la troupe des

policiers. Quelques instants après, M. Berryer revint tout doucement, comme un voleur :

— Vous voyez, Latude, où vous conduisent vos folies? Vous lasseriez un capucin... Vous partirez demain pour Vincennes. Et trouvez-vous heureux encore.

Puis le brave homme, que Latude ne devait plus revoir, lui tendit la main en signe d'adieu.

Et Latude retrouva le donjon de Vincennes. Le premier soir, machinalement, il courut à sa fenêtre, comme il faisait les jours derniers, à la Bastille. Et dans le paysage banal de la campagne parisienne, qui s'étalait devant lui, il chercha en vain la petite lucarne qu'illuminaient chaque soir les cheveux blonds d'Annette, porteuse d'un grand message blanc.

X

Il est étonnant, presque incroyable de constater que Latude s'échappa une seconde fois de Vincennes de la façon la plus simple du monde. A ce prisonnier qui avait dû jadis percer des murailles et fabriquer des cordes avec ses caleçons, il suffit de dire un soir de brouillard intense à la sentinelle qui le menait aux cabinets :

— Comment trouvez-vous ce temps-ci ?

— Fort mauvais, sans doute !

— Moi, je le trouve très bon pour m'en aller...

Et il disparut dans la brume. Il connaissait les lieux. Il escalada le mur nord entre deux sentinelles qui ne soupçonnèrent même pas sa présence. Entre trois, il remonta le parapet, et,

butant à chaque pas, il gagna la route de Paris.
Il écrivit à Annette, de l'auberge des Deux
Epis, près de la porte Saint-Martin, car il ne
pouvait guère songer à déambuler sous les
murs de la Bastille. Et puis il écrivit aussi à
M. de Choiseul, ministre de la Guerre :

« Monseigneur, je vous ai fait parvenir l'an
« passé un projet militaire où j'ai mis toute
« mon âme, ne cherchant que le bien de l'Etat
« et la gloire de mon roi. Je suis libre à cette
« heure; mais demain vous pouvez me repren-
« dre si vous le voulez. J'espère en votre bonté,
« Monseigneur. »

Et crânement, bravement, il inscrivit en bas le
nom de l'auberge qui l'abritait. Il avait confiance
réellement dans la grandeur d'âme d'un grand
seigneur.

Trois heures après, un garde-française à cheval s'arrêtait devant les Deux-Epis, porteur
d'un pli pour le sieur Latude. Il lut avec une
joie ineffable : « Venez ce soir au petit Châ-
« telet. Vous y trouverez la récompense qui
« vous est due. » Le timbre de l'intendance
ornait le bas de la lettre. Il courut au lieu indiqué. La lourde grille du Châtelet s'ouvrit
devant Latude; elle roula sur ses gonds une

seconde fois quelques instants plus tard pour le laisser passer encadré de quatre sergents de police. La pauvre Annette, moins alerte que le garde-française, arriva à la nuit aux Deux-Epis et attendit vainement jusqu'à l'aube le retour de son bien-aimé.

On avait en haut lieu essayé depuis vingt ans de tous les moyens pour faire taire Latude. En vain. M. de Sartine, résolu d'en finir, s'aida du plus odieux des mensonges. Il jura ses grands dieux que Latude était fou, fou furieux, que Quesnay, médecin du Roi, et M. Berryer le lui avaient répété maintes fois. Affirmation aisée : Quesnay n'était plus depuis trois ans et M. Berryer, jugé trop clément pour ses pensionnaires, avait reçu l'ordre, l'été passé, de gagner la Provence, son pays natal, et d'y finir ses jours. C'est de Charenton, que relevait maintenant Latude, de l'hospice des fous dangereux. De la Bastille, de Vincennes, on sort parfois; de Charenton, jamais. La raison du plus sensé s'émousse au contact des déments. Mieux vaudrait être enterré vivant. La sensibilité de Latude fut, en effet, dès le premier jour, soumise à un choc effroyable. Un homme poussait des cris de bête dans un coin de la salle de l'asile. Avec un mouvement d'effroi, le nouvel arrivé se retourna. Il lui sembla que ces déments couraient autour de lui, qu'un gouffre s'ouvrait sous ses pas. Il venait de reconnaître d'Alègre, mais dans quel état! Ses cheveux devenus gris, sa barbe poussée lui cachaient la moitié de la figure; des rides atroces creusaient ses joues; un rictus effrayant tordait sa bouche. Latude se précipita.

— D'Alègre, d'Alègre, toi ici?

Il le prit dans ses bras. Le malheureux interrompit ses hurlements et regarda fixement Latude.

— Voyons, tu me reconnais bien? Latude! Latude, de la Bastille?

Et comme pas un pli ne bougeait sur la figure de son ancien compagnon, il prit peur et, des larmes dans la voix, reprit :

— Latude, tu sais bien, voyons, rappelle-toi!

Mais l'autre, l'écartant de la main d'un geste qui voulait être majestueux, passa en murmurant :

— Ne me touchez pas! Je suis Dieu.

Latude s'abattit comme une masse, secoué par des sanglots. C'est là donc où finissaient

— D'Alègre, D'Alègre, toi ici?

— Pour qui est-ce?

— Pour ma fiancée! sanglota Latude. Ecrire, ça me console un peu et mes lettres s'arrêtent à la porte, j'en suis sûr.

Sans rien dire, Ducrot plia le papier, le cacheta et le glissa dans sa poche.

— Celle-là parviendra, mon bon Latude, fit-il.

Et peu à peu, l'amitié naquit entre les deux hommes. Ducrot se fit de temps en temps, quand se relâchait la surveillance, le commissionnaire de son malade. Un jour, sous le préau, Latude le prit à part.

— Ducrot, les lettres mises par tes soins à destination de Versailles n'ont rien fait. Si nous continuons, on s'en inquiètera. Voici mon dernier espoir. Un mot, le plus triste de tous, au président de la Tournelle, que l'on dit bon et influent au Parlement. Porte-le toi-même, Ducrot, je t'en prie. Si je n'ai pas de réponse de celui-là, il se pourrait bien que je prenne ma fenêtre du second étage pour une porte et que tu me ramasses demain sur les carreaux de la cour. A un fou, c'est un geste permis...

— Tais-toi, fit Ducrot brusquement, j'y vais.

*****

Ducrot partit de Charenton à midi. Il faisait chaud. Il prit de la fraîcheur et du vin nouveau dans plus d'une auberge de Saint-Mandé. La nuit le surprit aux Trois-Maillets, aux portes de Paris. Il visita encore l'Ane-rouge, le Pot-d'étain, le Pommier-couronné et le Vin-du-Pape. Quand il fut au Petit-Pont, il n'y voyait plus guère, il prit le Louvre pour le Châtelet... Au petit jour le gué le ramassa dans le fossé de la rue des Prêtres-Saint-Germain-l'Auxerrois.

Il suffit de peu d'instants, à l'aube, pour changer l'aspect des rues de Paris. Les cabarets se ferment, les derniers buveurs rentrent chez eux ou sont cueillis par la maréchaussée lorsque s'ébranlent les premières cloches : Saint-Germain, Saint-Merri, Saint-Jacques-de-la-Boucherie appelaient au premier office, et c'est une petite mercière du quartier qui, se rendant à la paroisse, ramassa sur le pavé la précieuse lettre au président de la Tournelle, égarée par le trop peu sobre commissionnaire.

Elle avait nom Legros, cette brave mercière; elle tenait avec son mari une petite échoppe dans la rue des Fossés-Saint-Germain. Vendant au juste prix et toujours à l'affût des dernières nouveautés, elle s'était gagné une fidèle pratique dans le monde des soubrettes, des laquais, des cameristes et des portiers. On devisait beaucoup dans sa boutique : le porte-queue de M. le Cardinal de Rohan y apportait les potins de Versailles, et la chambrière de Mme d'Aiguillon y commentait les derniers scandales de la ville. N'entendant parler que carrosses, parures, fêtes et soirées d'opéra, cette bonne boutiquière s'était prise à se croire assez près de la cour. Elle rêvait d'aventures comme Mme la marquise de la Tour du Pin dont elle fournissait le valet de chambre en jabots; elle se grisait d'intrigues comme Mme Necker, dont la servante lui enlevait des mètres de ruban. Elle vivait dans l'attente de mystérieuses et merveilleuses histoires et c'était au surplus la meilleure femme du monde.

La découverte de la lettre de Latude provoqua sur ce terrain bien préparé un débordement d'agitation. Elle avait lu : « Je suis dans un cachot à dix pieds sous terre, au pain et à l'eau depuis trente-trois ans... » Elle en oublia la messe; elle rentra en courant réveiller son mari et ce matin-là, toute la valetaille du quartier récitait avec des larmes dans la voix l'épître du prisonnier de Charenton que Mme Legros leur avait lue derrière son comptoir.

La mercière était décidée à agir, mais son esprit bouillonnait trop pour arrêter un plan, et, à tort et à travers, elle ameuta toutes les rues, de la colonnade du Louvre à Saint-Eustache, du pont au Change au Palais-Royal!

Aidée de son mari, elle fit cent copies de la lettre tragique et les déposa dans tous les hôtels du faubourg Saint-Antoine. En moins d'une semaine les plus grands noms de France avaient lu la plainte de Latude. M. de la Tournelle, premier destinataire, fut le dernier averti. Tous ses parents, tous ses amis du Châtelet et du Parlement lui apportaient une lettre qu'il aurait dû être seul à connaître. Ce nouveau coup du turbulent prisonnier n'était pas sans l'inquiéter; il n'eut pas de mal à découvrir l'expéditrice de toute cette volumineuse correspondance et un sergent du Châtelet vint un beau matin prier Mme Legros de se rendre chez le Président. La brave dame n'en espérait pas tant, elle avait fait bonne besogne en moins de huit jours. Son attachement pour Latude était peu à peu devenu une passion dont tout autre que l'honnête M. Legros aurait pris ombrage. Elle sauta sur son châle, se pomponna à la hâte et courut au Châtelet d'une telle allure que l'exempt, qui en avait cependant vu d'autres, parvint derrière elle tout essoufflé.

M. le Président de la Tournelle l'accueillit assez froidement. Elle en reçut un grand choc, mais elle débita son boniment avec tant de flamme et de sincérité, qu'il n'eut pas le courage de lui en vouloir longtemps. Il lui conseilla néanmoins d'oublier M. Latude, et la fit reconduire, persuadé que c'était une folle.

Mme Legros, elle, s'en retourna persuadée que le Président de la Tournelle allait se rendre à Charenton pour délivrer son prisonnier. Elle l'annonça à toute sa clientèle, et attendit, en proie à une agitation inimaginable. Elle attendit deux semaines, en vain. Elle retourna au Châtelet, elle se fit éconduire. Alors, elle remua tout ce qu'il était possible de remuer. Elle était sans réponse de Latude à qui elle avait écrit lettres sur lettres qui, sans doute, avaient été interceptées. Un laquais du Président de Lamoignon lui ayant un jour confié que la veille, chez son maître, au jeu, on avait

parlé du prisonnier et que Mme la duchesse de
Beauvau avait pensé en pleurer, elle prit un
fiacre, courut à l'hôtel de la duchesse. Ses
relations lui firent aisément franchir l'antichambre; elle se jeta aux pieds de la maîtresse
du logis. L'entretien de ces deux femmes sensibles se termina dans les larmes. Mme de
Beauvau, au grand trot de son carrosse, emme-
nait bientôt la mercière chez le prince de Sou-
bise. Le prince ne pleura pas, mais comme il
n'avait rien à refuser à Mme de Beauvau, il
l'emmena sur-le-champ chez la duchesse de
Polignac.

— Elle est avec l'opposition, dit-il, elle seule
peut le sauver.

Cette fois, le carrosse était plein. On mit
Mme Legros à côté du cocher. Que lui importait? Elle volait vers le bonheur. La petite
troupe, faisant boule de neige, s'augmenta en-
encore du cardinal de Rohan et du président de Gourges et tout ce monde, après souper, frappa à l'hôtel d'Alembert. Il s'y tint
un grand conciliabule. Le célèbre philosophe
avait chez lui le marquis de Villette, l'ami de
Voltaire, prêt à toutes les indulgences, comme
à toutes les folies. On fit cercle autour de

Mme Legros, qui sans s'intimider de la présence de ducs et de pairs de France, de princes de l'Eglise et de membres de l'Académie Française, raconta sa petite histoire aussi simplement que si elle eût été dans son arrière-boutique. Et chacun l'approuva pour des raisons diverses : la marquise de Beauvau par amour du mystère, M. d'Alembert au nom du principe de la liberté des hommes et Mme de Polignac pour montrer son influence et faire enrager le cardinal de Rohan.

XI

Marie-Antoinette et la princesse de Lamballe, sa plus fidèle amie, passaient leurs après-midi dans la ferme de Trianon, à garder des moutons bien frisés, parés de rubans roses. Elles s'étaient éprises de cette fausse campagne, de leur laiterie de marbre blanc, de leurs étables aux lambris sculptés. Les soirs, au pavillon de musique, loin des splendeurs de Versailles, elles aimaient à tenir quelques-unes de ces réunions d'intimes que jalousaient tant les frères du roi, pour n'y pas être admis, et qui furent beaucoup dans la perte de la Reine.

Mme de Touzel et Mme de Polignac étaient deux fidèles. Et le lendemain du plaidoyer de Mme Legros chez d'Alembert, elles se rendirent à Trianon avec un empressement tout particulier. Toute la petite cour de Marie-Antoinette s'apitoya sur le sort de Latude, qui, de martyr, devenait peu à peu un véritable héros de légende.

— Vous ne m'apprenez rien, dit Marie-Antoinette. Je connais les souffrances de ce pauvre homme.

Mais, comme elle aimait peu à rappeler les souvenirs des intrigues de la Pompadour, elle n'insista pas et conclut :

— Des amis m'ont remis souvent, depuis quelque temps, des copies d'une lettre déposées chez eux par une main anonyme et charitable. J'en parlerai au roi.

Et l'on se remit à jouer au trictrac.

A l'issue du Conseil, quelques jours après, Louis XVI surprit fort M. de Malesherbes, secrétaire de la maison du roi, en lui disant à brûle-pourpoint :

— Veuillez m'apporter sans retard le dossier de M. La Tude, votre prisonnier à Charenton.

— Mais Votre Majesté sait-elle... interrompit M. de Malesherbes.

— Je ne sais rien, c'est pourquoi je veux tout savoir, reprit Louis XVI, avec cet accent volontaire qu'il prenait fréquemment et que démentait son aspect bonhomme.

M. de Malesherbes s'inclina et obéit. Le roi feuilleta les nombreux papiers sur lesquels s'inscrivait le nom de Latude. Scandales, lettres de menaces, propos subversifs, affaires louches d'empoisonnement, rapports d'évasions défilèrent sous ses yeux. La fin honteuse de son aïeul, les scandales de Mme de Pompadour, tant de mauvais souvenirs revinrent à sa mémoire. Il ferma le dossier en disant simplement :

— Jamais!

Le lendemain, la reine apprit la nouvelle à Mme de Polignac, qui l'apprit à Mme de Beauvau, qui l'apprit à la mercière de Saint-Germain-l'Auxerrois.

Une lionne déchaînée se fût montrée plus calme que Mme Legros, ce jour-là.

Elle n'avait pas encore frappé à la porte du Palais-Royal, chez le duc d'Orléans, ce prince du sang, que l'on savait ami de toutes les oppositions, quelles qu'elles fussent. Comme elle n'avait pas de clients à l'office, l'entrée lui fut refusée; elle dut promettre un baiser au portier; elle dut en donner un autre au valet de chambre. Heureusement elle fut introduite sans autre obstacle auprès de l'intendant du duc et l'honneur de M. Legros ne fut pas autrement inquiété. Elle remit son épître, la même qu'elle avait écrite tant de fois. Serait-ce la dernière? Toute la cour, toute la ville étaient maintenant intéressées au sort de Latude; contre la famille royale, les ministres, les grandes dames et les encyclopédistes réunis, le roi fut sans défense. Vingt fois par jour on lui demandait de tous côtés la grâce du prisonnier. C'est à la reine qu'il voulut la remettre, après le jeu, le soir du 24 mars 1784. Il y ajouta une pension de quatre cents livres pour le prisonnier, qui devait regagner Montagnac son pays natal et n'en plus jamais sortir.

Vous croyez que Mme Legros fut contente. Six mois de courses, de démarches, de rédaction d'épitres et de sourires aux laquais ne l'avaient pas lassée. Latude exilé? Son héros perdu pour elle? Elle ne l'entendait pas de cette oreille. Elle refit tant de visites, elle roula tant, en fiacre, de Paris à Versailles qu'elle obtint en huit jours ce qu'elle désirait. Se promenant le long du grand canal, Louis XVI,

assailli par la princesse de Lamballe, Necker,
le duc de Chartres et la maréchale de Luxembourg, qui parlaient tous en même temps, s'écria
en éclatant de rire :

— Vous le voulez, votre Latude? Gardez-
le donc; mais ne l'amenez pas à Versailles!

***

On avait permis à Mme Legros d'aller elle-
même chercher son prisonnier. Elle se para
comme une mariée.

Latude, mis au courant des péripéties de sa
merveilleuse aventure par le porte-clefs Ducrot
— qui avait été déplacé de Charenton à la
suite de ses libations, mais continuait à avoir
des relations parmi les geôliers — avait maintes
fois attendu sa bienfaitrice et maintes fois avait
perdu tout espoir. Il eut une joie d'enfant en
voyant entrer dans la grande salle de l'asile une
grosse dame empanachée. Latude se jeta à ses
pieds. Mme Legros, plus émue que lui encore,
fondit en larmes et oscilla dans les bras de son
mari. On n'aurait pas cru assister à une levée
d'écrou, mais aux adieux d'un prisonnier à sa
famille...

Et Latude partit en fiacre, salué bien bas par tout le personnel de l'hospice. La mercière de la rue des Fossés-Saint-Germain-l'Auxerrois l'installa chez elle, dans la plus belle chambre de façade, qui était celle de M. Legros, auquel elle persuada d'aller coucher dans la penderie, ce qui était meilleur pour ses bronches, assurat-elle, car le soleil y donnait une heure le matin.

Elle avait vécu depuis six mois dans le désir de voir Latude : elle n'eut aucune désillusion. Elle ne se l'était pas figuré tel qu'il était, mais tel qu'il était elle le trouvait bien.

Ce qu'elle avait considéré comme sa mission sur terre était accompli et c'était un nouvel homme que la boutiquière, la tête farcie des œuvres de Rousseau, voulait désormais garder auprès d'elle, pour communier avec lui dans l'amour du bien!

Le soir même, le duc d'Ayen, la duchesse de Beauvau, les bras chargés de fleurs, et le trésorier de M. de Condé porteur d'une bourse garnie défilèrent dans la chambre pour contempler le héros. Ils répandirent dans tout le faubourg le récit de ses malheurs qu'ils avaient recueilli de sa bouche comme autant d'oracles. La procession continua les jours suivants. Les

Latude se jeta à ses pieds.

chaises et les carrosses armoriés encombrèrent la rue des Fossés-Saint-Germain-l'Auxerrois.

Le maréchal de Luxembourg prit l'initiative d'une souscription qui rapporta en une semaine de quoi alimenter un régiment en campagne. Et bientôt, les grandes dames prirent ombrage de la petite mercière qui couvait son Latude et interdisait même parfois la porte, sous prétexte qu'on allait le fatiguer. Les duchesses voulurent l'avoir chez elles, et elles organisèrent des dîners en son honneur.

Latude se laissait vivre. Maintenant, quand il racontait son histoire — il la racontait bien vingt fois par jour — il débutait ainsi : « Quand on a, comme moi, éprouvé la rage de la faim, on commence toujours par parler de la bonne chère. » Et, les larmes dans les yeux, ces dames commandaient des mets de roi à leurs maître-queux.

Il vécut ainsi tout un hiver, sans penser, se faisant choyer, promener, rebondissant de dîners en soupers et de soupers en soirées d'opéra. Il ne cherchait pas à tromper une surveillance que Mme Legros avait partagée bien à contre-cœur avec les grandes dames de la cour. Il lui semblait que son sort ne lui appartenait plus; il sentait que le peuple aussi l'aimait, et que, dans cette période de lassitude contre l'ancien régime, qui préparait à brève échéance la révolution, il apparaissait un peu comme un précurseur.

Un soir, comme il se préparait à gagner l'hôtel de Rohan, il reçut une lettre. Il reconnut l'écriture, décacheta nerveusement : « Mon pauvre ami, je sais comme tout le monde que tu es maintenant choyé et libre, enfin. Je me meurs de n'avoir jamais rien pu faire pour toi. Je n'ai jamais cessé de t'aimer, mais vingt fois, je t'ai cru mort et vingt fois, j'ai voulu te suivre. Tant de souffrances viennent à bout d'une pauvre fille. Demain je ne serai plus là. Adieu, mon amour, pardon. — Annette Groslier, prison de Saint-Lazare, ce 25 juin 1785. »

Comme un fou, Latude descendit dans la rue. Mme Legros s'était mise à sa fenêtre, intriguée par l'arrivée de ce courrier, qu'elle surveillait toujours du coin de l'œil.

— A l'hôtel de Rohan, cria Latude, très fort, en prenant un fiacre qui passait. Et, parvenu à la Colonnade, hors des regards de son Cerbère, au lieu de longer les quais, il fit pren-

dre à son équipage le chemin de Saint-Lazare.
Quand il arriva, il apprit que la malheureuse
était morte la veille au soir, dans un dernier
accès d'un mal de poitrine qui l'avait conduite à l'hôpital, trois mois auparavant. Et
c'est dans le petit cimetière de Saint-Lazare,
effondré auprès d'un tertre fraîchement remué,
que Latude passa toute son après-dînée.

Pendant huit jours, il ne voulut voir personne. Tout le faubourg Saint-Antoine s'en in-
quiéta. Lorsqu'il accepta de sortir, ce fut pour
se rendre à l'Académie Française voir Mme Legros recevoir des mains de d'Alembert le prix
Montyon, aux acclamations de tout le monde
lettré et savant. Cette cérémonie lui parut étrangement grotesque, et il en conçut pour sa bienfaitrice, si extraordinairement ingrat que cela
puisse paraître, un dédain parfait.

Avec l'argent que lui avait procuré la souscription de la maréchale de Luxembourg, Latude avait largement de quoi s'établir chez lui
et y prendre les quelques repas que néglige-
raient de lui offrir son escadron d'adoratrices.
Il quitta la rue des Fossés-Saint-Germain-
l'Auxerrois, cependant que la mercière et son
mari s'étranglaient dans leurs sanglots.

Dans ses habits de soie, au fond du carrosse qui venait le prendre à son domicile, rue Quincampoix, sous les plafonds dorés de l'hôtel de Toulouse, comme dans les jardins du Palais-Royal, à l'heure des élégances, le vicomte Henri de la Tude, nouvellement annobli par Louis XVI, gardait l'âme du chirurgien de la rue du Coq. Il connaissait maintenant le chemin du petit cimetière, où reposait sa seule victime, à lui, qui avait été victime de tant de gens. Parfois, en quittant cette tombe, une grande colère le prenait. Il avait toutes les peines du monde à ne pas courir à la place de Grève pour aller briser à coups de canne les bocaux dorés du grand apothicaire Binguet; à ne pas gifler M. de Saint-Marc, maintenant lieutenant de police, qui, comme tout le monde, lui faisait des courbettes quand il le rencontrait. Et c'est vers les héritiers de Mme de Pompadour qu'il tourna toute sa colère. Il assigna en réparations et en indemnités le fils du marquis de Marigny, frère de l'ancienne favorite. L'opinion publique était pour lui. Son geste fut accueilli comme la plus spirituelle des leçons. Alors que les Etats généraux se réunissaient à Versailles et que le peuple de Paris, prenant la Bastille, semblait supprimer à jamais les prisonniers d'Etat.

Tout Paris voulut assister au procès; les plus grands avocats s'en mêlèrent et Latude, incarnant la vertu récompensée, reçut 60.000 livres de dommages-intérêts...

Mais la Révolution, tout en le fêtant, mit fin à sa vie de coq en pâte. Il eut son portrait au Salon et l'on fit des poèmes sur lui; mais il ne mettait plus son habit de soie pour se rendre chez les belles marquises, qui avaient émigré. Il vit tomber les têtes de plus d'un bienfaiteur de la veille; il avait tant souffert, cependant, que sa sensibilité s'était atténuée et lorsque l'engouement révolutionnaire fut passé, lorsque avec l'Empire, naquit en France une nouvelle monarchie, il devint un petit bourgeois de Paris, tout simplement, vivant — ironie du sort — de l'argent des héritiers d'une favorite du ci-devant régime!

Dans sa vieillesse il radota un peu. Ses habitudes d'écrivassier, qu'il avait contractées en prison, le reprirent. Que d'épitres partirent de la rue Quincampoix à destination de Bonaparte, de Joséphine, de Talleyrand ou du roi de Prusse — toutes signées d'un nom qui n'évoquait plus chez personne aucun souvenir : Latude...

Il s'éteignit doucement, à l'âge de quatre-vingts ans, le premier jour de l'année 1805. Dans sa dernière nuit, il eut un rêve effarant. Dans Versailles, qui avait retrouvé toute sa splendeur, entre deux haies de gardes-françaises et de courtisans prosternés il était accueilli par Mme de Pompadour, qui lui apparaissait sous les traits d'Annette. Il unissait ainsi, dans son fantasmagorique cauchemar, à l'heure de sa dernière et définitive évasion, les deux femmes qui avaient mené sa vie, l'une par la bonté, l'autre par la haine et que, toutes deux, également peut-être il avait aimées.

FIN

La Conspiration
de Malet

La Conspiration de Malet

Un matin de l'année 1775, une animation inusitée régnait dans les rues de la petite ville d'Arbois. Une foule de notables de la ville, de bourgeois, de paysans, parlant avec animation, montait, en troupeau, une voie assez étroite. Et les langues marchaient, les commères discouraient, criant et gesticulant.

— Non! croyez-vous? N'est-ce pas une pitié d'enfermer au couvent une si belle jeunesse?

— Et une fille qui ne demande qu'à rester dans le monde et à vivre sa vie!

— Faut que les parents n'aient pas de cœur tout de même!

— Bah! M. de Balay trouve que les temps sont durs et les Ursulines sont moins exigeantes que les prétendants, trancha avec un gros rire l'apothicaire de la place des Bancs.

Les commentaires allaient leur train quand, soudain, une sonnerie de fifres se fit entendre. Les éclats des cuivres se rapprochèrent et la foule dut s'écarter pour livrer passage à une troupe chamarrée, qui descendait la rue en sens inverse : c'était la première compagnie de mousquetaires.

On vit alors un jeune officier qui marchait en tête du premier peloton sortir tranquillement du rang. Très grand, le front haut, le nez un peu busqué, les yeux sombres mais brillant d'un éclat singulièrement vif, ce lieutenant de mousquetaires pouvait avoir vingt ou vingt-deux ans.

Laissant les soldats poursuivre leur chemin, il s'enquit auprès d'un bourgeois ahuri :

— Pourquoi ce monde, ce rassemblement?

— Oh! Monsieur, pour pas grand'chose, fit cet homme. Mais toute la ville a voulu voir ce matin Mlle de Balay, une fille noble de la région qui prend l'habit tout à l'heure, sans gaîté de cœur, au couvent des Ursulines dont vous voyez la porte là-bas.

Et il indiquait de sa main tendue un grand portail noir, troué d'un guichet grillagé, qui élevait sa masse sombre à quelque distance de là.

— Tiens, tiens, curieuse affaire, murmura le lieutenant entre ses dents. Et il s'éloigna. Il n'avait pas fait quelques pas qu'il rebroussait chemin et, se joignant à la foule, montait lui aussi, l'air absorbé, vers le couvent, à la stupéfaction des gens qui l'entouraient.

On laissait entrer qui voulait. La chapelle des Ursulines fut bientôt pleine à craquer. La cérémonie commença. Tous les assistants pouvaient voir la novice, agenouillée dans l'enceinte du chœur, vêtue de la traditionnelle toilette de mariée. Ses traits étaient durcis, comme figés dans une expression anxieuse. Cependant, après un sermon d'un jésuite de Lons, Mlle de Balay, d'une voix qu'elle parvint à raffermir, prononça entre les mains du curé de Dôle, qui officiait, des vœux qui l'engageaient pour un an.

Un silence absolu régnait dans la chapelle quand la future religieuse dit, lentement, les paroles irrévocables. Tous les habitants d'Arbois, debout, étaient pétrifiés, retenaient leur souffle. C'est à peine si quelques-uns remarquèrent alors l'émotion étrange qui, visiblement,

étreignait le lieutenant de mousquetaires dont
la présence avait d'abord surpris, puis auquel
on n'avait plus prêté attention. Un instant, il
dut se retenir d'une main à une balustrade pour
ne pas tomber; son visage étant d'une pâleur
inouïe et reflétait l'indignation qu'il éprouvait
à voir une jeune fille enfermée de force entre
les quatre murs d'un cloître. Après les vœux,
la prieure et la sous-prieure firent sortir la religieuse quelques instants, puis rentrèrent avec
elle dans le chœur après l'avoir revêtue de son
nouveau costume. Devant le clergé, elles lui
rabattirent sur la tête le long voile noir; des
voix claires psalmodièrent les derniers versets.
Puis, le long cortège des Ursulines s'écoula
lentement, passant une porte de chêne qui faisait directement communiquer le chœur de la
chapelle avec les bâtiments de la communauté.
La lueur des cierges que tenaient à la main
chaque religieuse formait un long cordon va-
cillant. A la suite de ses nouvelles sœurs, Mlle
de Balay, restée à genoux au pied de l'autel,
se leva et franchit la porte qui la séparait du
monde : c'était fini...

Les assistants avaient tous quitté l'église;
deux sœurs sacristines éteignaient les cierges;

Un instant, il dut se retenir d'une main à une balustrade.

un parfum douceâtre de cire flottait dans l'air. Brusquement, l'officier, immobile dans le fond de la chapelle, crut sortir d'un rêve et s'aperçut qu'il était seul. Il sortit. Sa résolution était prise.

Une cour plantée d'arbres séparait la chapelle du grand portail de la rue. Au lieu de la franchir pour s'en aller, il s'en fut droit à une porte, munie d'un tour, par laquelle on accédait au parloir du couvent. Il laissa tomber le marteau; une tourière parut.

— Ma sœur, déclara-t-il, excusez mon indiscrétion. Je suis un proche parent de Mlle de Balay qui vient de prononcer ses vœux ici. Je n'ai pu la revoir avant aujourd'hui : j'arrive ce matin même de Bourg avec ma compagnie. Me serait-il possible de lui dire adieu?

La tourière s'inclina sans répondre et disparut. Quelques instants plus tard, elle venait chercher l'officier et l'introduisait dans le parloir du couvent. C'était une grande pièce lambrissée, propre et nue, meublée de chaises grossières et d'une table en bois noir, sur laquelle était placée un grand Christ d'ivoire, seul ornement de ce lieu austère.

Presque aussitôt une porte s'ouvrit. Mlle de Balay était devant l'étrange visiteur. Que se dirent-ils pendant cette entrevue? Les bourgeois d'Arbois se le demandent encore; mais, ce qu'ils apprirent avec stupeur, quinze jours plus tard, c'est que Mlle de Balay sortait du couvent et était fiancée au lieutenant inconnu qu'ils avaient remarqué dans le fond de la chapelle, le jour de la prise d'habit...

*
* *

Cet homme qui avait tenté cette démarche d'une audace extraordinaire, inventant un lien de parenté imaginaire pour être introduit près de la novice, était le futur général Malet.

II

Le lieutenant Malet avait montré par ce mariage inédit, l'aplomb et la promptitude d'action qui caractérisèrent toute sa vie. Tel il apparut alors, tel il restera pendant toute sa carrière, intelligent, esprit frondeur, très ambitieux,
éprouvant par-dessus tout le besoin de faire
parler de lui, de faire du bruit.

Nous ne suivrons pas Malet pendant la période où il conquit, bravement d'ailleurs, ses
grades militaires. Enthousiaste du mouvement
révolutionnaire, il fut, en 1790, élu commandant de la garde nationale de Dôle. Il fit campagne ensuite à l'armée du Rhin avec les soldats de l'An II, passa à l'armée des Alpes,
sous le commandement de Kellermann et devint général de brigade en 1799.

La France vivait alors des jours mémorables. La Révolution, triomphante à l'intérieur et à l'extérieur, avait dompté, en les supprimant, ceux qui voulaient entraver sa marche, avait rejeté au delà des frontières les ennemis de la République. Le pays, saturé d'horreurs et de sang, voulait maintenant de la gloire; Hoche, Moreau, Masséna en avaient acquis, certes, en promenant au delà du Rhin et des monts les trois couleurs victorieuses, mais il en fallait davantage; et tous sentaient qu'un homme allait surgir qui conduirait la République vers des destinées plus sublimes encore.

Cet homme vint; c'était Napoléon Bonaparte, et la nation vit se réaliser ses rêves de gloire et de grandeur.

Le futur conspirateur qu'était le général Malet ne devait pas tarder à montrer une attitude hostile vis-à-vis de celui qui allait tenir dans sa main, pendant quinze ans, le sort de l'Europe. Son ambition fut-elle aigrie par la fortune rapide et brillante du premier Consul? Ses opinions révolutionnaires furent-elles choquées par l'avènement prodigieux du Corse? En tout cas, Malet ne cacha pas ses sentiments, ne retint pas sa langue, ce qui le fit reléguer par

Napoléon d'abord à l'armée d'Italie, puis en Vendée, où il obtint un commandement.

C'est là qu'une ironie du sort lui fit surprendre et déjouer un complot ourdi contre le gouvernement et lui fournit l'occasion de faire preuve de flair et d'habileté. L'affaire était liée à celle du fameux Georges Cadoudal, dont l'agence royaliste d'Angleterre voulait faire coïncider le coup de force à Paris avec un soulèvement en Vendée. Sous la direction de Malet, des recherches adroites et rapidement menées, firent découvrir dans plusieurs villages de Vendée de grandes quantités de plomb et de moules à balles cachés par les conspirateurs monarchistes.

Mais ce zèle parut suspect en haut lieu. Les antécédents de Malet, ses propos très libres, ses relations avec quelques personnages louches pendant cette même affaire des plombs impressionnèrent le ministre de la police générale. Le général fut mis à pied au début de l'année 1805.

Rentré en grâce en 1806, pourvu d'un commandement en Italie, Malet est de nouveau en France en 1807. C'est à cette époque qu'il semble avoir réfléchi à ses premiers projets de conspiration. Décidément, il brûlait du désir de se faire un nom, d'être célèbre : pour cela, tous les moyens étaient bons.

*
**

Du conspirateur, Malet avait toutes les qualités, mais surtout l'audace, la rapidité de conception et d'exécution, qui font parfois aboutir les entreprises les plus téméraires.

Et, certes, c'était un projet téméraire que de s'attaquer directement au régime, en un temps où la plus légère opposition était impitoyablement châtiée, sitôt découverte. L'Empereur, très défiant, était servi par une police discrète, nombreuse et adroite, entièrement dévouée au ministre Fouché.

Les vues du général étaient-elles bien nettes, lorsqu'il rentra à Paris en 1807 ? Il ne semble pas. C'est ainsi qu'il se lia, très vite, avec trois individus nommés Demaillot, Bazon et Corneille, agitateurs politiques qui avaient travaillé autrefois dans le Jura, tandis que Malet faisait campagne à l'armée du Rhin. Peu après, il entra dans un comité dit le Comité du Bourg-l'Abbé. Une cinquantaine de républicains le composaient, qui croyaient tous à la durée éphémère de l'Empire et appelaient de leurs vœux l'ère bienheureuse qui, avec la République, ramènerait la liberté.

Ils l'appelaient, mais ne paraissaient guère préoccupés de hâter sa venue. Enfin, au début de l'année 1808, la situation fut jugée favorable par le Comité. Les conspirateurs avaient gagné à leur cause de nombreux sénateurs libéraux. L'affaire aurait lieu à la fin de mai : Un sénatus-consulte avait été fabriqué de toutes pièces, nommant Moreau et Carnot président et vice-président du gouvernement provisoire. La Fayette et Masséna devaient commander, le premier les gardes nationales, le second l'armée de Paris. Enfin le Comité comptait beaucoup sur une idée lancée par Malet et qui déclencherait tout : l'annonce brutale de la mort de l'Empereur, alors aux armées, accompagnée de vibrants appels au peuple.

Mais, en réalité, tous ces plans avaient été élaborés à la hâte, par des idéalistes. Malet, qui n'avait pas eu la direction du complot, regarda les choses en face et se rendit compte que le moment n'était pas venu d'agir. Il fit acte d'autorité :

— Vous n'aboutirez à rien, déclara-t-il, à

une assemblée qui réunissait les têtes du Comité du Bourg-l'Abbé. D'abord trop de gens ont été mis au courant. Une affaire de ce genre se mène avec des hommes résolus, mais peu nombreux. Or vous ne disposez que d'un troupeau de songe-creux, de beaux parleurs qui faibliront à l'instant décisif. Il faut se réserver et agir plus tard.

Ce discours énergique fit une grosse impression et l'on décida de surseoir. Malheureusement, une indiscrétion d'un complice de Malet, le général Guillaume, porta à la connaissance du préfet de police Dubois la nouvelle de la conspiration avortée. Dubois voulut étouffer l'affaire ; mais, de son côté, l'Empereur avait été averti par des agents secrets :

— Ayez l'œil sur ce mauvais sujet de Malet, écrivit-il au préfet de police, et faites cesser au plus vite et sans éclat tous ces tripotages.

En 1809, après une instruction qui traîna en longueur, un décret impérial déclarait prisonniers d'Etat Malet et la plupart des complices de la vague conspiration de l'année précédente. Le plus grand nombre des détenus fut libéré en 1810, mais on ne relâcha pas le général

**
*

Quelle ne dut pas être sa rage de se voir impuissant, les mains liées, avant même d'avoir conçu un plan sérieux et arrêté un complot digne de ce nom! Evidemment, il s'était trop pressé en arrivant à Paris, s'était abouché avec n'importe qui. Il aurait dû — il le comprenait maintenant — agir seul, ou presque, entouré seulement de quelques amis dévoués.

Son échec et sa réclusion n'abattirent ni son courage, ni sa résolution. Il était enfermé, soit. Un jour ou l'autre, il sortirait de prison, son idée en tête, et il réussirait.

Les jours, les mois passèrent. Malet, d'abord détenu à la prison de la Force, fut transféré à Sainte-Pélagie. Il résolut d'abord de prouver son innocence et de se faire prendre en pitié. Il accabla de lettres, de pétitions, de rapports, l'Empereur et les ministres, protestant de sa bonne foi — on l'avait entraîné malgré lui, assurait-il — de son dévouement absolu à Napoléon, énumérant longuement ses services antérieurs.

Derrière cette façade, le pétitionnaire gardait

toujours obstinément l'idée d'un complot. A la fin de mai 1809, il crut avoir trouvé. Mais, alors qu'il eût dû songer à l'indiscrétion du général Guillaume qui l'avait perdu l'année précédente, il eut l'imprudence de mettre au courant de ses projets un aventurier du nom de François Sorbi, détenu avec lui à Sainte-Pélagie.

— Tout est prêt pour le 29 juin, avait déclaré Malet à son compagnon. Aidé par des amis, je file d'ici, au moment même où, à Notre-Dame, se chantera le *Te Deum* d'actions de grâces pour la prise de Vienne. Le temps d'endosser mon uniforme dans une maison sûre, où je retrouve deux voltigeurs avec un tambour et un drapeau et je tombe sur le parvis au milieu de la foule. Je crie : « Bonaparte est mort! A bas les Corses! A bas la police! Vive la liberté! » Des pelotons de soldats que j'ai pu gagner sont là, tout prêts : les portes de Notre-Dame sont aussitôt gardées; les autorités sont enfermées et je nomme un gouvernement provisoire.

Sorbi, individu lâche et bas, n'eut rien de plus pressé que de faire connaître ce projet au ministre, afin de gagner ses faveurs.

Un complot aussi fantastique dut faire sourire Fouché. Aussi bien, le ministre de la police générale n'envoya-t-il pas le général dans une prison d'Etat. Personne ne prenait au sérieux les facéties de Malet. En 1810, le détenu, jugé déséquilibré, fut transféré sur sa demande dans une maison de santé dirigée par un docteur nommé Dubuisson.

Malet s'y trouva fort bien. La maison Dubuisson était une manière de pension de famille. Sans doute la société qu'y fréquentait le général était un peu trop aristocratique à son gré. Mais le régime était si agréable! Malet ne se lia véritablement qu'avec un prêtre, l'abbé Lafon. Assuré, cette fois, de la discrétion de cet ecclésiastique, il lui fit part de ses intentions, de l'idée arrêtée qu'il avait de renverser le gouvernement impérial; et c'est là, dans le calme de la maison Dubuisson, que s'ébaucha lentement le complot le plus étrange du monde, la grande conspiration de Malet.

III

En ce printemps de 1812, la France commençait à supporter péniblement le joug de l'Empire. L'homme qui l'avait faite victorieuse et maîtresse de l'Europe, la harcelait maintenant par son désir insensé de conquêtes. La France d'Austerlitz et de Wagram avait payé cher ces lauriers. La grande armée, toujours égale à elle-même, n'était jamais la même. Aux plus grands soirs d'apothéose, le champ de bataille était également couvert de sang français et de sang ennemi. Il fallait à chaque printemps combler les vides qu'avait creusés le canon autrichien. Il fallait livrer en pâture à la gloire le plus pur de la race.

Peu à peu, l'Empereur avait quitté son au-réole de dieu. Et voici que maintenant courait de bouche en bouche un affreux surnom; Napoléon était devenu l'ogre. Le pays avait bien consenti à se saigner pour faucher des lauriers, mais à présent que l'ambition et les maladresses d'un homme déchaînaient la campagne de Russie, se dressait en face du tyran la volonté de la nation. Ni la redingote grise, ni le petit chapeau, ni le clinquant des parades n'avaient suffisamment engourdi, les berçant de mirages et de satisfactions d'amour-propre, l'esprit d'indépendance et la soif de liberté que le peuple français avait appris à connaître depuis 1789.

Napoléon, né de la Révolution, ne pouvait se maintenir que par ses doctrines. En faisant claquer au vent de l'Europe les trois couleurs de prairial, il affermissait son trône. En s'alliant aux empereurs légitimistes, en ne bataillant plus que pour la gloire de l'aigle qui surmontait insolemment ses étendards, il perdait peu à peu tout son prestige. Les fils de France partaient se faire tuer à la Moskowa parce que le tsar avait refusé de donner au Corse Bonaparte une princesse russe en mariage. Les fils de France partaient de tous les villages d'un pas ferme et sans gémir, par un atavisme de bravoure et d'enthousiasme, mais, dans les foyers désertés, loin des fanfares et des vains héroïsmes, couvait une haine sourde et implacable.

Dans cette houle encore impondérable, dans cette réaction inavouée par crainte de la farouche police impériale, une conspiration paraissait devoir trouver un terrain bien favorable. Il n'y avait pas que le peuple qui grondait. Les têtes elles-mêmes flanchaient. Dans l'entourage de l'Empereur, les maréchaux, les généraux, les diplomates, hommes comme les autres, se lassaient, maintenant qu'ils avaient reçu leurs salaires, leurs titres et leurs chamarrures, de ne jamais avoir un instant de répit pour profiter de leur fortune.

La guerre succédait à la guerre; un traité n'était qu'un prétexte à un nouveau conflit; une trêve était une préparation de campagne. La vie n'était plus possible, aux trousses de ce petit homme halluciné et gâté par le sort. Et cependant, tous, ils l'auraient peut-être suivi jusqu'à mourir, si la Providence, lassée la première, semble-t-il, de tant d'orgueil et de tant d'hécatombes n'avait fait disparaître du ciel de l'Empereur l'étincelante étoile d'Arcole et de Rivoli.

***

Malet, libéré de sa geôle, comprit mieux que personne l'état d'esprit populaire. Il assista à la grande parade qui dans la cour du Carrousel marquait le début d'une nouvelle campagne. Perdu dans la foule des badauds, il vit l'Empereur, sous l'arc de Triomphe passer en revue la Garde. Et cependant qu'autour de lui, les bourgeois, notaires et bons gros marchands des quartiers riches, acclamaient le passage des clairons et des musiques, il demeurait calme, sachant bien que cette poignée d'hommes électrisés, ces quelques soldats en grande tenue, n'avaient rien de commun ni avec le peuple de France, ni avec la Grande Armée.

Le surlendemain, l'Empereur partait. Pour la première fois peut-être, Paris sentait un vide. Et pourtant, un aiglon était né dans le nid. Mais ce gros bébé blond, fils d'une Autrichienne, était pour la solidité de l'Empire, un symbole plus qu'une force. Marie-Louise est régente dans le palais des Tuileries. Et cette idée envahit Malet : Comment l'Empereur a-t-il osé laisser la Constitution en des mains aussi fragiles, pour aller batailler dans les steppes glacées de l'interminable Russie ?

L'abbé Lafon et Malet s'étaient installés dans une petite maison du quartier Saint-Gervais et là, se disposaient à mettre leur plan à exécution. Ils n'avaient pas encore d'idées très arrêtées ni de complices bien définis. Ils n'avaient pu jusqu'alors gagner à leur cause qu'un jeune bachelier en droit nommé Boutreux et un caporal de la garde de Paris, ami de Boutreux, répondant au nom de Rateau. Ces deux jeunes gens, par désir d'argent ou d'avancement, assurèrent Malet et l'abbé de leur complet dévouement. Il n'était pas regrettable aux yeux du conspirateur de compter à ses côtés un apprenti juriste et un soldat, si modeste fût-il, qui, l'un par sa connaissance de la Constitution, l'autre, par ses notions sommaires d'organisation militaire, pouvaient donner plus d'un avis.

Au reste ces deux hommes n'étaient pas sans finesse. Boutreux, de famille bretonne aisée, avait dû, par suite de revers de fortune, abandonner des études sérieusement commencées.

Son éducation et sa culture premières étaient réelles, son bon sens sûr. Rateau était un de ces soldats entrés dans l'armée par amour du métier, à une époque où il n'était pas permis à un fils de paysan de devenir officier. Il avait pleinement et complètement les qualités que l'on réclame à la caserne, sans plus. Mais, son désir d'autorité sans jugement, sa croyance passive en la hiérarchie, son enthousiasme sincère mais dénué de réflexion, faisaient de lui un merveilleux agent de conspiration, celui qui va de l'avant, sabre au clair et, le plus souvent devient le dindon de la farce.

Lorsque l'abbé, l'étudiant et le caporal se réunissaient autour de Malet, c'était pour dire et redire les mêmes choses : « Un de ces jours, il faut que nous lancions dans Paris le bruit de la mort de l'Empereur; qu'à la faveur du désarroi, nous émeutions tout un quartier; que nous marchions sur l'Hôtel de Ville. » Et les choses en restaient là. Boutreux avait élaboré un projet d'annexe à la Constitution, instituant Malet lieutenant-général de l'Empire jusqu'à la majorité du roi de Rome, formule adroite pour préparer le retour de la République, auquel rêvait Malet.

...L'abbé, l'étudiant et le caporal se réunissaient autour de Malet...

Quant à Rateau, il avait attaché beaucoup d'importance à la préparation de sa tenue étincelante de capitaine aide de camp, qu'il devait endosser au matin du grand jour.

*
* *

Malet encourageait fort ses complices dans des sentiments aussi dévoués, mais il en vint vite à comprendre qu'il lui fallait d'autres gens pour renverser Napoléon Ier.

La générale Malet avait conservé, en dépit des bouleversements d'existence qu'elle avait subis, une mentalité de petite bourgeoise d'Arbois. La mêler à un complot, en faire un instrument utile d'une intrigue quelconque, eût été absolument superflu. Et Malet songeait plus d'une fois qu'il est bien pénible de ne pas être secondé par une femme. L'abbé Lafon était, malgré sa haine pour Bonaparte, un conspirateur modéré, de par son état d'ecclésiastique, reculant devant toute action violente, méprisant le mensonge et la fourberie indispensables pourtant à tout coup d'Etat.

Il fallait à tout prix englober dans l'affaire d'autres gens plus énergiques, plus notoires ; s'en faire des complices ou les compromettre, peu importait ; puis enfin s'assurer de sérieux appuis.

Malet fut étrangement servi par le hasard, qui est le véritable agent de tout bouleversement politique.

Un jour, alors qu'il sortait d'une réunion avec ses trois collègues, où, une fois de plus, il venait de constater la médiocrité de son entreprise, il reçut une lettre le convoquant d'urgence à la Préfecture de Police, pour mise en règle de ses papiers. Depuis plus de cinq ans qu'il courait de prison en prison, il était catalogué comme citoyen sans domicile fixe et l'autorité préfectorale éprouvait le besoin d'avoir de plus amples renseignements sur les faits et gestes de ce personnage, assez inquiétant par ailleurs et qu'on avait libéré par lassitude.

Loin de se montrer agacé par l'arrivée d'une telle lettre, Malet accueillit avec allégresse le papier au timbre de la Préfecture. C'était pour lui l'occasion de franchir l'enceinte d'une grande administration de l'Etat, et, pour un conspirateur, tous les moyens sont bons pour parvenir au saint des saints. On ne sait jamais ce qui peut arriver.

De fait, il n'arriva que des choses presque

— Veuillez m'annoncer directement au ministre.

inespérées. Malet, sur présentation de sa lettre, fut introduit dans l'antichambre du chef de cabinet du duc de Rovigo, ministre de la police impériale. On le pria d'attendre. Il s'assit près de l'huissier, ne perdant pas un geste, pas un mot qui put être fait ou prononcé en sa présence. Un planton de la place entra portant le courrier du ministre, qu'il déposa sur la table de l'huissier. Malet attendait toujours.

Tout à coup, il se leva, comme impatienté, et s'approchant de l'introducteur à chaîne, lui dit :

— Puisque M. le chef de Cabinet me fait attendre, veuillez m'annoncer directement au ministre. Je ne suis pas ici pour faire antichambre.

— Mais, Monsieur...

— Annoncez tout simplement à votre maître le chef d'Etat-major de M. le Prince de Wagram. Il y a extrême urgence.

L'huissier bafouilla des excuses et se précipita sur la porte capitonnée. Quand il reparut dans l'antichambre pour céder la place à l'auguste visiteur, l'auguste visiteur avait disparu ; le courrier aussi...

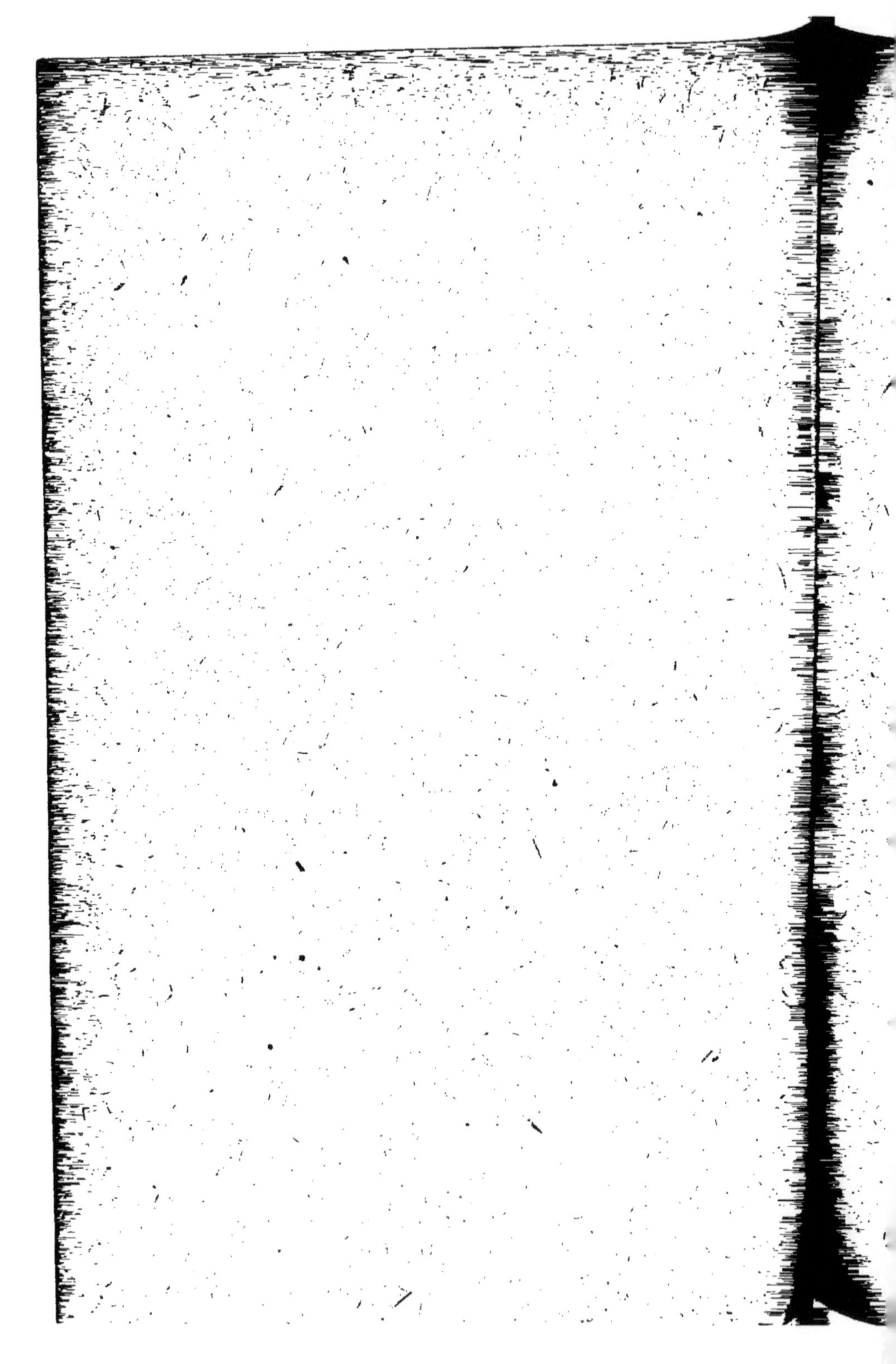

IV

Cependant qu'au ministère de la police, l'huissier, après avoir cherché l'intrus dans tous les couloirs étouffait maintenant l'affaire pour ne pas être déclaré responsable du vol, Malet regagnait en paix son logis. Il se mit en devoir de dépouiller toute la correspondance si adroitement subtilisée ; il tomba dans un amoncellement de requêtes, de rapports, de circulaires, papiers à signer : tout le fatras ordinaire qui vint, de tout temps, s'abattre journellement sur les bureaux de ministres.

Déjà il regrettait de s'être si inconsidérément compromis, lorsqu'une petite lettre cachetée attira son attention. A l'intérieur, étaient tracés des mots, d'une petite écriture fine : « Mon cher duc, c'est cette semaine qu'il vous faut veiller.

M. de N... est dans nos murs. Il a passé la nuit au Palais. A vous de saisir l'oiseau au nid. Bien vôtre. Talleyrand. »

Enfin ! il était bien payé de son audace. Ce bout de papier griffonné se présenta immédiatement à ses yeux comme un document de première importance. Il n'avait, certes, aucune idée de la valeur du contenu, de l'identité de M. de N...; cependant, un message de Talleyrand au préfet de police, aussi succinct et aussi plein de sous-entendus, ne pouvait que cacher une grande affaire. Une lettre autographe de l'ancien ministre des relations extérieures prouvait suffisamment que le cas était en dehors des rouages administratifs et qu'un secret — nous dirions un cadavre — était entre le prince de Bénévent et le duc de Rovigo.

— Et pourquoi n'y aurait-il pas un tiers dans le complot ? se dit Malet en ricanant.

Une demi-heure après il jetait à la poste cette lettre : « A son Excellence Monseigneur le duc de Rovigo, ministre de la police impériale.

» Monseigneur,

» Un homme dévoué et qui, par le hasard

des choses, est heureux de pouvoir vous offrir ses loyaux et modestes services, vous avertit respectueusement que vous avez tout à craindre de de N... Je serai ce soir à quatre heures près de la boutique 32, du Palais-Royal, portant jaquette bleue et chapeau gris. Nous y verrons sans doute ensemble d'étranges choses.

> Almet,
> *Officier réformé, chevalier de la Légion d'honneur.* »

Et le même soir, il écouta, avec un sourire sceptique, l'abbé, Boutreux et Rateau lui exposer avec volubilité les rapts qu'ils avaient faits dans la journée parmi les équipements militaires, parmi les papiers à en-tête et les conquêtes qu'ils venaient de s'assurer dans le personnel des valets, des va-nu-pieds et des apaches.

Charles-Maurice de Talleyrand-Périgord, prince de Bénévent pouvait se vanter d'être un homme unique. Cet aîné de grande famille, destiné aux ordres par suite de son infirmité — il boitait assez fortement — était, à dix-sept ans, évêque d'Autun. Sans vocation, sans scrupules, ambitieux et débauché, il devait trouver dans la Révolution l'occasion de faire sa carrière. Il fut le premier à demander l'abolition des privilèges, et gonfla ses discours des mots vagues et sonores d'égalité et de fraternité. Et pour célébrer, le 14 juillet 1790, sur le Champ-de-Mars, la messe de la fête de la Fédération, pour affirmer devant Dieu la foi et la confiance du pays en des destinées meilleures, c'est cet homme qu'on choisit.

Au début, la Révolution le déçut quelque peu et, pour fuir la Terreur, il dut passer en Amérique. Mais le Directoire, période favorable par sa nature même au jeu des intrigues, ramena en France cet indésirable citoyen. Bonaparte avait besoin de gens de cette trempe. Il fit de Talleyrand son ministre des relations extérieures. En présence du pape, à Notre-Dame, l'ancien évêque d'Autun, hérétique et excommunié, portait le jour du sacre, à deux pas de l'Empereur, le globe de Charlemagne.

L'Empire en semblant se stabiliser le décevait à son tour, étrangement. Il n'était pas l'homme des situations égales, des régimes politiques sans secousses. Il avait trouvé dans l'ambition immodérée de l'empereur un prétexte unique à contrecarrer ses projets en se posant comme champion de la prudence et de la paix. On ne contrecarrait pas les projets de Napoléon. Ayant déconseillé la guerre d'Espagne, Talleyrand fut purement et simplement destitué de son ministère. C'était peut-être ce qu'il désirait. Il avait désormais les coudées franches pour combattre en coulisse les desseins du gouvernement.

Il ne savait pas au juste où il voulait en venir. L'ancien évêque constitutionnel ne songeait sans doute pas encore en 1812 à servir la politique de Louis XVIII, mais toutes les occasions lui semblaient bonnes pour discréditer le régime impérial.

*
**

C'est un traité politique entre la France et l'Autriche qui avait fait de Marie-Louise l'épouse de Napoléon. Elevée dans la haine de la Révolution et de l'Empire, cette enfant de dix-sept ans s'était vue un jour, parce que son père avait été vaincu, destinée à devenir impératrice des Français. Une femme plus intelli-

gente qu'elle, moins volage et moins inconsé-
quente, eût peut-être su jouer un rôle auprès
du parvenu et régner avec éclat sur une cour
improvisée. Mais, à Paris, au milieu des acclamations sincères qui saluèrent son arrivée, son
mariage et la naissance du roi de Rome, elle
demeura une princesse autrichienne, futile et
bornée. On l'eût presque excusée de prendre
une attitude de belle captive. Elle ne sut être
ni digne ni résignée.

Connaissant les sentiments de sa souveraine,
le peuple de France était accessible aux médi-
sances faciles et classiques qui courent inva-
riablement sur le compte des couples royaux
mal assortis.

La naissance du roi de Rome, fils de cette
petite fille et de cet homme de quarante ans,
ne fut pas pour mettre fin aux murmures. Il
y avait quelqu'un aux Tuileries tout prêt à
condenser les accusations, à leur donner une
forme concrète : Talleyrand.

Cette petite révolution de palais était, pour
l'homme qui avait mené pendant dix ans la di-
plomatie européenne, un jeu de diplomate.
Anéantir dans le roi de Rome l'avenir de l'Empire et toutes les espérances d'un empereur déjà

vieux, quelle merveilleuse machination mon-
diale!

Marie-Louise était trop bête pour parer à
l'intrigue et même pour en deviner les premières attaques. Elle accueillit tout naturellement dans son intimité le général Albert-Adam
de Neipperg, jadis aide de camp de son père,
avec qui elle avait passé quelques années de
sa jeunesse.

Neipperg était l'homme qu'il fallait : le
jeune officier infatué de sa personne, de son
uniforme et de son nom, l'élégant cavalier, grisé
facilement de modestes conquêtes et qui ne trouvait point présomptueux d'espérer les sourires
d'une impératrice : en un mot l'amoureux stu-
pide et sentimental.

Deux fois il était venu à Paris depuis le
mariage de Marie-Louise, s'étant fait donner
par l'empereur d'Autriche des missions plus ou
moins vagues. Mais si sa présence à Paris, en
temps normal, ne prêtait pas à commentaires,
elle pouvait au contraire paraître fort surpre-
nante à un moment où l'Empereur était à six
cents lieues de là.

Il s'agissait donc pour Talleyrand de faire
revenir le soupirant. Une vaste intrigue s'or-

ganisa contre l'honneur de l'Empereur. M. de Talleyrand en était le grand ordonnateur et, comme il connaissait mieux que quiconque, les états d'âme, les ambitions, les rivalités de toute la cour et de toute la ville, il aboutit sans tarder à distinguer un homme qui pourrait lui être d'un bien grand secours. C'est ainsi qu'il traîna sa claudication dans les couloirs du ministère de la police où régnait René Savary, duc de Rovigo.

Savary était fidèle à l'Empereur. Il lui gardait, ce qui était rare, parmi toute la récente noblesse impériale, une reconnaissance fort sincère. Il avait été son compagnon à Arcole et à Rivoli; il avait profondément admiré son audace calme et son sens politique; il avait su n'être que duc sans jalouser l'Empereur.

Talleyrand ne pouvait pas présenter à un tel homme son projet d'anéantissement de l'Empire. Mais il avait d'autres cartes dans son jeu. Marie-Louise, en arrivant à Paris, pleine de morgue, avait regardé de haut tous les anciens compagnons de l'Empereur. La tête farcie de principes surannés, elle ne pouvait comprendre la beauté de cette noblesse nouvelle gagnée sur les champs de bataille de l'Europe. En Habsbourg qu'elle était restée, elle n'avait que mépris pour des princes de Wagram, d'Essling, d'Auerstaëdt.

Rovigo, fils de laboureurs rémois, avait pu, à la suite des armées de Bonaparte, acquérir la bravoure, l'esprit de commandement et l'art de mener les hommes. Mais, en dépit de sa couronne ducale, il était resté fils de petites gens. A ses côtés, la bonne Mme Savary, jadis mercière à Marseille, portait bien mal ses robes de duchesse.

Bref, Rovigo avait eu à souffrir dans son amour-propre de sourires de mépris de la nouvelle souveraine. Dans les réceptions, on l'avait mis plus d'une fois à l'écart; on l'avait oublié à deux ou trois bals. L'Empereur avait laissé faire, pour éviter purement et simplement des scènes de ménage. On ne pouvait donc desservir l'Empereur auprès de Rovigo, mais on pouvait lui dire beaucoup de mal de l'Impératrice.

Talleyrand dora donc la pilule au ministre de la police.

— L'affaire dont je vous entretiens est assez banale et sans grands risques. N'employons pas les grands mots de prestige de l'Empire, ou de dignité des souverains. Il s'agit simplement de

rabattre le caquet de cette jeune pécore impor-
tée de Vienne. Depuis que l'Empereur est parti
surtout, infatuée de son titre de régente, qu'il a
bien fallu lui donner, elle ne cesse de faire des
siennes. Sans vous rappeler les incidents de
Mme Sans-Gêne, je vous dirai que presque
toutes les femmes de maréchaux sont traitées
avec un mépris croissant.

— Mais, l'Empereur?... interrompit Rovigo.

— L'Empereur, mon cher duc, a un peu
changé, lui aussi, depuis qu'il parle de son
oncle Louis XVI. Et l'idée peut fort bien
lui venir de forcer ses anciens compagnons d'armes à divorcer, puisqu'il en a lui-même donné
l'exemple, pour épouser des grandes dames au-
trichiennes...

Il n'en fallait pas plus pour alerter Rovigo.
Talleyrand le comprit fort bien et exposa ainsi
son projet : Il s'agissait tout simplement de
faire venir le petit Neipperg, de lui faciliter le
séjour à Paris, l'entrée au Palais, et puis d'arriver un beau matin chez l'Impératrice.

— Vous voyez très bien la scène, Rovigo.
En tant que ministre de la police, vous aver-
tissez la régente qu'il est de votre devoir de
mettre l'Empereur au courant de la présence

dans la capitale et aux Tuileries d'un officier autrichien venu sans passeport en règle. La dame prendra peur, expliquera que c'est un de ses amis d'enfance et ne s'en compromettra que davantage. Bien que peu intelligente, elle comprendra, je l'espère que, moyennant certaines concessions faites à Mme la duchesse de Rovigo et à ses égales, le scandale pourra ne pas éclater.

Qui fut dit, fut fait. Sans autres acteurs que Rovigo et Talleyrand, la comédie se joua. Neipperg, toujours à l'affût d'un voyage à Paris, reçut un jour de l'ambassade de France à Vienne l'avis secret que l'on avait une mission de confiance pour lui à la cour de France. M. de Talleyrand avait, en effet, conservé plus d'une relation dans les ambassades et connaissait l'art des dépêches chiffrées. Neipperg était accouru à francs étriers, sans congé de son régiment. La partie était belle. Le soir de l'arrivée aux Tuileries du bel officier autrichien, le duc de Rovigo en était avisé par les soins délicats du prince de Bénevent.

C'est ce billet-là qui ne devait jamais parvenir à son destinataire.

V

— M. de N...? M. de N...? se demandait
Malet avec énervement.

Il avait beau chercher, réciter mentalement
l'almanach impérial, il ne trouvait pas. Est-ce
qu'une belle découverte allait ne lui servir à
rien? M. de N...? Evidemment, ce n'était pas
le premier venu. Mais quelle était au juste son
importance? Il ne le saurait que le soir : si
M. le Préfet de police prenait la peine de se
déranger et de venir au Palais-Royal, il est
bien certain que l'affaire était grosse de conséquences.

Et dans ces conditions, ne réussissant pas
à percer le moins du monde le mystère, Malet
résolut de jouer le tout pour le tout et d'avoir
l'air très averti.

Le soir, à quatre heures, vêtu de la jaquette bleue et du chapeau gris annoncés, il se promena sous les arcades du Palais-Royal. Aux moulinets intempestifs qu'il faisait avec sa canne, à ses mouvements brusques à l'approche de chaque nouveau passant, il était aisé de voir qu'il était fort énervé. Viendrait-il? ne viendrait-il pas? A quatre heures exactement, il se posta devant la boutique 32, une joaillerie très en vogue et parut examiner les pierreries avec le plus grand intérêt. Il tressaillit en apercevant à côté de lui un homme fort élégamment vêtu qui témoignait à l'étalage la même durable attention. Comme Malet n'avait jamais vu le duc de Rovigo, il était assez indécis. Il s'éloigna tout doucement de la boutique et feignit de faire les cent pas. L'homme demeura à son poste. Il revint près du joaillier, s'écarta à nouveau... Enfin, au bout de quelques minutes de ce manège, il allait se décider, mais il n'en n'eut pas la peine.

— Excusez-moi, lui dit le promeneur. Mais n'avez-vous pas été officier à l'armée d'Italie...

— Pas à l'armée d'Italie, riposta imperturbablement Malet. J'ai fait seulement la campagne de Wagram. Et depuis...

— Depuis vous êtes officier réformé?

— Parfaitement, répondit Malet, qui maintenant savait à quoi s'en tenir.

— C'est bien cela. C'est donc à une prise d'armes aux Invalides que j'ai dû vous rencontrer. Le capitaine Almet, il me semble.

— C'est cela même; il me semble en effet maintenant que je vous reconnais aussi. Mais j'ai oublié votre nom.

— Chef de brigade Béchard, annonça l'inconnu, en se présentant. Rayé des cadres depuis deux ans, maintenant attaché à la personne de M. le duc de Rovigo, préfet de la police impériale.

— Je suis ravi de vous retrouver, s'écria Malet. Vous avez un instant?

— Mais, certes.

— Voulez-vous que nous restions un peu à regarder passer les élégances?

— Volontiers.

C'était l'heure où le Palais-Royal devenait grouillant de gens à la mode. Au milieu, le parterre de la Rotonde se garnissait de jolies femmes et d'habits brodés. Malet et son interlocuteur s'y installèrent. Ils venaient de s'asseoir, lorsque le nommé Béchard, coupant, court à ces préliminaires innocents, sortit de sa poche la lettre de Malet et la posa sur la table, en disant simplement :

— Alors?

Sous le regard perçant qui le fixait, Malet crut perdre son calme. Il se ressaisit cependant pour déclarer :

— Eh bien! ainsi que cette lettre vous le prouve, je crois qu'il est grand temps d'agir, M. de N... — vous m'excuserez, n'est-ce pas, de ne pas prononcer le nom, nos voisins pourraient nous entendre — M. de N... est à Paris.

— Vous en êtes sûr sursauta l'autre.

— Absolument. Et non seulement il est à Paris, mais...

— Mais?

— Il est où vous savez.

— Où cela? fit le policier, méfiant malgré lui.

— Où vous savez, je vous dis, répéta Malet, comme lassé. Nous pouvons nous comprendre à demi-mot, que diable. Puisque vous l'exigez, je vais vous mettre les points sur les i,

— Où est-il?

— Pas à l'Opéra, bien sûr, ni à la barrière

du Trône. Allons, vous vous en doutez? De N... est au Palais.

Et à son vis-à-vis devenu vert, il ajouta doucement :

— Et il y a passé la nuit.

Malet avait merveilleusement dosé ses effets. Le coup de théâtre qu'il attendait se produisit. Béchard laissa passer sur sa figure les signes de la plus intempestive gaîté. Ce fut l'espace d'un éclair, qui avait suffi à Malet pour se rendre compte de la situation. Aussi était-il d'attaque, lorsqu'il entendit son compagnon, soudain calmé, lui demander :

— Mais qui vous a informé de cela?

— Pas M. de Talleyrand, bien sûr, ricana Malet, lâchant du lest.

Ce nom propre, le premier jeté dans la conversation, eut pour effet de prouver à Béchard à quel point Malet était sûrement informé. Il commençait d'avoir peur. et, perdant malgré lui toute sa réserve, il ajouta :

— Mais à quelle heure est-il arrivé aux Tuileries?

— Aux Tuileries? Mais... mais sans doute... à la tombée de la nuit, bafouilla Malet, ahuri de cette révélation.

— Et l'a-t-il vue?

— Qui cela?

— Elle!

— Elle? Sûrement, affirma le général, en se disant : « Bon, une femme, maintenant! »

Mais, jugeant qu'il en savait assez et qu'il avait besoin de réfléchir, il interrompit l'interrogatoire :

— Ecoutez, cher monsieur, nous haussons la voix depuis quelques instants. C'est très dangereux. Voulez-vous que nous reprenions cette conversation ce soir?

— C'est que...

— Si, j'y tiens. Rendez-vous dans le vestibule des Comédiens de l'Empereur, au second entr'acte.

— Soit, fit l'autre, à ce soir.

— A ce soir! Ne faites rien d'ici là.

Et le policier s'éloigna.

Malet, resté seul, se félicitait déjà d'avoir si bien su rouler d'habiles gens dans la farine, lorsque, à la table voisine, il entendit plusieurs personnes qui s'étaient retournées au passage du chef de brigade Béchard échanger ces singulières réflexions :

— Avez-vous vu?

— Qui?

— Cet élégant qui vient de passer?

— Oui! Eh! bien?

— Vous n'avez pas reconnu? C'est le duc de Rovigo!

— Rovigo! Allons donc! répondit une élégante sceptique qui, se levant pour suivre des yeux l'incriminé, déclara bientôt :

— C'est ma foi vrai! Je ne savais pas qu'il aimât à se déguiser pour rôder au milieu du peuple...

**

L'affaire se corse, pensa Malet. M. le ministre de la police tient à venir en personne, mais il a peur d'être reconnu. C'est dire où je peux les mener. Evidemment, quand il s'agit des Tuileries...

Ainsi, du premier coup, il était, grâce au hasard, dans la place qu'il rêvait d'assiéger. Il se répétait à lui-même les phrases du policier. De N... est aux Tuileries... Est-ce qu'elle l'a vu?

De N... Elle... C'était très beau déjà de savoir cela, mais cela ne l'avançait guère. Il n'avait pas de chance de trouver dans le

Moniteur, parmi les audiences du Palais, le nom de ce visiteur qui arrivait par la petite porte. Et, connaître toutes les intrigues des femmes des Tuileries était un travail au-dessus des forces humaines... Certes, il pouvait négliger de passer en revue, dans cette affaire qui occupait personnellement le préfet de police, les dames de l'office et de la chambre. C'était donc dans l'entourage de l'Impératrice qu'*Elle* se cachait : dame d'honneur? princesse? ou bien... Malet fut lui-même effrayé de l'idée qui venait de l'envahir. Allait-il parler d'*Elle* maintenant, en mettant par la pensée une majuscule comme à Majesté.

— Ça, ce serait trop beau!

Mais il avait autre chose à faire qu'à se perdre dans ses rêves, alors que la réalité lui échappait.

Automatiquement, il se dirigea vers l'hôtel de Talleyrand.

Au valet de pied, il remit ce mot, griffonné en hâte sur une table de café :

« Monseigneur, si vous tenez à surprendre de N... avant qu'il ait quitté les T..., vous ferez bien de venir réveiller ce soir le duc de R... »

Talleyrand, prince des diplomates, perdit

pour une fois son sang-froid, et donnant un démenti à la maxime qui lui était chère : Il faut se méfier du premier mouvement, car c'est généralement le bon, talonné par la gravité de l'affaire, partit au grand trot de son carrosse vers la préfecture de police. Tout avait été calculé à une minute près. Le prince de Bénévent se fit annoncer chez le ministre à dix heures du soir au moment où le rideau tombait sur le second acte de *Britannicus* que Talma jouait ce soir-là à la Comédie-Impériale, en présence du duc de Rovigo.

Les couloirs de la préfecture de police retentirent du pas inégal et des imprécations de Talleyrand, qui se demandait s'il n'était pas pour la première fois de sa vie victime d'une plaisanterie. Et cependant l'auteur du mystérieux billet n'avait pas inventé la présence à Paris de M. de N...

— Où est son Excellence ?

— Au spectacle, répondit le planton.

— Au spectacle ! s'indigna Talleyrand. Le jour est bien choisi ! Et pendant qu'il pleurniche sur des alexandrins, l'autre roule à marches forcées vers Vienne ! Au spectacle !

Il redescendait l'escalier, lorsque, sous le

porche, à la portière de sa voiture, il aperçut un inconnu qui, aussitôt qu'il le vit, marcha vers lui.

— Monseigneur, je suis étonné que mes collègues de la police vous laissent repartir librement, contrairement à ce qu'ils avaient annoncé.

— Plaît-il?

— Sans doute M. le ministre a-t-il changé d'avis, mais comme je n'ai pas reçu de contre-ordre de sa part, je dois exécuter ma consigne...

— Qui est? trancha Talleyrand, arrogant et inquiet.

— Qui est de vous demander certaine lettre relative à M. de N... que vous devez avoir sur vous.

Talleyrand crut qu'il allait gifler le bonhomme. Mais que pouvait-il faire dans cette enceinte qui était peut-être vraiment hostile et dans laquelle il se trouvait pour conspirer.

— Je ne suis pas ce que vous voulez dire. Vous vous méprenez sans doute. Je suis le prince de Bénévent.

— Je le sais, Monseigneur, répondit l'inconnu.

— Eh bien? Votre excès de zèle peut vous coûter cher, mon ami.

— J'ai des ordres de quelqu'un d'assez haut placé pour pouvoir insister, Monseigneur.

Talleyrand était déjà dans sa voiture. D'une main fiévreuse, il saisit un papier de sa poche, le jeta au gêneur.

— Tiens, faquin! Et le carrosse sortit de la Préfecture.

*
**

Malet, qui s'était permis de barrer la route au prince de Bénévent, pendant que le duc de Rovigo l'attendait au foyer de la Comédie, savait fort bien qu'il ne tenait dans la main qu'un papier tout à fait insignifiant. Il n'avait nullement cherché à insister plus longtemps. Il voulait seulement inquiéter et intriguer Talleyrand. Celui-ci en effet, d'abord, heureux et stupéfait d'en être quitte à si bon compte, grâce à ce qu'il avait pris pour de la naïveté de la part du policier, s'en retournait, assez vexé au fond, inquiet de la trahison certaine dont il avait été victime et bien décidé à ne pas reparaître de quelques jours au ministère de la police.

— Et d'un, pensa Malet.

Restait Rovigo. Il était près d'onze heures, il n'allait pas tarder à rentrer à la Préfecture. Malet crut bon de l'attendre sous la porte.

Lorsque le carrosse du ministre arriva, le général se précipita.

— Monsieur Béchard! Monsieur Béchard!

Le préfet de police qui franchissait déjà la porte de son escalier, se retourna effaré.

— Monsieur Béchard, veuillez m'excuser! Un gêneur qui m'a retenu tard dans la soirée m'a empêché d'aller vous rejoindre à la Comédie.

Et au nez des valets de pied alignés devant le ministre, Malet prodiguait à ce dernier des témoignages de la camaraderie la plus franche, en l'appelant tour à tour « Commandant », « Béchard », ou « mon vieil ami ».

— Mais Monsieur... ripostait Rovigo.

— Quoi? Allons, vous n'allez pas ne pas me reconnaître, reprit Malet à mi-voix et avec un sourire qui en disait long.

— Suivez-moi, fit Rovigo.

Malet traversa les salons jusqu'au cabinet du préfet de police. Quand les deux hommes furent seuls, ils se regardèrent un instant. Rovigo rompit le silence.

— Enfin, Monsieur, quelle est cette plaisanterie?

— Je pourrais vous poser la même question, commandant Béchard, qui occupez avec cette désinvolture le bureau d'un ministre, contreattaqua Malet.

— Oui, eh! bien, justement. Vous avez tort de vous jouer du duc de Rovigo.

— Le duc de Rovigo a tort de connaître M. de N...

— M. de N... M. de N... J'en ai assez entendu parler. Dites-moi ce que vous savez là-dessus et que tout soit fini.

— Que tout soit fini, ou... vous appellerez peut-être un piquet qui me mettrait en prison.

Puis, dépassant les limites de l'audace la plus éhontée, Malet s'asseyant sur un coin du bureau ministériel, conclut :

— Monsieur le duc, vous êtes bien trop intelligent pour me déclarer la guerre.

Et les paroles vagues, mais qui devaient porter néanmoins, émaillèrent à nouveau la déclaration du général.

— Monsieur de Rovigo, vous n'ignorez pas qu'en face de la police officielle de Sa Majesté, il y en a une autre, bien plus astucieuse que la première, soit dit sans vous choquer. Monsieur le ministre de la Police, vous avez eu tort de vous engager dans une affaire un peu épineuse. Je veux croire qu'en dehors de vous, du prince de Bénévent et de moi, personne n'est au courant de votre petite cuisine. Je le veux, et je le souhaite pour vous ; comme pour moi, d'ailleurs.

Et ce fut la scène de marchandage classique, le donnant-donnant bien connu. Au bout d'une demi-heure d'entretien, Rovigo, énervé par les réticences de son dangereux interlocuteur, d'autant plus inquiet qu'il n'avait jamais voulu être très coupable, promettait d'oublier ses entretiens secrets avec M. de Talleyrand et de faire confiance à Malet. De son côté Malet promettait d'oublier ses entretiens secrets avec M. le duc de Rovigo et de se mettre corps et âme à la disposition du préfet de police.

C'en était fait ; le ministre de Napoléon était à jamais livré aux caprices d'une conspiration.

VI

Qu'importait maintenant à Malet l'identité de M. de N... Il n'avait plus à s'arrêter à ces futilités et il était temps pour lui, grand temps, de faire ce qu'il avait jusqu'ici négligé : dresser un plan.

Par une audace inouïe, ou par une inconséquence déraisonnée — n'avait-il pas été interné de longs mois — il revint à sa première idée extravagante d'annoncer un beau matin la mort de l'Empereur et de s'emparer de Paris. Ensuite... ensuite? il n'y réfléchit pas une seconde. Mais ce qu'il y a de certain, c'est qu'il ne travaillait ni pour Louis XVIII, ni pour un ambitieux du jour, mais pour lui.

Eh! oui, cet halluciné rêvait purement et simplement à la faveur du trouble de la capitale, de s'installer aux Tuileries, une heure, un jour, que lui importait? Dans sa haine de l'Empire, il se consolait de sa défaite assurée en se disant qu'une fois le principe du renversement du régime adopté, il y avait quelque chance pour qu'on ne le rétablît pas.

Il se retourna vers ses premiers complices : l'abbé Lafon, Boutreux et Rateau, oubliés depuis quelque temps, furent à nouveau convoqués.

— Mes amis, leur dit Malet, si j'ai vécu loin de vous ces dernières heures, il ne faut pas m'en vouloir. J'ai fait du bon travail.

Et il leur conta sa singulière histoire.

— Votre intention, est-elle, interrompit l'abbé Lafon, de laisser M. de Talleyrand à ses sombres réflexions?

— Point du tout, dit Malet. C'est un homme bien trop précieux et bien trop redoutable. Mais nous nous le gagnerons indépendamment de Rovigo, de même que nous possédons Rovigo sans que Talleyrand s'en doute.

— L'essentiel, dit Boutreux, est qu'ils ne se communiquent pas leurs impressions jusqu'à l'événement.

— Et pour cela, conclut Malet, il n'y a qu'à presser l'événement.

Les quatre complices n'allèrent pas plus loin ce soir-là. Malet leur donna rendez-vous au lendemain midi. Il y avait urgence, en effet, à ne pas laisser l'affaire traîner en longueur.

On était au début d'octobre. La campagne de Russie avait atteint son extrême limite. Moscou, après avoir ouvert ses portes à l'armée impériale, était devenu un vaste brasier. La sinistre lueur rouge du Kremlin en flammes éclairait les champs de neige. Et maintenant il allait falloir revenir : la fin piteuse de l'expédition était proche, la retraite de la Grande-Armée, déjà décimée, dans les plaines glacées, interminables. Si on voulait frapper un grand coup en France, c'était à l'annonce des premiers désastres et avant le retour du maître...

Le lendemain, Malet se rendit à l'hôtel de Talleyrand. Il insista pour voir l'ancien ministre. Une fois introduit, il se planta devant le bureau.

— Monseigneur, me reconnaissez-vous ?

— Ma foi...

— Alors, ce papier vous dira quelque chose.

Et il tendit au prince le billet que celui-ci lui avait jeté la veille de la portière de son carrosse : une insignifiante supplique d'un diplomate besogneux.

— Ah! c'était vous! répondit seulement Talleyrand, s'efforçant d'être calme.

— Oui, c'est moi qui me postai sur votre passage sous la porte cochère du ministère de la police.

— Je n'ai pas encore très bien compris pourquoi, Monsieur? et je vous trouve étrangement audacieux d'oser vous présenter ici.

— Aussi bien, Monseigneur, n'est-ce plus en policier que je viens à vous. M. le duc de Rovigo, qui a reçu vos confidences relatives à M. de N...

— Plus bas...

— ... Et à son séjour aux Tuileries, ne manquera pas de travailler désormais pour son propre compte. Par fantaisie de policier, il m'eut été facile d'assister impartial, à cette lutte entre le ministre de la police peu averti mais bien en cour et l'éminent diplomate qui inspire une respectueuse méfiance. Eh bien! non. Je préfère, voyez-vous, travailler moi aussi de mon côté.

— Monsieur, j'ignore qui vous êtes et je ne tiens pas à le savoir. La petite scène que vous venez de me faire n'a nullement troublé l'atmosphère de ce cabinet, où se sont traitées pendant dix ans les affaires les plus graves de politique extérieure, entrecoupées des plus mesquines saynètes de chantage dans le genre de la vôtre.

Malet, totalement démonté par cette sortie, tenta un rétablissement.

— Chantage? vous vous méprenez fort, Monseigneur.

Et comme Talleyrand souriait, il haussa la voix :

— Et quand cela serait? Après tout, puisque je suis en possession du secret! puisque je connais vos intrigues de disgracié! puisque je sais tout!

— Que savez-vous? répliqua Talleyrand, en fixant Malet.

— Mais...

— Mais que M. de N...., me dites-vous, est au Palais. Eh bien! moi, je vais combler les lacunes de votre médiocre information. Sachez qu'il s'agit de M. de Neipperg, officier autrichien, venu à Paris sans l'autorisation de l'ambassade. Là, vous êtes fixé? Si j'ai un conseil à vous donner, mon jeune ami, c'est de ne pas parler plus longtemps d'une affaire qui, comme toute, n'a rien de bien secret et dont vous avez pu, malhonnêtement, sans doute, connaître l'existence; c'est de ne pas venir donner de conseils au prince de Bénévent, qui, dans l'intérêt de l'Empire, met au net un point de politique européenne; c'est de ne pas encourir plus longtemps la colère d'un ministre qui n'est peut-être pas aussi en disgrâce que vous voulez bien le croire.

De doucereuse et ironique, la voix de Talleyrand était devenue cassante. Il lança la dernière phrase à pleine voix, comme un cri de guerre. Malet aurait bien voulu être au milieu du Palais-Royal. Décidément, il n'était pas de taille à lutter avec M. de Talleyrand. Il ne savait où était le vrai et le faux, s'il avait devant lui un collaborateur de Napoléon ou un agent de Louis XVIII.

Mais il n'était pas au bout de ses peines. Le prince continuait :

— C'est moi, maintenant, mon petit monsieur, qui vais vous dire : Qu'est-ce que vous fabriquez dans les couloirs du ministère? Qu'est-ce que vous espérez? Qu'est-ce que vous complotez?

— Mais, Monseigneur...

— Il n'y a pas de « Mais, Monseigneur ». Vous êtes un de ces Parisiens agités qui se disent que le calme politique a assez duré comme cela, qu'il y a toujours, lorsque l'on n'est rien, à espérer quelque chose au hasard d'une Révolution. Vous vous êtes dit, n'est-ce pas, que le désastre de Moscou avait énervé Paris, que l'Empereur était à l'autre bout de l'Europe, que la régente était un fantôme et que l'héritier était au berceau. Vous vous êtes dit que le moment était venu. Vous avez essayé de faire du feu vous-même et puis, comprenant rapidement, en dépit de vos grandes présomptions, que vous étiez incapable de faire flamber autre chose que de la paille, vous avez cherché de véritables incendiaires. Et l'idée vous est venue tout naturellement, n'est-ce pas, de gagner M. de Talleyrand sur qui circulent dans la ville les bruits les plus étranges? Mon pauvre ami!

Et le prince de Bénévent partit d'un vaste éclat de rire. Puis, devant Malet toujours effondré, il poursuivit :

— Et si je vous faisais mener par mes gens à M. le ministre de la Police? Une confrontation entre M. le duc de Rovigo, vous et moi tirerait peut-être l'affaire au net?

Avec sa clairvoyance surhumaine, Talleyrand avait deviné le petit manège auquel s'était livré Malet depuis deux jours. Impitoyablement, il insista :

— Acceptez-vous cette confrontation?

— C'est que, Monseigneur...

— Oui ou non? Ici on répond par oui ou par non.

Malet baissa la tête et fit un signe de dénégation.

— C'est parfait! Eh bien maintenant, vous allez me dire par quel moyen vous aviez songé à mettre hors la loi Sa Majesté l'empereur des Français, roi d'Italie?

Malet s'affolait.

— En vérité, Monseigneur, je n'ai jamais eu d'idée aussi précise. Je n'ai jamais...

— Bien. Très bien. Dans ce cas, Monsieur, je ne vous retiens plus.

Et il congédia son visiteur.

Malet se retrouva dans la rue, effaré d'être en liberté après ce qui venait de se passer. Quelques minutes après, Talleyrand partait en carrosse pour le ministère de la police.

Acceptez-vous cette confrontation?

14

*
*

— Rovigo, dit le prince dans le bureau du
ministre où il venait d'être immédiatement introduit, n'avez-vous pas eu connaissance tout
récemment d'un étrange bonhomme, grand,
maigre, âgé d'une cinquantaine d'années, d'allure assez vive ? Ce serait un ancien officier que
cela ne m'étonnerait pas. N'avez-vous pas reçu
une visite ou une lettre de lui ?

— Je ne vois pas, balbutia Rovigo, qui
avait immédiatement pensé au capitaine Almet.

— Et au sujet de l'affaire Neipperg, vous
n'avez rien su de nouveau depuis ma lettre ?

— Quelle lettre ?

— La lettre que je vous ai envoyée avant-
hier.

— Avant-hier ? je n'ai rien reçu.

— Alors, vous ne savez pas que Neipperg
est aux Tuileries ?

— C'est-à-dire... je le savais par... par ma
police...

— Votre police ? Elle est donc devenue
bien clairvoyante ? Mais ma lettre, où est-elle ?

— Elle a dû s'égarer dans quelque bureau.

Je vais donner ordre de rechercher, s'excusa Rovigo, qui, toujours sous le coup des menaces de Malet, ne voulait pas se compromettre par un seul mot.

— Bon! Excusez-moi de vous avoir dérangé. Il n'y a rien de pressé du reste.

En sortant du bureau ministériel, Talleyrand réfléchit quelques instants dans l'antichambre; puis, s'adressant à l'huissier :

— Une lettre cachetée et adressée personnellement au ministre ne passe pas par les bureaux, n'est-ce pas?

— Jamais, Monseigneur. On la dépose sur ma table, je la transmets moi-même, fit cet homme.

— Et tu la transmets... toujours? insista Talleyrand.

— Toujours, Monseigneur.

— Tu n'as fait aucune exception, avant-hier, par exemple.

— Avant-hier? interrogea l'huissier à qui revenait en mémoire l'incident de la disparition du courrier, dont il avait, soigneusement, fait un secret par crainte d'une sanction.

Talleyrand cuisina tant et si bien le subalterne qu'il obtint un aveu.

— Et comment s'appelait le bonhomme disparu en même temps que les lettres.

— Le général Malet, Monseigneur, convoqué par le chef de cabinet pour mise en ordre de ses papiers d'identité.

— Va me chercher le dossier de cet homme, et relève l'adresse.

L'huissier revint au bout de quelques instants.

— Impasse Saint-Pierre. Mais Monseigneur, je suis un homme perdu...

Sans écouter les lamentations du bonhomme et roulant des idées d'autre envergure, le prince de Bénévent s'éloigna de son pas mal assuré.

Malet était rentré chez lui décidé à congédier ses trois complices lorsqu'ils se présenteraient. Il se maudissait d'avoir voulu trop bien jouer et maintenant, s'il n'était pas arrêté dans la semaine, il devrait s'estimer heureux.

On frappa à sa porte. Il ouvrit et, à sa grande surprise, il ne vit devant lui ni l'abbé, ni Boutreux, ni Rateau, mais un inconnu d'allure assez franche qui demanda :

— Le général Malet?

— C'est moi-même.

Et il pensa : sûrement, il vient m'arrêter.

Mais l'homme entrait, presque souriant et s'asseyait de la meilleure grâce du monde, comme s'il avait été chez lui.

— Général, lui dit-il, ma visite va sans doute vous étonner. Depuis longtemps, on a méconnu vos services. Il est navrant de voir combien un soldat dont la bravoure a été maintes fois constatée sur les champs de bataille de l'Europe est rapidement oublié. Conséquence du régime!...

— Mais..

— Et vous n'êtes pas le seul. Je suis bien placé pour le savoir. Si je viens chez vous, cher Monsieur, c'est, si j'ose dire, en tournée. Eh! oui, plusieurs personnes charitables et très fortunées qui désirent garder l'anonymat se sont données pour but de secourir les misères trop nombreuses qui ont payé la gloire impériale. Depuis bientôt deux ans, nous travaillons avec cœur. Pour vous donner une idée de notre œuvre, voici notre bilan de l'année 1811...

Et l'inconnu présenta à Malet une liste qui n'en finissait plus : « 25 octobre : à Mme la marquise de S..., disgraciée pour avoir visité l'impératrice Joséphine à la Malmaison... mille francs; à M. le baron de T..., privé de ses biens pour être resté en correspondance avec le comte d'Artois... mille francs; le 27 octobre : à M. P..., signalé à la Police pour ses sentiments républicains : huit cents francs, etc... »

— Vous voyez, poursuivit le visiteur que nous agissons sans aucun esprit de parti et que nous sommes de simples philanthropes...

— Mais enfin, comment savez-vous?...

— ... Que vous étiez une victime? Oh! c'est bien simple, nous avons relevé votre nom au milieu de tant d'autres sur les listes d'officiers cassés et vos services nous ont paru singulièrement dignes d'une réhabilitation — ne serait-elle que ..

— Matérielle? acheva Malet.

— Je n'osais pas prononcer le mot; mais, général, il n'y a pas de honte pour un héros à accepter ce que nous considérons comme le montant d'une dette.

Et la conversation mise sur ce terrain aboutit à l'acquiescement de Malet à une donation de quinze cents francs.

Le conspirateur, à la tête de cette somme, reprit du courage. Conspirateur, il l'était dans l'âme et chaque renouveau de son activité, chaque éclaircie de son cerveau s'épanouissait chez lui en un désir d'intrigue.

Il eût été plein de fougue, s'il n'avait pas encore à redouter les conséquences de son algarade avec Talleyrand. Trois jours se passèrent Le matin du quatrième, il reçut dans son courrier un papier officiel lui annonçant que, vu le sénatus-consulte du tant... le décret du tant... l'article 80 de l'ordonnance du tant... etc... il recevait un rappel de pension de deux mille francs, et que — cela le touchait encore davantage — il était, vu ses services antérieurs, réhabilité, sans remise en activité, dans ses grade et titre de général de brigade et d'officier de la Légion d'honneur.

— C'est une plaisanterie, s'écria-t-il.

Mais non. Les papiers étaient bien là, les timbres, la griffe illisible du gouverneur de Paris.

Sa première idée fut qu'il devait cela à Rovigo ; mais il réfléchit que, s'il avait voulu rechercher ses bonnes grâces et acheter son silence, le préfet de police n'eût pas agi avec ce désintéressement anonyme. Alors ? Alors, dans son orgueil, simple et sincère, il se dit que tout cela n'avait rien que de très naturel, qu'il avait été un grand soldat. Et, comme il continuait dans son ascension, qu'il recevait bientôt des cartes pour les réunions des vétérans de l'armée des Alpes, pour les soirées du gouverneur, pour les prises d'armes aux Invalides, il porta hautement et fièrement sa redingote de demi-solde, sa rosette grosse comme une tomate et sa canne à pomme en tête de grognard, qu'il maniait comme une cravache.

Toute sa fougue de conspirateur était revenue et s'il convoquait à nouveau l'abbé Lafon, Boutreux et Rateau, c'était pour leur donner des ordres comme à des subalternes.

Depuis trois ans qu'il intriguait après avoir été pendant dix ans le maître tout puissant et redouté. M. de Talleyrand avait une estafette à la porte de chaque grande administration. Ç'avait été un jeu pour lui de dépapilloter l'âme de Malet, et de manœuvrer ce pantin. Il s'était dit que cet exalté, décidé à renverser l'Empereur était somme toute un objet rare. Pourquoi ne lui fournirait-on pas les moyens moraux et pécuniaires d'amorcer son entreprise, pour pouvoir pêcher en eau trouble, quand le moment serait venu. Et M. de Talleyrand regarnit la bourse de Malet et revalorisa son moral en faisant adroitement descendre des greniers du ministère de la guerre des dossiers poussiéreux et oubliés.

Malet agirait, agiterait le peuple et, le soir même, se casserait les reins. Le prince de Bénévent, pur de tout soupçon, serait là pour rétablir le calme. Et quand bien même le complot avorterait, il resterait toujours dans les esprits un peu du discrédit jeté sur l'édifice impérial.

Cependant, la conspiration restait éternellement au même point. Boutreux arrivait chaque fois aux rendez-vous du général avec une serviette toujours plus remplie, mais sans apporter rien de bien nouveau. Il avait, compulsant les cotes, les constitutions, gratté les textes officiels, fabriqué le fatras juridique de l'affaire : un sénatus-consulte annonçant aux troupes la mort de l'Empereur, une proclamation du général commandant les troupes de Paris, un état de siège et une ordonnance de police ; plus les articles additionnels à la constitution.

L'étudiant en droit lisait et relisait ces papiers, arrivait à s'en griser et à considérer sa première phrase : « Le gouvernement impérial est aboli. Il est établi un gouvernement provisoire... » comme une réalité.

Rateau, lui, était, dans un tout autre domaine, aussi peu pratique et superficiel. Il avait choisi le rôle de costumier de la conspiration et rien n'avait pour lui plus d'importance. Chaque ceinturon, chaque panache, chaque épaulette, subtilisés par lui à la caserne de la garde, était apporté chez Malet comme un trophée. Ce caporal se voyait déjà capitaine aide de camp, suivant sur le chemin des Tuileries le général Malet, chef du gouvernement provisoire.

Quant à l'abbé Lafon, entre deux prises, il donnait son mot, recueillait les racontars parisiens et les réflexions des portières. Pauvre conspiration! Si prétentieuse, si mesquine, que serait-elle devenue sans l'aide anonyme et toujours présente du prince de Bénévent, le plus merveilleux intrigant des temps modernes!

**

Parmi les anciens militaires que Malet fréquentait dans les réunions où il était maintenant admis, il se lia avec un ancien chef d'escadron, un ex-aide de camp de Lefèbvre... qui, tous, comme par hasard, venaient de temps à autre au rapport à l'hôtel de Talleyrand.

Un jour, au cours d'une conversation, le chef d'escadron disait au général.

— Il paraît que l'armée est mécontente de l'issue de la campagne de Russie. Je ne sais ce que vaut le potin, mais on me disait hier que des mutineries s'étaient produites à la caserne de Popincourt et que le colonel lui-même... Enfin! on dit tant de choses.

Une autre fois, après un dîner, l'aide de camp se laissait aller à des confidences.

— Oui! l'Empereur ferait bien de revenir. On a peur pour l'approvisionnement de cet hiver... L'Hôtel de Ville fourmille d'anciens jacobins. Il suffirait d'une poignée d'hommes, j'en suis persuadé, pour y faire hisser le drapeau rouge.

Et des idées de cette trempe, semées en passant, ne manquaient pas de germer dans le cerveau de Malet.

Un jour, il demanda à un de ses compagnons qui lui exposait la situation au travers des bruits tendancieux :

— Mais, à la préfecture de Police?

— Oh! ça! c'est la pierre d'achoppement de toute révolution. Et c'est ce qui sauvera le régime. Rovigo est un être intraitable, très mal avec l'impératrice certes, mais dévoué jusqu'au bout à l'Empereur.

— Dévoué... par affection?

— Non, par crainte.

Malet n'en dormait plus. Il questionnait avec habileté, croyait-il, ses compagnons habituels, qui chaque fois lui répondaient selon son désir, circonscrivant peu à peu le champ d'expériences du général, l'amenant lentement comme au fond d'une impasse. C'est alors que la Conspiration se précisa enfin. Car Malet connaissait maintenant les deux points sensibles de la capitale : la caserne Popincourt, qui promettait la force armée, l'Hôtel de Ville où régnait le peuple. Quant à la Préfecture de police, il s'en chargeait.

Le 21 octobre 1812, les quatre conjurés se réunirent dans la maison de l'impasse Saint-Pierre, arrêtèrent un plan, enfin minutieux, autant qu'extravagant, et fixèrent son exécution à la nuit du 22 octobre.

L'histoire a enregistré cette conspiration,

— qui faillit un moment jeter Napoléon à bas de son trône, — sans jamais l'expliquer. C'est qu'à la vérité, elle était un produit complexe de tant de conspirations rêvées, un bouquet de tous les agités de l'heure.

Dès que l'intrigue se glisse dans une société, il est impossible de dire quelles seront les conséquences, les enchaînements, les rebondissements. Le petit complot dirigé contre l'honnêteté de l'Impératrice s'était fondu dans les manigances du général Malet, qui maintenant absorbait toute l'attention des ennemis du pouvoir. M. de Neipperg pouvait aller et venir dans les Tuileries, compromettre Marie-Louise, personne ne s'en souciait plus, si ce n'est Malet. Talleyrand avait eu beau lui révéler cyniquement l'identité du personnage, le général savait très bien que le rappel de l'affaire de N... produirait un effet fâcheux sur Rovigo. Que cet officier autrichien fut un simple diplomate clandestin, ainsi que le lui avait affirmé le prince de Bénévent, il n'avait pas l'idée d'en douter; mais, ce qu'il mettait en doute, c'était l'innocence du préfet de police. Et il se réservait de faire chanter son Excellence quand le moment serait revenu.

VII

Il pleuvait à verse la nuit du 22 au 23 octobre 1812. Les sentinelles de la caserne de Popincourt, tassées au fond de leurs guérites furent soudain tirées de leur demi-sommeil, vers trois heures du matin, par trois personnages officiels, ou s'efforçant de paraître tels. A la vue des plumes d'un général, les factionnaires présentèrent les armes. Les nocturnes visiteurs pénétrèrent dans le poste et demandèrent à voir immédiatement le colonel.

Sous ce prétexte, grâce à la richesse de la garde-robe de Rateau, Malet, guindé dans son uniforme de général, Boutreux, sanglé dans une redingote, le ventre ceint d'une écharpe tricolore, et Rateau lui-même, plastronnant dans son dolman de capitaine aide de camp venaient d'entrer dans la réalisation de leur complot.

Le colonel, réveillé en hâte, arriva au corps de garde. Sans autre préambule, Malet le salue de ces termes :

— Colonel, je vous apporte une étonnante nouvelle : L'Empereur est mort il y a cinq jours sous les murs de Moscou.

Coup de tonnerre dans le corps de garde. Exclamations; stupeur; lourd silence. Sans se troubler, Malet pousse Boutreux en scène. Le prétendu conseiller municipal très digne dans sa redingote et sous son chapeau haut de forme débite son sénatus-consulte de pacotille, d'après lequel, à la séance de huit heures du soir, le 22 octobre, le Sénat apprenant la mort de Napoléon, après avoir songé aux moyens de sauver la patrie en danger, décrète l'abolition du gouvernement impérial. Puis lecture est donnée de la composition du gouvernement provisoire, dans lequel, au milieu d'une salade de sénateurs et d'anciens ministres, figure le général Malet.

Quand la lecture est terminée, Malet s'adresse au colonel :

— Veuillez maintenant faire sonner le réveil

— Colonel, je vous apporte une étonnante nouvelle : l'Empereur est mort.

15'

et rassemblez tout l'effectif présent, dans la cour du quartier.

Ahuri, se demandant s'il rêve encore, le colonel pivote et court donner des ordres. La nuit retentit de la sonnerie alerte, et, sous la pluie battante, le régiment se rassemble, en armes.

Alors, Malet sent son rêve se réaliser. Au bruit des commandements brefs, devant les hommes figés au port d'armes, il sort lentement du corps de garde, suivi à distance par Rateau déjà capitaine et Boutreux presque ministre. Jusqu'ici tout se passe comme il l'a prévu. Il ne doute plus du succès complet de sa folie. Et d'une voix d'empereur, il proclame aux troupes massées devant lui :

— Citoyens et soldats, Bonaparte est mort. La justice a fait son œuvre. Nous n'avons plus de tyran. L'enfant bâtard qui dort aux Tuileries est indigne de régner sur vous. L'Empire est aboli, le Sénat l'a déclaré. Il est de votre devoir d'obéir à la nouvelle constitution. Soldats, vous êtes faits pour défendre la liberté et l'égalité. Soyez dignes de votre tâche. L'assemblée a nommé le général Malet commandant la première division militaire. La paix est proclamée; la dotation de la Légion d'honneur est doublée; il y a pendant le mois haute paye de trente sous par jour pour la troupe, double trai-/tement pour les officiers; un mois de solde sera dès demain payé d'avance. Vive le gouverne-ment provisoire! Vive la Nation!

Sans attendre des acclamations que la stupeur devait empêcher de faire sortir, il fit former les rangs et lui-même, à la tête du défilé, au fracas des tambours et de la musique, drapeau en tête, sortit à cinq heures du matin de la caserne de Popincourt, ameutant tout le quartier.

***

C'est vers le ministère de Police que le géné-ral se dirigea tout de suite. Il était à cette épo-que sur le quai Malaquais, au coin de la rue des Saints-Pères. Il fallut traverser la moitié de Paris et, sans cesse, Malet, fit jouer la clique. Sur tout le passage des fenêtres s'ouvraient, des têtes effarées apparaissaient. Il n'était pas mau-vais d'électriser Paris.

Parvenu au ministère, le général fit ranger ses hommes le long du quai et seul, suivi de Rateau, se présenta à la grand'porte. Le corps de garde, surpris, ouvrit.

— M. le Ministre! Tout de suite! hurle Malet.

Sans attendre qu'on l'introduise, il monte un escalier déjà connu de lui, traverse l'antichambre, le bureau et, après quelques recherches, tombe dans la chambre de Savary. Le ministre était au lit. Il se réveille en sursaut, aperçoit une figure qu'il aurait reconnue sous n'importe quel déguisement, croit être l'objet d'un cauchemar, et retombe sous ses draps en poussant un cri.

Mais Malet marche vers lui.

— Savary, si, lors de nos rencontres de la semaine dernière, tu n'as pas su voir en moi l'aide de camp de ministre de la Guerre, tu n'es qu'un niais. L'Empereur est mort.

— L'Empereur est mort!?

— Tes mystérieux agissements du mois passé ont été connus. Le peuple t'accuse d'être la cause de cette mort.

— Moi?

— Pas un mot! Souviens-toi de M. de N..., Savary. La Révolution gronde sur Paris. Les troupes, en armes, sont sous ta porte.

Et, de force, tirant le ministre hors de son lit, il le traîna jusqu'à la fenêtre, écarta les rideaux : Le quai apparut au ministre encombré de voltigeurs, l'arme au pied.

— Tu n'as plus qu'un moyen pour sauver ta tête, continua Malet; fuis, sans un mot, sans proférer un ordre. Je veille sur ta retraite; je réponds de ta vie. Mais avant, rédige deux proclamations, à la Police générale, aux brigades mobiles, leur enjoignant d'obéir jusqu'à la nuit au général Malet commandant la première division militaire.

Et Rovigo, tout tremblant, écrivit et signa ce qu'on lui demandait...

C'est ainsi que M. le Ministre de la Police de l'Empereur, duc de Rovigo, fut expédié en chemise dans un fiacre que l'on était allé quérir en hâte, à la prison de la Force, accompagné par Boutreux porteur de l'ordre d'incarcération signé de Savary lui-même.

*
* *

Maître de la Préfecture de Police et paralysant tout contrôle et toute alerte, Malet y installa son quartier général. Il y laissa Rateau avec un chapeau à plumes et partit, à la tête de son régiment, vers la place de Grève et l'Hôtel de Ville.

Il était près de sept heures. Paris commençait à s'éveiller. Les passants à la vue des troupes s'étonnaient, questionnaient les soldats et la même nouvelle terrifiante volait de bouche en bouche : L'Empereur est mort! Et cette conclusion était déduite par presque tous comme semblant logique : L'Empire est aboli... A la consternation qui se peignait sur les visages, il était facile de comprendre que l'on s'attendait à une Révolution. Il n'y avait pas un mot pour le roi de Rome, pour cet enfant d'un an et demi dont Paris n'avait connu l'existence que par les coups de canons célébrant sa venue au monde. Pas une fois, le cri qu'on aurait pu attendre, cependant, ne parvint aux oreilles de Malet : L'Empereur est mort! Vive l'Empereur!

A ce moment-là, le général traversait le cœur de Paris en maître. Pas un instant, il ne douta pendant le trajet de l'issue de cette merveilleuse journée. Il faut dire que les évènements l'y encourageaient et cela lui semblait la chose la plus naturelle du monde.

En parvenant à l'Hôtel de Ville une nouvelle joie l'attendait. Le corps de garde était réduit au minimum ; quelques soldats dans la cour, lorsque le régiment se présente. Malet apprend que M. le Préfet vient de partir avec sa garde. appelé d'urgence à la caserne de Popincourt.

Il serait vain de chercher dans ce fait une autre intervention que celle de M. de Talleyrand, dont la police personnelle mieux informée que celle du ministre avait eu vent de la cavalcade que menait Malet dans les rues de Paris. Et le prince de Bénévent s'était chargé d'alerter M. le Préfet de la Seine et de le faire courir chez les voltigeurs de Popincourt pendant que les voltigeurs de Popincourt se rendaient maîtres de la Préfecture.

Le préfet apprit à la caserne la nouvelle de la mort de l'Empereur, revint bride abattue à l'Hôtel de Ville et y trouva l'état-major du général Malet se préparant à recevoir le gouvernement provisoire.

Il y a des circonstances où l'homme le plus perspicace n'a pas l'idée de douter d'un fait qui se présente à ses yeux avec une précision irréfutable. Comment le préfet de la Seine aurait-il pu ne pas croire à la mission officielle du général Malet et à l'abolition de l'Empire, alors qu'il avait devant les yeux l'état-major, le séna-tus-consulte, les troupes en armes et alors sur-tout que la nouvelle foudroyante qu'il venait d'apprendre lui avait paralysé tout raisonne-ment.

Volant de conquête en conquête Malet se demandait maintenant où il allait porter ses pas. Il était huit heures : il fallait compter avec le peuple et avec les troupes. Il n'avait qu'un ré-giment, grossi de quelques hommes de garde racolés à la Préfecture de Police et à l'Hôtel de Ville. Marcher sur les Tuileries pour se heurter à la garde du Palais, qui alerterait en un quart d'heure les casernes des quartiers du centre, il n'y fallait pas songer. Le mieux était de faire encore boule de neige. Si l'on pouvait par supercherie gagner la place, la partie s'en-gagerait avec forces égales et le tour serait joué. Et le régiment musique en tête quitta la place de Grève et se dirigea vers la place Ven-dôme, siège du gouvernement militaire de Paris.

*
**

La rue Saint-Antoine, la rue Saint-Honoré grouillantes à cette heure, étaient houleuses.

Comme une traînée de poudre, le bruit de la mort de l'Empereur s'était répandu et c'est englobées de peuple que les troupes parvinrent chez le gouverneur.

Sur la place Vendôme, Malet fait battre les tambours. Et puis, c'est le fracas des clairons qui éclate. Le général et les officiers pénètrent dans l'hôtel, salués par les sentinelles; montent au premier étage où sont les appartements du gouverneur. A la porte, deux factionnaires barrent la route.

— Ordre de la Nation, lance Malet, d'une voix qui n'admet pas de réplique. Et il entre.

Le général Hulin, gouverneur de Paris est en train de s'habiller. Sa femme sommeille encore. Sur le seuil se dresse la silhouette empanachée de Malet.

— Général, je suis délégué par le Sénat pour vous annoncer la mort de l'Empereur et l'abolition de l'Empire. En tant que membre du gouvernement provisoire, je vous mets en état d'arrestation et vous fait garder à vue dans cette chambre jusqu'à la nuit.

Très calme, Hulin répond :

— Je vous obéirai, Monsieur, sur présentation de vos ordres.

— Bien, fait Malet : suivez-moi.

Il pénètre, précédant le gouverneur, dans le petit salon attenant à la chambre. Lorsque la porte est refermée, Malet fait deux pas vers Hulin et, en pleine figure, lui lance :

— Mes ordres ? Les voilà ! Et d'un coup de pistolet, il lui fracasse le crâne.

Au bruit de la détonation, Mme Hulin se précipite en chemise dans le vestibule, poussant d'affreux cris. Elle se heurte, à l'entrée du salon à Malet très calme, et aperçoit, dans l'entre-bâillement de la porte, le corps de son mari dans une mare de sang. Elle hurle : Au secours ! Les officiers du poste surgissent par toutes les portes. Et c'est le début du brouhaha. Malet et son état-major ont le temps de redescendre au rez-de-chaussée. Là, le général fait aux soldats assemblés une nouvelle proclamation cinglante:

— L'Empereur est mort... Vive la Nation !..

Les mêmes mots reviennent, toujours les mêmes. On sent pour la première fois que Malet est au bout de son rouleau, qu'il a joué toutes ses cartes. Et derrière lui, dans l'hôtel, c'est le remous à l'annonce de l'assassinat de Hulin. D'un dernier moulinet de son sabre, il essaie d'entraîner les troupes de la place massées à ses côtés. Il sort de l'hôtel, vocifère, gesticule, en présence de la foule houleuse derrière les baïonnettes du régiment de Popincourt. Et une voix suffit pour calmer toute cette fièvre, tout ce vacarme. A la fenêtre du gouverneur vient de paraître la haute silhouette de colonel chef d'état-major. Ces mots tombent sur la place Vendôme :

— Soldats, vous êtes les victimes d'une inqualifiable supercherie! Soldats, l'Empereur n'est pas mort! Vive l'empereur!

Et, à cette voix où vibraient tant de sincérité et d'émotion, à cette voix si différente, par ces accents, du verbiage boursoufflé et fiévreux de Malet, répond une immense acclamation, partie d'un coin de la place, qui grandit, monte, éclate : Vive l'Empereur!

Malet, bousculé, tiraillé de droite et de gauche, sous les coups et les huées, se retrouve dans le corps de garde de l'hôtel, maîtrisé par trois sous-officiers, entouré de soldats l'arme au pied.

VIII

Après l'orage de la nuit, le ciel s'était dé-
voilé. Dans cette claire matinée d'octobre, à
peine commencée et déjà si remplie d'évènements, le régiment de Popincourt regagna sa
caserne, toujours précédé de ses joyeuses fanfares et portant haut devant lui l'aigle impérial,
comme pour annoncer au peuple que rien n'était
changé ce matin-là dans le sort de la France.

La conspiration se défit comme elle s'était
faite, à rebours. Les officiers de la place en
remontèrent le courant. A l'Hôtel de Ville
d'abord, ils trouvèrent le candide préfet de la
Seine en train d'activer les préparatifs de la
réception solennelle du gouvernement provisoire et Boutreux, toujours paperassier, code
civil en main, en train de dicter à cinq secré-

taires à la fois, des proclamations pour la province. Au ministère de la Police enfin, ils trouvèrent dans le fauteuil du duc de Rovigo l'ex-caporal Rateau, qui, assouvissant sa passion du déguisement, s'était paré de l'épée de nacre, du manteau broché et du toquet à plume ministériels.

On entassa dans un fiacre ces deux guignols et l'on partit les ranger à la prison de la Force; on profita du voyage pour délivrer M. de Rovigo, toujours en chemise, que l'on ramena solennellement dans ses salons.

Le soir, Paris était en fête; dans les théâtres les ministres présents à Paris et les grands dignitaires se montraient en de pompeux costumes, la poitrine barrée de la Légion d'honneur. L'Empire était toujours debout; le peuple semblait s'en réjouir. Mais un sentiment de gêne, indéfinissable, pesait sur la capitale. Etait-il donc si fragile cet Empire, pour être debout par le seul prestige d'un homme? Etait-elle donc si factice, cette Constitution, puisqu'il suffisait de la disparition de celui qui l'avait faite pour la faire disparaître à son tour. Et malgré eux, les vieux Parisiens, nés sous Louis XVI, faisaient une comparaison avec le régime de la

vieille France, qui s'était perpétué depuis tant
de siècles de roi en roi, immuablement, par la
grâce de Dieu.

Du fauteuil de son cabinet, le prince de Bénévent, prévenu dès l'aube, avait été mis au
courant, de demi-heure en demi-heure du progrès du coup d'Etat. Après que, grâce à lui,
l'Hôtel de Ville eût été occupé, il commençait
à préparer son entrée en scène. A neuf heures
du matin, il avait à ses côtés quatre sénateurs,
trois généraux et deux ambassadeurs.

— Messieurs, il se passe en ce moment des
faits inouïs. Un imposteur hurle dans Paris la
mort de l'Empereur; deux des plus grandes
administrations de l'Etat lui ouvrent leurs portes. Pas une réaction, pas un ordre n'émanent
des Tuileries. Je frissonne, Messieurs, en son-
geant aux responsabilités d'une telle incurie; je
tremble d'être obligé de découvrir malgré moi
une complicité aux Tuileries même. La com-
plaisance viendrait de personnes si haut placées
que je ne puis vous en dire davantage. Un nom,
un nom auguste est sur toutes les lèvres.

Ainsi, posant le premier jalon de son intervention, accusant à peine à mots couverts l'Impératrice et son entourage, Talleyrand allait

se poser en champion du principe impérial, quitte à en faire ressortir l'ineptie au profit d'un nouveau gouvernement qui resterait à trouver.

Il en était au milieu de 'se péroraison lorsqu'un courrier vint lui apprendre que Malet marchait sur la place Vendôme.

— Tout est perdu. Il va trouver Hulin, qui est un soldat, le premier qu'il ait rencontré depuis ce matin. Ce n'est pas là qu'il aurait dû aller, c'est à une autre caserne, c'est au Sénat, c'est aux Halles !

Puis, redevenant calme, derrière son bureau, il dit à ceux qui étaient présent :

— Messieurs, je ne vous retiens plus. L'Empire est sauvé. C'est ce que nous voulions tous, n'est-ce pas ?

Et le soir même, désespérant d'entraîner à sa suite ce peuple de Paris qui pestait contre le Corse et se laissait reprendre à chaque passage de régiment, il accepta de donner audience à l'envoyé secret du futur Louis XVIII, qui languissait depuis quelques semaines dans son vestibule...

*
**

Malet, transporté sous bonne garde, en compagnie de ses complices, à la prison de la rue du Cherche-Midi, comparut quatre jours plus tard devant un Conseil de guerre réuni spécialement.

L'audience prit tout de suite un tour de réunion politique. Ce n'est pas sa défense que Malet plaida; c'est celle du peuple de France, opprimé par le joug de César, celle du principe de liberté, d'égalité et de fraternité.

Ses paroles théâtrales vibraient dans la salle. Des mots retentissants portaient. Le ministre de la Guerre expédia l'ordre de hâter le jugement.

Malet fut condamné à mort, ainsi que le caporal Rateau, pour crime contre la sûreté intérieure de l'Etat. Boutreux, fantoche aux habits de notaire, était dédaigné par le Conseil de guerre. Quant à l'abbé Lafon, qui avait pris peur dès l'aube du 23 octobre, et était revenu s'enfermer dans la maison de l'impasse Saint-Pierre, on n'en parla même pas.

Et le 29 octobre 1812, au milieu de l'après-midi, Malet était conduit par un piquet en armes à la barrière de Grenelle.

On avait voulu que l'exécution eût un solennel retentissement; qu'elle fût un peu la rançon de la matinée du 23 et qu'elle servît d'exemple au peuple de Paris.

16.

Feu!

Tout le long du funèbre cortège, on avait placé des soldats, comme pour indiquer le trajet qu'on allait suivre. Les badauds étaient venus se placer derrière. Ce n'était pas le public habituel des exécutions nocturnes, la lie de la population, les sadiques ou les amateurs d'émotions fortes; c'était, au grand jour, les passants des quartiers riches et commerçants.

Un peloton de dragons, sabre au clair, précédait les tambours qui battaient aux champs. Et derrière, dans une voiture encadrée de troupes, se tenait Malet. Durant le trajet, il s'époumonna en proclamations. Toute sa surexcitation de dément s'extériorisait en cette heure suprême. Il était un martyr marchant au supplice, le dernier des Jacobins.

Avenue de la Motte-Picquet, il parlait; en traversant le Champ-de-Mars, il parlait; et devant l'Ecole militaire, se levant, les bras en croix, on l'entendit hurler :

— Citoyens, je tombe, mais je ne suis pas le dernier des Romains...

Puis en arrivant au lieu de l'exécution, il se rappela qu'il était général, qu'il avait vu le feu à Montenotte et à Marengo. Renouvelant le geste des condamnés héroïques ou cabotins, il

refuse de se laisser bander les yeux. D'un pas ferme, il se place face au piquet. Et, à la stupeur générale, en prend le commandement.

Petoton, portez... Armes!

Les soldats surpris, presque terrifiés, hésitent.

— Au temps! Portez... armes!

Puis, satisfait cette fois, il attend, très pâle, très calme; et un ordre retentit, puissant, nerveux :

— Feu!

Malet est tombé. Les coups ont manqué d'assurance : les soldats ont, malgré eux, perdu leur sang-froid en présence de cet héroïsme de parade. Malet se débat dans d'affreuses convulsions. Un officier l'achève à bout portant.

IX

Aux Tuileries, on avait feint d'observer la
plus grande indifférence. Le jour du coup de
force, la nouvelle était parvenue alors que Malet était installé à la place Vendôme, c'est-à-
dire quelques instants avant sa chute. Le maréchal du Palais avait eu le temps de rassembler
les troupes de la garde. On n'avait pas un instant pris l'affaire au sérieux. L'Impératrice
s'était éveillée lorsque Malet était déjà en prison...

Mais, quand on connut le but de l'affaire,
quant on sut l'accueil que les Parisiens avaient
fait à l'annonce de la mort de l'Empereur, on
s'affola quelque peu, rétrospectivement. On
s'affola à tel point que le chancelier envoya

deux courriers au fond de la Russie pour avertir l'Empereur.

Napoléon les reçut aux environs de Smolensk, perdu dans les neiges. Ses nerfs avaient été terriblement mis à l'épreuve par les évènements qui venaient de se dérouler. Il avait dû quitter Moscou au milieu de l'incendie pour se retrouver en plein hiver dans les déserts glacés de la Russie. Talonné, harcelé par l'armée russe, qui s'était dérobée devant lui lors de sa marche en avant et maintenant réapparaissait à tous les horizons. Ce que les cosaques n'avait pas tué, le froid, la faim s'étaient chargés de le faire. Quatre cent mille hommes avaient passé le Niemen trois mois plus tôt. Vingt mille au plus, transis, blessés, à bout de forces, formaient actuellement la garde de l'Empereur.

Et voici que maintenant, on conspirait à Paris même. On promenait l'annonce de sa mort sur les bords de la Seine. Pour la première fois, Napoléon eut peur et comprit que là où il n'était pas, il était possible que l'on se passât de lui.

Alors, sans réfléchir, sans se demander si ce n'était pas un peu une lâcheté d'abandonner au froid et à la mort ceux qu'il avait entraînés là, il partit le soir même en traîneau vers l'ouest. La bise, la neige l'assaillirent dans sa traversée de la Russie. Il parcourut l'Allemagne, sautant de courriers en courriers, roula enfin sur les routes de France. Sa voiture se brise à Meaux. Il prend la poste, comme un simple voyageur. En dix jours, il était revenu de l'extrémité de l'Europe. Le 19 décembre, en pleine nuit, un petit homme vêtu d'un uniforme boueux, d'un petit chapeau râpé, parvint en coup de vent aux Tuileries.

— Qui va là? dit la garde, s'interposant.

— L'Empereur!

Il monta chez lui, faisant résonner l'escalier de ses éperons et demeura seul toute la nuit, ayant refusé de voir l'Impératrice et s'étant permis, pour toute visite, de se pencher sur le berceau ciselé du roi de Rome.

Mais le lendemain, le Palais était agité. Le maître était là. Il donnait ses ordres. Une impression indicible de tranquillité et de sécurité dominait cette surexcitation apparente.

Il parla peu de l'affaire de Malet, qu'il voulait avoir l'air de dédaigner. Mais il lui fallait un bouc émissaire. Frapper Rovigo eût été faite un esclandre maladroit et inutile. C'est le préfet de la Seine, dévoué et fidèle, mais qui avait eu le tort d'être par trop candide, qui paya pour tout le monde. Et au cours de l'entrevue qu'il eut avec lui, Napoléon fit voir toute sa rage et toutes ses inquiétudes.

— Eh bien! Monsieur, vous me croyiez mort? Un faquin en lançant cette nouvelle vous terrorise tous. Vous me croyiez mort? Et quand cela eût été? On meurt sur les champs de bataille. Et le roi de Rome? Vos serments? Vos principes? Vos doctrines? Vous me faites frémir pour l'avenir...

Jamais il n'avait été plus sincère et jamais il n'avait vu plus nettement la situation. L'avenir...

... L'avenir n'est à personne.

— Sire, l'avenir est à Dieu.

Ce que Malet n'avait pas pu faire parce qu'il ne pouvait pas le faire, d'autres le feront bientôt. Rois étrangers, diplomates mécontents et ambitieux, émigrés, Talleyrand, Louis XVIII...

On ne criera plus, cette fois : L'Empereur est mort!

On dira : L'Empereur est vaincu!

TABLE DES MATIÈRES

LATUDE

CONSPIRATION DE MALET

ACHEVÉ D'IMPRIMER SUR LES
PRESSES DE E. RAMLOT ET Cie,
52, AVENUE DU MAINE, PARIS

DANS LA COLLECTION :

Les Grands Drames de l'Histoire

PARAITRONT

Les Récits
les plus poignants
et
les plus dramatiques